2010年度教育部新世纪优秀人才支持计划（NCET-10-0720）

高考思辨

郑若玲／著

经济科学出版社
Economic Science Press

图书在版编目（CIP）数据

高考思辨/郑若玲著. —北京：经济科学出版社，2013.4
ISBN 978-7-5141-3212-0

Ⅰ.①高… Ⅱ.①郑… Ⅲ.①高考-文集
Ⅳ.①G632.474-53

中国版本图书馆 CIP 数据核字（2013）第 063920 号

责任编辑：张庆杰
责任校对：刘欣欣
版式设计：代小卫
责任印制：王世伟

高 考 思 辨

郑若玲　著

经济科学出版社出版、发行　新华书店经销
社址：北京市海淀区阜成路甲 28 号　邮编：100142
总编部电话：010-88191217　发行部电话：010-88191522
网址：www.esp.com.cn
电子邮件：esp@esp.com.cn
天猫网店：经济科学出版社旗舰店
网址：http://jjkxcbs.tmall.com
北京市季蜂印刷有限公司印装
787×1092　16 开　18.75 印张　380000 字
2013 年 4 月第 1 版　2013 年 4 月第 1 次印刷
ISBN 978-7-5141-3212-0　定价：46.00 元
（图书出现印装问题，本社负责调换。电话：010-88191502）
（版权所有　翻印必究）

谨以本文集

献给含辛茹苦培养教育我的父母
献给普天下关注高考的莘莘学子及望子成龙的父母

序

中国现行的高考体制是一种政府主持下的大规模统一考试。这种体制，肇始于科举制度，由于与学历社会的国情相适应，流行于中国、日本、韩国等亚洲国家。虽然各国的做法有所不同，但都由此演绎出许多是是非非的问题，牵动了千家万户，成为人人都有话可说、历久不衰的热门话题：广大的应考学生及其家长，本于利益相关提出种种话题；政府管理与办考人员，有来自政策与经验的话题；高考研究工作者则力图在群众意见与经验总结的基础上，从历史的演变与域外的比较上，提出理论观点与改革建议。

厦门大学教育研究院是全国科举制与高考体制理论研究的重镇之一。在刘海峰院长的研究基础上，形成了一支人才辈出的研究队伍，散处于全国各地的教育考试院和有关研究机构。处于重镇中的郑若玲教授，是其中造诣较高、成就卓著的中青年优秀人才。她所撰写的高考论文很多，研究领域涉及面很广。这本《高考思辨》论文集所收集的21世纪以来的论文就达51篇，涉及高考的社会功能与教育功能，高考的科举渊源与域外的高招比较，以及高考改革中广受关注的种种问题。作者的基本思路是以公平为圭臬，以历史为照鉴，深入现实之中，提出精辟见解。有理有据，侃侃而谈。

高考问题，既然是人皆有话可说的热门话题，也就容许有不同见解、不同批评与不同建议。郑若玲的《高考思辨》，虽然是一位研究有素的专家的研究成果，视野宽阔、见解深邃，是非得失的权衡，十分严谨，但也应视为作者的观点与意见，而不必求全责备，强求一致。我虽站在高考理论研究群体边缘，查阅《文集》①，也索得有关高考短论五篇

---

① 参阅《潘懋元文集》卷三《问题研究》（上）之第三部分"高等学校招生与就业"，广东高等教育出版社2010年版。

(仅及郑若玲结集的十分之一)。在与陈厚丰教授合写的《从恢复统一高考三十周年说起》一文中，就提出三个人们习以为常、想当然尔的认识问题，也是高考改革走出既定框架所应探索的问题：

——考试制度的公平性，只是体现于"在分数面前人人平等"，还是更应体现于"人尽其才"上的平等？一次性的统一高考表面上的公平，掩盖了教育过程所享受教育资源的不公平和"人尽其才"的不公平。要让每个大学生都能够受到最合适的教育，充分发挥各自的聪明才智，把他们培养成为社会需要、个人乐业的专门人才。

——进入高教大众化阶段，高考是选拔性考试还是适应性考试？当绝大多数高中毕业适龄青年都可以而且应当进入高等学校时，高招应当通过多样化的考试或非考试形式，进行双向互动互选：高校根据不同的专业培养目标与要求，选择适合的新生；考生根据自己的兴趣、爱好、特长、能力、性向，选择适合的高校和专业。

——高考应当着重考学生所长还是着重考学生所短？"天生我材必有用"，问题在于用其所长而避其所短。统一高考却长短不分，甚至出难题、偏题、怪题，并以标准答案压学生的创新思维而扬学生的"死记硬背"。学生处于被动地位，为了应试，只能力求补其所短而很难展其所长。

这些问题，有的在《高考思辨》中有所涉及，有的则仍待进一步探讨。

总之，非人性化的统一高考必须改革。但如何改革，既要符合教育规律，其中包括学生成长的规律；又要照顾到传统理念、思维定势、学历社会种种国情社情的制约因素。由于高考改革面对的问题复杂，人们的认识多样，《高考思辨》中的个别见解、建议，读者不一定都认可；但《高考思辨》所提供的改革思路，对读者具有启发与引导的作用。

潘懋元
于厦门大学高等教育发展研究中心
2012年12月20日

目　　录

高考与社会

高考改革必须凸显公平 …………………………………………………… 3
高考对社会流动的影响
　　——以厦门大学为个案 ………………………………………………… 6
高考公平的忧思与求索 …………………………………………………… 13
"举国大考"的合理性
　　——对高考的社会基础、功能与影响之分析 ………………………… 29
高考改革：历史与现实的思考 …………………………………………… 36
高考"替人受过"：现象及其本质 ………………………………………… 44
高考的社会功能 …………………………………………………………… 50
普通高校招生考试法规建设述评
　　——兼谈考试立法的必要性 …………………………………………… 56

高考与教育

自主招生改革何去何从 …………………………………………………… 67
考试公平与区域公平：高考录取中的两难选择 ………………………… 80
高考竞争与科目改革 ……………………………………………………… 89
试析高考的指挥棒作用 …………………………………………………… 96
高考与应试教育、素质教育关系新论 …………………………………… 100
保送生制度：异化与革新 ………………………………………………… 106
论高考的教育功能 ………………………………………………………… 112

自主招生公平问题探析……………………………………………… 118
自主招生联考：是耶？非耶？…………………………………… 126

高考与科举

科举学：考试历史的现实观照…………………………………… 131
科举考试的功能与科举社会的形成……………………………… 139
科举至公之道及其现实启思……………………………………… 148
科举对清代社会流动的影响
　　——基于清代朱卷作者之家世分析………………………… 160
科举启示录
　　——考试与教育的关系……………………………………… 171
废科举的教育影响………………………………………………… 178
高考改革的科举史观照
　　——考试存废的视角………………………………………… 184

域外高考

我们能从美国高校招生制度借鉴什么…………………………… 195
追求公平：美国高校招生政策的争议与改革…………………… 201
社会维权系统分担高校招生公平责任：美国的启示…………… 207
法国高校招考制度及其启示……………………………………… 213
考试社会的域外视角……………………………………………… 221

报章精论

异地高考：为何千呼万唤难出来………………………………… 229
"减负"应成为一项系统工程…………………………………… 233
高校"结盟"：减负还是掐尖…………………………………… 235
危机化契机：高等教育的出路
　　——对话厦门大学教育研究院教授郑若玲………………… 239
综合素质评价到底应该怎么评…………………………………… 242

理性反思"史上最牛高三班" ……………………………………………… 244
校长推荐在美国也不是主流 ……………………………………………… 246
要防止自主招生变成另一种应试 ………………………………………… 248
重新审视城市少数民族加分政策 ………………………………………… 252
学业水平考试：从考试到评价的新起点 ………………………………… 254
恶性竞争：招生失序的危险信号 ………………………………………… 257
以平常心看待"高考状元女多于男" ……………………………………… 260
高考改革：守望理想，更应立足现实 …………………………………… 262
高考改革首重公平 ………………………………………………………… 264
对南科大改革应持平常心 ………………………………………………… 266
多管齐下治理高校生源竞争"混战" ……………………………………… 269
破格特招蒋方舟合理吗 …………………………………………………… 272
自主招生会取代高考吗 …………………………………………………… 274
"云海工程"：从单一考试向多元评价转变 ……………………………… 277
创特色明定位选拔多样化人才 …………………………………………… 280
博导的招生话语权亟待扩大 ……………………………………………… 283
大学的魅力在于大师 ……………………………………………………… 286

后记 ………………………………………………………………………… 289

高考与社会

  高考从表面上看只是为高校选拔新生的一种手段，但它又同时肩负巨大的社会功能，致使其自身发展与外部方方面面因素牵连甚深。高考已成为中国的"举国大考"，其社会功能日益凸显，社会影响日趋深广。对于高考制度的发展与改革问题，也必须置于社会的宏阔背景中加以研究。本单元将探讨高考与社会流动的关系、高考的社会功能及其对教育公平与社会公平的影响，并从社会视角探讨统一高考的建制背景与发展历程、统一高考制度存在的合理性与必要性，以及考试立法的必要性。

高考改革必须凸显公平[*]

高考受多种因素影响，高考改革应该考虑政治、经济、社会、文化等多方面要求，而公平是首当其冲的。何以如此？我们不妨从考试制度的历史发展中求取借鉴，并从我国高考制度的改革中寻找答案。

作为一种选优汰劣的制度，考试形成于两千多年前的中国汉代。汉代一开始实行察举孝廉的人才选拔制度。由于察举制是由地方官以"孝悌""廉正"的标准察访并举荐，没有客观的人才考量标准，致使后来出现权门把持、行贿作假等流弊。因此，到魏晋南北朝时期，在继续沿用察举制的同时，又创立了九品中正制的选士制度。由于同样的原因，九品中正制亦发展到"上品无寒门，下品无势族"的境地，与其创制初衷即所谓取士"盖论人才优劣，非为世族高卑"已是背道而驰。隋朝创立了举世闻名的科举考试制度，其最大特点，便是具有可操作的客观的人才选拔标准，"一切以程文为去留"，即我们常说的"分数面前人人平等"。科举不仅奉行"程序公正"原则，而且它在入仕和受教育机会上实行解额分配制，顾及了地区间的公平性。科举之设，在一定程度上选拔出了一批有真才实学的人，而不问其出身是草根阶层抑或上流社会。比起世卿世禄或任人唯亲的用人制度，科举具备了某种超越封建性的现代性特点。

历史经验证明，在各种选拔人才的途径中，考试最为公平和有效。对公平竞考的追求，中外古今，概莫能外。无论是察举制和九品中正制的毁灭，还是科举制的建立和长期存在，都因缘于公平二字。

新中国高考制度的改革发展，更彰显了公平因素的重要性。1952年，新中国建立了统一高考制度。由于历史与政治原因，高考制度从一开始即身兼为高校选拔合格新生和选拔后备干部的双重任务。统一高考之建立，除效益和质量的考虑外，更有追求公平之本源因素。统一考试正是从制度上排除了考试之外的人为因素的干扰，有效地保证了考试的公平与健康发展，使全体国民享有平等参与接受高等教育和追求社会地位竞争的机会。而"文革"时期统一高考的废止，使高校招生的公平性受到践踏。

---

[*] 原载《教育研究》2005年第3期；《新华文摘》2005年第17期转载；《高等教育》（人大复印资料）2005年第7期转载。

高考自恢复至今的20余年里，在以全国统一的文化考试为根本的高校招生考试制度不动摇的同时，也进行了方方面面的改革。回顾这些改革，但凡涉及公平性，无不引起社会上下的深切关注，有些改革甚至因不公平而难以善终。例如，在招生体制方面，20世纪80年代实行的招收委培生和自费生改革，本是一种有助于解决高等教育中长期存在的"产销不对路"矛盾之良策，可发展到后来，因收费和降分挂钩，"权力干预"、"分不够钱来凑"等不正之风趁机而入，严重破坏了高校招考的公平原则和损毁了高等教育的社会声誉而终遭唾弃。在考试内容方面，近年来加试外语口语和考测实验能力的改革，以及考试命题中出现的城市倾向性，对教育资源占弱势的农村考生群体而言，其公平性也甚为民众所质疑。在保送生制度方面，问题更为严重。实行保送制度的本意是为了弥补高考笔试的不足，创设一种使拔尖人才脱颖而出的环境。然而，人为因素的干扰，很快就将这一良法美意异化为"推劣不推良、送官不送民"，致使操作环节严重失范。难怪很多人指责保送生制度是中国教育领域最大的腐败。在录取制度方面，20世纪80年代为扩大高校招生自主权而增加的投档比例的改革，却造成录取季节"条子票子满天飞"的"奇观"，使高考这块社会净土遭致人情、权力和金钱的严重侵蚀。20世纪末推广的网上录取改革，出发点之一正是为了杜绝各种非成绩因素对录取造成的困扰，维护高考的公平公正原则。此外，各省市录取分数线的失衡，也成为近年"两会"热议的话题，人们期望通过统一高考分数线来纠正目前存在的不同省市间考生高等教育入学机会竞争不公平的现状。

2004年，11个省市实行自主命题，成为高考改革最新的热门话题。2004年1月，教育部要求天津、江苏、浙江、福建等11个省市按照全国统一考试大纲实行自主命题，2005年在全国推广。自主命题对于绝大多数省市而言还是新鲜事物。从2004年的实际运作看，自主命题的试点较为平稳，没有出现大的问题。不少省市的调查反映，自主命题有利于实施素质教育、推进高中课程改革，考题难度较以往更小。

但毋庸讳言，自主命题也带来了一些问题。最突出的是考题押中率增高。由于自主命题只从本省中挑选命题人员，命题人员和教师互动的概率，较之从全国范围挑选命题人员的全国统一命题肯定更大。因此，自主命题一方面减少了因一省泄题波及全国的风险，但另一方面，在抵御高押题率、人情请托和特权干涉等方面，却可能低于全国统一命题。由此也会带来新的公平问题。此外，不少人认为自主命题的权威性不及全国命题。客观上讲，各省命题在命题水平和管理经验上，一时确难企及全国命题，命题质量势必受到影响。而命题质量即试题信度、效度和区分度的高下，又直接关系到考试选优劣汰功能的发挥，进而影响到考试的公平性，考试的权威性也会因此大打折扣。因此，要使自主命题在全国顺利推广，各省市应在题库建设、命题人员培训、命题管理等方面花大力气，使自主命题在不降低命题质量的前提下,达到促进各地素质教育、规避全国范围泄题风险的目的。

　　历史经验和现实教训无不昭示着这样一个命题:公平是任何社会永恒的诉求。在日益追求公平、公正与效率的今天,任何一项制度,其生存或发展空间的大小,已越来越取决于其程序的公正程度。考试制度的改革,若改掉公平,就等于革自己的命,这似乎成了考试历史上一个颠扑不破的真理。对中国这样一个尤重人情关系、社会资源相对紧张的发展中大国而言,民众的公平忧患意识与渴望也较别国更为强烈。"不患寡而患不公"是社会大众的普遍心态,亦是对高考改革的现实心态。在高等教育供需矛盾尚较突出的情况下,确保教育机会公平乃高考改革第一要义。即使在高等教育实现了大众化的今天,乃至迈入普及化的明天,也仍存在优质教育资源的竞争,公平仍是且将一直是高考改革的基本要素。

高考对社会流动的影响

——以厦门大学为个案*

社会流动是指在一定的社会分层结构中，人们在各种社会集团内部、各种社会集团之间，以及在各种活动空间之间变动、转移的形式和过程。① 作为考察社会动态结构变化以及衡量社会开放和发展的重要指标，社会流动是社会学研究的一个核心概念。一般认为，社会流动有垂直流动和水平流动两种基本类型，其中，垂直流动是指在社会分层体系中个人或群体跨越等级（或阶层）界限的位置移动情况，根据移动的方向，又可进一步分为上向流动和下向流动。由于垂直流动可以给处于较低地位的人提供破坏不平等制度的动力，因而高的社会流动率可以作为一种安全阀，释放较低阶层的不满，起到稳定社会秩序的功能。

社会流动受政治、经济、教育、地理、人口乃至战争等多种因素的影响，考试特别是大规模考试也是其中较为重要的因素之一。事实上，在中国这个考试的故乡，考试与社会流动的关系是个古老的话题。对于历史上科举引发的社会流动，历史学和社会学界的研究兴趣一直不减，无论是定性还是定量研究，成果都很多，各种观点的争鸣互动也颇为热烈。② 与科举不同的是，高考与社会流动关系的研究领域，却远不及前者热闹。这一问题之所以被忽视，原因之一在于几乎没有人怀疑高考促进社会流动、平民子弟通过高考改变命运的事实。那么，高考究竟在多大程度上影响社会流动？其影响受到何种因素的制约？应如何认识高考在二元结构社会解体和社会稳定中的作用？这些问题甚少被关注。本文拟以厦门大学为个案，通过对建国前后学生社会阶层变动的实证调查，试图探究高考制度对社会阶层上向流动的影响力，并由此分析它对于社会发展的意义。

一、研究综述与调查概况

由于高考建制时间仅50余年，人们对它的研究兴趣多数时候集中于这一制度

---

* 原载《教育研究》2007年第3期；《高等教育》（人大复印资料）2007年第6期转载。
① 程继隆编：《社会学大辞典》，中国人事出版社1995年版，第290页。
② 刘海峰：《科举学导论》，华中师范大学出版社2005年版，第236~245页。

本身的改革与完善。有关高考与社会流动的关系这一问题，到近些年才出现一些研究成果。一般而言，学界对社会流动问题多通过统计流动率来进行定量研究，得出令人信服的结论。但教育界对这一问题的研究，却以定性方法为主，且多停留于感性的泛泛而谈，缺乏深入的学理层面的思考。

（一）研究综述

笔者视野所及对这一问题有一定理论深度的相关研究成果，主要有两项：一是张宝昆的著作《大规模教育考试的社会控制功能研究》，二是李家林的论文《论考试在社会流动中的作用》。

在《大规模教育考试的社会控制功能研究》一书中，作者首先对科举考试控制社会流动的历史作了简要的定性考察，认为科举除造成并控制了向上社会流动之外，也间接地对其他形式的社会流动（如水平流动和向下流动等）造成影响。作者特别对考试控制社会流动的现状进行了考察，得出自新中国成立以来实行的35次高考（除去1950年、1958年和"文革"11年），促成了1 354.05万人的向上流动[①]（"文革"前15年录取了200.95万人，1977～1996年共录取了1 153.1万人，其中，农村人口约占50%）。作者据此认为，高考制度（尤其是自1977年恢复高考后）充当了促进社会流动并控制这种社会流动的角色，起到了一个社会安全阀的重要作用。[②]

《论考试在社会流动中的作用》一文，也主要从定性的角度论述考试如何促进合理社会流动的形成。作者认为，考试通过其本身的规范效应来规范社会流动行为，从而强化社会流动的有序性；通过考试政策的制定，来协调控制社会流动的流速和流量；通过考试内容或标准、考试结果等来促使社会主客观目标之间维持着一种动态平衡；考试通过其公平性和规范性，对社会成员的社会流动的价值取向起良好的导引作用。当然，这些作用的实现均须基于考试制度科学、合理这一前提。[③]虽然此项研究中的社会流动并非特别指向阶层流动，考试也并非专门指向高考，但对我们研究高考与社会流动的关系还是有一定参考价值。

以上两项研究主要针对的是包括高考在内的大规模考试制度对社会流动的研究，所做的也基本上是定性综合研究，而且没有进行统一高考与非统考办法的对比。从这一角度看，高考对社会流动的影响力之大小，基本上是一个空白的研究领域。尽管与之相关的关于高等教育与社会分层的研究成果颇为丰富，但均未将视角直接落到高考制度的分析上。

[①] 需要指出的是，张宝昆所提及的35次高考促成1300多万人的向上流动有失准确，因为录取人数中有部分人只是实现了阶层的水平流动而非向上流动（这里涉及阶层的界定问题）。显然，在上大学与向上流动之间并不能简单画等号。

[②] 张宝昆：《大规模教育考试的社会控制功能研究》，云南大学出版社1999年版，第100～109页。

[③] 李家林：《论考试在社会流动中的作用》，载《安徽师大学报》（哲学社会科学版）1998年第1期。

(二) 调查概况

人们在研究科举对社会阶层流动的影响时，惯常的方法是对比科举与之前各种人才选拔制度下统治阶层的社会成分。同理，高考对社会阶层流动的影响大小，也要通过与未采行高考时期学生阶层分布的对比来体现。鉴于新中国从1952年建立统一高考制度后，除"文革"11年，其余时间均采行这一制度，而"文革"的情况又十分特殊，难以进行常态比较，因而我们只能对比建国前未采行统一考试时期和建国后采行统一高考时期的情况。

具体而言，本文是通过对比统一高考建制前后学生家长职业构成的差异，来分析高考对社会流动的影响。这就要求调查的学校一定要在统一高考建制前成立，且建校时间越长越理想。厦门大学作为一所具有80多年历史的综合性重点大学，无疑是符合这一条件的。厦门大学于1921年建校，其20世纪30、40年代的学生档案也被保留了一部分。但这些纸质文献毕竟保存时间已长达数十年，且历经数次政治运动的破坏，很多档案要么缺失，要么因虫蛀或发霉而难以认读。尽管如此，笔者还是设法浏览了厦门大学几乎所有建国前的学生档案，通过查阅学生家庭状况、教育环境调查表、国立厦门大学人事调查表、入学志愿书、清寒学生调查表、学生人事考查表、学生自传等文献，共得到文理各院系学生档案3 141份，其中，有家庭出身情况记载的有效样本计2 356份。相比之下，建国后的档案要齐全得多。笔者分别查阅了1950~1952年、1965年、1976~1980年各年的学籍表，得到学生档案共计6 465份。建国前和建国后档案总计8 821份，采用Excel进行归类。与建国后分年或分阶段统计不同的是，建国前各年由于性质基本相同，且样本较少，被统一归为"建国前"大类。调查对象系别分布广泛，涉及当时几乎所有系别。

二、统计与分析

在本调查中，家长职业（以父亲为依据来统计，极少数父亲情况不详而母亲职业详者，则以母亲为据）被划为工、农、军、学、政、商、其他七大类，其中，工包括工人、职工和手工业者；农指农民；军包括普通军人和军医；学包括大学教师、中小学教师、医生和科技人员；政指干部（包括农村干部）；商包括商人、华侨和侨店员，其他包括非农（据其综合信息推断不是农民者）和失业者。

在我们对职业所划分的七大类中，学、政、商界的职业因占有较多的文化、政治或经济资本而享有较高的社会地位，可以认为这些领域的职业处于较高的社会阶层，而工、农界职业的社会地位则较低，无论是从社会声望、经济收入还是文化资本的占有上看，都可以认为是处于较低的社会阶层。当然，某些职业或阶层由于种种原因在建国前后所享有的政治或经济地位可能略有不同，但总体上看，其社会地位的变化并不大。例如,尽管农民阶层在建国后享有了与其他阶层同等的政治地位,但其社会资本尤其是文化和经济资本占有上的弱势地位并没有任何改变,仍然是一个处于中国社会阶层结构金字塔底部的弱势群体。即使现在涌现了大量流向城市谋生的农民工,他们充其量也只能成为一个亦农亦非的"边缘群体",和弱势群体无甚大异。工人阶层的情形也大致相同。表1是建国前后厦门大学学生家庭职业阶层变异情况。

表1　　　　　厦门大学建国前、后学生家庭职业分布

学生家庭	年份	1949以前	1950~1952	1965	1976	1977	1978	1979	1980
工	人数	52	87	97	122	151	237	187	187
	百分比	2.21	11.27	17.35	15.99	15.27	18.05	18.26	17.89
农	人数	319	176	263	199	118	148	173	235
	百分比	13.54	22.80	47.05	26.08	11.93	11.27	16.89	22.49
军	人数	58	3	6	25	42	38	15	15
	百分比	2.46	0.39	1.07	3.28	4.25	2.89	1.46	1.44
学	人数	502	146	35	75	251	308	228	242
	百分比	21.30	18.91	6.26	9.83	25.38	23.46	22.27	23.16
政	人数	418	78	45	276	292	374	324	299
	百分比	17.74	10.10	8.05	36.17	29.52	28.48	31.64	28.61
商	人数	944	278	76	5	11	15	16	17
	百分比	40.07	36.01	13.60	0.66	1.11	1.14	1.56	1.63
其他	人数	63	4	37	61	124	193	81	50
	百分比	2.67	0.52	6.62	7.99	12.54	14.70	7.91	4.78
学生总数		2 356	772	559	763	989	1 313	1 024	1 045

资料来源:笔者统计所得。

先看建国前后的对比。表中显示,在建国前,学生父亲职业比例列前三位的分别是商界、学界和政界,三者相加为79.11%,而工、农的比例则分别占2.21%和13.54%,二者相加为15.75%。说明建国前高等教育入学机会有近八成为较高社会阶层子女所占有,通过单独招考①实现阶层向上流动的工、农子女所占不到二成。而在建国后的1965年,学生父亲职业分布发生了根本性逆转,商界、学界和政界三者相加的比例降至为27.91%,工、农比例相加则增至64.40%。说明建国后低社会阶层子女凭借统一高考实现阶层上向流动的比例已大幅增加。1965年以

---

① 尽管1938~1940年厦门大学曾参加过部分国立大学联合举行的统一招考,但由于规模甚小,在影响面和影响力度上,与建国后的统一高考不可同日而语。

后各年的比例也都说明了这一点。

如果说，在"文革"即将来临的1965年，过于强调阶级成分的政治因素对当年的工、农子女高等教育机会有较大影响，那么相比于建国前，1977~1980年与1965年相似的比例则说明，在实行统一高考的情况下，政治对于阶层流动并非一个有持久影响力的因素。而教育政策和家庭经济条件对于较低阶层子女实现社会流动却是不容小觑的影响因子。一方面，自新中国建国伊始，政府便提出教育要"为工农服务"，加上高等教育实行免费教育，使工、农子弟有较多机会接受高等教育；另一方面，建国前实行单独招考，到各校参加考试所需费用对较低阶层家庭来说实在是一笔不小的负担，若参加几所学校的考试，则更不堪重负。而实行统一高考省却了考试旅费，也使较低阶层子女接受高等教育的机会大大增加。

再看建国后不同年份的对比。在建国后的各年中，1976年是个较特殊的年份。统一高考在1966~1976年被停废了11年（虽然从1972年高校开始恢复招生，但实行的是政治色彩浓厚的推荐制），直到1977年才恢复统一文化考试，因而，1976年采行的不是统一高考招生办法，理论上是可以与实行统一高考的其他时期进行对比的。但遗憾的是，由于"文革"对政治背景的过度强调，其所反映的情况不能视为常态。

尽管如此，1976年的数据仍有其对照意义。表中显示，1976年父亲职业分布以政界为最高，比例高达36.17%，这一结果与一般所认为的"文革"中"好大学"（或者说"重点大学"）以干部子女居多的看法大体吻合。农界和工界步后，分别为26.08%和15.99%。而学界仅为9.83%。这样的反常分布很可能与其时强调学生出身的工、农成分比例、权力在推荐制入学办法中起关键作用，以及"文革"中知识分子地位严重下降等因素有关。1977~1980年各年，父亲职业中政界的比例下降到30%左右，相反地，在1965年和1976年都出奇低的学界比例（1965年学界比例低可能与"文革"前夕知识分子地位下降有关），则骤然上升并基本稳定在22%以上，仅略低于政界。政界比例下降而学界比例上升并与政界比例基本相当，且与建国前学、政界持平的情况也基本一致，说明权力因素对统一高考的干扰现象基本上已不复存在。工界和农界的比例则亦有所上升。

此外，由于1965年、1976年特殊的政治背景，我们无法根据其农界的比例而判断统一高考对较低阶层子女社会流动的影响力大小，但却可从政界比例的升降看出统一高考和推荐制二者的公平程度之孰高孰低。而公平性恰恰是影响社会阶层流动的重要因素，考试制度越公平，低阶层子女借此制度实现阶层向上流动的可能性便越大。

三、余论

必须指出的是，建国前、后学生家长职业阶层的变异，并不仅仅受高考制度的影响，它与政治、经济和教育体制都有一定的关联，有时某些关联甚至起决定性作用。例如，高等教育收费与否，就直接影响着较低阶层子女接受高等教育的积极性和可能性，进而影响着学生家长职业阶层的构成。有统计表明，在近几年高等学校录取的新生中，农村生源所占的比例已经由原来的30%多下降到现在的15%左右。[①] 在目前高等教育助学贷款制度尚很不完善的情况下，日渐上涨的学费、后勤社会化和日益扩大的教育资源城乡差异不能不说是最主要的原因。再如，建国前商人阶层大量存在，而建国后到改革开放前由于实行国营经济，个体经商形式几乎消亡，造成商人阶层在各阶层中所占比例由建国前的40%锐减为建国后的不到2%，也影响了家长职业阶层构成的相对稳定性。因此，我们在判断高考对社会流动影响力的大小时，必须根据各种因素进行综合分析，既不要夸大高考在社会流动中的作用，正视它发挥促进社会流动功能所需要的其他教育政策和社会条件支持，也不能因此否定它对社会流动的意义。

由于关联因素较多，建国前后学生家长社会阶层的对比所折射出的高考对社会流动的影响，难以像科举考试对其时社会流动的影响那样清晰，这一研究成果因此也存在很大的局限性。但若单从工、农阶层建国前后的对比来看，统一高考比单独招考给较低阶层子女实现向上流动提供了更多机会则毋庸置疑。

据许欣欣对1990年和1993年中国不同地位群体间的代际流动研究，得出国家干部这一我国社会分层体系中地位最高的阶层，同职率[②]很低，相反，流入率（从其他阶层流入某一阶层的概率）则很高，1990年和1993年分别为73.8%和64.3%，说明在接受新成员方面干部阶层的开放程度是相当高的。[③] 而新中国曾有相当长一段时期，能够被列入干部编制的一条最主要途径便是取得国家正式的全日制中专以上学历后，被国家人事部门按计划分配到具体工作单位。在统一高考几乎是取得国家正式全日制中专以上学历机会唯一通行证的当代中国，干部阶层有如此高的流入率，以及由此所反映出的相应高的社会阶层流动率，不可否认统一高考对其发挥的作用。此外，笔者也曾对厦门大学1997~2001届博士毕业生的家庭出身做过统计，得出有56.7%的博士来自除教师和干部外的非知识阶层家庭（其中37%来自农民阶层）。[④] 尽管来自农民阶层学生的辈出率[⑤]相对而言仍较低，但低阶层子女通过层层竞争性考试（包括高考）得以有机会成为国家栋梁从而实现社会

---

① 潘多拉：《农村生源比例逐年下降　门槛考量下的教育不公》，http://edu.beelink.com.cn/20050815/1907244.shtml，2005年6月24日。
② 同职率是从子代角度出发考察特定阶层（或群体）成员的社会背景，可以体现某社会群体在吸纳新成员方面所具有的开放程度。
③ 许欣欣：《当代中国社会结构变迁与流动》，社会科学文献出版社2000年版，第242页。
④ 郑若玲：《高等教育与社会的关系——侧重分析高等教育与社会分层之互动》，载《现代大学教育》2003年第2期。
⑤ 辈出率是指某一社会阶层子女在大学生中的比例与该阶层人口在同一社会全体职业人口中所占比例之比。辈出率为1，说明该阶层子女接受高等教育的机会与同一社会全体阶层的平均水平相同；如果辈出率超过1，则意味着该阶层子女接受高等教育的机会高于全体阶层的平均水平，反之，则低于平均水平。

阶层的上向流动，却是不争的事实。

现行的高考制度因弊端甚多而遭致越来越激烈的社会批判，甚至有人将其形容为"一头让人哭笑不得、又无可奈何的怪物"和"一个荒谬的制度"[①]。但正是这种刚性的制度，让社会底层精英有了"公平的立基"，为其向上流动提供了保障，并疏散了其对社会资源分配机制所郁积的不满。必须正视的是，建国后我国的二元结构局面非但没有改观，而且阶层差异还在不断扩大，各阶层尤其是优势阶层的代际继承性也呈日趋增强的态势。这种阶层流动机制的弱化，反过来将强化阶层间的对立与敌意，甚至造成社会的"断裂"。阶层流动障碍的加强，对社会发展而言无疑是一个十分危险的信号。

在如今的高等教育机会分配中，权力的侵扰虽然已不明显，但金钱的作用却越来越大。对钱权皆无的广大草根家庭子女来说，高考作为一个自致性因素，几乎成为他们获得高等教育机会、实现阶层上向流动一条最公平合理的"独木桥"，而教育机会的公平竞争恰恰是社会和谐发展的重要内容。社会正义论研究权威罗尔斯认为，一种正义的社会制度应该通过各种制度性安排来改善或优待那些处于社会底层的"最不利成员"的处境，缩小他们与其他人之间的差距。[②]虽然以目前优质高等教育资源仍非常匮乏的国情，我们在短时期内尚无法刻意增加社会底层的高等教育机会，但至少应保存高考这条使其得以实现正常社会流动的"独木桥"。这实在也是他们的权力，而非优待。

[①] 许纪霖：《高考制度：迫不得已的荒谬》，载《中国新闻周刊》2005年第27期。
[②] [美]约翰·罗尔斯著、姚大志译：《作为公平的正义——正义新论》，上海三联书店2002年版，第447页。

高考公平的忧思与求索[*]

新中国成立以来最重要的教育制度非高考莫属。而在高考改革话题的"关键词"中,人们最先想到也最为关注的,则莫过于"公平"一词。公平是人类文明史上争论不休的永恒话题,也是民众评价高考合理与否最重要的指标。公平之所以成为高考改革"第一词",是因为它直接关系到高等教育的入学机会,而高等教育入学机会与考生个人乃至家族利益攸关。在 1977 年恢复高考以前,由于社会整体文化程度不高,高等教育毛入学率尚低,处于精英阶段的高等教育让许多人可望而不可即,高等教育意识尚未普及,高考的社会影响也较为有限。恢复高考以后,随着"尊重知识、尊重人才"方针政策的形成,"知识改变命运"的观念逐渐深入人心。尤其在当今中国,社会竞争异常激烈,竞争重心日益上移,高等教育成为许多人参与社会竞争的起点,民众接受高等教育的意愿日渐强烈,对高考这块高等教育的"敲门砖"也就格外关切。

近年来,学界对高考改革与入学机会公平问题的研究成果逐渐增多,但与其重要性相比,已有的研究仍显不足。尤其是高考改革的一些新举措,在克服传统弊端的同时,又带来了新的不公平。有必要认真分析高考改革各环节的公平问题,探讨公平对于高考改革乃至社会发展的重要意义,从而强化改革者的公平意识,并将这一问题提升到建设和谐社会的高度。本文拟从高考的形式、内容与录取三个环节,基于国际与现实两个视角,理性反思高考改革①的公平问题,尤其是通过梳理我国目前高考制度中存在的不公平现象,指出高考制度的公平建设仍任重道远,且永无止境。

一、域外的启思

公平理念无国界,高考改革的公平性也是一个世界性的课题。无论是拥有高等教育先进经验的欧美国家,还是文化和教育观念与我国更接近的亚洲近邻,无论是

---

* 原载《北京大学教育评论》2010 年第 2 期;《中国社会科学文摘》2010 年第 8 期转摘;《中小学教育》(人大复印资料)2010 年第 10 期转载。

① 为求简明,国外的高校招生考试制度改革也以"高考改革"一词来统称。

具有高校自主招生传统的国家,还是以统一招考为主的国家,无论是实行中央集权的国家,还是实行地方分权的国家,无论是资本主义国家,还是社会主义国家,也无论是发达国家,还是发展中国家,近年来进行的高考改革及其争议无一不与公平有关。以美国、法国、印度和我国台湾地区为例。

美国是世界高等教育强国,在300多年的办学过程中,形成了成熟、独特且高度个性化的高校招生制度,但这一制度并非完美无缺,相反,有些问题十分突出,族裔间入学机会不公平便是其中之一。入学机会公平问题一直是美国高校招生改革的热点,也是美国政府面临的最头痛的教育和社会难题。2006年,美国高等教育乃至政治领域进行了两项与此相关的重要改革,并引发了广泛讨论与激烈争议。

改革之一是取消提前招生。2006年9月12日,哈佛大学宣布从2007年起取消提前招生计划[①],此后的两周,普林斯顿大学和弗吉尼亚大学也相继作出同样的决定,迅速在全美掀起一场关于提前招生的争论热潮。提前招生的门槛虽高,但录取率通常比常规招生的高出数倍。然而,这一计划无法让学生对多所大学的奖(助)学金结果进行比较,因此,申请者多为那些请得起家教或升学顾问、就读于教学条件优越和有丰富升学指导经验的中学的优势阶层子女,而那些需要对多所大学的奖(助)学金进行比较和选择的家境一般或贫寒的学生,通常不愿也不敢申请这一计划。哈佛大学宣称进行这项改革最主要的动机便是追求公平。因为提前招生使得低收入家庭和少数族裔子女在这些著名大学的入学竞争中明显处于弱势地位,而对那些本来就处于优势地位的学生则更有利。[②] 除了奖(助)学金的原因外,这一改革还被认为有利于缩小大学之间的差距,使各阶层子女入学机会更加平等。[③]

改革之二是废除《平权法案》。1961年,针对根深蒂固的种族不平等,肯尼迪政府颁布了著名的《平权法案》(Affirmative Action),规定在入学和就业方面不仅要消除种族和肤色歧视,而且应给少数族裔和女性以优先的考虑或机会。2006年11月7日,密歇根州对废除《平权法案》提案进行表决,结果以58%的多数获得通过。法案的废除,意味着少数族裔和女性的入学和就业优待不再受法律保护。支持者认为真正的入学公平是对个体的评价应基于能力而非肤色或其他,反对者则认为法案的废除使弱势群体的权益受到伤害。密歇根不是第一个"吃螃蟹"的州,加州在1996年、华盛顿州在1998年即已废除这一法案。但此后,在非常看重学业

---

① 提前招生是美国高校数种招生计划之一,包括"提前决定"(early decision)和"提前行动"(early action)两种类型,学生如果申请了某校"提前决定"计划且被录取,便有义务进入该校。"提前行动"计划则允许学生对该计划与自己获得其他大学的录取结果进行比较后作出选择。

② Alan Finder & Karen W. Arenson, *Harvard Ends Early Admission*, The New York Times, September 12, 2006.

③ EDITORIAL: *End Early Admissions: Colleges should give kids and parents a break*, The Philadelphia Inquirer, September 20, 2006.

成绩和考试分数的加州大学系统（特别是在伯克利和洛杉矶两所分校），非洲裔、西班牙裔和美洲土著等少数族裔学生的比例大为下降，白人、亚裔学生的比例则大幅上升，引起民众对招生公平的质疑。密歇根州的表决，则引发了美国社会对是否要重新起用《平权法案》新一轮的激烈争论。①

此外，美国在标准化统考的内容改革上，也非常注意避免经济、种族或性别等因素影响学生的分数，尽可能消除命题导致的不公平。有"美国高考"之称的学术性向测验（SAT）在改革中便常常自我追问：命题是否对女性或少数族裔不利？答题的正确率是否有明显的阶层或族裔差异？有个很典型的例子可以说明：SAT中曾有一道语言类推理题，要求考生找到一个与"跑步者"和"马拉松"之间有类似关系的选项，正确答案是"划船者"和"划船比赛"。由于"划船"是一项在富人中流行的运动，来自富裕白人家庭学生的答对率要远高于来自低收入非洲裔家庭学生的，此题或与之类似的题目因此被指责带有"内置偏见"。②

法国教育制度具有高度中央集权制的特点，与我国国情有一定程度的相似性。法国实行与英国类似的"证书制"高校招生制度。学生只有获得高中毕业会考证书才具备申请高等院校的资格。和中国的高考一样，法国高中毕业会考也是一种典型的国家考试。2005年，法国教育部公布了新的《教育指导法》，其中一项涉及会考制度的改革方案提出：将颁发文凭的标准改为对期末考试、平时考试、实习考试和鉴定等成绩的综合计算，以避免"一考定终身"的不合理现象。这一科学合理的改革计划，却引发了广大师生的强烈抗议，最后发展成为一场罢工、罢课、游行、示威的学潮，强烈震荡着法国的政局，改革计划也因此搁浅。人们担心将各种成绩载入高中毕业文凭，会使高中毕业会考证书失去国家统一文凭原有的价值，认为改革强化了社会对个人前途选择的决定权和不平等。由于平时成绩主要掌控在任课教师手中，增加平时成绩在会考成绩中的分量，将造成任课教师直接支配学生前途的权力过大，有可能损害到高中毕业成绩的公正性。此外，各中学教育质量和声誉的好坏，也极易造成"同样的中学毕业文凭而价值不同"的结果，这对较差学校中学习优良的学生有失公平，特别是对因经济拮据而读不起好的私立学校的学生来说，更是不公平。③

作为"自由、平等、博爱"思想发源地的法国的民众，素来追求观念上的绝对平等，认为无论什么人、何种家庭社会地位，都要经过平等的竞争来取得学习机会。也有人认为，法国人之间最大的不平等在高等教育机会的差别而非经济上。④尽管证书考试制度有种种不合理，但它毕竟是"维系公平竞争最伟大的平衡装

---

① Ralph C. Carmona, *Beyond 209*, San Francisco Chronicle, October 26, 2006.
② Richard Herrnstein & Charles Murray, *The Bell Curve：Class Structure and the Future of America*, New York：The Free Press, 1994, p. 281.
③ 杨玲：《法国近期的中等教育改革与学潮》，载《世界教育信息》2005年第10期。
④ 瞿葆奎：《法国教育改革》，人民教育出版社1994年版，第305页。

置"，考试制度调整着法国公民的生活和工作，失去资格证书将会一事无成[1]，这正是关乎入学机会公平的高中毕业会考制度的改革建议会引发一场影响政局的学潮原因之所在。

印度作为我国的亚洲近邻和人口众多的发展中国家，近年来高等教育规模急剧扩张，高校招考制度也存在许多与我国类似的问题，如应试教育、学业负担过重、高校自主权不足等，同样也有人质疑高考存在的必要性甚至建议取消它。"和中国一样，高考对印度的广大年轻人来说，也是人生中的一件大事；特别是对于大部分平民子弟而言，上大学深造绝对是扭转自己乃至整个家庭命运的良好契机。"[2] 由于"僧多粥少"，印度的高考竞争异常激烈。从独立之日起，印度便为扩大入学机会和追求高考公平而不懈努力着。印度高考制度的公平性建设主要表现在两方面：

其一，倚重统考成绩。印度虽然没有专门的全国性大学入学统考，高校招生主要依据学生的高中毕业考试和大学自主招考两项成绩（前者是报考大学的基础或必要条件，而后者并非所有大学都举办），但高中毕业考试是由印度中央中等教育委员会统一组织和命题的全国性统考，相当于我国的高考。其二，录取实行"保留政策"（Reservation Policy）。由于长期实行种姓制度给印度社会带来了阶级和性别上严重的不平等，为保证弱势群体的高等教育机会，高校录取实行保留政策，规定政府管理的高校为表列种姓和表列部落等宪法认定的弱势群体保留一定比例的名额，原则上，其就学比例不低于人口比例。现在，甚至要求自筹经费的私立高校也要执行这一政策。[3] 该政策旨在支持种姓制度下长期受到不公正对待的弱势族群。印度大学拨款委员会（UGC）还启动了一些专门计划，以帮助弱势学生在竞争激烈的高考中取得好成绩。当然，保留政策也遭到许多高等种姓人群的反对，尤其是2006年政府宣布将"落后阶级"的保留配额总体比例提高到49.5%后，处在印度高等教育系统顶部的印度理工学院（IITs）、印度医学院（AIIMS）、印度管理学院（IIMs）和其他高等院校的部分学生上街举行示威集会，抗议政府坚持实施保留政策[4]，认为它是一种"逆向歧视"。而且，这一政策在一定程度上影响了大学的办学效率，通过保留制进入大学的弱势族群往往难以达到学校的学术要求，淘汰率极高，从而制约了学校整体质量的提高，与印度建设世界一流大学的时代背景不协调。尽管如此，印度政府在阻力和压力面前还是继续坚持这一政策。关注弱势群体、追求教育公平仍是印度高考改革不变的主题。

台湾地区和祖国大陆一衣带水、血脉相连。与美国、英国、法国、俄罗斯等欧

---

[1] 于钦波、杨晓：《中外大学入学考试制度比较与中国高考制度改革》，四川教育出版社2000年版，第110~111页。
[2] 鲁子问：《印度高考招生制度分析及其启示》，载《教育测量与评价》2009年第5期。
[3] 宋鸿雁、阎亚林：《印度高等教育公平问题的研究——以表列种姓、表列部落和女性为例》，载《理工高教研究》2008年第3期。
[4] 施晓光：《印度教育"保留政策"问题探析》，载《比较教育研究》2008年第10期。

美国家相比，甚至和日本、韩国等亚洲近邻相比，台湾地区与祖国大陆的高考制度有更强的相似度。同属于"亚洲儒家文化圈"的海峡两岸，可谓同文同种，高考制度也有着基本相同的文化根底。20世纪50年代初，两岸在政治隔绝的情况下不约而同走上高校招生的统考之路。由于台湾的高考一直没有中断过，在发展过程中先一步遭遇了许多大陆高考正在遇到的问题，在考试形式和录取制度的改革上尤多启发与借鉴。

其一是"统一考试"变"多元入学"的影响与争议。1954年，台湾建立了大学联考制度，1999年，在对联考弊端进行全面检讨的基础上提出了"大学多元入学新方案"，2002年正式实施。[1] 之所以进行"多元入学"的改革，主要是想纠正以往联考"一考定终身"、"升学主义盛行"、"考试主宰教学"等流弊。而"新方案"中的"甄选"一途，确实在打破"一考定终身"弊端、强调选才标准多元化的同时，也给了高校相当大的招生自主权，并使考生有展示自己才能的机会。然而，甄选的公平性却备受质疑。同以往联考"以分取人、一试定江山"相比，"甄选只要通过简单的基本学力测验再参加面试，很可能产生关说、走后门、开假证明等情事……为了要让学生符合推荐条件，老师不得不替学生制造表现机会，最常见的做法是让学生轮流担任干部，让每个学生都有干部记录或是开服务时数证明。"[2] 更有人认为，"'多元入学'的关说特权之盛，已到了骇人听闻的程度。"[3] 此外，由于才艺是大学甄试考核的重点之一，而民众普遍公认"才艺是钱堆出来的"，"多元入学"因此被讽为"多钱入学"。2002年5月台湾TVBS的民调显示，六成的家长对多元入学方案的公平性持质疑态度，七成的家长赞成恢复以往的联考制度。[4]

对于多元入学弊病的针砭，追根究底还是缘于人们心中那份永远无法割舍的"公平情结"。"超过七成的民众赞成恢复联考，怀念的不是伴随而来的压力，而是行之多年、制度化、明确又较能取信大众的选才方式，能够减轻家长的经济负担、缩短学生的痛苦期，更让社会中下阶层有公平的立基，藉由联考改变原有的弱势。"[5] 台湾清华大学前校长沈君山也认为："联考制度几十年来一直受人诟病，但因为它公平简单，凭'真'本领打天下的特点，非常吻合中国考试取仕的传统。……公平在中国人的心目中有无可取代的价值地位。"[6] 目前，大陆高考改革正逐步走向多样化与多元化，在保送生制度、自主招生等实施中，也遇到了诸多公平与诚信

---

[1] "新方案"详情请参阅郑若玲：《台湾地区的高考制度改革》，载《新闻周刊》2004年第23期，第26~27页。
[2] 周祝瑛：《台湾教育怎么办》，台湾心理出版社2008年版，第153页。
[3] 南方朔：《让我们上街头为联考来请愿》，载《新新闻周报》2002年6月5日。
[4] 谢蓉倩：《民调七成家长赞成恢复联考》，载《文教报》2002年5月22日。
[5] 中国国民党中央委员会：《回顾绿色执政两年系列之五——变调的多元入学》，http：//www.kmt.org.tw/Content/HTML/Statement/Policy/20020520_13_3788.html，2005年5月20日。
[6] 沈君山：《台湾的高等教育与改革》，载《上海高教研究》1997年第5期。

问题，很有必要以"见贤思齐，见不贤而内自省"的理性态度，认真研究台湾高考改革中遇到的公平问题。

其二是对特种生加分优待政策的争议与改革。台湾实施联考制度后，对边疆生（含蒙藏生、新疆生、少数族裔生）、山地生、派外工作人员子女、退伍军人、侨生、港澳生、大陆来台生、运动绩优生等八类特种生给予了录取加分优待。加分优待是在考量历史背景、政治、教育资源分配以及个人异能等因素后，基于社会正义理念下的政策产物，是一种"兼顾公平和合理的社会正义补偿措施"①。20世纪80年代中期，加分优待政策开始广受批评，原因有三：一是时移势易，有些特种生的加分意义已不复存在；二是对少数人的加分可能损害多数人的利益；三是降低录取标准会影响大学水准。鉴于此，从1993年起，陆续取消了对运动绩优生、边疆生、港澳生、大陆来台生的加分优待。② 如果说，台湾特种生加分优待起初主要是基于政治的考量，那么，加分类型的删减则意味着优待目的已逐渐由政治考量向社会正义回归。

此外，为实现"照顾弱势、区域平衡"的理想，台湾"教育部"2007年制订了"大学繁星计划"，以近三年未曾有学生进入接受"教育部""迈向顶尖大学计划"补助的12所"明星大学"的高中学校为对象，给予这些高中一两个名额，择其优秀学生推荐进入"明星大学"，以弥补城乡或地域差距。第二年，"明星大学"又增至25所，名额增为1 200人，并进一步降低了学能测试成绩的门槛。同年，"高职繁星计划"也开始实施。"繁星计划"的目的在于增加偏远地区弱势学生接受优质高等教育的机会，立意无疑是良善的。但也有人对这一计划表示担忧：偏远学校的教学质量、升学状况及弱势家庭子女的教育，会因此而改善吗？学校选择的"优秀学生"是否真具有弱势背景？学校在运用"繁星"名额时，是否会在校内产生恶性竞争，甚或成为特权的运用？③

限于篇幅，我们只考察了以上较有代表性的四国或地区的基于公平的高考改革及其争议。这些改革与争议其实包含了一定的普适价值或理念。从世界范围看，虽然各国国情、文化、制度、社会发展等千差万别，在高校招考制度的公平性建设方面却呈现以下共性：

在考试形式上，重视统考的作用。统考在高校录取中的作用，不仅为我国这种有悠久统考历史、考试竞争激烈的国家所看重，也越来越被具有高校单独招生传统的国度所青睐。在美国、英国、法国、俄罗斯、澳大利亚、日本、韩国、印度、新加坡等许多国家以及我国香港、台湾地区，由政府或民间专业机构主持的统考的成绩，都

---

① 王彝：《论大学联考特种生加分优待》，载《教育资料文摘》1994年第11期。
② 管美蓉：《考试与社会——以台湾地区大学联考为例（1954～2001）》，载《考试研究》2008年第3期。
③ 薛承泰：《台湾教育改革"繁星计划"引发的思考》，中国台湾网，http://www.chinataiwan.org/sy/hxsp/200710/t20071024_473134.html，2007年10月24日。

是影响大学录取结果的重要乃至唯一因素，只是所占权重有所不同。"从20世纪世界各国高校招生的宏观情况来看，从分散走向统一是一个大趋势，其间存在一定的规律性。"① 重视统考的原因，不外乎公平与效率的考虑——尽管过分倚重统考常常引发人们对"一考定终身"弊端的指责。例如，日本现在基本上进入了"大学全入"时代，大学入学提倡多元能力而不是单纯的学科学力竞争，社会各界也清醒地意识到过于强调考试有很大的副作用，但"日本社会依然存在大学入学选拔根据学力考试成绩顺序录取最公平的观念。"② 因为他们认为，竞争原点越少越好，同一路线、同一标准的竞争才公平，而分数正是"唯一的公平尺度"。尤值一提的是，一贯实行高校单独招考的俄罗斯，也借鉴了中国的统考制度，于2001年出台了《关于试行国家统一考试的决定》，2008年在全国范围内实施统考，改革的主要动机便是提高招生公平、惩治招生腐败。当然，大学入学标准采取"统一"与"多样"相结合，已成为越来越多国家高考的发展方向，以求取公平选才与科学选才之间的最大值。

在考试内容上，重视命题技术的改进与质量的提升。考试技术直接关系到考试的质量，而质量的高下，又关系到考试优胜劣汰功能的发挥，从而间接影响到考试的公平性。随着考试在招生中的广泛使用，许多国家越来越重视改进考试技术、提高命题质量。例如，美国的两大民间考试机构ETS和ACT对考试技术的研究投入力度都很大，其"高考"命题的质量也因此得以长期保持世界领先的水准；印度的中央考试机构为提高高考效用，也曾专门邀请美国评价专家指导高考技术改进，并派出多人到美国进修教育评价理论与技术。此外，考试测量越来越朝向能力、多元、个性的方向发展，并更多地关注"以生为本"、发挥和利用考试的评价功能，而不是"以学生为敌"来"考倒"他们。

在招生录取上，重视对弱势地区或群体的帮扶。我国台湾地区的"繁星计划"、"特种生加分"，印度的"保留政策"，美国的《平权法案》、专门针对弱势群体的"佩尔奖学金（PG）"和"联邦补助教育机会奖学金（FSEOG）"、"少数族裔本科生招生项目（UMRP）"，英国的"公平入学办公室"（Office for Fair Admission）、韩国的"新村运动"等，都是针对弱势地区或群体的招生倾斜措施，日本、德国、英国、澳大利亚、法国、新加坡等，还专门为参加高考的残障考生提供相应的便利条件。这些帮扶措施旨在缩小地区、城乡、阶层或族群差距，维护教育公平。

二、现实的落差

与其他国家或地区相比，高考改革在我国更是一个"社会焦点"，不仅政治领

---

① 刘海峰：《高考改革的统独之争》，载《教育发展研究》2006年第11A期。
② 胡国勇：《竞争选拔与质量维持——大众化背景下日本大学入学考试的变革与现状》，载《复旦教育论坛》2007年第1期。

域对它屡示青睐，学界关于它的争论"剑拔弩张"，媒体的高考报道也可谓"狂轰滥炸"，民众对它的街谈巷议则不辍于耳。而"公平是社会大众对高考最为关注的一个方面，也是高考制度的基本功能和精神之所在。"① 可以说，高考自建制尤其自1977年恢复以来的几乎每一项改革，都与公平二字紧紧捆绑在一起，教育部近年来对提升高考公平性的改革也是不遗余力，但仍有诸多不如意，高考在形式、内容与录取三方面都存在较突出的不公平。

形式方面。1952年以来，统一高考成为高校招生几乎唯一的形式长期不动摇。由于录取制度刚性，标准单一，高校基本上没有招生自主权，中学教学也因此陷入片面追求升学率（简称"片追"）与应试教育的泥潭不能自拔。为适应高等教育大众化、高校招生个性化、考生地位主体化的新要求，扩大高校招生自主权，推进素质教育，探索一种以统一考试为主、多元考试评价、多样选拔录取相结合的招生制度，教育部从20世纪80年代中期开始，先后进行了保送生制度、春季高考、广西本专科分开高考、分省自主命题、自主招生等高考形式多样化的改革试验。客观地说，这些改革为长期"大一统"的高考注入了活力，也推动了高考改革的科学化进程，在选拔优秀人才、鼓励自主办学、更新教育思想、推动教学改革、引导素质教育等方面确实发挥了一定作用。但公平问题也较为突出。以保送生制度和自主招生为例。

保送生制度实行不久便被权力和金钱所侵蚀，逐渐被异化为"特权制"，由起初的"荐良不荐优"变成"推劣不推良、送官不送民"。民众中一种有相当代表性的观点认为，保送生制度打破了公平竞争的秩序，注定要被扫进历史的垃圾堆。② 2009年7月，《中国青年报》通过网络对10 848人进行的调查也显示，82.2%的人认为保送生大多是"关系生"，89.1%的人认为"保优"已经异化为"保权"或"保钱"，90.5%的人认为在社会诚信和监管体系不健全的情况下，保送生制度容易滋生腐败，84.8%的人赞成取消保送生制度。值得注意的是，64.4%的人认同统一高考是能保证绝大多数人利益的最公平公正的制度。③

自主招生与保送生制度存在类似甚至更多的公平问题。随着高校自主招生权的扩大，各种腐败现象如金钱侵扰、权力介入等，容易在"自主"的环境中找到生存的空间；自主招生名额投放的地域与学校差异，造成地域、城乡、学校之间的机会不公平；④ 自主招生选拔更多的话语权掌握在城市，"以'琴棋书画'为代表的

---

① 刘海峰：《高考改革首重公平》，载《光明日报》2005年6月22日。
② 陈杰人：《保送生制度还要存在多久》，载《中国青年报》2000年8月30日。
③ 王聪聪、吴拓宇：《为什么82.2%的人认为保送生多是"关系生"》，载《中国青年报》2009年7月14日。
④ 庞守兴：《质疑高校自主招生改革方案》，载《教育发展研究》2003年第10期。

艺术能力考察、以实验为代表的动手能力考察、以口试为代表的表达能力考察等"①，使名目繁杂的自主招生考试辅导培训班应运而生，加上要求考生到高校参加测试，大大增加了考生尤其是边远、落后和农村地区考生的考试支出，使贫寒子弟由于物质准备的不足而处于竞争劣势，甚至可能被剥夺参与竞争的机会。2009年11月，《中国青年报》对2 117名公众所做的关于自主招生的在线调查显示，民众对自主招生的公平问题忧心忡忡：66.7%的人认为"钱权交易不可避免"，56.78%的人认为"自主招生过程不够透明"，48.8%的人认为"对教育资源缺乏地区学生更不公平"，74.4%的人认为要提高招生录取过程的透明度，69.7%的人认为自主招生首先要保证公平公正、提高公信力，43.8%的人希望高考改革应该谨慎前行、避免伤及教育公平。② 同月，新浪网就"中学校长实名推荐制"问题对13 000多名网友进行的调查也显示，七成的网友认为"实名推荐制对多数人不公平"，也有人担忧农村和西部贫困地区的孩子"会永远被排除在这一选拔渠道之外"，更有网友直言"信校长不如信考分"。③ 以上这些调查对象还只局限于能享受到网络资源的民众④，若将调查向以农民为主体的"沉默的大多数"铺开，质疑自主招生公平性的人数比例会更高。

内容方面。高考内容既包括高考的科目，也包括每一科目具体的考试内容。虽然相对于高考的形式和录取而言，高考内容更具技术性，其公平问题也更加隐蔽，但由于直接关系到考生的成绩，也甚为业内人士所重视。从高考科目的安排来看，外语与语文、数学三足鼎立，成为"3＋X"中的主要考试科目，外语单科分值占据了高考总分的1/5，对外语教学师资与设施相对薄弱的农村落后地区考生显然不利，也有人认为三门主要科目中语言类占据2/3，不利于语言先天处于弱势的男生群体。从具体科目的考试命题来看，带有文化偏向性的考试内容，也被认为不利于农村考生。例如，有学者研究了1995～2001年高考语文试题认为：语文试卷内容较多地反映了城市生活，有些内容农村孩子非常陌生甚至从未听说过，反映农村生活的考题极少；考试对语言、文字的要求非常规范，完全排斥口语和乡土的、不规范的东西，与农村孩子平时的生活相去甚远；考试的综合性、技巧性和创造性越来越高，要求考生有扎实的基础知识、宽广的阅历、丰富的想象、多元的思维，需要平时的积累与训练。此外，在城乡信息极不对称的情况下，却有不少考题来自报纸、文章或书籍等。这样的"文化偏向"对缺乏资料、条件有限的农村考生显然

---

① 刘进、王静：《政策过程分析：自主招生公平问题的内在机理探讨》，载《上海教育科研》2009年第6期。
② 王聪聪：《民众关注自主招生 66.7%的人担忧权钱交易不可避免》，载《中国青年报》2009年11月24日。
③ 谢洋：《校长实名推荐七成网友反对》，载《中国青年报》2009年11月12日。
④ 据相关统计显示，全国农民上网的比例只有0.2%，且主要集中在东部地区。而中国13亿人口中8亿多是农民，从统计学意义上分析，网络民意的代表性值得怀疑。详见汪晓东：《多少农民是网民》，人民网，2010年2月23日，http://culture.people.com.cn/GB/11003992.html。

不公平。不仅如此，高考命题的"城市倾向性"还带来了学校教育中的文化再生产现象，由此进一步强化着中国教育的城乡差距。① 另有学者对某省 2005 年高考语文、英语试卷进行统计学上的项目功能差异（DIF）分析也表明，两科试卷中都存在与城乡有关的项目功能差异。②

高考内容的公平问题还包括新课改后推出的综合素质评价。2008 年 1 月，教育部下发了《关于普通高中新课程省份深化高校招生考试改革的指导意见》，明确将"建立和完善对普通高中学生的综合评价制度，并逐步纳入高校招生选拔评价体系"作为高考改革的主要任务之一。这一有助于推进素质教育的良法美意，却并未得到民众的一致认同。据《中国青年报》2009 年 5 月对 2 693 人进行的网络调查，75.3% 的人赞成将综合评价纳入高校招生的考核范围，认为此举可以更加全面地考核学生能力、改变"唯分数论"的高考评价体系、有利于素质教育的落实等，但也有 67.1% 的人担忧综合评价不能保证公正透明，67% 的人认为综合评价中人为操弄不可避免，53.8% 的人认为对教育资源贫乏地区的学生更加不公平，还有不少人担心这一改革会让农村孩子吃亏。③ 可见，从理性认知的角度看，民众对于综合素质评价重要性的认识是到位的，但对于实践中将其纳入高考录取选拔体系或者作为录取的"硬指标"，则顾虑重重。

录取方面。如何录取最为公平合理，历来是考试选才所面对的重要问题。与科举史上考试公平与区域公平的争议相类似，当代高考的录取公平也成为社会关注的热点。近十年来，几乎每年全国的"两会"上，都有代表提出京、津、沪等地和中西部高考大省学生之间高等教育入学机会不公平问题。④ 2009 年的全国"两会"上，河南代表在《高考制度严重不公平的根源在教育部》的议案中，更是直言不讳地就高考录取的地域不公平问题对教育部提出批评建议，再度引发代表们的关注与热议。⑤ 显然，这一问题已超出教育范畴而带有一定的政治意蕴。在分省命题改革前，"倾斜的高考分数线"是高考录取不公平的"形象代言"：省区之间高考分数线的倾斜，意味着高等教育入学机会的不均衡，机会的不均衡又带来了屡禁难绝的"高考移民"现象。无疑，"高考移民"破坏了高考分省定额录取即追求区域公平的"游戏规则"，但在某种程度上也体现了人们追求考试公平的愿望，"是一种以非正常手段反映的公平诉求"⑥。分省命题改革试行后，省区间高考分数线因不

---

① 余秀兰：《文化再生产：我国教育的城乡差距探析》，载《华东师范大学学报》（教育科学版）2006 年第 2 期。
② 张耀萍：《高考形式与内容改革研究》，华中师范大学出版社 2008 年版，第 253 页。
③ 王聪聪、黄荷：《欣喜过后是担心，民调显示新课改高考让人喜忧交集》，载《中国青年报》2009 年 5 月 13 日。
④ 郑若玲：《考试公平与区域公平：高考录取中的两难选择》，载《高等教育研究》2001 年第 6 期。
⑤ 《中大校长：高考才是实现教育公平的最好制度》，新华网，http://news.163.com/09/0307/15/53QHIPD6000136K8.html，2009 年 3 月 7 日。
⑥ 刘海峰、樊本富：《论西部地区的"高考移民"问题》，载《教育研究》2004 年第 10 期。

具有可比性而失去表征意义,但并不意味着地域高等教育机会的不公平问题得到了解决,这一问题仍可谓中国教育领域"最刺眼的不公正"①。2010年2月笔者在撰写本文时,曾以"高考分数线"和"高考移民"为关键词在"百度"上搜索,分别找到相关网页约1 540 000篇和1 130 000篇,足见高考录取话题的热度仍"高烧不退"。

与录取公平紧密相关的另一话题是高考加(降)分(加分与降分实为一个问题的两面)。高考加(降)分是一种特殊的招生政策,其初衷是帮扶弱势群体或特殊考生,例如,对少数民族或边远落后地区考生、台籍侨属考生、军烈子女等,实行优先或降分录取;在特定时期、一定范围内对一些艰苦行业或国家急需的农、林、师范等专业,实行降分定向录取;等等。在我国这样一个人口众多、资源紧缺的发展中大国,高考竞争异常激烈,一分之差便可能使考生前途或"上天"或"入地",带来人生境遇的云泥之别。现在高考每年考生多达上千万,多一分便可能跨越成千上万的竞争对手,而加(降)分动辄有几十分的优惠,吸引力之大不难想见!在利益的驱使下,全国各地制定了多达190多项加分政策,导致高考加分严重背离初衷,并引发民众对政策执行中"权力寻租"、"权贵盛宴"等腐败现象的颇多诘难。尤其是近两年"浙江高考航模加分"、"重庆考生民族成分造假"、"金融高管和纳税大户子女加分"等一系列丑闻频频曝光,加分政策遭遇了前所未有的信任危机,"山寨版状元"、"裸考"等成为热极一时的词汇。2009年年底,《中国青年报》就当年教育公平问题对全国30个省、市、区2 952名公众进行的调查显示,高考加分政策与择校费、大学高学费等,成为公众心目中最严重的教育不公平现象;在高考加分事件中,76.3%的人将"浙江高考航模加分"、75.3%的人将"重庆31名考生民族成分造假"视为"2009年最损害教育公平事件",58.7%的人认为高考加分政策严重破坏了教育公平,76.9%的人建议取消一切可能滋生腐败的高考政策。"裸考"已成民心所向,甚至有人提出,应取消所有高考加分项目,让考生全部"裸考"。②

三、高考公平需"上下求索"

世界上鲜有像东亚这样如此重视高考的地区。而在东亚诸国中,又鲜有像中国这样如此重视高考的国度。每年高考期间都会出现诸如交通管制、警车专送、公交挪站、飞机改线等特殊现象,高考也因此被形容为"举国大考"。③ 随之,高考的公平性也格外受关注。原因有二:

---

① 肖雪慧:《最刺眼的不公正——2001再谈高考录取线》,载《社会科学论坛》2001年第11期。
② 肖舒楠:《感受2009:调查显示仅11.2%受访者称教育公平》,载《中国青年报》2009年12月15日。
③ 方奕晗:《民调显示高考已成举国大考》,载《中国青年报》2004年6月14日。

一是历史与文化的影响。中国是考试的"故乡",自古便是一个极度甚至过度重视考试选才的国度。而科举制度的长期运行,更将考试这一选才手段的功能发挥尽致,并极大地强化了考试选人的观念。统一招考制度首先在中国而不是在其他国家出现,科举考试的传统渊源是一个重要原因。可以说,科举文化已在传统文化中积淀下来,"生长在此文化中的个体或群体多少都带有考试传统的遗传因子。这就像孙中山本人并没有经历过科举生涯,但他却会提出《五权宪法》中的考试权,民国时期会建立考试院一样。……很难设想一个西方人会将考试在整个社会和政治构架中强调到如此重要的程度。"① 因此,有学者认为中国的高考制度用苏联模式影响论进行解释很不妥当,"因为在有着几千年科举传统的国家,统一考试应该是最具有中国本土性的典型。"②

实际上,高考不仅仅在我国受重视,在东亚其他国家,也有重视考试的文化传统。而且,他们对高考的重视程度比起我国是"有过之而无不及"。例如在日本,高考兼具教育和社会选拔功能,决定着一个人未来的人生,带来了巨大的考试压力,日本也因此被称为"考试地狱"。有人如此形容日本的考试竞争:"日本每年不知有多少学生昏倒在东京帝大的榜单之前——有的是因为被录取而快乐得昏倒,有的则是因为没被录取而挫败得昏倒。"③ 在韩国,举国上下流传着"卖掉黄牛也要供孩子上学"的俗语,一年一度的大学入学考试(即韩国的"高考"),更因关乎考生的前途、事业乃至婚姻而被形容为"比死刑更残酷"的考试。韩国的高考不啻为一次"全民总动员",学生、家长乃至整个社会都为此"绷紧了弦"。④ 之所以如此,乃因日本、韩国、越南等东亚国家都深受儒家文化的浸淫,同属"东亚考试文化圈"。科举作为中国古代人文活动的首要内容,影响既广且远,不仅在中国历史上占有重要的地位,而且还远播海外,对世界文明进程产生过重要影响,尤其在当时的东亚世界具有一种"普世化"趋势。⑤

而历史选择考试,是因为它作为一种崇高的、具有可信性的正义程序的执行过程,在各种选拔人才的途径中最为公平和有效。唯有考试能在制度上遵循"分数面前人人平等"的公平规则,可以杜绝"人事因缘"和"属托之冀"⑥。帝制中国之所以从门第社会走向科举社会(考试社会),其背后有深刻的社会文化根源——摆脱人情请托困扰,追求社会公平正义。从公元前165年西汉文帝首次举行书面策试至今的两千多年中,考试经历了许多变革。盘点这些变革,不难发现贯穿始终的

---

① 刘海峰:《科举制与"科举学"》,贵州教育出版社2004年版,第151~171页。
② [日]大塚丰著,黄福涛译:《现代中国高等教育的形成》,北京师范大学出版社1998年版,第356页。
③ 南方朔:《让我们上街头为联考来请愿》,载《新新闻周报》2002年6月5日。
④ 《韩国高考也"疯狂"》,载《新京报》网站,http://www.thebeijingnews.com/news/guoji/2007/11-17/011@024352.html,2007年11月17日。
⑤ 刘海峰:《中国对日、韩、越三国科举的影响》,载《学术月刊》2006年第12期。
⑥ (晋)葛洪:《抱朴子》("审举"),台湾中华书局(据平津馆本校刊),第5页。

主旋律——追求公平。① 尤其是科举制度的改革，更是把公平强调到无以复加的地步。从变革的趋势来看，取士范围从封闭走向开放，使人人享有平等竞争的机会；取士标准从主观走向客观，客观的标准有利于排除人为因素的干扰，使"'等第'面前人人平等"成为可能；取士配额从注重考试公平走向注重区域公平②，有利于均衡地域教育差异，扶持弱势地区的社会发展。此外，在考试文体、防弊技术、考试规制等方面的改革，也无不围绕"公平"二字做文章。及至民国时期，高校实行单独招考③，带来了选拔标准不一、竞争的平等性得不到保证等缺陷，尤其是国家缺乏对高等学校在各地招生的统摄，造成地区间教育的严重失衡。为此，当时的教育部曾多次推动国立大学进行招生录取公平的改革。④

可见，无论帝制或民国时期，政府始终在不遗余力地以公平为依归对选才制度进行改革。因为中国古代的统治者很早便认识到考试具有极大的稳定社会秩序之功能。从一定意义上说，中国的古代文化之所以成为世界上唯一的延续数千年不断的文化，而不像印度文明、希腊文明那样只有璀璨的瞬间，古代中国之所以成为世界上唯一能够在两千年间大体维持统一的广大疆域的国家，主要得益于科举制度，正如"寓华最久知华最深"的美国传教士丁韪良所认为的：虽然科举考试有种种缺陷，但它在维持中国的统一和将中国文明保持在一个令人尊敬的水平上所起的作用超过了任何其他事物。⑤ 因此，历代统治者在打下江山、初定政权后，所做的第一件事往往是重开科考，以笼络民心，网罗人才。尤其当他们意识到公平公正的考试制度能产生巨大的社会效益后，便无不以"至公"作为首要目标来建设考试制度，力图使其"止于至善"。⑥

二是国情与现实的需要。从个人的角度看，高考事关考生前途命运之大体，高考的竞争实质上是人们政治和经济地位等社会竞争在教育领域的高度"浓缩"，而三大差别（尤其是脑体差别）是导致高考竞争的根源，"只要存在强制性的社会分工特别是脑体分工，竞争就会存在。高考取消不了，高考的竞争也取消不了。"⑦ 而中国是一个社会资源相对紧张的发展中大国，民众的公平忧患与渴望较之许多国家更为强烈。且不说在高等教育供需矛盾仍较突出的情况下，需要统一高考来维护个体教育机会竞争的公平，就是在高等教育实现了大众化的今天乃至迈入普及化的

---

① 郑若玲：《公平——考试变革的主旋律》，载《江苏高教》2007 年第 5 期。
② 考试公平是指完全依据考试成绩公平录取考生，区域公平是通过区域配额来控制地区之间考中人数的悬殊差异。
③ 1938～1940 年，民国政府教育部曾实行过"国立各院校统一招生"。1941 年，因战时通讯困难，全国统一招生被迫终止。
④ 郑若玲：《大规模考试录取公平诉求的历史考察与启示》，载《教育与考试》2009 年第 6 期。
⑤ W. A. P. Martin, *A Cycle of Cathay, or China, South and North with Personal Reminiscences*, Edinburgh and London, 1896, pp. 42–43.
⑥ 郑若玲：《科举考试的功能与科举社会的形成》，载《厦门大学学报》（哲学社会科学版）2005 年第 2 期。
⑦ 杨学为：《高考改革与国情》，载《求是》1999 年第 5 期。

明天,也还存在优质教育资源的竞争,考试办法仍无法舍弃,因为受"重人情、讲关系、看面子"的传统文化影响,"若不以考试来竞争,就很可能用权力、金钱或关系来竞争,或者采用弄虚作假来竞争。"① 这已为中国考试历史一再证明。可见,维护公平仍是高考存在的最原始也最重要的根基。

从国家的角度看,高考作为我国当今最重要的一项教育考试制度,在担负选拔高校新生任务的同时,还"身兼数职",具有促进教育改革、提升社会文化、稳定政治秩序、促进社会流动等多项社会功能,并由此产生重大的社会影响,② 具有重要的国家治理功能。因此有人将1977年恢复高考比喻为一场"抢才大典",抢救了人才,更抢出了社会发展的时间,1977年的冬天,既成为一个国家和时代的拐点,也成为千千万万中国人命运的拐点。③ 尽管现行高考制度受到一些质疑、批判和挑战,甚至有人将其形容为"一头让人哭笑不得、又无可奈何的怪物"和"一个荒谬的制度"④,也尽管改革高考的呼声已成为社会舆论的主旋律,但有一个事实无法否认:高考已成为当代中国最成熟和最权威的人才选拔机制,迄今尚没有任何一种制度可以取而代之。⑤ 正是这种刚性的制度,让社会底层精英在社会竞争中有了"公平的立基",而公平竞争正是推动社会有序发展和进步的原动力。教育部前部长周济在2007年"两会"期间接受新华网采访时也曾说,高考是一项在中国行得通的非常公平的制度;教育公平是最重要的社会公平。⑥ 而社会公平是建设和谐社会的重要保障。这说明,高考的存在具有坚实的社会基础。高考是历史的选择,更是现实的需要。

"不患寡而患不均"是中国人普遍具有的一种心理。之所以发明出考试这把"量才尺",主要便是出于追求公平的考虑。实际上,公平也是人类社会共同和永恒的诉求。上文对国内外高考改革的研究清楚地表明:在高考与高等教育入学机会的公平理念与追求上,各国并无二致。国外关于高考公平的改革、争议与追求,值得我们深思与借鉴。例如,美国作为高等教育与经济发展均领先于世界的国家,尚且存在诸多招生公平问题,政府也不遗余力地追求公平;我国作为人口多、底子薄、"穷国办大教育"的多民族国家,高考改革与入学机会的公平问题之多之重,丝毫不亚于美国,且高考的不公平,是我国一个不容忽视的社会隐患,政府和社会各界没有理由不齐心协力,使高考改革日臻公平。

再比如,我国台湾地区与大陆在文化与教育传统上同根同源,他们在由"统

---

① 刘海峰:《科举存废与高考存废》,载《高等教育研究》2000年第2期。
② 郑若玲:《高考的社会功能》,载《现代大学教育》2007年第3期。
③ 晓宇:《"恢复高考30年"》(专栏评论),载《潇湘晨报》2007年4月6日。
④ 许纪霖:《高考制度:迫不得已的荒谬》,载《中国新闻周刊》2005年第27期。
⑤ 刘武俊:《考试立法缺席》,载《中国青年报》2000年7月14日。
⑥ 《教育部部长周济畅谈中国教育》,新华网,http://news3.xinhuanet.com/misc/2007-03/08/content_5819860_4.html,2007年3月8日。

考统招"向多元招生、扩大高校自主权的改革过程中,出现了许多有关公平问题的争议,完全可以成为大陆高考改革之"明镜",对大陆自主招生等改革,能起到很好的借鉴与警醒作用。在我国大陆,有关自主招生等高考改革的话题在当下被热议,就是因为存在诸多公平问题,并因此遭遇了不小的阻力,前文的民调结果便是力证。以牺牲公平为代价的高校招生自主权的扩大,其利弊得失显然还需仔细斟酌。热议所折射出来的,是自主招生在权力与公平之间的博弈。前者尊"科学、自治"为圭臬,为高校所力求;后者奉"合情、合理"为法宝,以民众为拥趸。实际上,自主招生的权力与公平本非水火不容,但由于缺乏配套措施的保障与透明机制的监督,二者常常处于"非合作博弈"状态。目前以弱化公平为代价的自主招生权力的强化,为民众所深忧。因为在权力与公平之间,民众永远会选择后者。而尊重民意是任何一项改革的前提与基石。吸取台湾地区多元入学改革的经验与教训,结合我们的社会现实,兴利除弊,完善大陆自主招生改革的配套措施与透明机制,使自主招生的权力与公平变成"合作博弈"的关系,得到互利双赢的结果,是改革的当务之急。此外,台湾地区在录取上的加分优待、"繁星计划"等改革,对大陆的高考加分以及高考录取上的阶层与地域教育机会均衡化改革也启发良多。

因此,高考改革必须首重公平,只有在基于公平的前提下稳步推进,才可能使改革的教育与社会成效实现最大化。在日益追求公平、公正与效率的今天,任何制度生存或发展空间的大小,越来越取决于其程序的公平公正性,具有重大而广泛影响的高考制度尤其如此。高考改革若改掉了公平,就等于"革"了自己的"命"。[1] 在高考与公平的关系上,一方面,改革高考是为了更好更有效地追求教育和社会公平;另一方面,追求公平也是高考健康发展之"不二法门"。然而,由于高考与教育制度及政治、经济、科技、文化等因素密切相关,高考改革也因此关系重大,成为一项"牵一发而动全身"的系统工程,具有巨大的难度与重大的影响。更由于高考事关政府、高校、中学、学生与家长等各方利益,面对不同利益主体的诉求与博弈,面对公平与效率的矛盾与取舍,高考改革处于一系列两难选择中。有学者在形容高考改革的难度时曾说,如果谁能解决中国大学招考中的一系列难题,谁就应该得到教育的"诺贝尔奖"[2]。这一切,注定了高考改革的公平诉求是"路漫漫其修远兮",需要我们与时俱进,不断"上下而求索"。当然,绝对公平的高考改革永远是一种理想,不可能存在满足各种公平要求和各方利益诉求的改革方案,但相对公平应成为我们的现实追求。

进一步来看,高考改革与教育机会公平固然值得我们关注,但又不应止步于此。为了实现长远和真正的公平,我们需要追根溯源,对高考改革的公平问题作更深的追问:造成不公平的原因何在?以何种标准来决定入学机会才是公平的?甚

---

[1] 郑若玲:《高考改革必须凸显公平》,载《教育研究》2005 年第 3 期。
[2] 刘海峰:《高考改革的理论思考》,华中师范大学出版社 2007 年版,第 46 页。

或，以一定标准来决定入学机会的做法本身是否公平?① 高考改革应首重谁的公平？形式的公平与实质的公平该如何取舍？个体的公平与社会的公平当如何权衡？高等教育不同阶段所秉持的入学机会公平理念是否应有所不同？等等。显然，与高考改革的公平之路一样，关于高考改革与入学机会公平的研究也是任重而道远。

---

① 在台湾，有关高等教育机会均等有三种不同的观点：精英主义观点认为，高等教育机会应保留给最有才能及聪明的少数人；平等主义观点认为，高等教育应进一步开放，使社会中更多的人能享受它的好处；社会福利观点认为，高等教育不应再是培养社会精英的机构，而应多扮演补偿教育的角色以增进社会福利，进而实现社会平等。因此，根据一定标准以决定入学机会的大学入学考试并不公平，也毫无意义，主张高等教育成为出入完全自由的开放机构。详情参阅管美蓉：《考试与社会——以台湾地区大学联考为例（1954~2001）》，载《考试研究》2008年第3期。

"举国大考"的合理性

——对高考的社会基础、功能与影响之分析*

中国是考试的故乡，也历来是一个考试大国。科举制度这一古代中国社会的"抡才大典"，在历史上曾长存1300年，直到1905年清政府在内忧外患的情势下被迫废止。但制度的废止并没有令后人就此遗忘它，百年来的科举反思从未断绝过，乃至"为科举制平反"成为当代中国学术界的一种思潮与趋势②，科举百年祭的2005年也因此被称为中国的"科举年"③。作为现代中国的"举国大考"，高考在今年即将迎来建制55年、恢复30年。新年伊始，一些地方的高等院校、新闻媒体等便陆续举办"新三级学人"聚会、征文、座谈会等纪念活动。笔者认为，在某种意义上，2007年也可谓中国的"高考年"。20世纪90年代末以来，针对高考的弊端，废除高考的观点时有出现，尽管呼声不高，也非主流民意，但对普通民众的高考观却有不小的牵制与影响，加之高考的确事关重大，常导致他们误读高考。因此，学界很有必要深入分析高考制度存在的现实合理性，为民众正确认识和理解高考提供清晰的理论背景与有力的思想支撑。

一、维护公平：高考制度存在的"立基"

随着高等教育步入后大众化时代，高考竞争压力从数量上说已大为缓解，但实际上学生、老师和家长们脑中的"高考弦"却依然紧绷。之所以如此，笔者认为除了高等教育学历文凭对个人的前途命运具有越来越重要的影响，以及高考竞争由以往的"上大学"上移到"上名牌大学、读热门专业"等原因外，还有一个因素是人们对公平的关注与追求达到了前所未有的高度。所以，现在一谈到高考改革，老百姓首先想到的便是改革公平与否。

公平既是包括高考在内的考试制度产生的基石，也是考试变革的主线。从公元

---

* 原载《高等教育研究》2007年第6期；《高等教育》（人大复印资料）2007年第8期转载。
② 刘海峰：《为科举制平反》，载《书屋》2005年第1期。
③ 刘海峰：《2005：中国的"科举年"》，刘海峰主编：《科举百年祭》前言，湖北人民出版社2006年版，第1~5页。

前165年西汉文帝首次举行书面策试算起，考试已有两千多年的历史。在这漫长的发展过程中，考试经历了许多变革。回顾这些变革，不难发现贯穿始终的主旋律——追求公平。无论是公元前165年中国历史上第一次笔试，还是汉顺帝时期左雄改制所实行的"诸生试家法，文吏课笺奏"，无论是曹操的"唯才是举"思想，还是曹丕时期实行的"九品官人法"之初衷，无论是科举制度的建立，还是1300年间有关科举利弊存废的数次高层争议或改制，无论是举子们对科第仕进的痴迷执著，还是那大大小小惨烈的科场案，无论是那独具匠心、崇高威严的有形的贡院建构，还是那滴水不漏、圆润周详的无形的科场规制，无不围绕"公平"二字做文章。帝制中国之所以从门第社会走向科举社会，其背后即有极其深刻的社会文化根源——摆脱人情请托困扰，追求社会公平正义。在选拔人才过程中饱受人情困扰的先人们，于是发明了考试这把客观公正的"量才尺"。

到了现代社会，随着民众民主意识的觉醒和公平意愿的强化，考试改革的公平动机朝更自觉的趋势发展，不再像古代科举改革那样自上而下，而通常由民间的改革呼声自下而上推动着官方的改革，比如通过"两会"提案。我们不难看到，高考改革但凡涉及公平，无不引起社会上下的深切关注，有些改革亦因不公而难以善终。例如，20世纪80年代实行的招收委培生和自费生的招生体制改革，到后来出现"分不够钱来凑"现象，破坏了高校招考中的公平规则，终遭唾弃。在考试内容方面，近年来加试外语口语改革，以及考试命题中出现的城市倾向性，对教育资源占弱势的农村考生群体而言，其公平性也为民众所质疑。2007年江苏和福建的高考都将降低外语分值，便主要出于公平的考虑。保送生选拔中的"重重黑幕"，尤其是"送官不送民"，也曾引起民众义愤，操作程序的不公正一时间成为人尽皆知的秘密，并因此被指责为中国教育领域最大的腐败，认为保送制度打破了公平竞争的秩序，应被扫进历史垃圾堆的观点[1]，在民众中有相当的代表性。在录取制度方面，20世纪80年代为扩大高校招生自主权而增加投档比例的改革，造成录取季节"条子票子满天飞"的"奇观"，20世纪末推行的网上录取，出发点之一便是杜绝各种非成绩因素对录取造成的困扰，以维护高考的公平公正。近年来讨论热烈的高考录取分数线的失衡，也是一个直接关系到不同地区考生高等教育机会分配的公平问题，2006年中国政法大关于招生指标分配的所谓"破冰之举"的改革，拥护总体上多于反对，便反映了民众对教育机会公平的渴望。2001年开始试行的"自主招生录取"改革，实行6年来，引发了教育界不少争论，以赞成或正面肯定者居多，但赞成者也心存顾虑，认为此举可能是对公平选才的一次严重冲击。[2]

可见，高考之所以备受瞩目，维护公平是一个非常关键的因素。因着公平，人们的高考改革心态也非常矛盾，可以说对它是爱恨交加，既爱之深，又恨之切。一

---

[1] 陈杰人：《保送生制度还要存在多久》，载《中国青年报》2000年8月30日。
[2] 庞守兴：《质疑高校自主招生改革方案》，载《教育发展研究》2003年第10期。

方面，许多高考的过来人，尤其是1977级、1978级考生，对邓小平果断恢复中断已达11年之久的高考，鲜有不由衷感激和拥戴者，但也有人对"黑色七月"笼罩下的高考制度怀有切肤之痛，恨不能即刻"除之而后快"。假如真废止了高考，又会如何呢？恐怕不少人会发觉自己对高考其实是有着深深眷恋的。考试制度确有其弊病，但它的最大优点就是相对公平。有人说，高考剥夺了孩子们的童年，却给了每一个孩子同样做梦的权利和实现梦想的机会。① 这种说法便为人们面对高考所产生的矛盾心态作了一个最恰当的注脚。

历史告诉我们，在各种选拔人才的途径中，考试作为一种崇高的、具有可信性的正义程序的执行过程，最为公平和有效；而大规模统一考试的公平与效率恰恰又居各种考试形式之首。使人人享有参与高等教育和社会资源竞争的公平机会，是高考制度存在的根基。在中国这样一个尤重人情关系、社会资源相对紧张的发展中大国，民众的公平忧患意识与渴望较许多国家的民众更为强烈。"不患寡而患不公"是社会大众的普遍心理，亦是对高考改革的现实心态。为什么针对中小学生学业负担过重而颁发的"减负令"，却一次次难过"家长关"？为什么30年前恢复高考的消息让老百姓奔走相告、欢声雷动，迄今回首仍温情依旧乃至心潮澎湃？为什么高考饱受非议却一直被采行？别无他因，唯因考试在制度上遵循"分数面前人人平等"的公平竞争规则，正如晋代葛洪在《抱朴子·审举》中所指出的，考试可以杜绝"人事因缘"和"属托之冀"②。学校为摆脱人情请托，避免或少惹麻烦，家长为求得子女公平竞争的机会，自然都更愿意选择考试。因为，在"公平"与"减负"的天平上，秤杆永远都指向前者。再比如，在艺术院校的招生中，考前给考官送黑钱成为公开的秘密与招生的"潜规则"，以至于有人发出"穷人的孩子不要学音乐"之慨叹。2002年中国音乐学院发生音乐教授因质疑招生公正而被解聘的丑闻，一些主要媒体竟冠之以"4·17高考事件"。③ 为什么一所艺术院校的专业复试，却引发媒体和社会如此关注？公平是也！在高等教育供需矛盾仍较突出的情况下，确保教育机会公平以及由此带来的社会公平乃第一要义。可见，高考制度的根基并未被动摇。即使在高等教育实现了大众化的今天，乃至迈入普及化的明天，也仍存在优质教育资源的竞争，公平仍是且将一直是高考改革的要素。④

虽然我们无法准确预测高考命运的走向，但有一点可以肯定，考试作为检测人才的手段，具有恒久的价值。悠久的考试历史制造了中国社会至今浓郁不化的"考试情结"，以至于高考期间几乎成为"高考节"，民众对其他各种考试也越来越"趋之若鹜"，追究个中缘由，维护公平是一个原始且最重要的动机。尽管现行的

---

① 顾卫临：《高考：还有更好的路可走吗》，载《瞭望》1997年第20期。
② （晋）葛洪：《抱朴子》（"审举"），台湾中华书局（据平津馆本校刊），第5页。
③ 王尧：《一位音乐教授被解聘的背后》，载《中国青年报》2002年5月28日。
④ 郑若玲：《高考改革必须凸显公平》，载《教育研究》2005年第3期。

高考制度因弊端甚多而遭致越来越激烈的社会批判，甚至有人将其形容为"一头让人哭笑不得、又无可奈何的怪物"和"一个荒谬的制度"①，但正是这种刚性的制度，让社会底层精英在社会竞争中有了"公平的立基"，而公平竞争正是推动社会有序发展和进步的原动力。这说明，高考的存在具有坚实的社会基础。

二、"身兼数职"与"高烧不退"：高考制度的重大影响

考试是根据一定社会的要求而进行的有组织、有目的的测度或甄别活动，它必然要和其社会母体发生密切关系——既受制又反作用于社会各要素，具有相应的社会功能。高考也不例外。作为当今中国最重要的一项教育考试制度，高考在担负为高校选拔合格新生的原始任务的同时，还"身兼数职"，具有教育、文化、政治和经济等多项社会功能。

从教育上看，高考已成为一根强势"指挥棒"，牵制着教育目的，引导着教育过程，一切教育教学活动皆以高考为中心，围绕高考来运作，中学教与学的注意力完全放在所设考试科目上，"考什么便教什么学什么"，"不考什么便不教什么不学什么"。不仅如此，高考还几乎成为评价教育结果的唯一尺度，追求好的考试成绩因此成为教育施行过程中的直接目标，我们现在常说的"片面追求升学率"即是这一目标的极端化。"片追"是伴随着高考激烈竞争而产生的一种不正常现象，它与高考如影随形，成为笼罩在高考头上一块久久不散的乌云，使学生学无宁日、教师教无宁日，在一定程度上扭曲了全面发展的教育目标。富含社会色彩的高考评价功能如此之强大，乃至对基础教育的任何改革都能产生重要影响。②

从文化上看，不仅高考制度的建立与恢复本身，体现了对公平理念文化的追求与选择，具体而言，是对舍出身、血统、关系等不公而取能力、学识、自身等公平因素的一种文化选择，而且高考对文化的提升也作用巨大，全社会的读书学习热情在高考的促进下得以持续高涨。另一方面，考试难度也不断加大，现在的高考试题难度和恢复高考之初相比已有天壤之别，从一个侧面反映了考生的文化水平已大大提升，1977年的高考语文答卷中，将孙悟空说成《红楼梦》作者之笑谈，想必已驾鹤西归，一去不复返了。

从政治上看，高考制度促使社会结构重新"洗牌"，考试成绩这一"后致因素"取代了户口、家庭出身、参加工作时间、级别、工作单位所有制等，成为新的"社会屏蔽"基本指标，影响着社会阶层的变迁，并促进了社会流动，尽管来自农民等社会底层学生的辈出率尚低于1，但低阶层子女通过层层竞争性考试（包括高考）得以有机会成为国家栋梁从而实现社会阶层的向上流动，却是不争的事

---

① 许纪霖：《高考制度：迫不得已的荒谬》，载《中国新闻周刊》2005年第27期。
② 郑若玲：《论高考的教育功能》，载《教育导刊》2005年第1期。

实,并因此疏散了社会底层对资源分配机制所郁积的不满。① 再者,"文革"时期的"考试废,道德堕",以及恢复高考所发挥的使社会实现"由乱而治"之功,说明高考还具有稳定社会秩序的政治功能。此外,高考所带来的"考试经济",以及通过对教育、政治、文化的明显作用来促进社会的协调发展,也体现了高考具有直接或间接的经济功能。②

正是这种"身兼数职",使得高考作为教育系统的一种升学考试,却成了广受注目与重视的社会活动,并产生重大社会影响。单从规模的扩张上看,高考的牵涉面便令人惊叹,1952年全国仅5.9万考生,而到2006年,报名人数已达950万之多!更令人瞠目的是,高考期间甚至出现所谓"交通管制、警车专送、公交挪站、飞机改线"等特殊现象,高考也因此成为名副其实的"举国大考"。③ 不仅政治领域对高考屡示"青睐",学界关于高考的争论多"剑拔弩张",媒体的高考报道则可谓"狂轰滥炸",普通民众对高考的街谈巷议也不辍于耳。

高考大概是中国社会唯一一项自建制伊始便被紧紧捆绑在政治"战车"上的教育制度。1952年7月21日,教育部颁发了《关于实现一九五二年培养国家建设干部计划的指示》,强调指出,各地高等学校严格实行统一招生,是实现这一干部培养计划的关键。这使得高考在承担为高校选拔合格新生职责的同时,也肩负选拔国家后备干部的重任。1966年开始的"文化大革命",选取了招生考试制度作为文化教育领域"革命"的"突破口",导致统一高考被废。1977年,高考的命运又紧随政治嬗变而发生戏剧性变化,再次被选为社会实现由乱而治的"突破口"。因此有人说,恢复高考,无异于一场"抢才大典",抢出了人才,更抢出了社会发展的时间。1977年的冬天,既成为一个国家和时代的拐点,也成为千千万万中国人命运的拐点。④ 近年来,在中国最重要的全国性政治会议"两会"上,高考的话题也几乎年年被提及。

除"文革"这段特殊时期外,高考自建制特别是1977年恢复以来,以全国统一的文化考试为根本的高校招生考试制度数十年不动摇,因为统一高考是人们择善而从、倍加珍惜的一项相对公平的人才选拔制度。当然,高考也并非得到人们的交口称赞,相反,学界关于高考的论争一直以来都非常激烈,"炮轰"高考者有之,将高考与科举相提并论,认为废除统考制,就是要避免鸦片战争的历史悲剧重演者有之,认为无视高考的历史作用,而为当年的"推荐制"寻找某种"合理性"之举乃是荒诞不经、"吃错了药"者亦有之。对高考的评价也非常对立。例如,有人认为,高考制度对于促进我国人才成长和推动全民族文化发展可谓"功德无量"。

---

① 郑若玲:《高考对社会流动的影响——以厦门大学为个案》,载《教育研究》2007年第3期。
② 郑若玲:《考试经济与社会发展——以科举、高考为例》,载《湖北招生考试》2006年第4期。
③ 方奕晗:《民调显示高考已成举国大考》,载《中国青年报》2004年6月14日。
④ 晓宇:《"恢复高考30年"(专栏评论)》,载《潇湘晨报》2007年4月6日。

1997年11月《人民日报》在纪念恢复高考20周年征文的综述中也说，"恢复高考，挽救了我们的民族和国家"①。相反，也有人认为，废除统一高考对于我们的后代是"功德无量"的。②同样的高考，在正、反两方皆被说成是"功德无量"，可见观点对立之尖锐。

从社会大众的关注看，每年自年初的高考工作会议召开，考生和家长们便开始留意高考改革的种种动向；高考前夕，但凡举行有关高考信息或高校招生的发布会或咨询会，家长和考生们亦唯恐错漏；高考三天，各大报章、电视媒体等，更是将视角聚焦于考场内外的方方面面，构成一道独特的社会风景；高考之后，分数线和录取办法则成为万众瞩目、翘首以待的焦点，甚至落榜考生的命运，也会成为千百个家庭茶余饭后的谈资。到秋季入学前夕，贫困新生的入学和助学问题，虽属高等教育政策范畴，但依然能引发普通百姓对高考和社会公平等问题的又一轮反思。可见，社会大众对高考的关注有着经年不息的热情，而这在教育领域是绝无仅有的。

随着中国高等教育大众化和多样化的发展，"上大学"如今已基本上不是问题，作为高校招生主要途径的高考，本当越来越淡出民众的视野。但上述种种，无不显示出社会对高考的热度"高烧不退"。这说明，高考绝不仅是一项高校招生考试制度，也不仅是一根引导中小学教育教学的"魔力指挥棒"，而且是一项有利于促进中华民族团结与统一、维护社会秩序、提高整体国民素质的社会制度。换言之，高考不是单纯的教育问题，这项教育考试制度表象的背后，蕴含着重要的社会功能，并使得高考承载着远远超出自身所必须承载的社会责任。高考就是高中毕业生面临的第一次强制性社会（脑体）大分工，高考的竞争也就是人们一生的政治地位、经济地位等社会竞争在教育领域的"浓缩"，而三大差别（尤其是脑体差别）正是导致高考竞争的根源。"只要存在强制性的社会分工特别是脑体分工，竞争就会存在。高考取消不了，高考的竞争也取消不了。"③相应地，高考重大的社会影响也绝不会在短期内弱化。

高考是历史的选择，更是现实的需要。正如教育部长周济在2007年"两会"期间接受新华网采访时所说，高考是一项在中国行得通的非常公平的制度。教育公平是最重要的社会公平。④而社会公平正是建设和谐社会的重要保障。高考所具有的公平意蕴、复杂功能与重大影响，无不夯实和力证了其存在的社会"立基"与合理性。刘海峰在对科举进行深入研究后指出，"有必要终结盲目批判科举的时代，中国应该进入一个理性评价科举、重新认识科举的时代。"⑤笔者以为，这一

---

① 郑若玲、杨旭东：《高考改革：历史与现实的思考》，载《厦门大学学报》（哲学社会科学版）2003年第1期。
② 孙绍振：《废除全国统一高考体制》，载《艺术·生活》1998年第6期。
③ 杨学为：《高考改革与国情》，载《求是》1999年第5期。
④ 《教育部部长周济畅谈中国教育》，新华网，http://news3.xinhuanet.com/misc/2007-03/08/content_5819860_4.html，2007年3月8日。
⑤ 刘海峰：《终结盲目批判科举的时代》，载《东南学术》2005年第4期。

说法同样可以借用到高考评价上。我们需要做的,不是动辄以激越的情绪批判高考,而是以全面、冷静、客观的态度,理性地评价、认识与改革之。因为,"站在批判考试弊端的立场上,全盘否定现有考试制度的长处,这无异于英国产业革命初期毁坏机器的运动。文明所带来的弊害不是通过消灭文明来消除,而应是更好地利用文明。"[1] 显然,在没有找到更佳的选材方法前,我们不应贸然抛弃而应坚守现有的相对最科学、合理与公平的高考制度。

---

[1] 国家教委考试中心主编:《美日法人才选拔与考试方法》,人民邮电出版社1994年版,第59页。

高考改革：历史与现实的思考[*]

创建于1952年的全国普通高校本专科招生统一考试制度（以下简称"统一高考"），是我国一项独具特色的教育考试制度。自建制以来，统一高考虽经历了"文革"的劫难和社会各界不时的诘问与非议，但仍因其公平、高效等优点，得以沿用至今。近年来，随着高等教育规模和高等学校办学自主权的不断扩大，以及高等教育办学形式的日益多样化，高考制度在考试形式与考试科目上相应地进行了多样化的改革尝试。与此同时，在考试内容特别是命题上也进行了有益的探索与改革。由于高考制度影响重大，加之采行了50年之久，利弊都暴露得十分显著，使高考改革这项"牵一发而动全身"的系统工程，也不时陷入"为改革而改革"的被动境地。因此，很有必要廓清改革的思路，把握好改革的方向，以助益于高考制度的健康发展。本文主要从形式与内容两个角度来谈谈高考改革的基本思路。

一、统一高考的建立：中国高校招生考试史的创举

1905年科举考试制度被废除后，伴随着欧风美雨的强劲东来，中国各地纷纷创立新式学堂。与此同时，西方大学自主招考的办法也被直接搬入中国的新式大学中，并一直沿用到解放初期。不过，民国时期也曾短期采行过统一招生的办法。进入20世纪30年代后，随着高等教育的发展，结构性教育失业问题逐渐显现，需要对高校招生进行宏观调控。1937年，中央大学、浙江大学和武汉大学三所国立大学试行联合招生。1938年，教育部规定国立大学实行统一招考（上海各院校除外）。到1940年，实行统一招考的学校范围又扩大到公立院校。私立学校和公私立专科学校仍实行自主招生。[②] 令人遗憾的是，由于战事严峻，统一招考办法实行仅3年便被迫中断。此次统一招考是我国自1905年以来高校招生考试改革的一次重要尝试，有效地控制了高校科、系发展的不平衡状态，在一定程度上维护了高校招生的区域公平，同时加强了中等和高等教育的衔接，提高了高校新生质量。

---

* 原载《厦门大学学报》（哲学社会科学版）2003年第1期；《高等教育》（人大复印资料）2003年第5期转载。杨旭东为第二作者。

② 杨学为等：《中国考试制度史资料选编》，黄山书社1992年版，第674~676页。

1949年，为执行"暂维现状，立即开学"的方针，保证教育上的衔接与过渡，除北大、清华、南开、北洋大学、北平师范大学等少数几所高校实行非实质性的联合招生（为减轻在外地招生的工作量以及为外地考生提供方便，委托外地高校代为招考，但命题、阅卷、录取均由本校负责）外[①]，当年全国绝大多数高校仍沿旧制，实行单独招生考试，招生的计划、条件和办法都由各校自行决定。

由于各校办学质量和社会声誉高低有别，单独招考造成许多高校招生不足额和新生报到率低的局面。为了解决这些问题、方便考生与考，更为了克服建国之初教育工作的混乱状态、使普通高校招生工作纳入国家计划轨道，1950年5月26日，中央人民政府教育部发布了新中国第一部高校招生考试文件《高等学校一九五零年度暑期招考新生的规定》，要求各大行政区教育部"根据该地区的情况，分别在适当地点定期实行全部或局部高等学校联合或统一招生"。如统一招生有困难，各大行政区可"在符合本规定之基本精神范围内，允许各校自行招生。"[②] 这项规定的主要意图是促进高等学校招生的统一性和规范化。但由于单独招考操作上的惯性，该年度的招考方式仍五花八门，不一而足，既有校际的联合，又有大区的统一，还有学校的单独招生，体现了过渡时期招生形式的复杂多样性和政策的不稳定性。但总地看来，1950年度的招生考试基本达到了预期目的，大部分学校一次招生即招满足额。

1951年，教育部要求，高校招生继续沿用前一年度的办法，而且统一招生要在单独招生之前举行。[③] 在这一政策的引导和推动下，1951年统一招生的规模迅速扩大。据笔者粗略统计，全国214所高校中参加统一招考的学校达149所，比例高达69.6%，在前一年度36%的基础上翻了将近一番。[④] 当然，该年度的统一招生在取得较大成效的同时，也出现了一些问题，最主要的是各大行政区的生源不平衡，又没有作必要的跨区调剂，导致生源较少的东北、西北地区高等学校招生不足额。这些问题的产生既有统一考试初始阶段经验缺乏的原因，也有当时各大行政区之间教育发展不平衡的原因。

在总结前两年大区联合或统一招生经验的基础上，1952年，教育部明确规定，自该年度起，除个别学校经教育部批准外，其余高等学校一律参加全国统一招生考试，采取统一领导与分省、市、自治区办理相结合的招生办法。[⑤] 至此，统一高考制度基本形成。

统一高考制度的建立决非一日之功，而是从中华民国时期和中华人民共和国最

---

① 《招生广告》，载《人民日报》1949年7月20日。
② 教育部：《高等学校一九五零年度暑期招考新生的规定》，载《人民日报》1950年5月29日。
③ 教育部：《高等学校一九五一年暑期招考新生的规定》，载《人民日报》1951年5月9日。
④ ［日］大塚丰著，黄福涛译：《现代中国高等教育的形成》，北京师范大学出版社1998年版，第254～265页。
⑤ 谢青、汤德用主编：《中国考试制度史》，黄山书社1995年版，第802页。

初三年过渡时期的统一或联合招考办法一步步发展而来。但它之所以被公认为中国高校招生史上统一招考的发轫，是因为和以往的招考办法相比，在招生名额、报考条件、考试内容、命题、阅卷、录取及调配等各环节，都由国家明确作出并严格执行统一性规定。因此可以说，1952年统一高考制度的建立，是在各种内、外因素的共同作用下，中国近现代高校招生考试制度所实现的一次量变积累后质的飞跃。

从外部因素看，社会政治、经济建设和教育发展的需要，以及传统文化的影响，是统一高考建制的重要契机。1952年7月21日，教育部颁发了《关于实现一九五二年培养国家建设干部计划的指示》，强调指出，各地高等学校严格实行统一招生，是实现这一干部培养计划的关键。[1] 同年，中共中央还提出了过渡时期的总路线，制定了发展国民经济的第一个五年计划，各条战线都急需大量高级专门人才。1951年和1952年中国高等教育史上进行的第一次大规模院系调整，也是一个不可忽视的因素。为使调整后的各类院校能招收到合格足额的新生，巩固这次全国范围高等教育重新布局的成果，亟须加强高等学校招生的计划性。而过去的经验证明，只有统一招考才能较好地解决各高等学校招生的失衡问题，提高有限的高等教育资源的利用率。此外，数千年的中央集权制统治所带来的统一观念，以及存在了1300年之久的科举考试所积淀的文化上的"统一考试"基因，也为广大国民接受和认同统一考试制度奠定了潜在而深厚的心理和文化基础。[2]

从内部因素看，统一高考是大规模考试自身发展规律的产物。首先，作为一种大规模考试，追求效益是最为现实的考虑。由国家主持的统一考试，无论在经济效益上，抑或在考试的科学性和权威性上，都比各校单独招考更高。实践证明，1952年的统一招生制度，不仅为国家节省了大量的人力、物力、财力，为考生提供了经济便利的投考条件，而且解决了在统一招生制度建立之前各校普遍存在的招生不足额问题。同时，充足的生源和科学的考试办法也保证了新生的质量，新生水平良莠不齐的现象也得到很大的改观。其次，追求公平是大规模考试的题中之要义。以考试成绩而不是以金钱、权力为录取标准，才能保证大规模考试的健康发展。统一考试正是从制度上排除了考试之外人为因素的干扰，保证了考试的公平与健康发展，使全体国民享有平等参与接受高等教育的竞争机会。因此，招生考试制度的建立表面上看是一定历史时期的一个偶发事件，实质上是考试发展的一种必然选择。

以上分析表明，1952年全国高校统一招生考试制度的建立是一定历史时期社会需要与考试自身发展规律相结合的产物。它开创了高校招考制度的新纪元，对于当时高校选拔合格新生、平衡各地教育水平、改善教育布局、提高教育质量，以及实现国民教育机会均等，都起了相当大的历史作用；为当代考试制度的发展和完善奠定了全面而坚实的基础；对于推动中国现代高等教育的发展、提高整体国民素

---

[1] 教育部：《关于实现一九五二年培养国家建设干部计划的指示》，载《人民日报》1952年7月21日。
[2] 刘海峰：《传统文化高校招生考试改革》，载《上海高教研究》1995年第3期。

质、促进中华民族的团结与统一,更有着不可估量的深远影响。将统一高考制度的建立誉为中国现代教育考试史的创举,是毫不为过的。1952 年也因此成为中国考试史上一个重要年份。

二、多样化:统一高考补偏救弊之良策

已实行了 50 年之久的高考制度,对于促进我国人才的成长和推动全民族文化发展可谓"功德无量"。就社会民众对高考的认识来看,应该说,多数人对高考的巨大功绩给予了充分肯定,认为高考为高等学校选拔了数以千万计的优秀新生,为我国的高教事业发展、经济建设及社会文明进步立下了汗马功劳。正如 1997 年 11 月的《人民日报》在纪念恢复高考 20 周年征文的综述中所说,"恢复高考,挽救了我们的民族和国家。"[1] 然而,由于统一高考存在重才轻德、压抑考生个性和求异思维、缺乏特色和灵活性等统一考试本身所固有的缺陷,而且,随着高考历史的向后推移以及高等教育规模和高校办学自主权的扩大,这些缺陷已经而且将会越来越明显地暴露出来,20 世纪 90 年代中期以来,社会各界一直激愤地抨击着"片面追求升学率",并对高考的指挥棒作用群起而攻之。个别学者提出要"废除全国统一高考体制"[2],甚至用了"炮轰"等十分刺耳的字眼。更有学者认为,统一高考制度"泯灭人一生中最有创造性年华的发展,让富有想象力的学生沉湎于死记硬背和冗长繁琐的揣摩求证之中",其影响与科举制使强盛的中华民族日益衰落的后果并无二致,因此,废除统考制,就是要避免鸦片战争的历史悲剧重演。[3] 那么,统一高考制度存在的基础是否已不复存在?换言之,统一高考是否已完成历史使命,应该被"扫入历史的垃圾堆"?高校招生制度改革又该何去何从?

辩证地看,统一高考制度的最大优点和最根本问题均出在"统"字上。历史告诉我们,在各种选拔人才的途径中,考试作为一种崇高的、具有可信性的正义程序的执行过程,最为公平和有效;而大规模统一考试的公平与效率恰恰又居各种考试形式之首。使人人享有平等参与高等教育竞争的机会,是统一高考制度存在的根基。在中国这样一个讲人情、重关系、看面子的国度,普通百姓追求的首先就是公平。例如,现在许多地方为减轻小学生的学习负担,不再进行文化课的升学考试,依法实行免试就近入学,为什么家长们却"不领情"?唯因担心取消文化课考试将难以保证录取的透明和公正。[4] 就中国这样一个发展中大国而言,在高等教育供需矛盾仍比较突出的情况下,确保教育机会公平乃第一要义。可见,统一高考存在的

---

[1] 杨学为:《中国需要"科举学"》,载《厦门大学学报》(哲学社会科学版)1999 年第 4 期。
[2] 孙绍振:《废除全国统一高考体制》,载《艺术·生活》1998 年第 6 期。
[3] 冯增俊:《全国统一高考制度与中华民族创新精神》,载《华东师范大学学报》(教育科学版)2001 年第 4 期。
[4] 郑若玲:《保送生制度:异化与革新》,载《教育发展研究》2002 年第 6 期。

根基并未被动摇。在看待统一高考的利弊时，须知"物盈则亏，法久终弊"的道理。高考固然存在种种弊端，有的甚至到了十分严重的地步，但它的积极作用却是主要的。这也正是高考这一深含公平精神的考试选才方式，在饱受政治运动的摧残和众多的非议后仍得以长期实行的根本原因。因此，对于统一高考这一适应中国国情与文化的招生制度，在没有找到一套行之有效的替代办法之前，若置高考积极的社会意义和巨大的历史作用于不顾，轻言废止乃至轻率行废，则可能造成比现有弊端严重得多的问题。

高考诸多弊病的根源也在于其"统一性"。高考长期的"大一统"局面，特别是"千校一卷"的考试内容上的统一，使层次、类型各异的高等学校无法根据自己的需要选拔出适合培养的人才，不符合高等教育规律。此外，随着高等教育大众化进程的加快和终身教育体系的构建，高等教育对象的集中性也被打破，考生将来自各种年龄段和各行各业。高考若不"与时俱进"，"统一"的优点则可能逆转为其生命力的扼杀者。存在长达1300年的科举制之终结，便警示了这一点。① 因此，高考欲保持长远的生命力，必须在坚持统一考试的前提下，根据社会和教育发展的需要适时、适度地进行多样化改革。兼顾统一与多样，应成为新世纪高考改革的主旋律。

从高考改革实践看，1999年，广东省首当其冲，实行了"3+X"考试科目改革，允许高校自主选择"X"，拉开了统一高考多样化和高校招生自主权改革的序幕。2000年，又在北京、上海、安徽等地进行了"春季高考"的改革试点。但这些改革只局限于考试科目或考试时间上的改变，尚未真正触动高考形式的变革。

要从根本上打破高考以往的"大一统"模式，可以考虑采用二次高考的多样化改革模式。这一模式又有两种选择。第一种是借鉴台湾联考的做法，将高考分成普通本科和高职高专两种类型。台湾的联考有大学联考和大专联考两种类别。其中，大学联考是针对报考"研究高深学术，养成专门人才"的大学及独立学院的考生，大专联考则是针对报考"教授应用科学，养成技术人才"的专科学校的考生，大专联考又细分为招收高中毕业生的二、三年制专科学校的联考和招收初中毕业生的五年制专科学校的联考。② 随着我国高等教育的迅速发展，高等教育的层次和类型也日益多样化，尤其是高等职业教育正在成为我国实现高等教育大众化目标的一条重要途径。不同类型或层次的高等学校，其培养目标、教学计划和市场所需求的人才规格都各不相同，所要求的生源素质也各有不同。在过去"大一统"的模式下，一张考卷从清华、北大考到地方专科学校，使高等学校尤其是高职高专院校难以招到适合培养的生源。须知，考试分数高，不等于职业技能强，正如人们常说的大学生"高分低能"，其中"能"就包括了职业技能在内。

---

① 郑若玲：《科举启示录——考试与教育的关系》，载《清华大学教育研究》1999年第2期。
② 刘海峰：《变革中的台湾大学联考制度》，载《中国高校招生》1993年第1期。

除考试的原因外，由于高考实行分批次录取，高分者入重点或本科院校，低分者入高职高专，也在一定程度上强化了高职高专"低人一等"的误识，造成高职生争挤"专升本"班车、"专升本"演变成第二次高考的局面，不利于高职高专教育的发展。

因此，为适应高等教育多样化和人才需求结构立体化的需求，招生入学应根据不同类型或层次进行多样化改革。由于目前培养高等教育专门技术人才的主体仍是高职高专院校，且基本上是专科类型，可将高考分为普通大学及独立学院的本科统考和高职高专的专科统考两种类型。两种高考各司其职，本科层次的高考着重考测学术发展性向和能力，专科层次的高考侧重考测理解和运用能力。2002年广西便进行了这种二次高考的试点，第一次高考为7月举行的本科统考，试题由教育部组织命制，其成绩只能用在本科层次录取；第二次高考为9月举行的专科统考，试题在教育部考试中心指导下由广西招生考试院组织命制，其成绩只能用在专科层次录取。每位考生都可以选择两次高考中的一次或二次应试。[①] 笔者认为，此举不仅可以使不同类型或层次的高校招收到合适的生源，而且给了考生更多的选择机会。不过，鉴于省级考试管理机构在命题方面的经验较为缺乏，试点阶段两次高考均由教育部组织实施较为科学。待这一改革较为成熟后再逐步将命题权下放。

二次高考模式的第二种选择是借鉴日、韩等国的二次考试或目前我国台湾地区试行的"多元入学方案"的形式，实行全国统一高考和各校单考相结合的招考办法。日本的所有国立、公立大学和大多数私立大学的招生均采行二次考试，即由大学入学考试中心主持的入试中心考试和由各大学自行组织的第二次考试，前者以考核考生对高中阶段基本学习内容的掌握程度为主，后者则主要测定考生的学科专业知识水平和专业学习能力。韩国的大学入学考试与之类似，由"大学修学能力测验"和各校举行的加试组成，同时参考高中的综合记录。我国台湾地区从2002年开始采行的"多元入学方案"，也具有这一特点：招生比重占40%的甄选入学制招生方案，由大学入学考试中心主办的学科能力测验和大学校系自办甄审两部分组成；其余60%的考试分发入学制招生方案中，也有50%是由学科能力测验和指定科目考试（各大学指定考科但考试仍由大学入学考试中心统一组织）两部分组成。[②] 美、英等国大学的录取一般也主要依据由权威考试机构组织的学术能力测验或资格证书考试成绩，再参考考生的申请或推荐材料和面试表现。全国统一高考和各校单独考试相结合的二次高考模式，融两种考试形式的优势于一体，前者可以把守基本质量关，同时也便于各大学比较评估生源质量，后者则能充分体现各校的办学特色，较好地落实高校的招生自主权。[③]

---

① 丛玉华、胡平：《试行二次高考 文理不再分科》，载《中国青年报》2002年4月5日。
② 刘有鹏：《台湾"大学多元入学新方案"及其借鉴》，载《中国考试》2001年第10期。
③ 刘海峰：《高考改革的全局观》，载《教育研究》2002年第2期。

以上两种二次高考模式各具特色，可以从不同角度为实现高考多样化发挥作用。在经过一定阶段或范围的试点后，可以进一步将二者结合起来，使高校招生在坚持统一考试的前提下，真正建立起多渠道、多层次的考试立交桥。

三、"素质立意"：高考内容改革的终极目标

高考内容是高考发挥导向作用的枢纽，它直接将大学对所需生源的素质要求反馈给中学的教学。因此，考试内容是高考改革最重要的方面之一。然而，在高考所走过的 50 年风雨历程中，受政治运动的影响，高考制度有相当长时期是在政治斗争的洪流中艰难挣扎，即使在政治斗争退潮后，也是把主要精力放在恢复制度和处理其与外部的关系上，而无暇或较少关注其内部或微观层面的改革。直到 20 世纪 90 年代初建立会考制度后，高考结束了长期身兼选拔新生和衡量高中毕业水平两项职责的局面，其内容的改革才被提上议事日程。

考试内容主要通过命题来体现，命题立意因此成为内容改革的关键。长期以来，我国高考命题基本上以知识立意为主，即以学生掌握了多少知识为考核目标。知识立意几乎成了记忆立意的代名词。20 世纪 90 年代以后，高考命题的立意开始由知识关注到能力上。起初是引入和研究美国学者布卢姆的"教育目标分类学"，但受高考纸笔测试形式的制约，只关注到了认知领域中的理解能力和技能等方面。此后，又将认知领域中的知识与能力测试"学科化"，即根据《教学大纲》的目标要求，确定开考各科所测试的内容、目标、形式和能力要求，并以《考试大纲》形式向社会公布，从而克服了制卷者和考生的盲目性。此举突出了高考检验考生的学习结果和进入高校继续学习的能力等任务。到 20 世纪 90 年代末，随着高考内容改革进程的加快，学科能力测试又上升到综合能力测试。1998 年，教育部对四川、河北、上海等五省市的"保送生"进行了"综合能力测试"的试点，次年又扩大到全国。与此同时，积极进行"3+X"的科目改革试点。"3+X"改革的精神实质是更加注重对考生能力和素质的考查，旨在对中学实施素质教育产生良好的导向作用。其中，设立综合考试科目是此次改革的一个亮点。开设综合科目的意图是想改变过去文理分科绝对化、跨学科能力的综合和学科间知识的渗透力不够的状况，引导学生全面掌握中学阶段应当掌握的基础知识和基本技能，重视能力特别是学科内和跨学科的综合能力以及分析和解决问题能力的培养。因此，"3+X"科目改革的实质与重点仍在于考试内容的改革，体现在命题上，便是变知识立意为能力立意，以考查学生的能力和素质为重点。[①] 当然，毋庸讳言，由于综合能力的测试仍是一个新鲜事物，现行综合科目的命题水平尚未达到原定目标，"学科知识拼盘"

---

① 马金科：《高考能力考查的研究与实践》，载《高等教育研究》2000 年第 3 期。

色彩仍较浓厚。随着高考科目和内容改革的深入、经验的不断积累以及教育测量技术水平的提高，我们有理由相信，综合能力测试离既定目标将会越来越近。

然而，在知识基础上的能力考查，并不是高考内容改革的终极目标。到高等教育大众化乃至普及化阶段，高考的功能将发生根本性变化，不再局限于"选优"，即解决什么人可以上大学的问题，而将成为一种为高校和考生之间的"双向选择"提供科学决策依据的"合适"考试，主要解决学生适合上什么大学以及学什么专业的问题。这就需要对学生的素质进行更全面的考测。相应地，高考的命题也应从目前的能力立意进一步提升到素质立意，以考测学生的素质是否与高等学校及其专业教育合拍，也可以解决目前高等学校普遍存在且日趋严重的学生因专业选择失误而产生的"厌学"和"逃学"问题。因此，笔者以为，素质立意将成为高考内容改革的终极目标。另一方面，由于高考指挥棒作用的客观存在，确立命题的素质立意，也可以更好地引导中学实施素质教育。素质立意的考测目标，既不是单纯的知识，也不是单纯的综合或动手能力，而是考生的综合素质，包括思想素质、道德素质、文化素质、心理素质等（身体素质的考测需要另辟蹊径）。例如，通过巧妙地设计道德推理或道德判断题，不仅可以考测学生的道德知识和综合推理与判断能力，而且在一定程度上可以考测出学生的道德水准。再比如，设计一些常识性试题，采取口试形式，既可以考测学生的知识水平和思维能力，也可以测量其心理素质。鉴于高等学校办学和素质考测的个性化与统一高考的统一性特点不吻合，素质考测可由各高等学校组织的单独考试来完成。而上述的二次高考模式恰好为这种考测提供了制度保障，即第一次全国统一考试主要考测学生的基础知识、基本能力和学术性向，第二次由高校自行组织的单独考试则主要考测学生进行专业学习所需的基本素质。

基于以上研究，笔者认为，奉行公平原则、创造优质高效的统一高考是中国高校招生考试史的一项伟大创举。在中国这样一个人情社会，统一高考的创立具有历史的必然性，其存在与发展则具有现实的必要性。但统一高考也确有局限，特别是在高等教育规模日益扩大和办学形式日益多样化的情势下。因此，进行二次高考的多样化改革，是对统一高考补偏救弊的一项良策。与此同时，为了达到高校和考生之间"双向选择，各取所需"的目标，高考命题改革应从知识和能力立意提升到素质立意的高度，以便实现高等教育资源利用效率的最大化。

高考"替人受过"：现象及其本质*

在当今中国教育领域，如果说有什么能引发社会各界广泛而持久的关注、占领各种媒体充斥各个版面、触动千家万户敏感神经的话题，非高考莫属。高考从表面上看只是进入高等院校的"敲门砖"，但因其直接关乎考生的前途命运而备显重要。不仅如此，高考还具有重要的社会功能与社会影响。事实上，高考自建制伊始便一直为社会所关注，近年来随着高考规模的迅速增长，社会影响愈来愈大，加之已实行50余年，其弊端越来越显现，引发的争议也愈发激烈。许多人除诟病高考自身弊端外，还情绪化地将诸多与高考无关的教育和社会弊端也"追根溯源"到其处，高考因此承受着不公正对待。高考备受关注的背后，有着深厚而复杂的历史、社会与文化渊源。只有深入探析高考"替人受过"的现象及其本质，才可能更全面、更理性地认识与评价高考。

一、"替人受过"之种种

回眸高考50多年的历程，清晰可见其蜿蜒曲折之路。作为一个社会聚焦点，高考不仅与教育问题有着直接的关联，与政治和社会问题也间接相关，且各种问题盘根错节交织在一起。是故，当种种教育、政治或社会问题凸显而无法解决时，人们往往将矛头指向高考。以下仅列数端便可见一斑。

近十余年来，高考与教育的关系被批评最多的莫过于高考对应试教育、素质教育的影响。许多人认为高考的弊端造成了应试教育，"应试"源于"片面追求升学率"（即所谓的"片追"），而"片追"最主要的攀比追逐对象便是高考的升学率，高考因此被看成是应试教育的"罪魁祸首"。从人们对应试教育的界定便可看出二者被明显"捆绑"在一起：应试教育是"在我国基础教育阶段实际存在的以提高升学率为目的，围绕'应考'进行教育教学活动的片面的、淘汰式的教育"；[①]"是以考试得分为手段，把少数人从多数人中选拔出来送上大学为唯一目的，片面

---

* 原载《复旦教育论坛》2009年第2期。
① 李冀：《教育管理词典》，海南出版社1997年版，第202页。

追求升学的教育"。①

还有不少人认为,"片追"作为对高考教育评价功能的一种反应,给教育带来的负面影响是制造应试教育,阻碍素质教育,并造成中小学"轰轰烈烈开展素质教育,扎扎实实进行应试教育"的奇怪现象。在对"应试"的声讨中,人们最终总是将源头追寻到高考身上,而且中小学教育中其他的"应试行为"也多半由高考的激烈竞争所致。许多人因此将高考看成是推行素质教育的"绊脚石",认为不废除高考就难以推行素质教育。

如果说高考对教育确有一定的负面影响而招致非议与责难不足为奇,那么在"文革"前以及"文革"期间高考被当做政治斗争的工具,最终被送上政治运动的祭坛,则实在是一种无谓的"替人受过"。受意识形态的影响,高考早在"文革"前便开始与各种政治运动交织在一起,随政治运动的跌宕起伏而经历了数次反复与波动,不过总体上还是在不断改革中平稳运行着。但到了1966年5月,给中华民族带来深重灾难的"文化大革命"运动全面开始,高考不幸被这场可怕的政治运动选为文化教育领域革命的"突破口"而遭废止。

众所周知,强调"高等学校向工农开门"和"坚持不懈地抓阶级斗争"一直是新中国成立至"文革"前17年的主要教育路线和政治路线。自新中国初期确立"教育为工农服务"方针开始,国家就一直强调各级教育尤其是高等学校中工农成分学生所占比例。体现在高等学校招生工作上,便是对工农速成中学毕业生、产业工人、革命干部等实行优先录取或免试入学原则,并以此作为判断是否"贯彻阶级路线"的重要标准。鉴于1958年对部分工农成分者实行免试入学导致当年新生质量严重下降的教训,1959年的高考停止了对工农及工农干部免试保送上大学的办法,1962年又取消了对工人、农民、工农干部、复转军人、参加工作时间较长的老干部们实行优先录取的办法,要求他们与其他考生一样参加考试。此外,对以往政审中主要看家庭和社会关系的审查标准也作了修订,强调主要看本人表现,家庭出身不应作为决定因素。这些措施的落实,使1962年新生的政治和文化素质有了显著提高,但工农家庭出身的比例则略有降低。

然而,1962年以后,国内的阶级斗争呈现出扩大化和绝对化趋势。学生中工农成分比例下降与这一政治趋势是不相称的,因此招致了凌厉攻击。1964年,高考急剧"左"倾,其核心是以贬低考试来"突出政治",要"以阶级斗争的观点进行政治审查工作"。录取采取考试与推荐相结合的办法,并恢复了对工农成分考生的优先录取原则。这种"左"倾思想愈演愈烈,到1966年达到巅峰,6月18日,《人民日报》发表长篇社论,提出对招生考试制度"要彻底把它扔到垃圾堆里",废除现行统一高考,并提出推荐选拔的新办法。统一高考制度就这样成了"文化

---

① 王策三:《认真对待"轻视知识"的教育思潮——再评由"应试教育"向素质教育转轨提法的讨论》,载《北京大学教育评论》2004年第7期。

大革命"这把可怕的政治利斧砍向文化教育阵地的"刃口",被当做"反党反社会主义的黑线"遭到彻底"革命"。令人欣慰的是,1977年高考的命运又紧随政治遽变而颇具戏剧性,被选为社会实现由乱而治的"突破口"。①

当然,高考在"文革"那疯狂的年代所遭遇的厄运有其历史特殊性,在政清民和的当今中国不可能重演。但这并不意味着今天的民众就能全然理性地看待它。相反,在两极分化与社会矛盾日益凸显的现实情境下,一些社会矛盾或问题的根源也往往被直指高考,最突出的表现之一便是因"失衡的高考分数线"和"高考移民"等问题而引发对高考的谴责。

20世纪90年代后期以来,随着高考竞争的加剧以及各省市间高考录取率差距的加大,高考录取分数线越来越向某些省区尤其是京、津、沪等几个主要城市倾斜。高考分数线的倾斜以及由此而带来的"高考移民"问题也由底层非议发展为高层争论,几乎每年全国"两会"都会提及这一话题。2001年,因山东青岛考生状告教育部的倾斜政策侵犯了自己受教育的平等权利这一事件,高考分数线的倾斜问题更是一度引发媒体的"狂轰滥炸",足见这一问题的社会影响之大。尽管各省市分数线的倾斜是一个受到政治、经济、文化、人口、就业以及高等教育布局等多种因素综合影响的复杂问题,绝非划定全国统一的分数线所能轻易解决,也尽管我国实行定额分省录取制度有其合理性,②但对这一问题未作深思的人们还是简单地把板子打到高考身上——高考确实也是一个显而易见的诱因媒介。

高考分数线的倾斜还造成"高考移民"现象加剧,2008年甚至出现有组织的跨地区高考移民与作弊,从而带来公平、秩序、腐败等一系列新的社会矛盾与问题。除了社会舆论对高考移民的各种行径进行谴责外,处于"高考洼地"的省区还纷纷出台措施,对"高考移民"进行封堵。殊不知,这种封堵固然保障了当地的考生的权益,但同时也剥夺了移民考生参加高考的权利。这种措施对当地考生来说可能是公平的,但对移民考生来说却未必公平。③

不仅如此,高考还常常成为一些与自身几无关系的教育或社会问题的"替罪羊"。例如,认为近年来高校学费猛涨导致贫寒子弟上不起学是高考的错,高等教育大规模扩招所带来的大学生就业难问题是高考的错,甚至连城乡或地区之间教育或社会资源分布不均所带来社会资源拥有量上的"马太效应"也是高考的错。高考犹如被放置在高倍显微镜下,任何微小的瑕疵都可能被放大若干倍,甚至周围社会的污点,也被位移到高考身上,高考因此招致了激烈的社会批评。

---

① 郑若玲:《科举、高考与社会之关系研究》,华中师范大学出版社2007年版,第199~200页。
② 郑若玲:《考试公平与区域公平:高考录取中的两难选择》,载《高等教育研究》2001年第6期。
③ 刘海峰、樊本富:《论西部地区的"高考移民"问题》,载《教育研究》2004年第10期。

二、"替人受过"之背后

高考之所以"替人受过",乃因其具有重要的社会功能和重大的社会影响,并因此备受关注。而高考受关注的背后,则折射出深厚的历史与文化影响,以及复杂的社会矛盾。和任何一项制度一样,当高考有限的社会功能被无限放大后,必将导致高考影像的失真,以及对高考功能的过分苛求。

作为当今中国最重要的一项教育考试制度,高考在担负为高校选拔合格新生这一本原任务的同时,还"身兼数职",具有教育、文化、政治和经济等多项社会功能。从教育上看,高考已成为一根强势"指挥棒",牵制着教育目的,引导着教育过程,一切教育教学活动皆以高考为中心,围绕高考来运作。不仅如此,高考还几乎成为评价教育结果的唯一尺度,追求好的考试成绩因此成为教育施行过程中的直接目标,我们现在常说的"片面追求升学率"即是这一目标的极端化。从文化上看,不仅高考制度的建立与恢复本身是对舍出身、血统、关系等不公而取能力、学识、自身等公平因素的一种文化选择,而且高考对社会的文化提升也作用巨大,全社会的读书学习热情在高考的促进下得以持续高涨。从政治上看,高考制度促使社会结构重新"洗牌",影响着社会阶层的变迁,尤为重要的是,低阶层子女通过高考实现阶层的上向流动,从而得以疏散社会底层对资源分配机制所郁积的不满。再者,"文革"时期的"考试废,道德堕",以及恢复高考所发挥的使社会实现"由乱而治"之功,说明高考还具有稳定社会秩序的政治功能。此外,高考所带来的"考试经济",以及通过对教育、政治、文化的直接作用来促进社会协调发展,说明它还具有直接或间接的经济功能。[1]

正是这种"身兼数职",使高考成为广受注目与重视的高利害、高风险的教育考试与社会活动,并产生重大的社会影响。无怪乎有人说,恢复高考无异于一场"抢才大典",抢出了人才,更抢出了社会发展的时间。1977年的冬天,既成为一个国家和时代的拐点,也成为千千万万中国人命运的拐点。[2] 亦无怪乎1997年11月《人民日报》在纪念恢复高考20周年征文的综述中说"恢复高考,挽救了我们的民族和国家"。[3]

高考因其稳定社会秩序之功而被政府高度重视,也因其影响社会阶层与流动之变迁而为百姓密切关注。每年自年初的高考工作会议召开,考生和家长们便开始留意高考改革的种种动向;高考前夕,但凡举行有关高考信息或高校招生的发布会或咨询会,家长和考生们亦唯恐错漏;高考三天,各大报章、电视媒体等,更是将视

---

[1] 郑若玲:《高考的社会功能》,载《现代大学教育》2007年第3期。
[2] 晓宇:《"恢复高考30年"(专栏评论)》,载《潇湘晨报》2007年4月6日。
[3] 杨学为:《中国需要"科举学"》,载《厦门大学学报》(哲学社会科学版)1999年第4期。

角聚焦于考场内外的方方面面，构成一道独特的社会风景；高考之后，分数线和录取办法则成为万众瞩目、翘首以待的焦点，甚至落榜考生的命运，也会成为千百个家庭茶余饭后的谈资。到秋季入学前夕，贫困新生的入学和助学问题，虽属高等教育政策范畴，但依然能引发普通百姓对高考和社会公平等问题的又一轮反思。可见，社会大众对高考的关注有着经年不息的热情，这在教育领域是绝无仅有的。

不仅当今中国是一个考试社会，作为考试的发祥地，中国自古就是一个极度重视考试的国度。早在公元605年，隋朝便创立了举世闻名的科举制度，到1905年废止，科举在中国历史上整整存在了1300年。在科举创立之前，中国历史上先后实行过"养士求贤"、"军功赏爵"、"察举征辟"、"九品中正制"等选才制度，但这些办法要么对选拔对象的范围作了严格限制，基本上是从统治阶级尤其是贵族子弟中推举才俊，即所谓的"'血'而优则仕"，要么没有客观的举才标准，结果造成徇私舞弊和裙带之风盛行，人才素质低劣，如东汉末年即有"举秀才，不知书。察孝廉，父别居"之讽喻。而科举制度让中国的选材历史发生重大转折。科举的出发点是以考试的方法来选拔治理国家的各级人才，不仅把选拔对象范围扩大到整个社会，几乎所有的知识分子都被纳入其轨道，而且"一切以程文为去留"，有客观的选拔标准，"等第"面前人人平等，从而把"学而优则仕"的政治理想加以制度化。

作为中国帝制时期的"抡才大典"，科举取士由于事关重大，且历时久远，其积极功能与消极影响都十分巨大，有如一把双刃剑，磨砺得越久越锋利，科举因此在漫长的历程中遭遇了各种议论，其中至少有六次发生在封建社会最高决策层的影响较大的争论或改制。[①] 争论的结果是科举数次被废，但每次都旋废旋复。考试选人的办法之所以被发明，背后有极其深刻的社会文化根源——摆脱人情请托困扰，追求社会公平正义。在选拔人才的过程中，先人们发明了考试这把客观公平的"量才尺"。受"重人情、关系、面子"的传统文化影响，在社会资源和教育机会的竞争过程中，如果不以考试成绩这一"后致因素"为竞争资本，金钱、权力等"先赋因素"则将取而代之。这已为中国考试历史所一再证明，且古今皆然。因此，古代科举与当代高考都成为各自时代的"社会重心"与"矛盾聚焦"，备受时人"青睐"。

再从我国的现实国情看，虽然改革开放后经济迅速起飞，但毕竟"人多底子薄"的先天不足一时难以扭转，导致包括教育资源在内的社会资源（尤其是优质资源）严重不足，社会竞争较为激烈。而高考恰恰是高中毕业生面临的第一次强制性社会（脑体）大分工，高考的竞争也就是人们一生的政治地位、经济地位等社会竞争在教育领域的"浓缩"，三大差别（尤其是脑体差别）是导致高考竞争的

---

① 刘海峰：《科举制长期存在原因析论》，载《厦门大学学报》（哲学社会科学版）1997年第4期。

根源。"只要存在强制性的社会分工特别是脑体分工,竞争就会存在。高考取消不了,高考的竞争也取消不了"。① 再者,根深蒂固于国人心中的"不患寡而患不公"意识,也进一步强化了民众对高考刚性竞争近乎顽固的偏爱。

因此,在高等教育机会极为有限、社会竞争压力十分强大的情况下,高考这根"魔力指挥棒"推动着"片追"愈演愈烈,应试教育也难以抑止。"片追"所追逐的实际上是稀缺社会资源,高考竞争或应试教育都只是社会竞争的一种表象或结果。当今教育领域的许多弊端从表面上看是高考造成的,但根源不在高考,甚至不在教育本身,高考只是使一些问题凸显出来;高考并非万恶之源,而是各种教育和社会矛盾的集合点,因此备受争议。② 把高考说成是应试教育的"罪魁祸首",似有"欲加之罪,何患无辞"之嫌。同样,素质教育之所以难以顺利推行,根源在于重视教育与学历、信奉读书至上的社会传统文化,推行素质教育的"绊脚石",与其说是高考,毋宁说是激烈的社会竞争和社会矛盾,应试教育和高考只不过是充当了"替罪羊"的角色。这些关于高考的误读都是由社会竞争和社会矛盾所引起,是该为长期"替人受过"的高考"正名"的时候了。

然而,要克服因激烈的社会竞争浓缩到高考身上而带来的所谓"应试教育"等诸多弊端谈何容易,"替人受过"的高考在可以预见的将来,仍摆脱不了本不该承受的苛责与不时被"妖魔化"的命运。如果不对高考的本质与功能作深入的探析与思考,那么,就像一只背负重壳的蜗牛一样,高考将被迫承载着远远超出自身所必须承载的社会责任而步履维艰,不仅不利于自身的健康发展,也丝毫无助于教育或社会问题的解决。而且,缺乏理性的"妖魔化"对高考这一具有坚实的社会基础、巨大的历史贡献、深刻的公平意蕴、相对科学可行的选材办法也是极不公正的。唯有对高考进行理性认识与客观评价,并适时适地、循序渐进地进行改革,才能更好地发挥其应然功能,还其以本真面目。须知,世上绝无能"包打天下"的制度,诚如清乾隆朝大学士鄂尔泰在针对同僚对八股制义的批评时所言:"人知其弊而守之不变者,非不欲变,诚以变之而未有良法美意以善其后。……故立法取士,不过如是。"③ 相对而言,高考在发挥社会功能、维护公平正义、兼顾科学高效等方面已是当今最好的一种选材办法。一言以蔽之,高考就是高考,永远也只是高考。

---

① 杨学为:《高考改革与国情》,载《求是》1999 年第 5 期。
② 刘海峰:《高考竞争的本质与现象》,载《高等教育研究》2006 年第 12 期。
③ (清)李调元:《淡墨录》,中华书局 1985 年版,第 197 页。

高考的社会功能[*]

高考是一项具有鲜明中国特色的基本的教育考试制度，自1952年建制至今，已有55年历史。虽然"文革"期间曾一度中断，但1977年恢复迄今，高考不仅规模逐年扩大，而且制度建设在改革中不断得到发展，在为高校选拔大量合格新生的同时，也为提高国民整体素质和促进社会发展作出了巨大贡献。如今，高考已当之无愧成为中国的"举国大考"。但伴随高考快速发展的，也有愈来愈尖锐的批评、指责乃至废除之声。对于高考这项牵涉面广、影响重大的大规模教育考试制度，应如何认识其存在价值？笔者认为，在高考恢复30周年的今天，既要深刻剖析其弊端与问题，也很有必要理性分析其社会功能与价值。本文拟从教育、文化、政治与社会结构等视角分析高考的社会功能。[①]

一、教育功能

被称为"天下第一考"的高考是典型的选拔性考试。作为一种竞争激烈的大规模选拔性考试，高考的教育功能主要体现为以下三方面。

其一，为高校选拔合格新生，保障高校生源质量。考试是一种测量工具，就像体能测试或体育比赛可以测出一个人的体能和体质强弱一样，高考让所有应试者接受相同的挑战，将个人的才学和能力放在首位，因而历来被视为可以客观公正地选取优秀人才的公平尺度，或称"量才尺"。与"文革"时期推荐制下新生良莠不齐、文化程度较低的情况大不相同。高考制度建立55年，特别是恢复高考30年来，为高校选拔了大量合格的人才。总体而言，高考成绩与考生实际水平是呈正相关的，高分者虽不一定个个高能，但低分者很少高能。高考分数具有很强的信度和效度，对保障生源质量起到了重要的作用。

其二，引导、规范中学的办学方向和教学方向。从某种意义上说，高考是国家意志和政策与学校教育活动之间的一个中介，通过高考的科目设置和命题设计，国家

---

[*] 原载《现代大学教育》2007年第3期。
[①] 此社会是广义的社会概念，指以共同的物质生产活动为基础而相互联系的人们的总体，包括教育、文化、政治、经济等要素。后文要阐述的"社会结构"之"社会"，乃取其狭义的概念。

可以将政治理论和思想意志贯彻到中学教育中去。比如在政治科考试中包括时事内容，便可以引导考生关心时事。也可以通过科目增减和考试内容的比重调整，来调控或促进某些学科的发展。因此高考对实施教育方针、引导办学方向具有重要作用。[①]

其三，"魔力指挥棒"造成中学教育片面应试。高考与中学教学的关系理应是教什么就考什么，但强大的社会色彩使得高考对中学教学产生强大的制约作用，成为一根"魔力指挥棒"，结果变成考什么就教什么。随着考试竞争的逐年加剧，高考也诱发了诸多问题：中学只抓智育而片面追求升学率、文理偏科、学生负担过重且近视率攀升、影响求异思维和个性发展、学校办不出特色等等。这种片面应试的结果，造成智育一枝独秀，高考指挥棒功能遭致社会各界的猛烈抨击，高考也因此被批评为"黑色的七月"、"考试地狱"、"异化的高考"，甚至被人指责为"人神共愤的考试"。

客观地说，高考对教育的这些负面导向功能，从总体上确实不利于教育发展。但高考指挥棒作为一种客观存在，对它一味地指责丝毫无益于改变现状，如何发挥其正面指挥功能才是较为现实和客观的态度，诚如潘懋元先生所指出，"高考'指挥棒'是客观存在，是反对不了的。……光埋怨不行，谁也无法回避考试。应从全社会的角度来考虑。何况指挥棒也有积极作用，能引导学生认真学习。关键是如何朝正确的方向指挥。"[②] 高考对教育的导向功能有其深刻的社会根源。长期以来，人们诟病高考的主要方面之一是其激烈的竞争所带来的负面影响。但须知，高考的竞争实质上是人们一生的政治地位、经济地位等社会竞争在教育领域的"浓缩"。只要中国仍需以高考来制约高校招生所面临的关系、面子等人情困扰，高考的指挥棒作用便必然存在，亦实属正常。[③]

二、文化功能

考试源于人类社会实践中检验、观察和试验等活动，在其发展过程中深受文化的影响。但考试也同时反作用于文化，具有相应的文化功能，主要表现在选择文化和提升文化上。考试的文化功能既是考试自身系统的一种自然属性，又与教育的文化功能密不可分。而且，由于考试与教育的特殊关系，使得前者在后者发挥文化功能方面常常扮演着重要角色。同时，前者文化功能之发挥又需要借助后者这个中介。高考作为一种影响力颇大的大规模教育考试制度，具有明显的文化功能。

高考制度的建立与发展，即体现了一种对公平理念文化的追求与选择。在中国

---

① 刘海峰：《以考促学：高等教育考试的功能与影响》，载《厦门大学学报》（哲学社会科学版）2002年第2期。
② 郑若玲：《坚持考试　改革考试——潘懋元教授访谈录》，载《湖北招生考试》2002年第2期。
③ 郑若玲：《试析高考的指挥棒作用》，载《厦门大学学报》（哲学社会科学版）2002年第2期。

选官制度史上，为什么科举能力挫他法而雄踞千年之久？因为此种倚重客观标准的考试制度，可谓是对中国自古追求"至公"理念的一种文化选择。同样，统一高考之建立，除效益和质量的考虑外，还有追求公平之本源因素。统一考试正是从制度上排除了考试之外人为因素的干扰，有效地保证了考试的公平与健康发展，使全体国民享有平等参与接受高等教育和追求社会地位竞争的机会。而"文革"时期统一高考的废止，使高校招生的公平性受到践踏，公正有序的干部选拔工作亦被帮派林立、任人唯亲、任人唯派的混乱局面所取代，中国社会的发展水平因此严重倒退了若干年。故而，1977年恢复高考，使整个社会"由乱而治"，百姓欢声雷动奔走相告，为中国教育史乃至中国历史浓墨重彩地书写了一笔。高考的恢复，正体现了舍出身、血统、关系等不公而取能力、学识、自身等公平因素的一种文化选择。

和考试制度相比，考试内容的文化选择功能则表现得更为直接。考试内容所选择的文化，往往是强势文化，或是先进文化。现代高考所考的中学九门基础课程，是经过千百年锤炼的自然科学和人文社会科学的精华，也是经过精挑细选而来的先进文化。因此，高考内容的选定，也是对文化的一种选择。不过，支撑考试内容的选择文化功能之发挥的，仍是考试制度本身。制度越重要，其考试内容的文化选择功能便越强大。

不仅如此，高考提升文化的功能也十分明显。考试制度的好处甚多，其中之一是求己不求人。人生求人之处居多，而求人艰难，且成功与否操决于他人。考试则提供一个反求诸己的机会，成功与否主要靠自己的奋斗，故考试选才能够促人向学、催人奋进。作为一种竞争性颇强的选拔考试，高考具有强大的以考促学功能，考生水平全面提高后，为了保持一定的区分度，不得不再逐步提高试题难度，这种"水涨船高"的关系，促使高考试卷难度和考生水平扶摇直上，现在的高考试题难度和恢复高考之初相比已有天壤之别。高考始终是激励考生奋发学习、高中不断改进教学的最实际、最强大的动力，并为提升社会文化水平提供了重要的制度支撑。① 反而观之，1958年，受教育革命和"左"的思想影响，调整了统一高考，当年度免试录取了大批工农成分者，致使新生质量和高等教育质量严重下降，次年不得不恢复统一高考。"文革"十年，统一高考又被当做"文化大革命"的突破口加以废除，高等教育基本处于停顿状态，中国社会的文化发展水平严重倒退了若干年。此亦可反证高考的提升文化之功。

三、政治功能

作为一种甄别个体差异性的社会活动，考试具有社会制约性，受社会的政治制

---

① 刘海峰：《高考改革应稳步推进》，载《中国高等教育》2007年第2期。

度所制约。考试制度的创建与实施，无不体现着国家和政府的意志。国家通过为考试制定法律法规、考试标准甚至进行命题等来传播和执行自己的意志。而国家意志恰恰是政治的一种体现。因此，从某种意义上看，考试制度亦隶属于政治制度的范畴，其政治功能不言而喻。高考最主要也是最现实的政治功能便是稳定社会秩序。

高考体现的是国家意志，奉行的是公平公正原则。人们参加高考，不仅可以认同国家意志，而且通过公平的竞争获得一种满足感，因而对政府更多的是归顺而非忤逆。诚如台湾学者刘季洪所一语中的："考试制度的运用，可以加强全国人民对政府的向心力。无论他们属于哪一个种族，亦不论他们居住何方，皆可经由考试而加强他们与政府间的关系，使他们对国家更为忠诚。"而"循览前代史迹，则知人才恒倚考试而振兴，政治尤赖人才以推动，考试对政治之伟大功能，未因时代之递嬗而稍有贬损。"[1] 高考通过刚性的制度机制，为社会底层精英向上流动提供了保障，疏散了其对社会资源分配机制所郁积的不满，从而成为一种安全阀，具有稳定社会秩序的功用。尽管高考在50余年的历程中，不时受到人们的非议，最终仍无法被推荐制等其他办法所取代，不能不说有政治因素的考虑。再者，1966年最高领导层选择废除高考作为进行"文化大革命"的突破口，并由此带来的混乱时局，以及1977年选择恢复高考作为拨乱反正的突破口，使整个社会由乱而治，也说明高考对恢复和稳定社会秩序具有重大作用。

高考是维护社会公平、坚持社会公正、稳定社会秩序的重要手段。归因于高考制度的长期实行，在相当程度上形成了一种无论贵贱贫富，"在考试面前人人平等"或"在分数面前人人平等"的观念和社会文化氛围。高考对于平民百姓好在哪？一位陕北老农的话是最好的回答："我的娃经过努力就能考上大学，县长的娃不努力就考不上大学！"[2] 千百年来，中国人都是不患寡而患不均，在考试方面则是不怨苦而怨不公。因为高考提供了公平竞争的机会，考生即使名落孙山，也只能怨自己的水平或运气不佳。因而，高考能释放较低阶层的不满，起到稳定社会秩序的功用。反之，如果考生因为不公平的竞争而落榜，他们怨的则是政府和社会。在推荐制下，如果走后门盛行，无法上大学的学生眼见有权有势者的子弟能够接受高等教育，极易感到无助和愤懑，他们的不满就可能聚集起来针对整个社会，形成对现存秩序的反抗力量，影响社会的和谐与稳定。

此外，由于考生可以多次参加高考，考上较低层次高校的考生今后也还有考上其他重点名牌大学的机会，高考实际上并非"一试定终身"。特别是在取消报考年龄限制后，高考理论上成为一种终身考试，为每一个落榜者始终保留着下一次成功的机会与希望。这就为落榜考生提供了更多的选择，也使一些考生和家长的不满与失望不至累积到危险的程度。因此高考在一定程度上起到了社会的"减压阀"与

---

[1] 廖平胜：《考试学原理》，华中师范大学出版社2002年版，第155页。
[2] 堵力：《教育部考试中心负责人解析高考新思路》，载《中国青年报》2007年4月17日。

"稳定器"的作用。①

四、更新社会结构功能

社会结构是指社会成员在具体的社会活动和社会关系中所处的位置结构,它包括静态和动态两种状态。社会的静态结构通过社会分层来反映,动态结构则通过社会流动来反映。而社会的分层与流动都与政治稳定不无关联,许多政治分析家认为,一个工业社会的政治稳定或不稳定由其社会流动率所决定,高流动率的社会是稳定的,反之则是不稳定的。② 不仅如此,社会流动率与社会进步也呈正相关,社会流动越快、流动比率越高,则社会开放程度越高,社会也越进步。

根据功能主义理论,社会分层对于满足一个复杂的社会系统的要求是必须的。只有让那些最有资格、最有能力和竞争力的人去承担那些最重要的工作或职位,社会系统才能保持平衡和协调,也才能实现正常运转。就高考而言,其对中国社会分层的影响是显而易见的。新中国成立50多年来,中国的社会分层机制发生了重大变化。20世纪50年代至1978年改革开放前,社会分层采取的是"身份制"制度体系,该制度将户口、家庭出身、参加工作时间、级别、工作单位所有制等等作为"社会屏蔽"的基本指标,对社会群体进行区分。这些区分身份地位的指标由于多与"先赋因素"有关,缺少公平竞争的机会,束缚了社会成员的活力和积极性。改革开放后,身份制开始出现解体迹象。人们通过后天努力获得的文凭、学历、技术证书等取代传统的先天身份指标,所发挥的社会屏蔽和筛选功能越来越突出。特别是20世纪80年代以来,党中央在制定干部提升的标准上也强调学历的重要性,没有高等学历一般都得不到提升。③ 这犹如给新的社会分层机制注入一剂强心针。而文凭、学历和技术证书等的获得,无一例外要通过考试尤其是高考的竞争或筛选这一渠道。随着社会结构开放性的加强,高考在社会分层中的作用将越来越重要。

高考又是通过促进社会流动来进行着社会分层的。据许欣欣对1990年和1993年中国不同地位群体间的代际流动研究,得出国家干部这一我国社会分层体系中地位最高的阶层在接受新成员方面具有颇高的开放度。而曾有相当长一段时期,能够被列入干部编制的一条最主要途径,便是取得国家正式的全日制中专以上学历后,被国家人事部门按计划分配到具体工作单位。即使现在国家分配已由自主择业所取代,取得高等教育学历文凭也仍是进入国家干部行列的必备条件。在统一高考几乎是取得国家正式全日制中专以上学历机会唯一通行证的当代中国,干部阶层有如此高的流入率,以及由此所反映出的相应高的社会阶层流动率,统一高考对于社会流

---

① 刘海峰:《高考改革的教育与社会视角》,载《高等教育研究》2002年第5期。
② 许欣欣:《当代中国社会结构变迁与流动》,社会科学文献出版社2000年版,第61页。
③ 李培林:《中国社会分层》,社会科学文献出版社2004年版,第17~19页。

动的作用就可见一斑了。

此外，笔者曾对厦门大学1997~2001届博士毕业生的家庭出身作过统计，得出有56.7%的博士来自除教师和干部外的非知识阶层家庭（其中37%来自农民阶层）。① 尽管来自农民阶层学生的辈出率仍低于1，但低阶层子女通过层层竞争性考试（高考是最关键的一环）得以有机会实现社会阶层的上向流动并成为国家栋梁，却是不争的事实。在中国高等学校尚未全面收费之前，高考在促进社会阶层流动的作用尤其明显。在如今的高等教育机会分配中，权力的侵扰虽然已不明显，但金钱的作用却越来越大。对钱权皆无的广大草根家庭子女来说，高考作为一个自致性因素，几乎成为他们获得高等教育机会、实现阶层上向流动一条最公平合理的"独木桥"。而教育机会的公平竞争恰恰是社会和谐与进步发展的重要内容。②

除了具有上述教育、文化、政治、更新社会结构等功能外，高考还具有经济功能。随着高考"举国大考"地位的确立，"高考经济"也悄然兴起。"高考经济"既给出版印刷业、餐饮旅店业、交通运输业、网络业等带来巨大商机，又强化着家教辅导、烧香拜佛、保健求医等商机。此外，高考通过促使劳动力资源转化为人力资本来间接促进经济的发展，通过促进教育发展来反作用于经济，通过对教育、文化、政治等方面的明显作用来促进社会（包括经济）的协调发展。③

尽管现行高考制度受到一些人的质疑及现实的挑战，也尽管在恢复高考30周年之际，要求改革高考的呼声已成为社会舆论的主旋律④，但有一个事实无法否认：高考已经成为当代中国最成熟和最权威的人才选拔机制，迄今尚没有任何一种制度可以取而代之。⑤ 高考的平民色彩、高考对中国社会的巨大贡献，以及民众对它的高度认可，都是无论多么激烈的批判都无法否定的。对高考社会功能之分析，更充分说明了这一点。

---

① 郑若玲：《高等教育与社会的关系——侧重分析高等教育与社会分层之互动》，载《现代大学教育》2003年第2期。
② 郑若玲：《高考对社会流动的影响——以厦门大学为个案》，载《教育研究》2007年第3期。
③ 郑若玲：《考试经济与社会发展——以科举、高考为例》，载《湖北招生考试》2006年第4期。
④ 宋晓梦：《理性对待高考改革》，载《光明日报》2007年4月18日。
⑤ 刘武俊：《考试立法缺席》，载《中国青年报》2000年7月14日。

普通高校招生考试法规建设述评

——兼谈考试立法的必要性[*]

普通高校统一招生考试是我国一项影响最重大的教育考试制度。自1952年建制至今，高考制度走过了一条风雨崎岖路，其发展曾数度受挫。而在影响高考发展的众多因素中，法规建设是一个不可忽视的因素，它直接关系到高考的改革与发展是否有章可循、有法可依。但遗憾的是，长期以来，人们的关注总是聚集在高考的各项具体改革上，却极少检讨其背后所依据的法律法规。为了引发考试工作者给予这一问题以必要的重视，本文将简要介绍普通高校招生考试法规的建设历程，分析《普通高等学校招生暂行条例》等法规与高等教育改革不适应之处以及存在的问题，并论述考试立法的必要性。

一、普通高校招生考试法规的建设历程

总地来说，新中国成立以来，伴随着高考制度和高等教育事业的改革与发展，普通高校招生考试法规建设从无到有，经历了一个曲折的发展过程，在不断摸索中渐趋完善。

1949年，中华人民共和国成立。本着"暂维现状，立即开学"的方针，考虑到教育上的衔接与过渡，当年的各高等学校仍沿旧制，实行单独招生考试。由于各校办学质量和社会声誉高低不同，单独招考造成了许多高校招生不足额和新生报到率低。为了使普通高校招生工作纳入国家计划轨道，1950年5月26日，中央人民政府教育部发布了新中国第一部高校招生考试文件《高等学校一九五零年度暑期招考新生的规定》，要求各大行政区教育部"根据该地区的情况，分别在适当地点定期实行全部或局部高等学校联合或统一招生"。1951年4月24日，教育部又发布了《高等学校一九五一年暑期招考新生的规定》，再次强调要实行全部或局部高等学校统一或联合招生。

1952年，中共中央制订了发展国民经济的第一个五年计划，为适应这一要求，

---

[*] 原载《广东工业大学学报》（社会科学版）2002年第4期；《高等教育》（人大复印资料）2003年第2期转载。

在总结前两年大区联合招生的基础上，1952年6月13日，教育部发布了《高等学校一九五二年暑期招收新生的规定》，第一次明确规定，全国高等学校，除个别经中央教育部批准者外，一律参加统一招生，采取"中央统一领导与分省、市、自治区办理相结合的全国统一招生的方式"。除1958年恢复到单独招考外，从1952~1965年，高校招生一直实行统一招考办法。

但从1964年开始，高考急剧"左"倾，主要表现为以贬低考试来"突出政治"。高考因此也被错误地批判为"分数挂帅"、"智育第一"、"为资产阶级造就接班人"等等。1966年7月24日，中共中央、国务院发出《关于改革高等学校招生工作的通知》，决定高校招生取消考试，采取推荐与选拔相结合的办法。由于"文革"的进行，高校招生工作实际上陷入停顿状态。到1972年，各高校才陆续恢复招生，但文化考试并未恢复，而是采取"自愿报名、群众推荐、领导批准、学校复审"的招考办法。"文革"结束后，在邓小平的直接领导下，1977年10月12日，国务院批转了教育部起草的《关于一九七七年高等学校招生工作的意见》，充分肯定并决定恢复"文革"前的统招制度。《意见》促成的统一招生考试制度的恢复，是高教领域拨乱反正的一个重要标志，对于提高高校新生质量，恢复正常教学秩序，调动广大教师和学生积极性，乃至促进社会风气的转变都产生了深远的积极影响。

恢复高考后，我国高等教育进入快速发展时期。为适应高等教育事业发展需要，进一步做好高校招生工作，选拔出适合高校培养要求的优秀新生，原国家教委于1987年4月21日颁发了《普通高等学校招生暂行条例》（以下简称为《暂行条例》）。《暂行条例》以12章共计62条的篇幅，对招生考试的形式、招生机构、报名与考试、政治思想品德考核、体检、招生来源计划、录取、招收保送生、招生经费、处罚以及专门院校或面向特殊群体的招生办法等都作了明确规定。这一条例的颁布，实现了我国普通高校在招生考试法规建设上零的突破，标志着普通高校招生工作开始步入法制化轨道。但由于《暂行条例》是一个总体指导性法规，在运用与操作上难免有一定的局限性。为更好地贯彻《暂行条例》，国家教育主管部门又陆续颁布了一系列实施细则（个别规定略先于《暂行条例》的颁布）。除实施细则外，针对部分特殊群体如高水平运动员、残疾学生、模范青年、少数民族青年等或专门院校如艺术（系科）、师范、农业等院校，也颁布了一些特殊招生规定。此外，为应对新形势下高等教育改革与发展的需要，国家教育主管部门还发布了一系列招生考试各方面如考试科目、招生计划、标准分数制度等改革的规章性文件。这些规定或文件的颁布，使我国高校招生考试法规日益丰富并渐趋完善。

从高校招生考试法规的建设历程可以看出，高校招生考试制度在"文革"前17年，由于没有相应的法律法规作后盾，只能依据由教育部发布的各年度关于招生考试的规定，因此一直是跟在政治的后面亦步亦趋。政治风向一转，招生办法就得随风而动，甚至沦为政治斗争的牺牲品。考试事业的发展因此受到严重干扰，尊重考试自身规律更是无从谈起。而招生考试事业受损的背后，则使得社会文明进步和国家经济发展滞缓乃至倒退。1977年恢复高考后，随着高等教育事业的快速发展，作为其入口环节的招生考试制度的发展也迫切需要一个稳定的内外部环境。正是在这样的背景下，国家教育主管部门先后出台了《高等学校招生考试暂行条例》及其他相关法律法规。20世纪90年代中期以后，《教育法》和《高等教育法》更是以法律的形式，对高校招生考试的一些基本问题作了规定。鉴于高校招生考试影响重大，其在《教育法》和《高等教育法》中也占据了很重要的地位。《教育法》84条规定中涉及招生考试的有6条之多，《高等教育法》69条中也有3条涉及高校招生工作。但是，《教育法》和《高等教育法》只为高校招生考试工作制定了一些基本原则，高校招生考试的具体操作主要还是依据《暂行条例》来进行。

二、《暂行条例》等法规与高等教育改革的不适应之处

毋庸置疑，《普通高等学校招生暂行条例》及其他相关法规的制定，在很大程度上改变了我国高等学校招生工作长期受政治影响而波动起伏、较少甚至没有顾及高等教育自身发展规律的局面，为高等教育的发展提供了一个比较稳定的政策平台和必要的法制保障。也正是在这样的形势下，我国高等教育自20世纪80年代中后期以来获得了快速发展，在适应政治、经济等需要的同时，也充分尊重到高等教育自身发展规律。但另一方面，由于高等教育的快速发展，特别是1999年以来的连续扩招，以及高等教育日益多样化，《暂行条例》等法规在一些方面出现了与高等教育改革与发展不适应之处，也存在一些问题，不利于高等教育的进一步发展。主要表现在：

（一）对报名条件的规定不适应高等教育大众化和终身教育的要求

按《暂行条例》第3章"报名"的规定，一般情况下报考者必须未婚，且年龄不超过25周岁。应该说，在一定历史时期，特别是在高等教育精英化阶段，为了将有限的高等教育机会给予身心处于最佳学习阶段的青年人，从而使稀缺的高等教育资源发挥出最大功效，这一规定有其合理之处。但随着社会经济的发展和国民素质的提高，民众接受高等教育（包括进入普通高校接受正规的高等学校教育）的需求日益强烈，必然要求放宽乃至取消对报考年龄的限制。另一方面，我国的高等教育即将跨入大众化阶段，也意味着可以给更多的人提供包括普通高等教育在内的受教育机会。此外，在建构终身教育体系的过程中，高等教育也将逐渐融入其中。而终身教育最主要的特征便是为人们提供终身受教育的机会，使人们能够在他认为最重要的时候受到应有的教育。高等教育大众化和终身教育也要求取消对报考

者的年龄限制。虽然从2001年开始，已经取消了考生的年龄限制，但毕竟没有出台相应的法律法规，这一改革随时可能会因为缺乏法律保障而夭折。

（二）对考试的规定较死板，不适应统一性与多样化相结合的高考改革方向

在《暂行条例》第6章"考试"中，对高考日期、考试科目及其分数等作了详细规定。过去在计划经济体制下，为了适应国家经济建设的需要，高等教育采取高度集中统一管理的方针，作为高等教育起点的招生环节自然也由国家教育主管部门统一管理。应该说，这样的规定符合计划经济体制的要求。但经济体制向市场经济转轨后，对高等教育管理体制提出了前所未有的挑战，要求高等教育面向市场自主办学。作为高等教育与中等教育链接点的高考制度，也必须在统一性的基础上朝多样化方向改革，才能满足高等学校自主办学的需要。从改革实际来看，20世纪90年代以来，在考试科目上，先后进行了两轮高考科目的改革，在考试形式上，也进行了春季高考的探索。这些改革打破了高考以往的"大一统"局面，给高等学校和应考学生都提供了更多的选择。而且，为了更好地贯彻高考改革三个"有助于"的指导思想，高考的科目、内容与形式（包括考试时间）改革仍将是新世纪高考改革的重点。《暂行条例》中的这些规定，由于没有留下改革的空间，显然已经不再适应高等教育发展和高考制度改革的方向。

（三）对招生来源计划的规定不适应"招生并轨、收费上学"的改革

20世纪80年代以前，高等学校全部是按国家计划统一招生，毕业生也全部由国家包下来。为了适应教育体制改革的需要，80年代初以来，先后试行了招收委培生、定向生、自费生的改革。1987年，这一改革成果作为专章被反映到《暂行条例》中，明确规定招生来源计划由国家任务（含定向培养）、委托培养和自费生三部分组成。在计划经济体制下，这种多类别的招生来源计划改革，打破了过去高校招生由国家"大统大揽"的局面，为高等学校的管理体制改革注入了生机与活力。

然而，进入20世纪90年代以后，随着社会主义市场经济体制的建立和高等教育改革的深化，这种国家任务计划和调节性计划相结合的"双轨制"招生计划体制的问题也逐渐显现。由于委培生和自费生（即"两生"）的招收比例不断增加，以及收费和降分挂钩，计划内和计划外两条录取分数线的距离被越拉越大，有的学校甚至将后者的分数线降到前者的最低录取分数线100分以上，"权力干预"、"分不够钱来凑"等不正之风趁机而入，造成"两生"质量严重下降，高等教育的社会声誉也严重受损，违背了改革的初衷。而且，随着经济体制的转轨，教育成本分担的理论和观点也得到越来越多人的认同。鉴于此，从1994年开始，国家教委进行了招生并轨的改革，到2000年，改革全面完成。

以革除"两生"招生弊端为契机的招生并轨改革，除了具有"双包"（国家包上学、包分配）变"双自"（自费上学，自主择业）的深远历史意义外，还体现了教育的公平性原则，高等学校经费拮据的局面也得到一定程度的缓解，并促使高等学校主动保持与社会需求的动态适应。招生体制的改革，使中国高等教育三大基本职能中最薄弱的"为社会服务"职能得到了越来越全面的体现与拓展，是高等教育面向市场自主办学的一个不可逆转的潮流与方向。因此，从招生来源计划上看，《暂行条例》的规定已经完成了特定时期的历史使命，其赖以存在的社会基础已不复存在。

（四）对保送生的有关规定"软标准"有余"硬条件"不足，容易给腐败与不公钻空子

1977年恢复高考后，随着考试竞争的逐年加剧，"片追"现象愈演愈烈，考试的弊端和局限性也日益明显。但高考又不能取消，否则会带来比采行考试严重得多的问题。于是，人们希望通过少数人的保送，建立一种以考试为主、以保送为辅的招生制度，以减轻这些弊病。1985年，国家教委在北京师范大学等70多所高校进行了招收保送生的试点工作。1988年，国家教委颁发了《普通高等学校招收保送生的暂行规定》，对推荐保送生的中等学校的条件、保送生的条件、高等学校招收保送生的程序等作出明确规定，保送生工作从此步入正规化、法制化和制度化轨道。

国家实行保送生制度的目的，一是通过全面考核保送生在中学阶段的德、智、体情况，对中学实施素质教育和鼓励中学生全面发展产生良好的导向作用；二是通过对保送生进行面试了解其专长，为高等学校选拔出具有较好的专业适应性的优秀人才。从实行十余年来的效果看，保送生制度的确在很大程度上达到了以上目的，为高等学校输送了一批德智体全面发展或有某些特长的优秀培养对象。特别是这一制度实行之初，一般上保送生的政治素质好，专业思想巩固，创造能力和发展潜力都比非保送生要高。但是，由于有关保送生的规定"软标准"有余"硬条件"不足（在《普通高等学校招收保送生的暂行规定》确定的保送生的3项条件中，除了第3条"德智体全面发展，各科成绩优良，并参加国际中学生学科奥林匹克竞赛集训的优秀高中应届毕业生"的标准较为明确外，第1条"德智体美和在劳动教育中表现一贯优秀的高中应届毕业生"、第2条"德智体全面发展，学习成绩优秀，志愿献身教育事业，并具备从事教师工作素质的高中及中等师范学校的优秀应届毕业生"都是"软标准"），使保送生制度存在"走后门"、"搞腐败"等难以堵塞的漏洞。先是部分中学为保留"尖子生"在高考中的竞争力，"荐良不荐优"，推荐材料含有相当多水分。此后，受社会不正之风的影响，权力和金钱逐渐侵蚀到高考这块"净土"，"荐良不荐优"又进一步滑向社会影响更为恶劣的"推劣不推良、送官不送民"。为此,教育部于1996年曾一度打算"暂停"1997年的保送生工作,但因种种原因未果。

为了消除保送过程中的腐败,保证保送生质量,1998年,教育部在上海、湖北、河北、黑龙江、四川五省(市)试行保送生综合能力测试。同年12月4日,教育部发出《关于1999年普通高校招收保送生的通知》,明确规定,除获全国中学生学科奥林匹克竞赛省赛区一等奖的保送生外,1999年普通高等学校招收的保送生必须参加由教育部统一命题的综合能力测试,并以此成绩作为录取的重要依据。这一规定基本上取消了过去的"软标准",至少从制度上堵塞了腐败的漏洞,但由于人为因素的干扰,实际收效甚微。2000年夏《中国教育报》、《中国青年报》等一些重要媒体先后披露的湖南隆回一中保送生选拔的惊人黑幕便是典型例子。难怪很多人指责保送生制度是中国教育领域最大的腐败。如此选拔就不仅仅是一个轻飘飘的保送材料水分多少的教育问题,而是一个助长腐败、颠倒黑白、伤害民心的严重社会问题。

为保证保送生质量,2001年3月,教育部对保送生工作作出了"压缩规模,严格标准,严格管理"[①]的规定,将2001年的保送生压缩控制在5 000人,并在较大程度上提高了保送"门槛",规定只有4类普通高中应届毕业生具有保送生资格,分别是:省级优秀学生;全国中学生学科奥林匹克竞赛获奖者;国家理科试验班优秀毕业生;13所外语学校(中学)优秀毕业生。应该说,这四项条件与《普通高等学校招收保送生的暂行规定》的条件相比,更加具体,更有操作性,"门槛"也的确高了很多。但除了"全国中学生学科奥林匹克竞赛获奖者"为"硬条件"外,其余3条在实质上仍没有跳出"软标准"的框框。因为优秀毕业生的评定人为主观因素太强,在强大的利诱面前,作假的漏洞很难堵塞。在"隆回一中"事件中,校长的儿子虽有若干门功课不及格,仍被评为省优秀学生干部,副校长的儿子成绩中等偏下,同样奇迹般地被评为省级三好学生。[②]

回顾保送生制度的发展历程不难看出,招收保送生本来是一部"好经书",但不幸被"歪嘴和尚"念歪了。如今,它不仅已经基本上失去了其最初的选拔特长学生的功能与初衷,而且被人情因素严重异化为教育腐败滋生的温床。因此,不少人主张废除保送生制度。笔者认为,保送生制度作为对统一高考制度的一种补充,如果操作得当,确能在选拔特长生、消除应试的片面性和促进素质教育等方面发挥作用。因此,在高考进行多样化和多元入学改革的今天,保送生制度仍有其存在的必要。但深受权力、金钱、人情、面子所累的保送生制度必须继续进行革新。除了继续压缩规模、进行保送生综合能力测试外,在保送资格上应取消"软标准",只保留"硬条件"。

---

① 朱文琴:《为何对保送生一压二严》,载《光明日报》2001年3月8日。
② 周其俊、吴湘韩:《保送生选拔黑幕重重》,载《文汇报》2000年8月16日。

三、余论：考试立法的必要性

如前所述，《暂行条例》为我国的高校招生考试事业提供了所需的发展平台，避免了像"文革"前那样的大起大落，并使高校招生考试工作开始步入法制化轨道。然而，这并不意味着我国高校招生考试法规建设事业就可以在原地踏步休息了。随着我国高校招生考试制度的发展，招生考试法规也面临许多新的挑战。因此，法规的建设工作非但不能停止，而且要"与时俱进"，在以下两个方面不断加强，把招生管理工作推上一个新台阶：一是对《暂行条例》及其他相关法规中某些已经完成了历史使命的条规作相应的修订与调整；二是在时机成熟时，出台相应的《考试法》或《考试管理法》。考试立法之所以必要，主要基于以下三个因素：

（一）考试在社会发展中的重要地位

在越来越讲求效率与公正的现代社会，考试由于其客观公正性，已经渗透到社会生活和工作中的方方面面，成为一项重要的评鉴和选拔人才的教育和社会制度，甚至成为一种无孔不入、无处不在的社会活动。早在20世纪30年代，美国学者亚尔保德·兰就指出："考试的功用甚为广博。……在政界、军界、工界或商界各方面，应用考试来选择人才的，一天普遍一天，而且甚富成效。可见考试不特为解决各种教育问题的必要工具，且是一种推进各种社会事业的良好法则。"[①] 如今，在我们周围，各种资格考试、水平考试、选拔考试、学业考试、性向测验、心理测试等，多如牛毛，数不胜数。可以肯定的是，随着社会的发展和文明的进步，考试在未来生活中将发挥更大的作用。这样一项重要的教育和社会制度，没有法律的保障，其顺利发展是难以想象的。

（二）高校招生考试法理基础的变化

众所周知，自新中国成立至20世纪90年代初，由于一直没有建立刚性化的干部选任制度，高校招生考试实际上扮演着双重角色，既为高等学校选拔新生，又为政府选拔预备干部。90年代初以来，随着社会主义市场经济体制和国家公务员考试制度的建立，以及民主法制建设的进步和民众接受高等教育需求的增强，高校招生考试逐渐将选拔预备干部的舞台让给了公务员考试，而主要成为一条保障公民接受高等教育权利的途径。因此，高校招生考试权已经不是国家专属权利，而成为一个社会权力体系，包括公民的受教育权、学校的自主办学权以及国家教育行政管理权，理应上升到立法的高度给予保障。然而，在招生考试实际运作中，由于立法的

---

① [美]亚尔保德·兰著，浦漪人、黄鸣宗译：《新法考试》，正中书局1935年版，第5页；转引自廖平胜：《考试学原理》，华中师范大学出版社2002年版，第143页。

滞后，责、权、利不清晰，出现的许多矛盾往往无法得到解决。例如，因报考不当而导致高分考生"高分低就"甚至落第的问题，常常引起考生、高校以及教育管理部门之间的矛盾。是否录取应当是学校和考生之间的民事关系。如果有法可依，则高校在获得自主录取权利的同时，也要承担处理录取与否所出现的问题的责任。同样，考生有填报志愿的选择权，但也必须承担选择后的责任。而政府管理部门在行使录取调控管理权利的同时，也要履行为高校和学生提供服务的义务。①

（三）现行法规的局限性

考试作为一种选拔人才、评价教育的测量手段，其实施过程是一种崇高的、具有可信性的正义程序的执行过程。"公平竞争"是考试制度的灵魂，公平、公正、公开是考试制度的核心原则，而这一原则本身就体现着法的尊严和法的理念。因此，为了使考试这一正义程序的执行过程更加规范，必须通过立法来加以保证。而现行的招生考试法规都是由国务院或政府有关职能部门制定的，属于行政法规，不是立法机构制定的独立的法律，不具有广泛的适用性。而《教育法》和《高等教育法》又只是为一些基本或原则问题提供法律依据。"无法可依"使得考试过程中不时发生侵权行为。例如，一些考试规定、考场规则，对应试主体只强调义务，没有体现应试主体的权利，而应试者是应当有要求公平竞争、要求管理工作人员维持良好考试秩序的权利的，考试舞弊便是对考生公平竞争权利的侵害。考试立法滞后，也给执法带来很多困难。例如，发生纠纷时，司法机关由于无法可依难以受理案件，只好转给行政机关，通过行政手段处理，但行政处理，变通性又太强，结果使很多问题不了了之。因此，要保证考试的公平、公正、有效，必须加强考试立法，依法治招，依法治考，真正做到"有法可依，有法必依，执法必严，违法必究"，使参与考试各方的基本权益都能得到保障，并从根本上遏制考试的腐败现象。

---

① 瞿振元：《深化改革，依法治招》，载《中国教育报》2001年12月5日。

高考与教育

高考建制最直接的理由是提高高校新生质量、巩固院系调整的成果。高考从诞生之日起,便同教育紧紧相连,或者说,高考产生的重要驱动力是教育活动的需要。教育功能因此成为高考最主要的社会功能。高考的政治、经济、文化等其他功能,或多或少通过其教育功能的折射而起作用。高考与教育的关系也因此成为高考制度研究的"立命之本"。本单元将从考试竞争与科目改革、高考录取与教育机会、考试指挥棒作用、应试教育与素质教育、保送生制度、自主招生等角度,精辟阐述高考的教育功能,深刻分析高考与教育的密切关系。

自主招生改革何去何从*

2009年11月，北京大学公布了自主招生中"中学校长实名推荐制"环节的改革方案后，社会各界围绕高校自主招生改革的讨论骤然升温，这一改革无疑已成为近半年来教育界最热门的话题。自2001年试点以来，我国高校自主招生改革已进行了十年。随着教育主管部门逐年放权，自主招生改革的空间逐步扩大，思路逐渐开阔，措施不断推陈出新，令人欣喜。与此同时，也出现不少问题，改革的实践渐渐偏离初衷，令人担忧。伴随着改革与问题的出现，民众对这一话题可谓聚讼纷纭，争论不休，"自主招生"甚至成为2006年度我国教育八大关键词之一。[①] 但这些讨论多关注于自主招生改革的"实然状态"，鲜有对改革"应然状态"的学理分析。自主招生因何而起？有何成效？应走向何方？这些问题亟待理性的反思。深入探讨自主招生的本质，检视十年改革的得失成败，既是一项刻不容缓的理论研究，也是一个事关改革方向之大体的实践课题。

一、梳理与检讨

2001年，教育部在东南大学等江苏省三所高校试行了"自主招生录取"改革。试点的思路是将高校的考核与高考相结合，由试点学校制订并公布自主选拔录取方案，符合条件的应届高中毕业生提出申请并提供相关材料，通过试点学校的审查和其他相关测评、考核，合格者便成为候选人；入选考生仍须参加全国统考，如果成绩达到生源所在省（自治区、直辖市）确定的与试点学校同批次录取控制分数线，省级招办即向考生选报的试点学校投档；投档后由试点学校对先期考核通过并且符合统考成绩要求的考生进行综合评价和自主录取。2003年，在借鉴前两年试点经验的基础上，教育部选取了北京大学、清华大学、中国人民大学等22所国家重点大学，各拿出5%的招生名额，按照报考条件、招生办法、录取结果"三公开"原

---

* 原载《华中师范大学学报》（人文社会科学版）2010年第4期；《新华文摘》2010年第22期转载；《高等学校文科学术文摘》2010年第5期学术卡片摘录。

① 《2006年我国教育八大关键词》，2006年12月27日，新华网，http://news.shangdu.com/category/10001/2006/12/27/2006 - 12 - 27_513351_10001.shtml。

则，进行"自主选拔录取"改革试点（即通常所说的"自主招生"，以下皆以"自主招生"来代称）。

十年来，自主招生改革在数量、规模、条件、力度、模式、范围等方面发生了很大变化：在试点高校的数量上，从2001年的3所增至2002年的6所，2003年的22所，2004年的28所，2005年的42所，2006年的53所，2007年的59所，2008年的68所，2009年的76所，2010年的80所；在自主招生的规模上，突破了最初只能占本年度招生计划总数5%的限制，考生人数多、质量好的高校可增至10%甚至更多，通过自主招生考试跨入大学门槛的考生在过去6年间翻了6番；在限制条件上，由最初的指定地区、指定中学推荐改为个人自荐与中学推荐相结合，一般采取"学校推荐为主，个人自荐为辅"，不仅重点中学的学生可以报名，一般中学的学生如认为自己实力较强也可自荐；在降分幅度上，对获得自主招生资格尤其是在某方面有特殊才能的考生，由原先最多可降30分变成不受此限，甚至还可优先选专业；在招生模式上，在原来"自主+高考"模式的基础上又增加了复旦、上海交大真正自主的"去高考"模式；在试点范围上，由最初的重点大学扩大到一般本科和高职院校。基于上述变化，自主招生改革的教育与社会影响逐渐显现与扩大。

1952年我国建立统一高考制度后，除"文革"这一特殊时期外，高校招生几乎是以高考分数作为录取的唯一依据。由于录取制度刚性，标准单一，高校基本上没有招生自主权，中学教学也因此陷入"片追"与应试教育的泥潭不能自拔。扩大高校招生自主权，推进素质教育，探索一种以统一考试为主、多元考试评价、多样选拔录取相结合的高校招生制度，成为教育改革的迫切需要。自主招生改革在这一背景下应运而生，是对传统的以高考分数为唯一录取依据（保送生和特长生招生除外）的高校招生录取体制的有力挑战，对于健全创新人才的选拔机制有重要意义。

客观地说，自主招生试点在选拔优秀人才、鼓励自主办学、更新教育思想、推动教学改革、引导素质教育、推进招生改革等方面确实发挥了一定的作用。例如：最先尝试自主招生的东南大学在改革中选拔了不少有特长或综合素质较高的学生，并认为"只有不断加大自主招生力度，才有可能让更多有培养潜能的学生走进大学校门"[1]，北京大学2007年对首届自主招生毕业生的调查也显示，自主招生录取的学生在学业成绩、文体活动和社会工作等方面都表现出较高的才能与水平，在总体上优于全校平均水平[2]；自主招生扩大了高校办学自主权，有利于挖掘高校办学潜力、提高办学效益；多元评价、多样选拔的思想逐渐为人们所接纳；中学教师的教育观念和教学方式都发生了变化，更加鼓励学生参加各类竞赛、注意调动学生的

---

[1] 周大平：《高校自主招生如何突破》，载《瞭望新闻周刊》2004年第17期。
[2] 刘明利：《高校自主选拔录取新生的探索与思考》，载《中国高等教育》2007年第12期。

主体性和主动性、关注课本外知识、有意识地培养学生的创新性和求异思维、重视互动式和启发式教学等①，有利于推动教学改革和推进素质教育；以往中学与大学之间的疏离关系，如今变成了本该有的密切互动，不仅使大学对潜在生源的了解渠道更加畅通，而且使中学教学更有针对性；为防范人为因素干扰而建立的舆论监督机制，丰富了"阳光高考"的招生内涵；自主招生高校由最初的重点院校扩展到如今的地方普通院校和高职院校，为我国多层多样招生体系的构建奠定了基础；等等。

但毋庸讳言，改革也出现不少问题，在公平、诚信、自主考试的科学性、成本与效益、应试倾向等方面都受到不少质疑。其中，质疑最多的是自主招生的公平性，例如认为：随着高校招生自主权的扩大，各种腐败现象如金钱侵扰、权力介入等，在"自主"的环境中找到了生存的空间，尤其是自主招生中的推荐成分，让人对曾经深受其害的高校招生制度忧心忡忡，担心自主招生会重蹈歪路，那些经历过"文革"等特殊政治时期的普通百姓，更是对学术以外因素介入带来的腐败与伤痛心有余悸；自主招生名额投放的地域与学校差异，造成地域、城乡和学校之间机会的不公平；自主招生选拔更多的话语权掌握在城市，"以'琴棋书画'为代表的艺术能力考察、以实验为代表的动手能力考察、以口试为代表的表达能力考察等"②，加上要求考生到高校参加测试，使贫寒家庭子弟由于物质准备上的不足而处于竞争劣势，甚至可能剥夺他们参与自主招生的机会，在平民百姓眼里，自主招生所看重的"技艺"与"能力"，是要"用钱堆出来的"，而贫困或农村家庭的孩子，琴弦没摸过，怎么去考级？模型没见过，怎么去动手？"能言善辩"也是靠见识与信息"熏陶"出来的，在资料缺乏、信息闭塞的农村落后地区，孩子们怎么去见多识广、如何能谈吐不凡？凡此种种，让人忧心忡忡。

2009年11月，《中国青年报》对2 117名公众所做的关于自主招生的在线调查显示，66.7%的人认为"钱权交易不可避免"，56.78%的人认为"自主招生过程不够透明"，48.8%的人认为"对教育资源缺乏地区学生更不公平"，74.4%的人认为要提高招生录取过程的透明度，69.7%的人认为自主招生首先要保证公平公正、提高公信力。③几乎在同时，新浪网就"中学校长实名推荐制"也对13 000多名网友进行了调查，七成的网友认为"实名推荐制对多数人不公平"，也有人担忧农村和西部贫困地区的孩子"会永远被排除在这一选拔渠道之外"，更有网友直

---

① "高等学校自主招生对江浙沪高中教育影响"调研组：《高等学校自主招生的问题与对策》，载《上海教育科研》2009年第6期。

② 刘进、王静：《政策过程分析：自主招生公平问题的内在机理探讨》，载《上海教育科研》2009年第6期。

③ 王聪聪：《民众关注自主招生 66.7%的人担忧权钱交易不可避免》，载《中国青年报》2009年11月24日。

言"信校长不如信考分"。① 以上这些调查对象还只局限于能享受到网络资源的民众②，若将调查向以农民为主体的"沉默的大多数"铺开，质疑自主招生公平性的人数比例会更高。

诚信也是自主招生改革不得不正视的另一个主要问题。与保送生制度曾出现的问题一样，在自主招生中，有些中学为提高升学率，采取"荐良不荐优"的做法，或者对材料"注水"，把一些成绩不理想的学生推荐到自主招生的选拔中；高分考生"不辞而别"、"另攀高枝"③ 等现象时有所见，有的考生只是将自主招生作为"保险绳"，使得相当多高校不得不面对学生"跑单"的尴尬④，因中学和考生诚信不佳而带来生源的质量与流失问题，令许多高校十分头疼。

此外，高校自主进行考试的公平性与科学性、成本与效益等也颇受质疑。自主招考在抵御人情请托和特权干涉方面的能力要低于全国统一考试，由此可能带来公平的问题。而且，自主命题的科学性与权威性不及全国命题，命题质量（包括试题的信度、效度和区分度等）势必受到影响，而命题质量的高下，又关系到考试优胜劣汰功能的发挥，从而间接影响考试的公平性，考试的权威性也因此被大打折扣。⑤ 例如，针对2006年复旦自主招生面试所出的"神仙题"（指无固定答案、不用任何准备的"自圆其说"题）评分的主观性太强，以及一位不知山东省会为何地，反而以"我一直偏好理科，对这些文科知识平时没有怎么关注"为由理直气壮"狡辩"的考生却通过了面试的典型事例等，不少人对自主考试的科学性提出质疑。也有人认为，自主招生旨在测评考生的素质及创新能力，但实际测试中却出现诸如"说出全国政协常委委员的名字"之类的知识性考题，测不出考生的创新能力，因为"任何有标准答案的试题本质上都不是创新型的"⑥。

从成本与效益上看，自主招生的耗费远高于统一考试，"学校方面，准备考场、专家命题、监考和专家面试、单独招生宣传、招生网络建设等都是大笔花销，而时间则更显宝贵，从招生宣讲到多轮考核，历时近一个月，时间花费巨大；就考生来讲，路费、考试费等费用大大增加了其参选负担，尤其是边远地区、落后地区、农村地区的考生。"⑦ 因此，针对高校花费不菲来自行组织笔试或面试的高成本行为，有人认为既无必要，也不适合在一般院校推行，这一方式虽然可能将笔试线内15%的学生选拔出来，但"这15%所花的代价要远远高于85%所花的代

---

① 谢洋：《校长实名推荐七成网友反对》，载《中国青年报》2009年11月12日。
② 据相关统计显示，全国农民上网的比例只有0.2%，且主要集中在东部地区。而中国13亿人口中8亿多是农民，从统计学意义上分析，网络民意的代表性值得怀疑。详见汪晓东：《多少农民是网民》，人民网，2010年2月23日，http://culture.people.com.cn/GB/11003992.html。
③ 宗俊峰、王燕：《关于自主招生政策的思考》，载《北京教育》（高教版）2005年第4期。
④ 罗金远：《高校自主招生不是考生的"保险绳"》，载《中国高等教育》2007年第6期。
⑤ 郑若玲：《高考改革必须凸显公平》，载《教育研究》2005年第3期。
⑥ 浦家齐：《解读高校自主招生》，载《教育与考试》2007年第4期。
⑦ 刘进、王静：《公平与效率：高校自主招生的五大争论》，载《江苏高教》2009年第5期。

价"①，投入的成本与产生的效益显然不相匹配，尤其是当自主招生改革大面积铺开时。

如今，自主招生的应试倾向初现端倪，进一步引发了人们对它的忧虑。随着教育部取消自主招生的比例限制，越来越多的考生和家长把自主招生视为跻身名校的捷径，不惜为此耗费大量时间、精力与金钱。尽管高校一再强调自主招生考试"没有大纲、无需专门备考"，但丝毫不影响各种辅导班的门庭若市与红红火火。这些辅导班收费昂贵，有的班3小时培训课程开价1 800元，令人瞠目结舌；师资水平鱼龙混杂，有的甚至打着"高校命题教授亲自上课"的旗号来吸引"愿意上钩者"；辅导材料五花八门、形形色色，各种"秘籍"、"宝典"、"真题"、"指南"大行其道，购者甚众。部分示范性高中也不甘落后，开设自主招生的针对性辅导班。家长对辅导培训热情高昂、出手大方，学生却疲于奔命、不堪重负。②愈演愈烈的自主招生应试倾向，使高校招收"不经过训练的原生态学生"的美好愿望成空中楼阁，可望而不可即。

二、"应然"与"实然"

高校自主招生实践中出现的上述公平、诚信、科学性、应试倾向等问题，可以通过制度建设、舆论监督、技术改进等加以治理。笔者认为，自主招生改革研究的当务之急，乃是分析自主招生的本质，了解其"应然"，并分析改革的"实然"，找出"实然"与"应然"之间的差距。之所以迫切需要对二者进行观照分析，乃因其事关自主招生改革的方向与成效之大体。

追根溯源，自主招生改革缘起于我国扩大高校办学自主权问题。1979年12月6日，复旦大学校长苏步青、同济大学校长李国豪等在《人民日报》上呼吁"给高等学校一点自主权"，高校办学自主权问题开始受到高教研究界的关注。1998年8月29日《中华人民共和国高等教育法》（以下简称《高教法》）颁布后，这一问题逐渐成为高教研究界的热点。《高教法》中涉及高校办学自主权问题的条款有："总则"第十一条规定"高等学校应当面向社会，依法自主办学，实行民主管理"；第四章第三十条规定"高等学校自批准设立之日起取得法人资格"；第四章第三十二条规定"高等学校根据社会需求、办学条件和国家核定的办学规模，制定招生方案，自主调节系科招生比例"。据此法律，高等学校作为具有法人资格的组织机构，享有包括招生、专业设置与调整、教学管理、科学研究和社会服务、境外交流与合作、内部组织机构设置与人员配备、财产管理与使用等七方面在内的办学自主权。

---

① 金忠明等：《"破冰之旅"能走多远》，载《上海教育科研》2007年第3期。
② 雷嘉：《自主招生辅导班兜售招考指南》，载《北京青年报》2008年12月18日。

然而，新中国成立后有相当长时期实行的是高度集权的政治体制，包括高校办学在内的诸多权力都集中在政府手中。即使有过短暂的放权，也因为"一放就乱"很快即被中央政府回收，致使高校在几十年的办学中始终难以走出"一统就死，一放就乱"的怪圈。20世纪90年代初，伴随着我国社会主义计划经济体制的瓦解和市场经济体制的建立，政府相应进行了"简政放权"的改革，"高校办学自主权"的提出便与这一社会转型时期管理体制的改革密切相关。此后，"扩大高校办学自主权"问题越来越频繁地进入高等教育改革与研究的视野，《高教法》的颁布，更使其"有法可依"，高校依法自主办学的积极性也随之高涨。

作为"办学自主权"主要内容之一的"招生自主权"，在实践中即体现为"自主招生"。自主招生从本质上讲，是高校作为相对独立的法人行使法律所赋予、以往却被政府所掌控的"公共权力"的一种行为。高校作为教育机构公法人，在招生活动中应当具有一定的"招生自由裁量权"，即"高校在法律与规章制度授权和许可的范围内，基于合理选拔人才的目的，自由斟酌选择自己认为正确、恰当的行为的权力"[1]。"招生自由裁量权"的行使，要求高校在具有"权利能力"的同时，也要为自身的行政行为独立承担法律责任。

历史或国外的经验均表明，高校作为办学的独立法人，具备自主制定招生计划与方案以及自主操作招生考录诸环节的能力，完全胜任且理应成为招生行为的主体。换言之，自主招生是高校办学中一种"天赋权利"——即使在社会、学生、家长等各方对高校招生的参与程度越来越深广的当下。因此，扩大高校招生自主权的改革，并不是破旧立新的"换权"，乃是返璞归真的"还权"，是由以往政府越俎代庖地办学向如今高校自主办学的理性回归。从理论上说，高校自主招生的"应然"状态为：高校有权自主制定招生计划、招生名额、招生方案，自主确定招生原则、招生标准、招生方式，自主操作考试及录取各环节，并自主应对来自外部的干扰或质疑。当然，受制于我国的国情，自主招生改革不能背离高考改革的总体目标，而应与后者优势互补，相辅而行。

在以往实行"高校负责，招办监督"的统一高考录取体制下，高校不仅无权自行施考，而且招生权也基本上被"一刀切"的高考分数线所架空。"不能自行施考"因此成为许多人非议高校没有招生自主权的主要凭据。实际上，高校的自主招生与自行施考是两个既有联系又有区别的概念，"高校自主招生不能简化为由各校自行举办招生考试"[2]。自主招生与统一高考之间也并不是非此即彼、你存我亡的对立关系，完全可以取长补短，相得益彰。自主招生可以采行统考模式，并不意味着一定要自行组织入学考试；采用统一高考成绩作为招录的主要依据，也并不等于高校没有招生自主权。正如在享有高度招生自主权的美国高校，便多采用统考成

---

[1] 尹晓敏：《规范高校招生自主权行使的若干问题的法律思考》，载《黑龙江高教研究》2004年第11期。
[2] 张亚群：《高校自主招生不等于自行考试》，载《教育研究》2005年第3期。

绩作为招录新生的主要依据，并不需要另行组织入学考试。笔者认为，在中国的教育传统与高考体制下，"能否自行施考"并不是一个衡量高校有否自主招生权的"黄金标准"；是否采行以及如何采行统考成绩、能否自主制定招生计划与方案等，才是一个比较符合我国教育现实与国情的衡量高校招生自主程度的"实用标准"。

  1977年恢复高考以来，我国进行了一系列扩大高校招生自主权的改革试验：1983年，将录取投档比例由100%增至120%，对在这一比例范围内的考生录取与否由招生学校提出意见、报招办审批，遗留问题由招办负责处理；1987年，当时的国家教委颁发了《关于扩大普通高等学校录取新生工作权限的规定》，开始实行"学校负责，招办监督"的录取体制，调阅考生档案的数量以及录取与否均由学校决定，遗留问题由学校负责处理，由招办进行监督；1988年，国家教委颁发了《普通高等学校招收保送生的暂行规定》，符合保送条件的优秀学生经高等学校考核同意，不必参加统一高考而可直接进入大学学习，意味着高校有了一定程度的招收优秀学生的自主权；1993年，上海工业大学等7所高校进行了"面向社会，自主招生，择优录取"的改革试点，不参加全国和全市的统一招考，次年，试点高校数量扩大到17所；2001年至今，教育部在部分重点大学、地方大学和高职高专试行了自主招生改革。

  从改革的实践看，自主招生的"实然"状态与"应然"状态之间有相当大的出入和差距。由于文化与体制上的原因以及历史惯性的作用，高校招生自主权提升的速度非常缓慢，与高校在面对适应社会需求和符合办学规律的双重压力下所需要的自主办学空间极不相称。增加录取投档比例和实行"学校负责，招办监督"等录取体制的改革，也只是给高校在高考分数线的"地盘"上"腾出"一小块极为有限的自主空间，这种"带着镣铐跳舞"的高校招生体制改革，并未真正触及自主招生的本质。上海工业大学等试行的自主招生，虽然颇具自主色彩，但只局限于上海市部分高校。而2001年试行至今的自主招生，则是非常有限的"自主"，除复旦大学和上海交通大学将自主选拔与高考脱节（高考成绩仅作参考）、以本校组织的笔试和面试及中学成绩作为录取的主要依据外，其余高校的选拔标准仍未打破由高考分数"定乾坤"的桎梏，与真正意义上的自主招生相去甚远。

  不仅如此，自主招生由于基本上成为学业成绩优秀学生进入名校的捷径，逐渐偏离了自主招生的改革初衷，迷失了方向。自主招生制度设计的出发点是扩大高校招生自主权，使其有渠道选拔到优质而适合的生源。"优质而适合的生源"包括两种：一种是全面发展的优秀生或曰"全才"，一种是才能突出的特长生或曰"偏才"、"怪才"，亦即那些拥有较高的、为传统智力理论所忽视的非主流智能如空间、人际、存在等智能的学生。根据美国心理学家霍华德·加德纳（Howard Gardner）所提出的多元智能理论，每个人都至少拥有包括音乐、身体——动觉、逻辑——数学、语言、空间、人际、自我认知、自然观察、存在等九种最基本的智能，只是各项智能在每个人身上的表现与发挥的程度有所不同,他认为各种智能都是绝对平等的,"九种智能应有相同的地位"①。而传统的智力理论却认为智力以语言能力和数理——逻辑能力为核心,基本上将其他智能排除在外,并且仅以可量化的单一标准来评价所有学生。在受笔试局限和分数线制约的传统高考录取体制下,高校能招收到的几乎都是"全才",而且主要是从单一、量化的测试中胜出、符合传统智力标准的"考试高手"。自主招生改革的主要动机之一,正是为高校在传统体制之外另辟蹊径,采用多元的标准、多维的视角,将那些长期被高考分数线这只"拦路虎"拒于门外、各有所长的"偏才"、"怪才"们纳入高校招生的选择视野。高等教育不同于普通教育,其任务是培养各级各类高级专门人才,因此,它既需要"全才"式的"优质的生源",也需要霍华德·加德纳理论中提及的具有不同资质与智能的"合适的生源",以满足其高度专业化的要求。

但从改革的结果看,自主招生与以往统一高考选拔有高度的趋同性,几乎成了"网罗全才"的代名词,正如半年来一直被热议的北大"中学校长实名推荐制",榜上有名者几乎都是无可争议的"全才",在某方面有天赋或特长的"偏才"、"怪才"却鲜有上榜者。改革目标的偏离,使高校的招生自主权没有多大的行使空间,改革成效也因此受到制约;方向的迷失,则可能使自主招生下一步的改革陷入盲目、盲动或盲从的困境。

我国高校招生制度改革需要遵循的一个重要理念是"统一考试,多元评价"。以多元化的标准选拔多样化的人才,是高校招生制度改革的大势所趋。如果自主招生不能顺应甚至阻逆于这一趋势,而变成一种与统一高考在功能与内容上高度雷同的"小高考",改革的意义便难以凸显。如此一来,耗费大量人力物力、增加学生学业负担、减少弱势群体竞争机会的自主招生,便很可能变成一块只有改革象征意义的"鸡肋"。因此,在我们致力于自主招生改革的当下,亟须清醒的头脑、清晰的认识和清楚的思路,检视改革成败,走出改革误区,及时调整前行的方向。

三、借鉴与建议

高校作为一种开展高等教育的特殊机构而享有办学自主权,既是一种世界性的历史传统,也是高等教育发展的内在要求。在有着"大学自治"传统的欧美主要发达国家,高校有权决定和管理自己的事务,不受政府或其他外界法人的干预与控制,在招生上享有高度的自主权,有不少做法与经验值得我国自主招生改革所借鉴。以美国和英国为例。

美国高校自主办学在招生上体现为:招生的标准、规模及运作完全由各校招生

---

① [美] 霍华德·加德纳:《多元智能》,新华出版社1999年版,第38页。

委员会自主决定，联邦与州政府不得干预。美国高校的录取评价指标多元，包括中学成绩、标准化考试（即美国的"统一高考"如 SAT、ACT 等，由民间考试机构实施）分数、课外活动、才艺与能力、个性品质等。各校运用何种录取指标、各指标设定何种标准，均由高校自主决定。例如，一些录取率低、入学竞争激烈的名牌大学，虽然非常重视申请者的学术成就（包括中学成绩和标准化考试分数），但也会充分考虑其课外表现、才艺等其他方面，希望通过多元的指标，录取到或全面发展或特长突出的最适合的学生；一些录取率较高、入学竞争程度较低的公、私立大学，则主要倚重学术成就来招收学生。即使是广为采用的标准化考试这一指标，也没有像我国高考一样划设最低分数线。

美国高校在招生政策的制定与执行上也享有高度自主权，因此有较强的抗干扰能力，并得以保持较高的一贯性，避免"随波逐流"或"墙草随风倒"。例如，2006 年 11 月 7 日，美国密歇根州中期选举对废除《平权法案》（Affirmative Action）的提案进行表决，结果以 58% 比 42% 获得通过。该法案规定在就业和入学方面不仅要消除种族和肤色歧视，而且应给非洲裔等少数族裔和女性以优先的考虑或机会。法案的废除，意味着少数族裔和女性的入学和就业优待不再受法律保护。尽管如此，一向在该法案上执行力度较大的密歇根大学的校长玛丽·科尔曼（Mary Sue Coleman），在投票结果公布的第二天即发表正式声明，宣称无论投票结果如何，在基于法律许可的前提下，密歇根大学将一如既往地捍卫这一法案的精神，以实现校园群体来源的多样化。[1]

此外，美国数千所高校由于办学的资质、声誉、条件以及生源多寡各有不同，其招生方式也"因校制宜"，常用的有"提前招生"、"常规招生"和"滚动招生"三种，这三种招生在时间安排、录取标准、竞争程度上各不相同。高校可以根据自己的情况选择适合的招生方式，从而实现招生效率的最大化。例如，生源充足、竞争力较强的学校多采行"提前招生"和"常规招生"，以便在规定的时间内尽早完成招生任务；生源不足、竞争力较弱的学校则多采行"滚动招生"，以便在最大的时间跨度内网罗尽可能多的生源。[2]

而在英国，虽然政府充当了高等教育办学主体的角色，绝大部分高校为公立性质；真正意义上的私立大学只有白金汉大学一所，但其采取的却是完全的自主招生。英国高校的录取评价模式为"证书成绩 + 综合考评"，其中，"证书成绩"指"普通教育证书高级水平考试（GCEA-levels）"或同等证书的成绩，"综合考评"内容包括反映学生义务教育阶段学业表现的"中等教育普通证书（GCSE）"成绩、平时学业成绩、教师评语、校长推荐意见和个人陈述等。尽管对证书考试成绩有最

---

[1] Suzanne Sataline & John Hechinger, *Michigan Turns Back College Affirmative Action*, Wall Street Journal, November 9, 2006.
[2] 郑若玲：《美国大学招考制度的启示》，载《光明日报》2007 年 5 月 9 日。

低要求，但高校根据各自的办学水平与定位，采取各不相同的入学条件与录取考评方式，例如，选拔型高校（如牛津、剑桥等）与1992年后才获得大学地位的招生型高校（如多科性技术大学），便在招生选拔的标准与过程上各有所异。

英国高校招考制度的突出特点是考试、招生和录取三职分离，并由政府严格监管。其中，与中国统一高考类似的证书考试由全国6个综合考试认证机构具体实施；招生服务由实行公司化运作的非营利性机构——全国高等院校招生服务处（UCAS）向各高校提供，以便协助后者顺利、高效地录取新生；录取选拔则完全是大学的自主行为。为保障高校招生录取的公正与透明，政府还依法设立了独立的公共机构——公平入学办公室，对高校招生录取全过程进行严格监督，旨在促进高等教育公平入学制度的建立。①

尽管美、英两国高校（实行开放入学的学校除外）在自主招生的具体做法上略有差异，但其共同特点是"统一"与"多样"相结合：两国的"统考"均由民间考试机构负责实施，招生则由高校根据各自的情况与要求，采用不同的标准或条件。前者可以保证新生达到接受高等教育所需文化水平的基准，后者可以保障高校招生自主权的充分落实。尽管美国对"统考"分数没有像英国对证书考试成绩那样有一个最低要求，相反，1996年甚至出现过哈佛拒收165个SAT满分"状元"的个别现象②，但就新生SAT或ACT等统考的平均成绩而言，名牌大学比一般大学要高出许多。这说明即使没有对分数线的刚性规定，统考成绩仍是美国名牌大学招录新生非常倚重的指标（这一指标也是高校在排行榜上位置的重要影响因子）。高校自主招生"统一"与"多样"的结合，使美、英高等教育在规整与个性的优势互补中获得充分的活力，有助于实现办学效益的最大化与办学品质的最优化。两国高等教育之所以傲立群雄，与其招生上享有高度的自主权密不可分。两国的做法可以为我国高校自主招生改革提供有益的启思与参考。

然而，"橘逾淮而北为枳"。"任何国家招生制度的形成与运作，与本国的历史、文化、经济、政治和教育等因素关联甚密，别国可以受其启发甚至借鉴，生搬硬套却绝不可行。"③ 我国高校自主招生改革在借鉴欧美国家的做法时切忌简单照搬，以免南辕北辙，弄巧成拙。基于对我国政治、经济、文化、教育等方面国情的认识，以及对自主招生十年改革的检视，并受美、英高校招生制度的启发，笔者对高校自主招生下一步的改革思路与操作提出以下建议。

在思路上，首先必须明确的是，自主招生改革要与高考改革的目标保持一致。前者既是后者的"先遣部队"，也是其重要组成部分，二者的目标都是"逐步建立起以全国普通高校招生统一能力测试为主，与多元化考试评价和多样化选拔录取相

---

① 王立科：《英国高校自主招生的实践及其启示》，载《高等工程教育研究》2009年第1期。
② 黄全愈：《哈佛拒收高考状元》，载《中华家教》2004年第8期。
③ 郑若玲：《我们能从美国高校招生制度借鉴什么》，载《东南学术》2007年第3期。

结合，政府宏观指导、调控，专业机构命题和组织考试，高校自主招生、自我约束，社会有效监督的高校招生考试制度"①，以便能公平、科学、高效地选拔出高等教育合格、合适的生源。"统考为主，能力测试，多元评价，分类招生"的目标，是综合考虑我国国情、高校办学传统与发展需求、考试规律等因素，学习和借鉴国际先进的教育评价理念与实践经验后理性选择的结果，可以成为自主招生改革的"标准参照"。因此，自主招生改革应放置到高考改革的大框架内，而不是"另立山门"。

具体而言，在遵循我国中央集权政治体制的基本前提下，受"重人情、看关系、讲面子"传统文化的影响，受"穷国办大教育"的现实国情与考试发展规律的制约，特别是考虑到统一高考具有较高的规模效应、科学性与公平性，自主招生仍需以统一高考成绩为基准，但统考的性质宜由以往的选拔性考试转变为水平性考试，注重增加能力测试的分量。笔者认为，像复旦大学和上海交大那样仅仅依据本校单独组织笔试和面试进行招录的做法并不可取，既费财费力费时，又难以保证科学性与公平性。从某种角度看，高校自行施考也是现在的自主招生陷入应试"怪圈"、走形变样的主要"推手"。② 注重能力测试的统一高考成绩，完全可以为高校招考新生提供有效的学能水平参考。当然，各校应有权调节高考分数基准，以便为有专长的特殊人才留出一定的浮动空间。在此基础上，紧密围绕扩大高校招生自主权做文章，统考成绩采用的程度与方式、对其他各育及素质或能力的考核要求、各指标之间的权重等，均应由高校自主决定。至于在统考之外各校是否另行单考或进行校际联考，也应让高校自主或协商决定，如现阶段清华大学等"五校联考"、北京大学等"三校联考"、部分高职高专院校联考或学校自行组织其他各种形式的测试等，只要考测的内容与统一高考没有较多的重合，则应给予其自主试验的权力与空间。

此外，鉴于我国高校数量众多，层次类型各异，质量参差不齐，现阶段自主招生改革应本着循序渐进的原则，改革进程的制定宜"稳定多数、放开两头"，即高水平重点大学和示范性高职高专可以加大改革力度与步伐，大多数一般院校则仍需稳步行进。这一进程也吻合于教育部所提出的"高端多元，中端稳定，末端放开"③ 高考改革思路，即：处于高端的名牌院校，招生方式应日趋多元；处于末端的高职高专和民办高校，要逐渐放开对其招生方式的管制；处于中间位置的多数高校，招生模式仍应以统一高考为主、多元招生为辅。

在操作上，自主招生应兼顾全面发展的优秀生与才能突出的特长生，尤其应向后者倾斜。自主招生的大门向何种生源敞开，不仅关系到大学最终能招收到何种人

---

① 刘海峰：《高考改革的思路、原则与政策建议》，载《教育研究》2009 年第 7 期。
② 郑若玲：《要防止自主招生变成另一种应试》，载《中国教育报》2010 年 2 月 24 日。
③ 刘海峰等著：《高校招生考试制度改革研究》，经济科学出版社 2009 年版，第 360 页。

才,而且对中学教学具有强大的导向作用。在现行的自主招生方案中,一般要求报考对象要么学业成绩优秀、综合素质较高,要么在某些学科领域有特殊才能与突出表现。然而,最终招收到的学生基本上集中于前一种类型。之所以如此,是因为自主招生在观念与操作上,都力求以公平为依归,难以突破"标准刚性"的窠臼。相比于"天赋"或"特长"等柔性化的评判标准,学业成绩显然是一个更有说服力、更"保险"也更少引起歧义的刚性标准。这样的结果,使自主招生改革的成效被大打折扣。目前有资格进行自主招生的高校,基本上都是名列前茅的高水平大学,这些高校缺的不是总体成绩优秀的学生,而是某方面或某领域的"偏才"、"怪才"或其他各种特殊人才等。那些成绩优秀的"全才",即使没有自主招生来降低分数的门槛,基本上也能顺利迈进高等学府,徘徊于大学高墙外的,常常是那些无法跨越传统分数线障碍的"偏才""怪才"们,他们纵然有值得培养的资质或智能,也只能空发"知有杏园无路入"之慨叹。

更令人担忧的是,实行自主招生的高校普遍孜孜以求于整齐划一的优秀"全才",非但不利反而可能有害于高等教育的健康发展,正如物种的单一性对于生态系统的活力有致命的伤害一样,生源群体的单一性对高等教育的活力也有很大的损害。英国生态保护专家约翰·马金诺(John MacKinnon)曾就生物多样性的价值举了一个生动的例子:假如一个书架上放着 1 000 本同样的书,每本定价 20 元,其"硬价值"就是 2 万元;如果每本书都不一样,虽然总价值仍然是 2 万元,但其"软价值"远大于前者。① 多样化的生源群体对于高等教育系统的价值,便犹如这些定价相同、内容各异的书籍汇总后产生的"软价值"。美、英两国高等教育水平之所以领先于世界,一个很重要的原因便是其招生始终信奉并践行着多样化理念,无论何种层次或类型的高校,都非常注重新生群体来源在性别、阶层、种族、语言、民族、地域、才能等方面的多样化。这也正是前文提到的密歇根大学坚守已无法律效力的《平权法案》核心理念的原因之所在。可以说,我国高校自主招生改革的公平诉求,在某种程度上是以牺牲高等教育"多样化"及其活力为代价的。既然我们致力于自主招生的改革,就应有突破传统观念的勇气,让自主招生主要成为"偏才""怪才"等特殊人才进入高校的"绿色通道"。鉴于目前鲜有敢于推荐偏才、怪才的有胆识的中学,自主招生高校不能守株待兔,而应主动出击,积极寻访特殊人才,经由专家组鉴定、认可并公示后,大胆收录。此举不仅可以使高校更充分地发挥自主招生权,而且可以使中学培养各类人才的环境更加宽松,在贯彻全面发展教育目标的同时,也充分尊重特殊人才的个性化发展。

当然,自主招生绝不意味着高校可以天马行空、随心所欲。"自主"不等于"自由",高校在行使自主权的同时,须臾不能放松自律,否则很容易操作失控,

---

① 《多样性的价值》,新语丝网站,2010 年 1 月 24 日,http://xys.s3.amazonaws.com/xys/ebooks/others/science/misc/duoyangxing.txt。

事与愿违。与此同时，外部力量也应积极介入到改革的进程中。教育主管部门在职能上应由以往的"包办者"变身为"监管者"，密切关注改革的动态与问题，适时适度予以监管和引导；民间力量尤其是社会媒体也须积极参与，发挥有效的监督与舆论作用；与改革紧密相关的中学，则应确保所提供的反映学生各方面素质的评价材料公正客观、真实有效。而外部力量有效参与的前提，是自主招生政策、过程及结果的透明化。只有在以更加科学的统一高考成绩作为录取基准、舆论监督体系更加完善与透明、多样化与公平性相互兼顾的前提下，我国真正意义上的自主招生才具有可行性，其选材功效也才能达到最大化，并最终带动所有高校步入自主招生之列。

考试公平与区域公平：高考录取中的两难选择*

在中国这个名副其实的考试大国，数千年来，考试尤其是选拔性考试一直是人们追求社会公平与教育公平的重要手段。如何录取最为公平且又合理，历来是考试选才所面对的一个重要问题。近年来，随着各省市之间高考分数线差异现象越来越明显，分省定额划定录取分数线的调整问题日益受到教育界和社会舆论的关注。目前的争论主要有两种观点：一种认为应在全国按统一分数线录取，另一种则认为高考分数线的倾斜有一定的历史必然性和现实合理性。实际上，这是存在于考试公平与区域公平之间的一个两难选择。考试公平追求以考试成绩为录取标准的公平，而区域公平更倾向于在基本遵循考试规则的前提下充分顾及各区域本身的特殊情况。同为大规模选拔性考试，现代高考所面临的各省市间录取分数线的失衡问题与历史上科举所遇到的地域间中式数额不均问题有惊人的相似之处。本文试图在回顾科举考试中有关"分区取人"与"凭才取人"之争以及分省定额取中制度形成与演变的基础上，对现代高考中录取分数线的失衡问题作一些初步的理论探讨与分析。

一、古代科考中考试公平与区域公平的矛盾

科举虽然终结几近百年，人们的印记也愈渐飘忽，但其千余年所形成的历史积淀中仍旧埋藏着许多远未过时的话题。在深受"学而优则仕"的儒家传统观念影响的科举时代，由于应举是读书人登进仕途的唯一阶梯，是普通百姓改变平民身份乃至家族命运的唯一途径，其公平与公正性因此备受重视。回顾漫长的科举考试史不难发现，考试公平与区域公平这对矛盾，其实是一个由来已久的话题；自宋至清，历代都有过许多争论，明清两朝更是将争论的结果加以制度化。

隋代和唐初的科举是沿袭东汉以来的"均衡举额制"，在州郡一级按人口比例举送考生，但在全国一级的考试是不分地区取中的，完全奉行"自由竞争"的考试公平原则。盛唐以前科举的考试内容以经术为主，由于北方士子往往更守先儒训

---

* 原载《高等教育研究》2001年第6期；《高等教育》（人大复印资料）2001年第12期转载。

诂，质厚但不善文辞，而"近水者智"的南方士子则正好相反，好文学而轻经术，北方人因此在科场竞争中占有绝对优势。

唐朝后期，科场开始崇尚文学性质十分突出的进士科而冷落以儒家经术为主的明经科，北方士子在科场的竞争优势逐渐减弱。加之北方地区饱遭战创，经济、文化和教育的发展都受到严重影响，到北宋中期，科场录取人数的比例遂开始出现南北倒置现象，从表1中对全唐357名宰相和从北宋可考的9 630名进士的地域分布对照便可明显看出这一点。这种南北差异的变易，到宋英宗治平元年（1064年）引起了一场前所未有的关于科举取才的南北地域之争。从此，人们的思维一直在考试公平与区域公平之间摆来荡去，直至清代相当细密的分省定额取中规制之出台。

这场争论的声音发自当朝的名公巨卿，双方分别以司马光和欧阳修为代表。司马光从陕州夏县（今山西夏县）入仕，代表了朝中长于经史的北方派。欧阳修从江西庐陵（今江西吉安）应举入朝，代表了朝中长于文学的南方派。司马光首先提出考试内容应改诗赋为经术，接着又力主按地域均衡举额分路取人，并提出逐路取人的具体比例。① 对此，欧阳修提出了针锋相对的反对意见，认为科举制的"至公"之处，就在于"惟材是择"，因此主张"且尊旧制，……惟能是选。"② 由于争论双方各有充足理由，是非难以定夺，结果仍依成法，一切以程文定去留。

明初颁行"科举成式"后，科举制度开始定型化，许多规制与前代有所不同，但在会试一级仍承旧制，实行全国自由竞争。南方举人在科场的压倒优势继续存在。明洪武三十年（1397年），由于会试所取52名贡士以及殿试擢定的状元全是南方人，引起北方举子的强烈不满，指责主考官、湖南茶陵人刘三吾"私其乡"，从而引发了科举史上著名的"南北榜"事件。朱元璋出于地域笼络的政治考虑，处死、发配考官和状元数人，并亲自主考和阅卷，结果所取皆为北士。③ 虽然此次血腥的"南北榜"事件只是科举史上的一个极端事例，却反映出考试公平与区域公平之间更加激烈的矛盾，科场地域间的不平衡已到了不得不解决的严重地步。

表1　　　　　　　　　　　唐宋科场南北竞争优劣态势比照

朝代 \ 区域	北方 数量（人）	北方 比例（%）	南方 数量（人）	南方 比例（%）
唐代（宰相）	326	91.3	31	8.7
宋代（进士）	466	4.8	9 164	95.2

注：①唐代数据来自傅衣凌：《唐代宰相地域分布与进士制之"相关"研究》，载《社会科学》第1卷第4期，1935年12月。
②宋代数据来自John W. Chaffee：*The Thorny Gates of Learning in Song China*，*Social History of Examinations*. Cambridge University Press，1985，pp. 132 – 133。

---

① （宋）司马光：《司马温公文集》（卷四），中华书局1985年版，第98~99页。
② （宋）欧阳修：《欧阳修全集》（下册，卷一七），中国书店1986年版，第894~895页。
③ （清）张廷玉等撰：《明史》卷一三七《刘三吾传》，中华书局1974年版，第3942页。

明仁宗洪熙元年（1425年），大学士杨士奇提出南北分卷的设想。两年后，这一设想成为现实，南北卷制度正式实施，并确定南卷、北卷、中卷（不易划定为南或为北的区域）的比例分别为55∶35∶10。除了少数年份中断外，这种分地域按比例录取的制度一直沿袭至清代。不过，出于稳固政权的考虑，清代的乡、会试中额的地区划分已越来越细。但无论怎样细致，按区取人毕竟还是会造成各省取中人数的不均，一些边远省份由于教育的落后甚至出现被科举取中所"遗漏"的情况。因此，康熙五十一年（1712年），南北卷制度被分省定额取中制度所取代，即按各省应试人数多寡，钦定会试中额。① 分省定额取中的做法由于不完全按照科考成绩"定去留"，与"考试公平"原则有某些矛盾之处，但它明显缩小了地域间人文教育水平的差距，从明清两代若干省份进士取中数额的对照便可见一斑（见表2）。从表2可以看出，在明清两代进士取中数额位列最后四位的云南、广西、贵州和辽东，其清代取中数额均较明代有很大幅度的增加。具体来看，明代进士取中最多的浙江省与最少的辽东省，取中数额相差57.5倍；到了清代，最多的江苏省与最少的辽东省之间的差距已缩小为15.9倍。地域间人文教育水平差距的明显缩小，对于调动落后地区士人的学习积极性、维护中华民族统一，都具有积极意义。这一制度也因为具有明显的政治价值而一直实行到科举制度的终结。

表2　　　　　　　　明清两代若干省份进士取中数额的差异对比　　　　　　　　单位：人

朝代＼省份	浙江	江苏	江西	福建	云南	广西	贵州	辽东
明　代	3 280	2 721	2 400	2 116	241	173	85	57
清　代	2 808	2 920	1 895	1 399	693	570	599	183

资料来源：何炳棣：《明清进士与东南人文》，载《中国东南地区人才问题国际研讨会论文集》，浙江大学出版社1993年版。

1 300年的科举演变史表明，考试公平与区域公平的矛盾互动，是一个从重视考试公平向重视区域公平发展的渐进过程。但无论怎样发展，在基本遵循考试规则的前提下，考试公平和区域公平都只能是相对的。对考生而言，"一切以程文定去留"的自由竞争固然体现了科举考试的公平公正性，但科举不仅仅是一种公正的考试制度，它和政治也紧紧捆绑在一起。对于主持考试的政府而言，这种制度"还要达成另外可能更为远大的目标，它必须满足社会的、地缘的、尤其是道德评判的要求。"② 这种"远大的目标"，便是实现被封建统治阶层所共同认定的"公平分配利益"的公道理念。而这种以达成地域平衡、照顾弱势群体的"天下之大

---

① （清）赵尔巽等撰：《清史稿》卷一〇八《选举志》（三），中华书局1978年版，第3158页。
② 李弘祺：《宋代官学教育与科举》，台湾联经出版事业公司1994年版，第230页。

公"为表现形式的政治和社会理念背后，则隐藏着统治者维护和巩固封建政权的深远考虑。

二、现代高考中考试公平与区域公平的论争

与古代科举分省定额取中相似的是，现代中国的高考也实行分省统一录取制度（1952年、1953年实行全国统一录取除外）。面向全国招生的高校一般由各省根据所分配的名额按分数从高到低录取。当然，国家也制定了一些特殊的招生政策，例如对少数民族或边远落后地区考生、台籍侨属考生、军烈子女、有特殊贡献的优秀青年等，可优先或降分录取；对一些艰苦行业或国家急需的农、林、师范等专业，也实行一定范围内降分定向录取的倾斜制度。人们一般认为，录取环节本身没有多少制度性问题，只是在上线考生中甄选出一定数量的高校新生，只要严格遵循"德智体全面考核，择优录取"的原则，其社会功效便能得到最大程度的发挥。因此，近二十年来，尽管高考制度的许多方面已经或正在进行大刀阔斧的改革，但录取制度却相对较少变动，仅有的几项改革也主要局限于扩大高校招生自主权（如增加投档比例）和录取手段的现代化（如网上录取）等方面。

然而近几年，随着高考竞争的加剧以及几个直辖市与一些中西部省份高考录取率差距的加大，高考的录取分数线正越来越向某些省区尤其是京、津、沪等几个主要城市倾斜。由此引发了越来越多的议论。最近两年，高考分数线的倾斜问题更是由普通百姓尤其是考生、家长、中学教师等的非议发展为高层人士的争讨。1999年的全国"两会"上，由民盟中央常委、武汉大学万鄂湘教授起草的《我国高等教育面临的问题与改革》提案，便对部分经济发达省市的分数线与一些中部省份相差100多分的现状提出质疑。① 2000年的"两会"上，全国政协委员、中科院院士姚守拙教授提交了题为《高考招生应在全国范围内按分数高低统一录取》的提案，受到与会委员的广泛关注。② 2000年2月24日，《中国青年报》以整版的篇幅开辟了"倾斜的高考分数线"讨论专栏，该专栏一直持续到3月20日，刊发了大量观点鲜明、言辞激烈的文章，引起较大的社会反响。2001年的7、8月份，《中国青年报》又陆续刊登了一组讨论高考分数线的文章；由该报主持的"中青在线"网（www.cyol.net）更是对此话题展开了十分情绪化的激烈争论。这些文章和讨论对于目前国内关于高考分数线不平衡问题的各种看法具有典型代表意义。

为了能更直观地说明高考录取分数线的不平衡问题，笔者选取了被人们经常议论的京、津、沪三个直辖市和浙江、江苏、湖南、湖北、安徽等几个东中部高考大省1978~2001年期间若干年份的高考录取原始分数线作对比，并选择了贵州、甘

---

① 傅盛宁：《倾斜的高考录取分数线》，载《焦点》2000年6月号。
② 郑琳：《全国政协委员建议高考应统一分数线》，载《中国青年报》2000年3月15日。

肃两个少数民族较为集中的西部省份作参照（表3）。以北京市为例，1978年，北京市的文科录取分数线在10省市中仅低于上海、江苏两省市，排第三位，比湖北省高出30分，比甘肃省高出55分，比分数线最低的贵州省更是高出130分之多；理科线则排第一，比贵州省同样高出130分。到1988年，北京市的文科分数线退居第六，理科线退居第七。到1999年，北京市的录取分数线在10省市中的排位则完全颠倒过来了，文科线已位列最后，比分数线最高的湖南省低了77分，连分数线一直很低的贵州省也高出北京市1分；理科线也仅仅排在贵州省之前，与分数线最高的湖北省竟相差114分。2001年，北京市的文理科录取分数线依然仅略高于贵州，与最高的浙江省相差都在80分以上，与高考大省山东省更是相差120～140分。天津、上海两市的录取分数线走势与北京也基本相似。如果说，二十几年前京、津、沪作为国内经济和教育水平最高的中心城市，其高考分数线高出其他省区不足为奇，那么，短短二十几年，这些城市的高考分数线却出现如此大幅度的下降，则不能不发人深省。

表3　　　　　　　全国部分省市若干年份高考录取分数线差距比照　　　　　　单位：分

分数线\省别\年份	1978 文科	1978 理科	1988 文科	1988 理科	1999 文科	1999 理科	2000 文科	2000 理科	2001 文科	2001 理科
北京	330	350	477	472	447	421	443	440	429	443
天津	—	—	449	432	468	434	446	432	456	458
上海	350	340	394	374	427 / 474	412 / 441	423 / 454	429 / 467	408 / 473	399 / 473
浙江	280	310	496	510	506	494	481	491	509	530
江苏	350	340	493	515	497	501	444	467	480	500
湖南	305	305	487	517	524	495	504	498	498	506
湖北	300	280	487	527	523	535	506	519	488	501
安徽	300	320	492	509	499	487	493	482	480	476
贵州	200	220	450	440	448	404	419	390	423	393
甘肃	275	255	420	430	463	453	474	474	465	467

注：①以上分数线均为本科院校第二批最低控制线。
②天津市2000年高考是单独命题。
③上海市1999年、2000年高考分上海卷和全国卷两种，横线上为上海卷分数线，横线下为全国卷分数线。比照时主要以全国卷分数线为标准。
④1978年、1988年各省分数线数据来自孟明义等主编：《中国高考大全》，吉林人民出版社1989年版；1999年、2000年数据分别来自《人民日报》网络版（http：//www.peopledaily.com.cn）和东方星网络工作室（http：//www.cnstar.com.cn）；2001年数据来自《中国青年报》2001年7月25～27日、30～31日。

高考录取分数线的差异引发的争论基本上可以划分为北京和外省两派观点。北京的论者认为北京、上海等地考生虽然考分低但综合素质高，100分的差异不见得有100分的含金量。① 此外，出于学生就业的考虑，北京等地的高校也不得不多录取本地生源，而这也是各地高校普遍的做法。录取比率高，分数线自然就低。外省论者对这些解释则不以为然。他们认为，高考是对学生各方面素质的一种综合考核，考分不高就不能说"综合素质高"。而且，外省考生的个性、特长之所以没能得到充分发挥，是因为升学竞争太激烈而不得不放弃某些爱好特长。他们认为，同一份考卷用不同的分数线录取，是"中国教育最大的不公"②。"目前高校分配招生名额向本地倾斜的做法，则使得考生能否考上大学在很大程度上取决于他的户籍在何地，而考生的户籍又取决于他们的父母是谁。"③ 因此，他们提出废除现行按地域录取新生的办法，用一至三年时间在全国范围内逐步实行从高分到低分的录取方式。④

人们对统一高考下相差悬殊的录取分数线心生不平是可以理解的。1977年恢复高考之所以被视为利国利民的伟大决定而深受拥护，就在于它打破了"血统论"对高等教育的垄断，给广大民众带来了公平竞争的机会。人们常说，考场如赛场。高考分数线的差异，就好比田径场上的百米赛跑，选手们的起跑线相同，终点却因人设线。其结果可能是跑得快的被淘汰，跑得慢的反而拿奖牌。如此比赛，规则便形同虚设。而且，北京等大城市经济发达，生活水平和教育条件均高于中西部落后省份，从教育机会均等理论中的"逆向歧视"角度看，为弥补竞争起点的不平等，将录取分数线向边远落后地区倾斜是无可厚非的。但现在的分数线在向边远落后地区倾斜的同时，却更严重地向教育资源丰富的大城市倾斜，使得发达大都市年年"低分数线、高录取率"，而一些生源大省的学生却年年面临"高中比高"的激烈竞争态势。这显然既有悖于考试公平原则，也背离了旨在维护区域公平的分省录取制度之初衷。高考分数线的倾斜已成为一个不能回避也无法回避的严重问题。

三、兼顾考试公平与区域公平是社会经济发展的综合考量

从整体上看，目前高考录取分数线的差异主要存在于京、津、沪等地与湖南、湖北、山东等几个高考大省之间，而一些经济和教育水平落后的西部边远省份或少数民族地区，由于考生人数相对较少以及国家对这些地区有相应的照顾政策，高考的竞争激烈程度反倒不如中部一些大省，其录取分数线与几个主要城市的差距也不如后者大，从表3中贵州、甘肃的分数线便反映了这一点。

客观地讲，我国实行定额分省录取制度有其合理性。中国是一个地域辽阔、民

---

① 臧铁军：《100分的差异是不是100分的含金量》，载《中国青年报》2000年3月7日。
② 志文：《中国教育最大的不公》，载《中国青年报》2000年2月24日。
③ 黄钟：《不平等的高考分数线》，载《北京观察》1999年第12期。
④ 傅盛宁：《倾斜的高考录取分数线》，载《焦点》2000年6月号。

族众多的大国，历史原因造成了东、中、西部地区之间发展极不平衡。地区的不平衡其实也是世界各国社会发展过程中普遍存在的一种正常现象。因为社会（经济）的发展总是需要先培植一些"增长点"，然后以点带面，推动整个社会向前发展。这便是社会（经济）发展中所谓的"效率优先，兼顾公平"原则。对中国这样一个发展中大国而言，其社会发展尤其需要通盘考虑。为了使部分中心城市经济和社会快速起飞和发展的同时，也促进落后地区社会发展，国家在统一高考的前提下兼顾区域公平，实行分省录取并制定一些有针对性的照顾政策是十分必要的。试想，若单纯为追求"考试公平"，按分数在全国打通录取，那么，京、津、沪等大城市的高校，很可能出现生源比例被少数几个高分省份所"瓜分"而本地生源却寥寥无几的局面；地区间经济发展的落差又必然使外省的生源毕业后滞留在这些发达城市，难以回流到本省，从而给这些容量有限的城市带来不堪负担的巨大就业压力，进而严重影响这些城市的经济发展和社会安定。而一些落后的边远省份则很可能会重演其在科举分省定额取中制度实行之前被科举取中所"遗漏"的历史，不但会造成与发达地区之间更大的不平衡，而且会留下破坏祖国安定统一的严重隐患。我国现代高校招生史上就出现过这种情况。20世纪20年代，我国高校实行单独命题、自行录取的招生办法，但各校在全国各省的录取标准却是统一的。由于各地区经济、教育、文化发展水平存在很大差异，执行同一个录取标准不但导致了内地省区之间升学率的不平衡，而且使一些边疆省区陷入无学可升的尴尬境地。例如1923年北京大学录取新生，云南、福建、甘肃、黑龙江、热河、绥远、察哈尔、蒙古等省份的考生，均榜上无名。为解决这一问题，当时的教育部第10届教育联合会曾建议国立专门以上学校将招生名额的一部分分给各省区。[①] 可见，现代高考作为一种受制并服务于社会政治的教育考试制度，在追求考试公平的同时，也必须充分考虑到区域公平。

各省市分数线的倾斜及其调整不仅仅是简单的考试公平或区域公平问题，而是一个受到政治、经济、文化、人口、就业以及高等教育布局等多种因素综合影响的复杂问题，需要我们冷静、理性地审视。在以上因素中，高等教育布局（以高校布局为表现形式）对分数线的影响最为直接。而高等学校布局又受到历史、文化、经济等多种因素制约。我国的高等学校布局在建国前就极不合理，当时全国40%以上的高校集中在北京、上海、天津、南京等几个经济较发达的东部城市，而西部边远少数民族地区的高校则极为稀少，有的省区甚至连一所大学也没有。1952年院系调整后，我国高校布局的畸形状态得到一定程度的矫治。但各省市间经济和文化水平的差距又不断消蚀着微弱的矫治力。正如科举时代文化发达省份往往是科举强省（所分配的取中名额相应就多）一样，现代中国经济和文化发达的省市往往

---

① 谢青、汤德用主编：《中国考试制度史》，黄山书社1995年版，第531页。

也是高等教育的发达地区。要缩小这种差距尤其是教育和文化上的鸿沟,需假以时日。此外,高等学校布局的调整还常常陷入公平与效率的两难困境。这些都决定了高等学校布局结构的调整必然是一个艰难而缓慢的过程。对地区间高等教育发展差异的相关研究便充分说明了这一点。1978～1995年的近20年间,无论是从地域型还是受益型的高等教育发展规模看,我国经济发达地区与落后地区之间的绝对差异不仅没有缩小,反而呈明显扩大趋势。[①] 美籍华裔科学家、香港科技大学副校长孔宪铎先生在谈到中国的"科教兴国"战略时,就曾对上海和北京等人口不到全国1%的城市集中了全国10%以上的大学、而很多人口近千万的贫困地区却没有一所大学的不合理布局深为喟叹。[②]

高校布局的不平衡必然带来录取名额分配的不均匀。各省市的高等院校出于经费和就业等方面自身利益的考虑,在分配招生指标时往往向本地倾斜。这样,北京、上海等高校密集的城市所分得的招生指标自然就多,而这些城市的考生数却远远少于其他省区,导致其录取分数线也远低于后者。令人担忧的是,随着高等教育办学自主权的进一步下放和地方财政对高等教育投入比重的上扬,高校在分配招生指标时很可能进一步向本地倾斜,从而进一步拉大各省市间业已存在的高考分数线的差距。这种差距反过来又会造成地区间经济发展更大的不平衡以及"高考移民"加剧的混乱状况,进而带来一系列严重的社会问题,并危及人类所一贯追求的公平理念。

《中华人民共和国教育法》第九条第二款明确规定:"公民不分民族、种族、性别、职业、财产状况、宗教信仰等,依法享有平等的受教育机会。"对中国这样一个高等教育资源尚较缺乏的发展中国家而言,实行大规模选拔考试的首要目的是保证全体国民特别是适龄青年有均等的接受高等教育的竞争机会,它强调的是一种"程序正义",即升学机会面前人人平等。由于历史原因,京、津、沪地区一直是高等院校的密集区域。在20世纪90年代以前,这些中心城市与其他省区之间的高考录取率相差远不如现在悬殊,考试公平与区域公平的矛盾也不像现在如此突出。如果说,过去由于这些矛盾尚未突出而不为人们所充分认识,或者人们对于历史的选择多少有些无可奈何而不愿面对这些矛盾,那么,现在则到了不得不解决由历史原因造成的各省市间适龄青年接受高等教育机会不均的严重问题、纠正京津沪地区"低分数线、高录取率"和外省"高分数线、低录取率"的不合理格局的时候了。必须尽快采取有效手段控制和缩小省市间分数线的倾斜态势。

笔者认为,解决分数线的倾斜问题,要遵循循序渐进的原则,并辅以一定的行政命令。虽然这与目前国家致力于下放权力、扩大地方办学自主权的改革趋势相悖驰,但对于打破地方保护主义壁垒,这种国家宏观调控仍十分必要并且是非常有效

---

① 杜育红:《我国地区间高等教育发展差异的实证分析》,载《高等教育研究》2000年第3期。
② 孔宪铎:《"科教兴国",三问三议》,载《科技导报》1999年第2期。

的。首先是逐渐减少北京、上海等地面向全国招生的院校在当地的招生比例，根据考生数量和考试成绩将所减比例合理分配给其他省份。其次是进一步扩大各高校在中西部的招生规模。由于近两年高校扩招名额的分配明显向中西部倾斜，中西部省份的高考录取率已大幅攀升，与东部发达省市高考录取分数线的差距也明显缩小（表3）。但是，外地高校面向中西部的扩招，存在着人才能否回流的问题；而中西部高校的扩招，既受到自身规模的制约，存在一个"容纳度"的问题，又受到当地基础教育的制约（主要是教育落后的边远省份），存在一个质量的问题。因此，目前所走的扩大中西部招生规模的发展道路，只是解决录取分数线倾斜问题的权宜之计。长远的根本解决办法则是在努力提高中西部地区经济发展水平的前提下，改变我国高等院校布局结构的不平衡状态，大力扶持中西部省份的各级教育特别是高等教育，并鼓励私人投资办学，走"外延式"的发展道路。只有这样，才可能找到考试公平与区域公平之间的平衡支点。

扬榷古今考试历史可见，调和考试公平与区域公平的矛盾是一个"千古难题"。如前所述，高考录取分数线的调整由于受到政治、经济、文化、教育、人口、就业等多种因素的制约，具有很大的难度和重大的影响。对于高考录取改革中的这个两难问题，如果只看到问题的一面而忽视另一面，就可能出现比原先更大的消极后果。[①] 因此，高考录取分数线的改革既不能只追求"考试公平"，也不能完全倒向"区域公平"。事实上，绝对的公平永远是一种理想状态。我们只能在兼顾二者的同时，求取相对公平的最大值。鉴于目前高考录取分数线失衡这一十分复杂的问题仅停留在激烈的争论中，学术界尚缺乏有深广度的理论研究与探讨，本文从历史与现实的角度略作初探。希望能抛砖引玉，促动理论工作者作更多的关注与思考。

---

① 刘海峰：《高考改革中的两难问题》，载《高等教育研究》2000年第3期。

高考竞争与科目改革[*]

高考改革历来既是教育改革的热点和难点，又是社会各界关注的焦点。在高考各方面的改革中，考试科目改革尤为引人注目，高考科目的增减不仅关系到中学教学和学生备考的范围，而且还影响到某些学科的发展前途及其在中学中的地位轻重。因此，科目改革不但是高考改革的重要内容，而且是一项"牵一发动全身"的"系统工程"。近年来，我国高考科目曾经历过不小的改动，社会舆论反映强烈。高考究竟应设置哪些科目，如何改革更为科学，亟须从理论上加以探明，并走出某些认识误区。

自从酝酿和实行会考制度10余年来，高考改革的总体趋势是朝减少高考科目的方向发展，将理科7门、文科6门各减为3+2共5门，上海则实行3+1共4门的方案，1999年广东省又试行了"3+X"科目设置方案（因96.53%的考生将"X"选为一科，该方案几乎变成了"3+1"模式）。而且，理论界和有关部门还在酝酿实施"3+综合"模式（共4门）。更有论者提出"综合考试+X"方案[①]（此方案极可能与"3+X"方案一样变为"综合考试+1"共2门），以弥补"3+X"或"3+综合"方案之不足。不过，笔者认为，减少高考科目并不能够达到减轻学生学习负担（以下称为"减负"）的目的，相反可能会出现偏科等明显的消极后果。高考科目应以5门和保持一定的覆盖面为宜。

一、高考科目设置不当导致学生偏科

1977年恢复高考以后，科目的设置开始是按文理分类，文科考政治、语文、数学、历史、地理，后来又加上外语共6科，理科考政治、语文、数学、物理、化学，后又加上外语、生物共7门。全国绝大多数高中都相应地针对高考的分类，按文理两类分班教学。虽然全国所定的中学教学计划和教学大纲并无这种规定，但由于高考对中学教学具有强烈的导向作用，高中按高考科类分班教学的做法仍广受学校、家长和学生的赞同，文科班不学物理、化学、生物，理科班不学历史、地理，

---

[*] 原载《高等教育研究》2000年第4期。
[①] 胡中锋、董标：《高考科目改革新走向》，载《瞭望新闻周刊》，1999年6月28日第26期。

造成中学毕业生基础知识残缺不全，并且随着高考竞争的加剧，这种残缺程度愈来愈严重。为了纠正偏科现象，教育部于1983年颁发了《关于进一步提高普通中学教育质量的几点意见》，提出"毕业考试要和升学考试分开进行，有条件的地方可按基本教材命题，试行初、高中毕业会考。"1985年上海率先进行了会考与高考改革的试验，1988年浙江进行了高中证书会考试点，1989年继而在湖南、云南、海南试行，最后在全国各地推行。基于会考科目覆盖了中学所有的9门课程，高考科目相应作了减少，经过"三南"的试验，1994年起全国除上海、西藏、台湾以外，高考仍按文理分科，实行"3+2"科目组合（即所谓会考基础上的"新高考"），文史类考语文、数学、外语、历史、政治，理工类考语文、数学、外语、物理、化学。

会考和新高考科目的推行，在一定程度上减少了以往文理偏科的严重状况，要通过会考，至少要将9门课都学一遍，使高中毕业生的知识结构不至于有过分的缺陷；地理、生物和政治课（理科）由于与高考"松绑"，有些教师也认为教学较以前自由一些。但是，问题随之而来：由于会考难度较小，通过率高，许多中学存在"应付会考、对付高考"的状况。与此相关，高考不考的科目很快受到冷落，中学不认真教，师范大学生物系、地理系毕业生分配困难，政治课在理科班的地位也无足轻重。为此，有关各方反映强烈，一批政治学科的学者上书中央有关部门指出理科不应减去政治科目，甚至有全国人大提案反映高考科目减少对相关学科带来的问题。1996年8月，71位中国科学院院士联名呼吁务必十分重视生命科学，提出："必须立即恢复理科高考中生物学应有的地位，尤其是对报考生物系及有关医、农等科系，不得免考生物学，以保证学生来源和今后研究与教学的质量。当前，由于应试教育和取消生物学考试的影响，中学生不重视学习生物学，中学生物学教师工作不安心、教学内容落后、实验教学设备匮乏等状况，严重影响中学生物学教学质量。"① 高考科目改革问题引起全社会上下的广泛关注，中央领导也曾指示教育主管部门认真研究生物、地理和政治科在高考中的地位问题。但是，高考科目改革是一个难度很大且牵涉面广的问题，本来实行"3+2"科目组就是为了减少高考科目，如若听从有关学科专家的呼吁，势必又将回复到原先的科目组合。尽管有关学科专家的呼吁很有道理，但为了使推行不久的"3+2"科目能够稳定一段时间，最终还是暂未考虑恢复生物、地理和理科政治在高考中的地位。

事实上，各省实行"3+2"科目的高考改革并未真正解决学生偏科问题，上海实行"3+1"高考科目也与此类似。"3+1"即语文、数学、外语3门必考，政治、物理、化学、生物、历史、地理等6科中选考1科。实行此种科目设置的出发点也是为了发展学生的爱好特长，减轻学生的学习负担。从理论上讲，这种设置方案是能纠正偏科现象的，因为"3+1"科目组合从总体上看覆盖了中学的9门课

---

① 《71位中国科学院院士联名呼吁：务必十分重视生命科学》，载《光明日报》1996年8月5日。

程，不至于出现某些科目被排斥于高考之外的状况，但实际上从学生个体来看却出现了更为严重的偏科现象。许多中学为了提高升学率，使学生及早地与"3+1"对口，从高中一年级起便开始让学生确定"3+1"中的"1"，以便有针对性地学习。有的学生为了避难就易，尽量不选物理或化学等学科。这样，事实上偏科问题也未得到解决，反而变本加厉地存在于单个学生身上。正在试行中的"3+X"也已出现类似的偏科苗头。令人遗憾的是，减少高考科目以减轻学生负担的改革初衷并没有达到。无论是在上海还是在其他省市，高中生的学习负担不见得有所减轻，而且在某些地区追求高考升学率的竞争还愈演愈烈。即使是提倡由"应试教育"向"素质教育"转轨，近年来"应试教育"在一些地区仍大有市场，教育主管部门三令五申的"减负"也始终难以落到实处，而学生的学习负担甚至还有加重的趋势。如此，我们不得不深思，高考竞争的实质到底是什么？为什么减少高考科目并不能达到减轻学生学习负担的目的？

二、高考竞争的本质是社会竞争

当今中国教育界存在着一种很有意思的矛盾现象：一方面，在浓厚的向学氛围中长大、深受"学而优则仕"传统观念影响的家长、教师们以给学生加压作为"爱"的表征；另一方面，整个社会（包括家长和教师）又不时为学生的"减负"问题而呐喊。而当人们一再重提"减负"话题时，都不约而同地将考试（尤其是高考）看成学生学习负担过重的"罪魁祸首"，主张将学校考试次数的减少甚至废除作为落实"减负"的"突破口"。

考试作为一种具备选拔、评价、检验、诊断等多种功能的手段，始终是教学过程中的重要环节。甚至可以说，任何正规的教育没有考试是"不可想象"的。考试的内涵宏富，类别亦十分复杂，就其功能与性质而言，考试大体可分为两类：一类是旨在选拔特定对象（如高校新生）的常模参照性考试（俗称"竞争性考试"）；另一类是旨在与既定目标（如培养目标）相比照的目标参照性考试（俗称"水平性考试"）。高考和会考便分别是典型的竞争性考试和水平性考试。考试因功能不同而有性质上的差异，又因功能与性质的不同而在达到"减负"目的上有着程度的差异。具体而言，以减少考试科目来达到"减负"目的是水平性考试的做法，但对竞争（选拔）性考试无效。遗憾的是，整个社会（包括多数教育工作者）并没有认真思考过考试的性质与功能等问题，在操作上往往不加区分地对一切考试"喊打"，从而导致"减负"陷入认识和行动上的双重误区。既然考试不可能也不应该被取消，而"减负"于情于理又势在必行，也既然人们在考试与"减负"这两个同样事关重大的问题上存在误识，就有必要深入探究考试（高考）竞争的实质及其与科目改革之间的关系。

但凡考试便有竞争。在水平性考试中，虽然从表面看是每个考生与既定目标之间的比照，考生之间并不会产生竞争实质，但竞争心理依然存在。这是因为中国是有着数千年考试历史的"考试故乡"，而最具代表性的科举考试便是一种典型的竞争性考试。经过一千多年竞争激烈的考试洗礼，考试中的竞争性已积淀为中国人的一种遗传基因。不具备竞争实质的水平性考试尚且蕴含着无形的竞争心理，更遑论以选拔为目的的竞争性考试。一般而言，参加选拔的对象越少而选拔面越宽，则竞争越不激烈；反之，如参加选拔的对象越多而选拔面越窄，则竞争越激烈。而且，竞争难度会"水涨船高"。为达到区分与选拔的目的，竞争越激烈的考试，其难度越大。中国古代的科举考试文体八股文之所以会走向"偏题""怪题"的死胡同，就是因为发展到清末，士子们对"四书五经"以及八股文的钻研已达到相当精深的程度，加之科举的竞争太激烈，不出"偏题""怪题"不足以保持区分度来选拔人才，尽管这种命题思路已严重偏离了正轨、甚至到了非理性的地步。

与科举有着相同竞争实质的现代高考，虽然其竞争远不如科举激烈，但相比于20世纪50、60年代，其激烈程度、考题难度均呈逐年攀升态势却是不争的事实。近几年随着招生规模的不断扩大，竞争的激烈程度在表面上虽有所缓解，但在竞争名牌或本科大学分数段上却依然故我。高考竞争激烈的直接原因便是我国的高等教育长期处于"精英教育"阶段。50年代，由于高中入学率不高，我国的高考录取率（录取新生数/考生数）一般在40%以上（个别年份甚至达到90%以上），高考有竞争但不激烈。60年代，随着应届高中毕业生的增加和高校招生数的下降，录取率大幅下降，但仍保持在30%左右，自此出现了片面追求升学率的问题。"文革"后，随着教育秩序的恢复，高中毕业生数大幅提高，1962~1999年间，高中毕业生（含历届生）增加近300万，而高校招生规模的扩大却相对缓慢，高考竞争加剧、"片追"现象更加严重在所难免。

既然高考竞争激烈是因为高等教育的"精英化"，那么，高等教育的大众化能否缓解竞争的激烈状况呢？近几年，高等教育招生规模一年一个台阶地攀升，而高考竞争的激烈程度似乎并未见减弱，只不过竞争的焦点已由"上大学"转移到"上名牌大学"或"读热门专业"。这说明，竞争是选拔性考试的本质特征，而竞争的"水涨船高"则是不以人的主观意志和善良愿望为转移的考试发展的内在客观规律与必然趋势。

无论人们是渴望"上大学"抑或追逐"上名牌大学"、"读热门专业"，表面上看是一个纯教育问题，但高考激烈竞争的背后其实蕴含着深刻的社会根源。从文化上看，"万般皆下品，唯有读书高"、"满朝朱紫贵，尽是读书人"、"贫者因书富，富者因书贵"等传统观念仍充盈于现代人的头脑，而中国古代所谓的"读书"即相当于现代的"读大学"；从社会地位（包括政治地位与经济地位）上看，赢得高考竞争所带来的人生际遇也是中国古代"家无读书子，官从何处来？"、"书中自有黄金屋，书中自有颜如玉"的现代版。具有深厚考试文化传统的中国如此，与中国文化背景迥异的西方国家亦不例外。费孝通先生早在20世纪40年代访美时便感慨道："在这个竞争的社会里做父母的担心着自己的儿女落后……他们很认真地依学校里的报告单去报酬或责备他们的儿女。在父母看来，只有儿女在他们的同班中能保持优级的地位，儿女的前途才有把握。这方面说来，美国真是个十足的科举社会，孩子们对于考试从来不敢疏忽的。"① 20世纪40年代的美国与中国目前的状况基本相似，高等教育规模较小，只有小部分人能上大学。当高等教育仍属于社会的稀缺资源时，高考的"一分之差"，可能导致"一个上天，一个入地"，也可能决定一个人"穿皮鞋还是穿草鞋"。在计划经济时代，考上大学就等于端上了"铁饭碗"，意味着其一生有了保障。虽然到了市场经济时代，"铁饭碗"已被无情地打破，但高等教育学历文凭仍是一个人跻身"白领阶层"的唯一通行证。这说明，高考其实就是高中毕业生面临的第一次强制性的"社会（脑体）大分工"，高考的竞争其实就是人们一生的政治地位、经济地位等社会竞争在教育领域的"浓缩"。要言之，三大差别（尤其是脑体差别）是导致高考竞争的根源。只要强制性的社会分工特别是脑体分工存在，高考的竞争就只可能减缓而不可能完全消除。② 从这一意义上说，高考因激烈竞争所招致的同样激烈的社会批评其实是"替人受过"。

　　高考因背负着沉重的社会竞争而分外激烈。而分外激烈的竞争又带来了诸多的社会、个人以及家庭问题。长期以来，人们都在努力寻求缓解竞争、防止偏科、还学生以健康身心的有效途径。如前所述，人们不加区分地对一切考试齐声"喊打"，但作为选才的最公平尺度的高考又无法取消。于是，怀有善良愿望的人们便以减少考试科目作为实现"减负"的最佳出路，这其实是人们对高考竞争与考试科目门数之间关系的一种误识。竞争本是选拔性考试的自生物与主旋律。高考科目多寡与其竞争的激烈程度并无必然关联。这好比体育竞赛中的单项与全能比赛，在奖牌数不变的前提下，十项全能比赛因项目多，训练固然艰苦，但单项比赛也并未因项目单一而更轻松，相反，由于选手们都将全部精力投入单项训练，高手云集，其竞争的激烈程度可能更甚于十项全能。同理，在招生人数相同的前提下，高考的科目无论是九门还是四门甚至一门，其竞争的激烈程度都是一样的，这一点已为今年广东的"3＋X"试点所明证。因96.53%的考生都将"X"选为"1"，而且一般都选自己学得比较好的科目，从而导致有些科目人数相对集中，并且形成"硬碰硬"的局面。这无疑使竞争更加激烈、心理压力也更大。如此看来，以减少考试科目来防止学生偏科、为学生"减负"只是人们的一个美好愿望，而不是一种理性、有效的途径。那么，在高考科目改革问题上应如何兼顾理想与现实？或者说，如何设置考试科目才能使高考这根指挥棒正确引导中学教学、有效防止学生因

---

① 费孝通：《美国与美国人》，三联书店1985年版，第172页。
② 杨学为：《高考改革与国情》，载《求是》1999年第5期。

偏科而导致的知识残缺不全？

三、高考科目应覆盖基础知识学科

任何事物都是矛盾双方的对立统一，高考的科目改革也同样吻合这个哲学基本命题。当广东率先拉开"3+X"科目设置方案的序幕、当社会各界特别是教育界都在热烈讨论这一方案、尤其当教育主管部门正酝酿推广这一方案时，教育考试理论工作者们却应保持清醒，因为科目改革"牵一发而动全身"，事关重大。在提出具体的高考科目设置方案之前，必须先明确两个基本认识：第一，高考竞争与"减负"实际上是高考改革的众多两难问题之一。高考要达到区分与选拔的目的，就必须保持一定的难度，而且竞争越激烈，难度越大。难度大，则学生的学习负担必然重。因此，只要存在竞争，学生学习负担过重问题就无法根除。唯有扩大接受高等教育机会、改革人事体制与用人机制、提高命题科学性等，才能使"减负"得到根本的落实。第二，考试的指挥棒作用是客观存在，改革的关键不应是也不可能扼杀其指挥棒作用，而应使其发挥正确的导向作用。实践证明，只要因势利导，考试这根指挥棒就不会"瞎指挥"，以会考合格率作为评价高中教学的主要依据后，绝大多数高中由以往的"升学教育"进步到"教学面向大多数"即是鲜明的例证。而高考因集测量、诊断和选拔功能于一身，其社会价值更加突出，且关系到考生的切身利益，它对中学教学的导向和制约功能必然更为强大，以致在相当程度上出现考什么就教什么学什么而相对忽视其他科目的现象。如果高考科目设置科学合理，就能有效解决学生因学习偏科而导致的知识残缺不全问题，从而为高校输送基础知识扎实、全面的合格新生。

那么，高考科目如何设置才能既有利于普通教育又有利于高校选拔新生呢？一般认为，语文、数学是测定中学毕业生继续深造的能力和潜力的基础学科，外语又是对外开放的现代社会所必需的工具，都不能不考。如果只再加试一门共四门就显得科目太少，如此，很可能因高考强大导向功能而使中学教育多了几分专业教育的色彩而抹去了其基础教育的本色。而且，由于高考竞争激烈，相近系科录取应尽量能够相通，若考试科目分组太细，以致难以跨组录取，则会增加考生因报考不当而落选的风险，体现不了高考升学机会应尽量均等的公平原则。① 在广东省去年的"3+X"试点中就出现了这种问题，由于实行双上线录取，使得部分考生因所选科目考试失利而"高分低就"，甚至与大学校门失之交臂。据统计，在综合分上第一批院校线的所有人中，有3成的考生单科成绩未达第一批院校线。尽管广东省也采取了一些补救措施，如对于少数综合分达到700分以上，单科分在第二批最低录取

---

① 刘海峰：《选拔专才可另辟途径》，载《光明日报》，1992年12月16日。

控制线以下10分以内的考生，或单科分达到700分以上，综合分在第二批录取最低控制分数线以下6分以内的考生，可视为第二批上线考生。[①] 这些补救措施使少数"瘸腿"考生从中受益，但大多数"瘸腿"考生仍被拒于大学门外。而且，这些措施并不能从根本上解决因报考不当或单科考试失利而带来的录取中的机会不均问题。同时，分组太细也与高等教育课程设置的综合化趋势相背离。

因此，笔者认为，高考科目设置的一个基本原则应是保持一定的学科覆盖面，数量以5门为宜。人们可能会问，如此设置科目的高考与会考何异？会考便覆盖了中学的所有学科。实际上，这一原则正是针对当前会考的实际效果而提出的。如前所述，会考固然使绝大部分高中的教学开始面向大多数学生，从整体上提高了全体学生的实际文化水平，但终因其社会价值不明显，对中学教育的导向功能十分微弱。加之会考标准低，通过率高，多数学校存在"应付会考"的局面，学生的偏科状况虽得到部分改善，但毕竟难敌高考的强大指挥作用，学生偏科之弊也因高考有限的学科门数而得以继续存在。这种局面未能实现原定的会考与高考各司其职（会考侧重解决基础知识的结构问题，高考侧重考查学生报考专业的相关科目）之初衷，高考终由原来的"半壁江山"变为"一统天下"。由此可见，扩大高考的学科覆盖面目的在于弥补会考"纠偏"效果欠佳之不足。虽然这一做法实际上有在会考基础上重复劳动之嫌，但"两害相权取其轻"，实乃不得已而为之。

具体而言，这一方案的考试科目由以下5门组成：语文、数学、外语、文科综合、理科综合。考试仍分文理两类，考试科目门数与名称文理皆同，数学科亦文理同卷，其中，文科综合是指政治、历史、地理三科的综合，理科综合是指物理、化学、生物三科的综合。不过，为满足高等学校的专业差异，文理两类在综合科目考试的难度上仍应有所侧重，即文科类的文科综合科目难度较理科类大，文科类的理科综合科目难度则较理科类小，反之亦然。这种高考科目设置既能从根本上纠正学生学习偏科现象、使其掌握合理的知识结构，又能为高等学校输送基础知识扎实、能满足日益综合化的大学课程学习要求的合格生源。当然，这一方案也面临着如何处理高考与会考的关系、综合科目如何命题、高等学校是否要再加试录取等十分复杂而操作难度大的问题，限于篇幅，只能另行辟文探讨。

万事难尽其美。上述方案只是在总结以往实行过或者正在试行的诸种方案利弊基础上的一种设想。合理与否，尚需各方充分研究；可行与否，则需专家详细论证。鉴于科目改革牵涉面广、事关重大，试行更需慎之又慎，只有经过个别省市试验后方可择善而从、全面推行。

---

① 刘茜：《高考改革方案看得失》，载《瞭望新闻周刊》，1999年10月18日第42期。

试析高考的指挥棒作用

作为以普通高中毕业生为主要对象、为高等学校选拔优秀新生的考试手段，全国普通高校本专科招生统一考试（以下简称"高考"）是连接普通教育与高等教育的一座桥梁。由于高考密切关乎考生的前途利益，因此它始终处于教育改革的风口浪尖上，成为教育领域少有的广为社会各界关注的焦点问题。自1952年建制以来，高考走过了一条崎岖风雨路，在"文革"中更是遭受重挫，一度被废止，1977年高考恢复后又经历了数次重大改革，引发的议论褒贬不一。多数人对高考的巨大功绩给予了充分肯定，认为高考为高等学校选拔了数以千万计的优秀新生，为我国的高教事业发展、经济建设及社会文明进步立下了汗马功劳。正如1997年11月的《人民日报》在纪念恢复高考20周年征文的综述中所说，"恢复高考，挽救了我们的民族和国家。"但随着高考竞争所带来的应试教育弊端的加剧，20世纪90年代中期以后，整个社会开始激愤地抨击"片面追求升学率"，尤其对高考的指挥棒作用群起攻之，甚至有人指责高考是"人神共愤的考试"，号召要"炮轰"统一高考，给高考带来了巨大的社会舆论压力。为什么高考引发的争论有如此大的歧异？高考指挥棒作用的机制是怎样形成的？这种"指挥"是单向还是双向的？如何发挥高考对中等和高等教育的积极作用？

中国是考试的发源地，是一个十分重视考试的国度。尤其是科举考试制度建立后，考试选才更是被历代统治者视为澄清吏治、巩固政权、笼络民心的天下"至公"之法。在中国历史上持续了1 300年之久的科举制，在教育和考试领域刻下了深深的烙印，其影响已积淀为现实基因的一部分。新中国成立后，政府出于培养政治人才、发展经济、实现教育民主化和提高高等教育质量等多种因素的考虑，加之考试自身发展规律使然，于1952年建立了统一高考制度。在计划经济体制下，经过高考选拔出来的大学生作为国家干部的"后备役"，由国家实行"三包"（包上学、包分配、包当干部）。转轨为市场经济体制后，虽然高等教育逐渐由"三包"转为"三自"（自费上学、自选课程、自主择业），但在劳动力市场上，高等教育学历文凭仍是进入管理阶层或"白领"阶层的"入场券"。于是，表象上为普通高

---

* 原载《厦门大学学报》（哲学社会科学版）2002年第2期；《高等教育》（人大复印资料）2002年第4期转载。

校选拔新生的高考制度，实际上成了一项上关国家和民族发展前途、下系民众个人命运，集教育功能与社会功能于一身的重要制度，因此，极易引起关注乃至引发争论。这一制度经过50年的运作，已被磨砺成一把锋利的双刃剑，其积极功能与消极影响都十分巨大和明显，引发的争论也因此歧异甚深。

在对高考的批评意见中，无论是谈及20世纪60年代开始的"片面追求升学率"，还是论至近些年的应试教育，无不将其归罪于高考的"指挥棒"作用。所谓高考的"指挥棒"作用，是指一切教育教学活动皆以高考为中心，围绕高考来运作，"考什么便教什么学什么"，反之亦然。其实，在教育过程中，考试只是教育教学活动这一"母体"所包含的众多"子体"之一。但身为"子体"的考试之所以能对其"母体"起到指挥和主宰作用，其形成机制乃是源于考试的竞争性。但凡考试必有竞争，尤其在选拔性考试中。而且，为达到区分与选拔的目的，竞争越激烈的考试，其难度越大。正如中国古代的科举考试文体八股文，之所以会走向"偏题""怪题"的死胡同，就是因为发展到清末，士子们对"四书五经"以及八股文的钻研已达到相当精深的程度，加之科举的竞争太激烈，不出"偏题""怪题"不足以保持区分度来选拔人才，尽管这种命题思路已严重偏离了正轨、甚至到了非理性的地步。由于我国的高等教育长期处于"精英教育"阶段，而中等教育发展相对迅速，20世纪60年代以后，高考的竞争激烈程度和考题难度逐年攀升。近几年随着招生规模的不断扩大，竞争的激烈程度表面上虽有所缓解，但在竞争名牌或本科大学分数段上却依然故我。可以预见的是，即使高等教育实现了的大众化乃至普及化，高考的竞争性依然会存在，只不过竞争的焦点将由"上大学"转移到"上名牌大学"或"读热门专业"上。这说明，竞争是选拔性考试的本质特征，而且竞争的"水涨船高"是不以人的主观意志为转移的考试发展的必然趋势与客观规律。

无论人们是渴望"上大学"抑或追逐"上名牌大学"、"读热门专业"，表面反映出来的只是一个纯教育的考试竞争问题，其背后实则蕴含着深刻的社会根源，使我们不得不将高考指挥棒作用放置于广阔的社会背景中来认识。从文化上看，"万般皆下品，唯有读书高"等传统观念仍充盈于现代人的头脑；从社会地位（包括政治地位与经济地位）上看，赢得高考竞争所带来的人生际遇也是中国古代观念"书中自有黄金屋，书中自有颜如玉"的现代版。因此，根植于社会背景中的高考便成了高中毕业生面临的第一次强制性的"社会（脑体）大分工"，高考的竞争也便成为人们一生的政治地位、经济地位等社会竞争在教育领域的"浓缩"。正是由于高考具有如此强大的社会功能，只要中国仍需要以高考来制约高校招生面临的人情、关系的困扰，高考的指挥棒作用便必然存在，亦实属正常。从这一意义上说，高考因激烈竞争所招致的同样激烈的社会批评其实是"替人受过"。

与任何其他作用一样，高考的指挥棒作用作为一种客观存在，也具有积极与消极的双面影响。20世纪60年代以来，尤其是最近十几年，高考对教育教学的指挥作用已渐渐偏离正确轨道，其消极影响大于积极影响，并因此招致骂声一片。对高考指挥棒作用的责骂最主要集中在片面教学和学生偏科上，认为这根"魔力指挥棒"使教与学的注意力完全放在所设考试科目上，在"考什么便教什么学什么"的同时，造成"不考什么便不教什么不学什么"的弊病。例如1994年实行的在会考基础上的"新高考"制度改革，按文理分科，实行"3+2"科目组合，将地理、生物和政治（理科）等科目与高考"松绑"。随着而来的问题便是，这些科目在中学的教学中很快受到冷落，大学相应专业在教学过程中则面临学生基础差的问题，师范大学的相应专业毕业生也出现分配困难的窘况。为此，有关学者纷纷上书中央有关部门，高考科目减少给相关学科带来的问题甚至被反映到全国人大的提案中。1996年8月15日，71位中国科学院院士更是在《光明日报》上联名呼吁重视生命科学，他们提出："必须立即恢复理科高考中生物学应有的地位，尤其是对报考生物系及有关医、农等科系，不得免考生物学，以保证学生来源和今后研究和教学的质量。当前，由于应试教育和取消生物学考试的影响，中学生不重视学习生物学，中学生物学教师工作不安心、教学内容落后、实验教学设备匮乏等状况，严重影响中学生物学教学质量。"

高考指挥棒不仅造成片面教学进而带来学生知识结构的缺失（尤其是非考试科目），而且带来学生偏科的问题。例如，为适应正在实行的"3+X"考试科目改革，许多学生从高中一年级起便已确定"3+X"中的"X"（实际上绝大部分考生将"X"选为"1"），以便有针对性地学习。有的学生为了避难就易，便尽量不选物理或化学等难度较大的学科，而是选自己学得比较好的科目，从而导致有些科目人数相对集中，并且形成"硬碰硬"的局面。这无疑使竞争更加激烈、心理压力也更大，造成学生学习负担的进一步加重。

然而，由于人们看待高考问题往往带有较强的情绪性，对其指挥棒作用的认识也常常采取了一种"有选择的记忆"态度，高考指挥棒对教育教学发挥的积极影响经由人们的"情绪过滤"后，渐渐成为"被遗忘的角落"。其实，作为一种客观存在，高考指挥棒所发挥的积极作用与其所产生的消极影响一样，具有同等甚至更大的研究价值。从积极方面看，高考可以说是统治阶级意志与教育教学活动之间的一个中介。只要高考作为选拔高校新生的手段存在，政府的教育管理部门便可以通过对考试内容的规定达到执行国家意志的目的；或者说，高考能在维护国家统治、促进社会发展方面发挥出积极的社会功能。而对于学生个体而言，内容科学、形式灵活、录取公平的高考，可以将学生引向身心健康发展的正确方向上，从而发挥出积极的导向作用。实践证明，只要因势利导，考试这根指挥棒就不会"瞎指挥"，以会考合格率作为评价高中教学的主要依据后，绝大多数高中由以往的"升学教育"进步到"教学面向大多数"即是鲜明的例证。如果高考科目设置合理、命题科学，就能有效解决学生因学习偏科而导致的知识残缺不全、重知识轻能力等问题，从而为高校输送基础知识和基本能力扎实、全面的合格新生。

　　因此，承认高考指挥棒作用的双向性并进行客观全面的研究，是高考改革成功的前提之所在。改革的关键不应是也不可能扼杀高考的指挥棒作用，而应扬长避短，最大限度地发挥其积极的导向功能。落实到改革实践中，可采取以下几个主要措施：一是稳步扩大招生规模，继续进行取消对考生报名年龄和婚否限制的改革，以减轻高考的竞争压力；二是改革高考的内容与形式，在将中学所有科目吸纳进考试科目的选择范围、增强命题的科学性、满足高等学校的专业差异等前提下，保持一定的考试科目与内容覆盖面，注重考察学生的素质和能力，深化综合考试改革试验；三是克服以分数为唯一录取标准的片面性，探索建立以分数为主、择优录取的综合评价体系；四是改变"文凭至上"的教育价值观，使人们从争过高考独木桥改为走多途径发展的立交桥，以弱化其社会导向功能；五是加快高考的社会化改革进程，变过去由学校为由教育行政部门来组织高中毕业生报名和通知录取等有关工作，使高考与学生毕业的学校逐渐脱钩，以淡化其不良竞争色彩。唯有如此，才既能从根本上纠正学生的偏科现象，使其掌握合理的知识结构，又能为高等学校输送基础知识扎实、能满足日益综合化的大学课程学习要求的合格生源，从而使高考指挥棒的运作回到正确的轨道上来。

高考与应试教育、素质教育关系新论*

高考是进入高等教育的"敲门砖",既直接关系到高等教育生源质量,又直接关乎考生的前途命运。高考自建制伊始便一直甚为社会所关注。特别是近年来随着高考规模的迅速增长,高考的社会影响愈来愈大,加之已实行 50 余年,其弊端越来越显现,引发的争议也越发激烈。然而,许多人除诟病高考自身弊端外,还情绪化地将诸多与高考无关的教育和社会弊端也"追根溯源"到其处,高考因此承受着不公正对待,高考与应试教育、素质教育的关系,便是典型例子。以往教育界乃至其他各界对这一问题虽议论颇多,关于素质教育和应试教育的研究甚至还有相当深度,但对其与高考之关系探讨,却多停留在感性层面。对高考与素质教育及应试教育之关系的非理性看法不仅引发了高考这一"举国大考"的生存危机,而且不利于教育问题的正确解决。笔者认为有必要理性深思这些问题,还高考以客观评价,使其发挥出对教育的应然功能。

一、高考是不是应试教育的"罪魁祸首"

批评高考的许多观点认为,高考的弊端造成了应试教育,"应试"源于"片面追求升学率"(即所谓的"片追"),而"片追"最主要的攀比追逐对象便是高考的升学率,高考因此被看成是应试教育的"罪魁祸首"。从人们对应试教育的界定便可看出二者被明显"捆绑"在一起:应试教育是"在我国基础教育阶段实际存在的以提高升学率为目的、围绕'应考'进行教育教学活动的片面的、淘汰式的教育";[①]"是以考试得分为手段,把少数人从多数人中选拔出来送上大学为唯一目的,片面追求升学的教育"。[②]

无可否认,应试教育的直接原因是"片追",是中小学校为了提高考试(尤其是高考)升学率不得已而为之的结果。但若追溯"片追"问题的来龙去脉,便不

---

* 原载《教育发展研究》2007 年第 7、8 期合刊(A);《中小学教育》(人大复印资料)2007 年第 11 期转载。

① 李冀主编:《教育管理词典》,海南出版社 1997 年版,第 202 页。

② 王策三:《认真对待"轻视知识"的教育思潮——再评由"应试教育"向素质教育转轨提法的讨论》,载《北京大学教育评论》2004 年第 7 期。"应试教育"的这一界定并非王策三所作,而是为他所批。

难发现高考只是导致"片追"和应试教育的表层原因或"导火线"。"片追"现象产生于20世纪60年代。"文革"前17年,由于高等教育规模尚小,但普通教育的发展速度却远远超过高等教育,导致高考录取率逐年下降,1952年录取率高达90.35%,1965年的46.92%与之相比已下跌将近一半。特别是1962年,由于国家遭受三年自然灾害导致经济严重滑坡而不得不大幅度压缩高等教育规模,以及因纠正1958年"教育大革命"中"左"的错误对高等教育进行了压缩性调整,该年度的高考录取率跌至"文革"前的最低谷,仅为27.43%。[1]"片追"和应试教育正是在这样一种竞争状态下开始出现。在高等教育机会极为有限、社会竞争压力十分强大的情况下,"片追"现象愈演愈烈,应试教育自然也难以抑止。可见,"片追"所追逐的实际上是稀缺社会资源,高考竞争或应试教育都只是社会竞争的一种表象或结果。

刘海峰对高考竞争的本质曾作过深透的研究,认为当今教育领域的许多弊端从表面上看是高考造成的,但其实问题的根源与本质并不在高考,高考只是使一些问题凸显出来;高考并非万恶之源,而是各种教育和社会矛盾的集合点,因此备受争议。[2] 对于应试教育产生的社会背景,不少学者也得出了类似结论,有人认为,应试教育的机制有着支持它的社会条件系统,如社会向上流动(升迁)的压力很大,社会所提供的升迁机会极小等,只要社会还在为高学历者提供较高的社会经济地位,"应试教育"的社会机制和社会条件就不可能消除;[3] 由于高考功能被放大成超教育化、社会化(政治化、经济化),形成了应试教育;[4] 应试教育现象是教育供求关系失衡(需求远大于供给所引起的畸形竞争)的结果,只要教育供求关系的失衡现象依然存在,则应试教育还将继续存在下去。[5]

笔者认为,作为人类社会一种永恒的竞争手段,考试本身是中性的。"应试"对于"教育"本无可厚非。教育学将狭义的教育定义为:"教育者按照一定的社会要求,向受教育者的身心施加有目的、有计划、有组织的影响,以使受教育者发生预期变化的活动"。[6] 而判断受教育者是否发生了"预期的变化"以及发生了怎样的变化,均需借助考试才能了解。因此,考试是评价教育效果的重要手段。如果考试因为给人们带来沉重的心理压力和学习负担而被认为是一种"罪恶",那也是一种"必需的罪恶"。

有考试即有应试,应试的作用积极与否,取决于考什么和如何考,正如王策三在评论"由'应试教育'向素质教育转轨"的提法时,针对高考的应试教育成分

---

[1] 为之:《中国高考与社会、经济的关系》,载《中国考试》1997年第1期。
[2] 刘海峰:《高考竞争的本质与现象》,载《高等教育研究》2006年第12期。
[3] 杨广云:《应试教育形成的社会条件及其治理》,载《福建学刊》1997年第4期。
[4] 边星灿:《考试与素质教育论》,载《中国考试》1998年第4期。
[5] 江峰、林玲:《论教育的竞争与应试教育》,载《南京师大学报》(社会科学版)1999年第3期。
[6] 鲁洁:《教育学》,人民教育出版社1984年版,第19页。

所指出的："（应试教育）有两面性，除了不当的消极一面，还有正当的积极的一面，尤其在我国社会发展现阶段更是如此。……升学是应试，就业也是应试，社会生活各个领域充满了考试，人类和每个个人一生都在应试。再极而言之，应试和应试教育有什么不好？"他认为，考试固有其局限性，无论怎样改进考试，也不能完全得到克服。但"在教育领域中，由于教学内容基本是已经确认的东西，运用以一斑窥全豹的原理，用考试的办法，来代替实践的检验，它用的时间短，收效快，结果确定。"①

肯定应试教育的远不止教育理论研究者。作家梁晓声曾谈到，"考试自然不是择优的唯一方式，也不是最好方式，但的确是最公平的方式。""教育的方式，未见得一受'应试'所导向，学生的'综合素质'一定就差，一定就劣，一定就大成问题。'应试'的智力资本和心理基础，难道不也是'综合素质'的两个主要方面么？"② 政协委员、有46年执教经历的中学校长吴昌顺也曾在2002年的"两会"上指出，如果应试教育没有可取之处，就等于否定了新中国成立50多年来培养的一切人才。③

应该看到，我国的应试教育主要是由教育和社会竞争所引发，高考只不过为其提供了凭借。事实上，应试教育并非中国的"特产"，也存在于世界其他一些国家，甚至可以说是一个全球性问题。联合国教科文组织发表的《世界教育报告1991》中，就曾把"应试教学"专门作为一个讨论与分析的项目。④ 英国学者蒙哥马利也曾在谈到英国的教育考试时认为，虽然考试已经被广泛地运用和认可，取得了良好的功效，但"它扰乱了中等学校的课程设置"，使教学跟着考试转。⑤

事实上，自学校教育开始采行严格的考试并以分数评定等级，整个教育就转向了所谓的"应试教育"，也开始成为一种被评分制度所掣肘的教育。"只要我们不能逃离尊崇科学、注重工具理性的现代社会去考虑教育问题，只要我们仍在坚持用科学的观念与方法规训教育，那么学校就或明或暗还得围着分数转……所谓素质教育对于应试教育而言也只能是改良品种，谈不上改革。只要素质教育本身的效用最终也得接受评分制度的评估，这应试教育的根就拔不掉。"⑥

既然应试教育在世界范围内普遍存在，其"所要解决的核心问题是人类科学知识的传递问题，通过这种传递形式，使得人类社会积累起来的对自然的认识水准

---

① 王策三：《保证基础教育健康发展——关于由"应试教育"向素质教育转轨提法的讨论》，载《北京师范大学学报》（人文社科版）2001年第5期。
② 梁晓声：《一种愿望·一种理想》，载《文汇报》1999年5月31日。
③ 刘万永、原春琳：《教育：为未来打造竞争力》，载《中国青年报》2002年3月7日。
④ 《世界教育报告（1991）》，中国人民教育出版社1992年版，第70页。
⑤ ［英］罗伯特·蒙哥马利著，黄鸣译：《考试的新探索》，广西人民出版社1984年版，第76页。
⑥ 钱钢：《"可算度的人"——从福柯说到考试地狱》，《社会学家茶座》（第二辑），山东人民出版社2003年，第18~23页。

得以巩固"①，它的存在也就具有相应的合理性；即使应试教育问题在中国比其他国家更加严重，也主要是因中国的教育和社会资源更为稀缺以及重视考试的传统文化所致。笔者以为，把高考说成是应试教育的"罪魁祸首"，似有"欲加之罪，何患无辞"之嫌。

二、高考是不是推行素质教育的"绊脚石"

许多人认为，"片追"作为对高考教育评价功能的一种反应，给教育带来的负面影响是制造应试教育，阻碍素质教育，并造成中小学"轰轰烈烈开展素质教育，扎扎实实进行应试教育"的奇怪现象。在对"应试"的声讨中，人们最终往往将矛头指向高考，而且中小学教育中其他的"应试行为"也多半由高考的激烈竞争所致。许多人因此将高考看成是推行素质教育的"绊脚石"，认为不废除高考就难以推行素质教育。

那么，废除了高考果真就能培养出高素质人才吗？从文化素质看，历史已经证明，高考促进了社会文化素质和水平的提升，考分高的人普遍比考分低的人的文化素质要高，高分低能和成绩差但素质好的学生毕竟都只是极少数，在高考题型向考能力发展的今天就更如此。不经过考试竞争就升学的做法可能导致素质更低，甚至会造就出新文盲。中国人往往爱走极端，一考试便拼命，一不考试则"放羊"，难怪乎有些家长把孩子们不好好学习的行为都归罪于素质教育。

在被认为学习环境宽松、素质教育成功的美国，就曾因升学考试太过容易而出现教育质量问题。据20世纪90年代初的调查，在21~25岁具有高中学历的人当中，只有不到60%的人阅读水平达到高二程度，即使在有大学学历的人中，也仅有80%的人达到这一程度。有2/3被调查的大学教师抱怨说，他们越来越多的是为大学生补中学课程。② 2006年3月1日，美国大学入学考试机构ACT在高等教育界影响最广泛的杂志《高等教育编年》（*The Chronicle of Higher Education*）上公布的一项有关高中毕业生阅读水平的调查报告也显示，2005年度参加ACT考试的120万名高中生中，仅有51%的人具备接受大学教育或职业训练项目所需的阅读水平。调查还发现，学生在整个高中阶段的阅读水平非升反降。有识之士忧虑地表示，这将导致一个"沉默的国家"，并呼吁改进高中的阅读教育，提高中学阅读要求和课本的质量。③ 美国大、中学水平低下其实是互为因果的：因为中学水平低，所以大学生源水平不高，而大学为了迁就这一现实降低招生标准，反过来又使中学

---

① 方展画：《论"素质教育"与"传统教育"》，载《杭州大学学报》（哲学社会科学版）1998年第2期。
② 《"升学易"终成祸患——美国学者主张提高升学难度以克服教育恶性循环》，载《参考消息》1990年6月29日。
③ Barely Half of High-School Graduates Have College-Level ReadingSkills, http://chronicle.com/daily/2006/03/2006030101n.html.

生不愿努力学习。颇值得注意的是，就在中国人对自己的考试制度大加挞伐之时，美国却对我们的考试制度赞赏有加。2006年6月，美国公布的一份有关"国际数学和科学学习趋势"的教育报告指出，美国学生的数学平均成绩已远远落后于东亚地区的同龄人，报告认为，东亚教育体系成功的主要原因之一即在于有能够激励学生的考试。①

中国推行素质教育，如果不正确引导，难保不像美国这样出现新的文盲、半文盲现象。正如有中学校长直言不讳地认为，高考作为一种选拔人才的制度，是绝对不可取消的。作为中学校长，就该理直气壮抓"升学率"。"率"绝对是学校教学水平和教学质量的一个标准。不怕考试，敢于考试（因为今后到社会上需要应付的考试太多）也是全面提高学生素质的一个内容。②

从道德素质看，不经过考试竞争而升学，极易导致特权关说、弄虚作假、请托送礼等歪风盛行，学生身处其间，耳濡目染，很难想象能培养出多高的道德素质。关于高考对素质教育的积极作用，刘海峰认为，高考至少可以提高考生的文化素质、学习能力、心理素质，此外，还能在磨炼意志、培养合作精神、面对失败、知恩图报等方面培养考生的品德。③

素质教育也并非不要考试。只要考试仍然作为教育过程的重要环节而存在，则无论何种教育都摆脱不了考试的"紧箍咒"。问题的关键并非"应试"本身，而在于如何正确运用考试的教育功能，在于考试的内容、方法以及对考试结果的使用等。尽管当今中国确有许多学校一门心思扑在应试教育上，并由此带来很多问题，但并不能对其成绩尤其是在知识教育上的成就全盘否定。素质教育之所以难以顺利推行，"根源并不在高考，而是重视教育和学历、信奉读书至上的社会传统文化。而且，围绕高考所出现的诸多问题，根源也不在高考本身，甚至不在教育本身，而有其深刻的社会、经济和文化根源。"④ 应试教育和高考只不过是充当了"替罪羊"的角色。很多时候，教育的问题并不能仅从教育本身去寻求解决之道，而应将之置于社会大背景下思考。因为教育作为社会大系统的子系统，必然要受到社会政治、经济、文化等因素的制约，不能仅"就教育谈教育"，⑤ 素质教育也一样，它是一项社会工程，教育体制的重大变革需要一定的社会结构为支撑。推行素质教育的"绊脚石"，与其说是高考，毋宁说是激烈的社会竞争和社会矛盾。

从表面上看，高考只是一项教育考试制度，但其背后亦兼具政治与社会功能。这一切，使得高考承载着远远超出自身所必须承载的社会责任。而巨大的社会责任

---

① 《美国理科教育质量落后于东亚》，载《人民日报》（海外版）2006年6月13日。
② 顾卫临：《高考：还有更好的路可走吗》，载《瞭望》1997年第20期。
③ 宋晓梦：《素质教育与高考改革——访厦门大学教育研究院院长刘海峰教授》，载《光明日报》2005年10月30日。
④ 刘海峰：《坚持统一高考的必要性》，载《中国考试》1997年第5期。
⑤ 潘懋元：《潘懋元论高等教育》，福建教育出版社2000年版，第141页。

又造成高考竞争的异常激烈。当社会矛盾凸显而无法解决时，人们便将矛头指向高考。高考作为一种考试制度被放置在"社会"这个显微镜下，任何微小的瑕疵都可能被放大若干倍，甚至周围社会的污点，也被位移到高考身上，高考因此招致了激烈的社会批评。高考因激烈竞争所招致的同样激烈的社会批评其实是在"替人受过"。高考既与应试教育没有天然的"血缘"，不是应试教育的"罪魁祸首"，也并非素质教育的"天敌"或"绊脚石"。这些关于高考的误读都是由社会竞争和社会矛盾所引起。2007年即将迎来恢复高考30周年，是该为长期"替人受过"的高考"正名"的时候了。

保送生制度：异化与革新[*]

保送生制度是指由确定的中等学校推荐、保举成绩优秀或有特长的学生，经高等学校考核同意，免予他们参加全国统一高考而直接进入高等学校学习的制度。自1988年实行至今的短短十余年间，保送生制度几经变易，保送条件越来越严格，但始终难以消弭人为因素的干扰，致使操作环节严重失范，保送生制度也被"异化"为滋生腐败的"温床"。在日益追求公正与效率的今天，我们不能不对保送生制度进行深刻的反思。笔者认为，保送生制度的"异化"有非常复杂的社会原因，但根源在于这一制度本身特别是保送标准上。因此，保送生制度的出路也就在于标准的重新定位和制度的全面革新。

一、保送生制度之异化

招收保送生的办法在"文革"前就已采行过。为了落实《关于教育工作的指示》的方针，"贯彻阶级路线"，1958年的高校招生工作，对工人、农民、工农干部和老干部、工农速成中学的优秀毕业生采取过免试保送的办法。但由于这一办法不利于鼓励学生学习，导致新生质量严重下降，在社会上也产生了一些不良影响，次年便停用了这一办法。此后，在1972年各高校恢复招生（文化考试并未恢复）时，也采取过与保送生制度同质的"自愿报名、群众推荐、领导批准、学校复审"的招考办法，一直实行到1976年。除这两次特殊情况外，从20世纪50年代初高考建制至80年代中期，高校招生考试制度都是以高考成绩作为录取依据的。

1977年恢复高考后，随着高考竞争的逐年加剧，"片追"现象愈演愈烈，学生的学习负担日益沉重，教育应试的弊病也日益明显。此外，作为大规模考试，高考只能依靠或主要依靠笔试，因此存在明显局限性。但高考又不能取消，否则会带来比采行考试更多也更严重的问题。于是，人们希望建立一种以考试为主、以保送为辅的招生制度，以减轻这些弊病，并通过对少数人的保送，创造一种使拔尖人才脱颖而出的环境。因此，1985年，原国家教委在北京师范大学、山东矿业学院等70

---

[*] 原载《教育发展研究》2002年第6期；《高等教育》（人大复印资料）2002年第8期转载。

多所高等学校进行了招收保送生的试点工作，招收了近 6 000 名保送生，占当年招生总数的 1.2%。[①] 1988 年，原国家教委颁发了《普通高等学校招收保送生的暂行规定》，对推荐保送生的中等学校的条件、保送条件、高等学校招收保送生的程序等作了明确规定，保送生工作从此步入正规化、法制化和制度化轨道。

国家实行保送生制度的目的是十分明确的：一是通过全面考核保送生在中学阶段的德、智、体情况，对鼓励中学生的全面发展产生良好的导向作用；二是使高等学校通过对保送生进行面试了解其专长，选拔出具有较好的专业适应性的优秀人才，扩大高校招生自主权；三是建立一种以考试为主、以保送为辅的招生制度，把考试与保送两种形式的长处集中起来，以克服它们的不足。就保送生个体而言，则可以免去统考的负担，有利于他们健康成长。客观地说，从十余年来的实际运作看，保送生制度也的确在相当程度上达到了以上目的，产生了一定的效果。一是为高等学校输送了一批德智体全面发展或有某些特长的优秀培养对象。一般保送生的政治素质好，专业思想巩固，创造能力和发展潜力都比高考生要高。南京大学曾对本校 1985～1993 年共 9 届计 466 名保送生（占保送生总数的 70.8%）进行了大面积、高密度、多方位的抽样调查，并以高考生作参照系。调查表明，保送生在课程成绩的优良比例、获奖的人均次数以及研究生的录取比例等方面，都高于对照组。[②] 二是作为对优秀学生的鼓励，保送在广大中学生中产生了较好的影响，在一定程度上促进了中学生德智体美劳全面发展。三是通过保送有志于教育事业并具备教师素质的优秀学生进入师范院校学习，增强了师范院校的竞争实力、提高了师范院校的教育质量，促进了教育事业的发展。此外，对于扶持民族或落后地区的教育和社会发展也发挥了一定的作用。

然而，保送生制度存在的弊端及其所带来的不良社会影响，也是显而易见甚至是触目惊心的。保送生办法试行不久，便出现了不少问题。例如，一些大学争招保送生的资格，甚至不经批准擅自招收保送生或扩大招收比例；一些大学则提前到中学"预订"尖子生，每年几乎从 2 月份开始，"生源大战"便接踵而至，冲击了中学的正常教学秩序；一些大学甚至采取许诺、发钱等不正当手段抢尖子，互相挖墙脚；一些中学为了保证升学率，则"荐良不荐优"，推荐材料含有相当多水分，甚至将不合格学生保荐给高校；等等。鉴于此，1996 年，教育部曾打算暂停次年的保送生工作，但因种种原因未果。随着保送生规模的扩大，问题更加严重。受社会不正之风的影响，权力和金钱逐渐侵蚀到高考这块"净土"，"荐良不荐优"进一步滑向社会影响更为恶劣的"推劣不推良、送官不送民"。2000 年夏《中国教育报》、《中国青年报》等一些重要媒体先后披露的湖南隆回一中选拔保送生的重重

---

① 郝维谦、龙正中主编：《高等教育史》，海南出版社 2000 年版，第 428 页。
② 黄细良、赵清：《从南京大学实践看招收保送生的可行性和规范化建设》，载《中国高等教育》1998 年第 11 期。

黑幕便是典型例子。作为湖南省重点中学，隆回一中竟采取偷梁换柱和考试舞弊等的恶劣手法，保送了多位成绩中下的权势子弟。更耐人寻味的是，一名被学校推荐但保送未成功的学生，其高考分数仅 347 分，离专科最低分数控制线还差 100 多分。① 难怪很多人指责保送生制度是中国教育领域最大的腐败。像隆回一中这样的选拔，就不仅仅是一个轻飘飘的保送材料水分多少的教育问题，而是一个助长腐败、颠倒黑白、伤害民心的严重社会问题。

针对保送生的弊端，国家教育主管部门不是没有制定过纠弊措施。为了消除保送过程中的腐败，保证保送生质量，1998 年，教育部在上海、湖北、河北、黑龙江、四川五省（市）试行保送生综合能力测试。同年 12 月 4 日，教育部发出《关于 1999 年普通高校招收保送生的通知》，明确规定，除获全国中学生学科奥林匹克竞赛省赛区一等奖的保送生外，其他保送生必须参加由教育部统一命题的综合能力测试，并以此成绩作为录取的重要依据。从理论上说，这一规定基本上堵住了腐败的制度漏洞，但实际收效甚微，2000 年仍出现了影响恶劣的"隆回一中事件"。可以说，保送生制度不但基本失去了其最初的选拔优秀或特长学生的功能，而且被人情因素严重异化为教育腐败滋生的温床。我们不禁要问：为什么保送生制度中的作弊现象屡禁不止？面对令人痛心的"异化"，保送生制度该何去何从？

二、保送生制度之革新

一般而言，甄选人才不外乎两种办法，一种是考察推荐，一种是考试选拔。推荐制度古已有之，早在先秦时期便有了"乡举里选"的办法，汉代以后，更是形成了制度化的"察举制"和"九品中正制"。虽然"察举制"后期也逐渐辅之以考试，但仍以荐举为主。由于没有客观的取才标准，"察举制"等推荐办法到后来往往被门阀势家所把持，出现权门请托、营私舞弊等流弊。为补偏救弊，隋朝创立了科举考试制度。比起世卿世禄或任人唯亲的选官制度，不问家世门阀、凭才取人的科举制度，可以说是在等级森严的中国封建社会中难得的一项具有公平精神的制度。而这正是科举考试制度得以存在 1 300 年之久的重要原因。②

当然，由于考试自身的局限性，科举考试在其漫长的历程中也遭遇过各种议论，甚至经历了数次罢废危机。在提议改革或废止科举时，屡次尝试以德行荐举人才，但总是行不通，其原因正如宋代苏轼在论及以德行设科取士时所表达的观点。他认为兴德行固然很好，可以弥补考试带来的重文辞轻德行之不足。但"若欲设科立名以取之，则是教天下相率而为伪也。上以孝取人，则勇者割股，怯者庐墓。

---

① 周其俊、吴湘韩：《保送生选拔黑幕重重》，载《文汇报》2000 年 8 月 16 日。
② 刘海峰：《科举制长期存在原因析论》，载《厦门大学学报》（哲学社会科学版）1997 年第 4 期。

上以廉取人，则弊车羸马，恶衣菲食，凡可以中上意，无所不至矣。"① 正是由于人的道德品质较难客观评定，以德行取士无法做到公正客观，科举每次都旋罢旋复，最后仍不得不回到考试的老路上来。科举虽然在清末被废止，但考试取才的办法却得以沿用至今。因此，考试之所以具有历久不衰的生命力，乃缘于其客观公正性。

从保送生制度的创立背景及其发展历程也不难看出，招收保送生与古代的"兴德行"一样，本来是一部"好经书"，但由于所凭掺杂了主观因素，最终往往被"歪嘴和尚"念歪。在《普通高等学校招收保送生的暂行规定》确定的保送生的3项条件中，除了第3条"德智体全面发展，各科成绩优良，并参加国际中学生学科奥林匹克竞赛集训的优秀高中应届毕业生"的标准较为明确外，第1条"德智体美和在劳动教育中表现一贯优秀的高中应届毕业生"，和第2条"德智体全面发展，学习成绩优秀，志愿献身教育事业，并具备从事教师工作素质的高中及中等师范学校的优秀应届毕业生"都是"软标准"。由于缺乏可客观考量的"硬条件"，保送生制度实行不久便出现"走后门"、"搞腐败"等难以堵塞的漏洞。

随着保送生制度逐渐蜕变为"特权制"，为招到"货真价实"的保送生，除教育部的综合能力测试外，许多高校自己还组织测试，耗费了大量的物力、财力和人力，使他们不胜其烦。因此，北京大学、清华大学等高校数年前就呼吁取消保送生制度，2000年度开始又旗帜鲜明地取消招生加分的做法，按实际分数录取。黑龙江省也从2000年起停止省内高校招收保送生。② 2001年3月，教育部对保送生工作进一步作出了"一压二严"的规定（即"压缩规模，严格标准，严格管理"），将2001年的保送生规模压缩控制在5 000人，并在较大程度上提高了保送"门槛"，规定只有4类普通高中应届毕业生具有保送生资格，即省级优秀学生；在高中阶段获全国中学生学科奥林匹克竞赛省赛区一等奖和获全国决赛一、二、三等奖的应届高中毕业生；国家理科试验班优秀毕业生；13所外语学校（中学）优秀毕业生（与外语类院校对口保送）。此外，教育部再次重申，被推荐的保送生名单应在所在中学张榜公布，被录取的保送生名单应由所在省（自治区、直辖市）招办在当地媒体公布，以接受社会舆论监督。

应该说，2001年规定的4项保送条件与1988年《普通高等学校招收保送生的暂行规定》的条件相比，更加具体，更有操作性，"门槛"也的确高了很多。但除了第2条外，其余3条在实质上仍没有跳出"软标准"的框框。因为优秀毕业生的评定含有较强的人为主观因素，在强大的利诱面前，作假的漏洞很难堵塞。例如，在"隆回一中事件"中，高中三年共计13门次功课不及格的校长的儿子，就

---

① （宋）苏轼：《苏轼文集》卷二十五《议学校贡举状》，中华书局1986年版，第724页。
② 易杳：《保送生制度：存乎？废乎？》，载《瞭望新闻周刊》2000年10月16日。

被评为该校唯一的省优秀学生干部，成绩中下的副校长的儿子，也同样奇迹般地被评为省级三好学生。③即使是严格的考试，其公正性也常常被舞弊所糟蹋。台湾媒体2002年3月17日披露的奥赛主考官被控索贿嫖妓事件便充分说明了这一点。台湾从2002年1月开始正式实行多元入学方案。其中，国际奥林匹克竞赛成绩是台湾高中生保送大学的重要指标之一，这使得本已存在的奥林匹克竞赛选拔不公现象更加严重。多元入学方案实行仅两个月，便发生了这一保送舞弊事件。①被公认客观公正的奥林匹克竞赛成绩这一"硬条件"尚且可以作假，"三好学生"等"软标准"的评定，存在的腐败漏洞就可想而知了。

因此，有人认为，保送制度打破了公平竞争的秩序，注定要被扫进历史的垃圾堆。②这种观点在社会民众中有相当的代表性。因为在中国这样一个讲人情、重关系、看面子的国度，普通百姓追求的首先是公平。例如，现在许多地方为减轻小学生的学习负担，不再进行文化课的升学考试，依法实行免试就近入学，为什么家长们却"不领情"？唯因担心取消文化课考试将难以保证录取的透明和公正。为什么高考自建制至今，虽不断遭受各界批评，但仍然为社会多数人所接受？别无他因，"公平"而已。事实上，公平也是古今中外所有人的共同追求。早在中国明代，就有"科举，天下之公；科举而私，何事为公？"③之说。科举考试中贡院的主要建筑之一被命名为"至公堂"，也反映了人们对公平的理想与追求。与中国大陆同文同种的台湾，大学联考也成为社会正义的象征。尽管联考问题不少，但"在坚持制度比人强的观念下，人们宁可相信一个已知不完美的制度，也不愿冒险相信处处标榜正义，却又时时可见关说、滥权不断的社会。"④即使是在实行由高校自主招生的英国，也始终坚持"能力至上"原则，对大学入学资格做了严格的条件限制。2002年3月25日，英国媒体披露了牛津大学两名院士涉嫌出售入学资格的丑闻。事后，牛津大学发表声明，表示接受两名当事人辞职，并重新审核入学程序，以保证招收的是最优秀的学生。⑤漫长的考试史一再说明，任何一种人才选拔制度，都有其弊端和局限性。但是否能保持强盛的生命力，关键仍在于是否有客观的"硬条件"作为取才依据以及制度本身的革新。只要存在主观因素的干扰，最终必然会被"才"以外的因素所异化。

笔者认为，保送生制度作为对统一高考制度的一种补充，如果操作得当，确能在选拔特长生、消除应试的片面性和促进素质教育等方面发挥作用。因此，在高考进行多元入学和考试多样化改革的今天，保送生制度作为对考试制度的一种补充，

---

① 王燕萍、卫铁民：《取消统一高考　保送出现舞弊》，载《中国青年报》2002年3月18日。
② 陈杰人：《保送生制度还要存在多久？》，载《中国青年报》2000年8月30日。
③ （明）张萱：《西园闻见录》，卷四十四《礼部》（三）（选举·科场），上海古籍出版社（哈佛燕京学社1940年原版本），第205页。
④ 王彝：《论大学联考特种生加分优待》，载《教育资料文摘》1994年第11期。
⑤ 黄兴伟：《牛津大学两院士因涉嫌出售入学资格而辞职》，载《中国青年报》2002年3月26日。

仍有其存在的必要，但必须进行革新。除控制保送规模、继续进行保送生综合能力测试外，在保送生资格上只保留"硬条件"。具体而言，除特招少数奥林匹克学科竞赛的尖子生和个别特长生以及优秀运动员外，其他任何有可能被人为因素所异化的"软标准"都应取消。深受权利、金钱、人情、面子所累的保送生制度，只有进行全面革新，才能使其功能不被扭曲和异化。

论高考的教育功能[*]

考试是根据一定社会的要求而进行的有组织、有目的的测度或甄别活动。它在受社会母体政治、经济、文化、教育等各要素制约的同时，也必然反作用于社会各要素，从而产生相应的社会功能。高考作为一种大规模教育考试制度，自1952年创立至今，已运行了50多年，为中国高校选拔了大量合格新生，为提高国民整体素质和促进社会文化发展做出了巨大贡献，如今，高考已成为中国的"举国大考"。高考建制最直接的理由是提高高校新生质量，巩固院系调整的成果。高考从诞生之日起，便和教育紧紧相连，或者说，高考产生的重要驱动力是教育活动的需要。教育功能因此成为高考最主要的社会功能。而且，高考的政治、经济、文化等其他功能，也都或多或少地通过其教育功能的折射而起作用。高考的教育功能主要体现在牵制教育目的、引导教育过程和评价教育结果等方面。

一、牵制教育目的

尽管从理论上说，高考制度具有教育目的的制约性，必须由教育目的来决定高考的运作。但由于高考在高校新生选拔中发挥了巨大作用，且具有广泛而稳固的社会基础，使其社会功能常常凌驾于社会母体的制约之上。因此在实践中出现和理论上相悖的情形，即：高考成为一根强势"指挥棒"，牵制着教育目的，而且考试竞争越激烈，其对教育目的的牵制力越大。高考强大的"指挥棒"作用，使得一切教育教学活动皆以高考为中心，围绕高考来运作，教育因此成为一种应试教育。20世纪60年代以来，尤其是最近十几年，高考对中等教育教学的"指挥"已渐渐偏离正确轨道，不仅造成片面教学进而带来学生知识结构的缺失（尤其是非考试科目），而且带来学生偏科问题。高考指挥棒功能因此遭致社会各界的猛烈抨击，高考甚至被人指责为"人神共愤的考试"。[①]

客观地说，高考对教育目的的牵制，从总体上是不利于教育发展的。这是由于教育与考试各司其职，各有规律。在扮演好各自角色并处理好二者良性互动关系的

---

[*] 原载《教育导刊》2005年第1期；《高等教育》（人大复印资料）2005年第3期转载。
[①] 孙绍振：《废除全国统一高考体制》，载《艺术·生活》1998年第6期。

前提下，双方只有遵循各自的规律来运作，才能获得良性发展。否则便可能导致畸形的考试和畸形的教育。不过，作为一种客观存在，高考这根指挥棒并非总是"瞎指挥"，有时也能发挥出一定乃至相当大的积极功用。例如，高考实行"3+X"科目改革后，随着命题由以往的知识立意向能力立意转变，对学生的考查重点也由知识转为能力和素质，这必然牵动着教育教学朝培养学生能力和素质方向转化；为培养学生成为既"一心苦读圣贤书"又"两耳也闻窗外事"的关心国家和社会的合格公民，便可将一些需要关注的社会问题体现在考试内容中。再如，在会考制度建立前，由于评价高中教学的主要依据是高考，高中学校为追求升学率可谓"无所不用其极"。而以会考合格率作为评价高中教学的主要依据后，绝大多数高中则由以往的"升学教育"进步到了"教学面向大多数"。

高考由于激烈的竞争性而"反其道而行之"地牵制着教育目的，乃有其深刻的社会根源。从文化上看，"万般皆下品，唯有读书高"、"贫者因书富，富者因书贵"等传统观念仍充盈于现代人的头脑，而中国古代所谓的"读书"即相当于现代的"读大学"；从社会地位（包括政治地位与经济地位）上看，赢得高考竞争所带来的人生际遇也是中国古代科举及第后"书中自有黄金屋，书中自有颜如玉"的现代版。因此，根植于社会背景中的高考便成了高中毕业生面临的第一次强制性的"社会（脑体）大分工"，高考的竞争也便成为人们一生的政治地位、经济地位等社会竞争在教育领域的"浓缩"。正是由于高考具有如此强大的社会功能，只要中国仍需要以高考来制约高校招生面临的关系、面子等人情困扰，高考的指挥棒作用便必然存在，亦实属正常。[①] 因此，在看待这一功能时，宜取客观理性的现实态度。事实证明，只要因势利导，考试这根指挥棒就不会"瞎指挥"。这恰是考试功能二重性的表现。

二、引导教育过程

教育过程是教育目的实现的桥梁，它直接决定了能把受教育者培养成什么样质量和何种规格的人。教育过程包含教育者、受教育者和教育影响等要素。如果说考试对教育目的具有牵制作用，那么对教育过程则起着直接的引导作用。前者正是通过后者来实现。

高考使中学教与学的注意力完全放在所设考试科目上，在"考什么便教什么学什么"的同时，造成"不考什么便不教什么不学什么"的弊病。例如1994年实行的在会考基础上的"新高考"制度改革，按文理分科，实行"3+2"科目组合，将地理、生物和政治（理科）等科目与高考"松绑"。随着而来的问题便是，这些

---

① 郑若玲：《试析高考的指挥棒作用》，载《厦门大学学报》（哲学社会科学版）2002年第2期。

科目在中学的教学中很快受到冷落，大学相应专业在教学过程中则面临学生基础差的问题，师范大学的相应专业毕业生也出现分配困难的窘况。为此，有关学者纷纷上书中央有关部门，高考科目减少给相关学科带来的问题甚至被反映到全国人大的提案中。1996年8月15日，71位中国科学院院士更是在《光明日报》上联名呼吁重视生命科学，提出："必须立即恢复理科高考中生物学应有的地位，尤其是对报考生物系及有关医、农等科系，不得免考生物学，以保证学生来源和今后研究和教学的质量。当前，由于应试教育和取消生物学考试的影响，中学生不重视学习生物学，中学生物学教师工作不安心、教学内容落后、实验教学设备匮乏等状况，严重影响中学生物学教学质量。"此外，便是带来学生偏科的问题。例如，为适应正在实行的"3+X"考试科目改革，许多学生从高中一年级起便确定"3+X"中的"X"（实际上绝大部分考生将"X"选为"1"），以便有针对性地学习。

如果说，考试科目设置对教育过程的引导表现在形式上，那么，各科目考试内容的命制对教育过程的引导则具有实质意义。长期以来，我国高考命题基本上以知识立意为主，即以学生掌握了多少知识为考核目标。知识立意几乎成了记忆立意的代名词。中学的教学亦以知识传授为主。20世纪90年代后，高考命题的立意开始由知识关注到能力上。起初是引入和研究美国学者布卢姆的"教育目标分类学"，但受高考纸笔测试形式的制约，只关注到了认知领域中的理解能力和技能等方面。此后，又将认知领域中的知识与能力测试"学科化"，即根据《教学大纲》的目标要求，确定开考各科所测试的内容、目标、形式和能力要求，并以《考试大纲》形式向社会公布，从而克服了制卷者和考生的盲目性。此举突出了高考检验考生的学习结果和进入高校继续学习的能力等任务。到20世纪90年代末，随着高考内容改革进程的加快，学科能力测试又上升到综合能力测试。与此同时，积极进行"3+X"的科目改革试点。"3+X"改革的精神实质是更加注重对考生能力和素质的考查，旨在对中学实施素质教育产生良好的导向作用。其中，设立综合考试科目是此次改革的一个亮点。开设综合科目的意图是想改变过去文理分科绝对化、跨学科能力的综合和学科间知识的渗透力不够的状况，引导学生全面掌握中学阶段应当掌握的基础知识和基本技能，重视能力特别是学科内和跨学科的综合能力以及分析和解决问题能力的培养。因此，"3+X"科目改革的实质与重点仍在于考试内容的改革，体现在命题上，便是变知识立意为能力立意，以考查学生的能力和素质为重点。[①] 相应地，中学教学也出现了新鲜事物：一是教学中合并若干学科，开设一些综合课程，以期提高学生的综合素质和能力。二是教学模式出现了新的变化，针对学生不同的学习动机与兴趣，从提高学生整体素质、发展个性的目标出发，在按大纲的要求开好必修课的同时，对各学科学有专长、兴趣浓厚的学生开好选修课，研

---

① 马金科：《高考能力考查的研究与实践》，载《高等教育研究》2000年第3期。

究小班教学的组织方式、教学方法、教学手段，从智力、能力、潜力、努力程度全面分析学生，认真进行分层教学。①

虽然从理论上说，考试是为教育服务的，二者的关系本该是"教什么学什么便考什么"，但由于高考这样的大规模选拔性考试包含了浓郁的社会利益色彩，故而反过来成为了"引领者"。如果说考试对教育目的的牵制作用有点本末倒置，那么考试对教育过程的引导作用则既合理又合法——关键在于施行什么样的考试。

三、评价教育结果

狭义的教育即学校教育，是指"教育者按照一定的社会要求，向受教育者的身心施加有目的、有计划、有组织的影响，以使受教育者发生预期变化的活动"。②如何判断受教育者是否发生了"预期的变化"？发生了怎样的变化？这些都要借助于考试才能了解。因此，考试是评价教育结果的重要手段。与高考的前两个教育功能的"后发外生性"相比，高考的评价教育结果功能是自然的、技术的，因而也是其最本质的教育功能。

由于考试成绩是评价教育结果一个最明确的指标，追求好的考试成绩因此成为教育施行过程中的一个直接目标。我们现在常说的"片面追求升学率"即是这一目标的极端化。"片面追求升学率"是伴随着高考的激烈竞争而产生的一种不正常的教育现象。它与高考如影随形，成为笼罩在高考头上一块久久不散的乌云。它还赋予高考以"魔力指挥棒"的"美誉"，使整个中学乃至小学、幼儿园阶段的教育都在这根魔棒的指挥下运转得精疲力竭，怨声载道不绝于耳。对高考升学率的片面追求，使学生学无宁日、教师教无宁日，在一定程度上扭曲了全面发展的教育目标。如今，人们已越来越清醒地意识到，"片追"在破坏正常教学秩序的表象下，更深地危及社会风气和中国在21世纪的国际竞争力，对"片追"的喊打声也愈来愈响亮。

许多人认为，"片追"作为对高考教育评价功能的一种反应，给教育带来的负面影响是制造了"应试教育"，阻碍了"素质教育"，并导致了一种奇怪的现象：中学在将素质教育宣扬得轰轰烈烈的同时，也将应试教育开展得扎扎实实。其实，这绝非考试评价功能的必然结果，而是社会竞争强加给考试的产物。当考试成为获取社会稀缺资源的主要乃至唯一手段时，考试在教育中占据轴心地位是再自然不过的了。即便如此，应试教育与素质教育也并非决然对立的关系，更无好坏之分。有

---

① 邓道玉：《高考改革与推行素质教育的关系及其导向效能探析》，第六届全国教育考试科研讨论会论文。

② 鲁洁：《教育学》，人民教育出版社版1984年版，第19页。

考试即有应试，应试什么，如何应试，皆取决于如何考。素质教育也并非不要考试。由于高考指挥棒作用的客观存在，确立考试命题的素质立意，可以引导中学实施素质教育。素质立意的考测目标，既不是单纯的知识，也不是单纯的综合或动手能力，而是考生的综合素质，包括思想素质、道德素质、文化素质、心理素质等（身体素质的考测需要另辟蹊径）。例如，通过巧妙地设计道德推理或道德判断题，不仅可以考测学生的道德知识和综合推理与判断能力，而且在一定程度上可以考测出学生的道德水准。再比如，设计一些常识性试题，采取口试形式，既可以考测学生的知识水平和思维能力，也可以测量其心理素质。① 鉴于可操作性问题，如何实施素质立意的高考，则牵涉到考试形式的改革，在此不展开论述。

  高考的教育评价功能因其富含社会色彩而分外强大，以致对基础教育的任何改革都产生巨大的影响。因此，若高考制度不变，任何其他教育改革都难见成效。例如，就目前正在进行的基础教育课程改革而言，不少教育专家认为，课程改革难以推行的主要原因是旧体制与旧观念的阻抗力太大。只要旧的高考制度依然不变，"应试文化"依然不变，新课改的命运将岌岌可危。笔者以为，要使高考的教育评价功能对基础教育发挥积极功效，唯有将高考改革置于基础教育评价和课程体系的改革背景中，使二者相得益彰。目前，基础教育的评价体系改革重点是在综合性评价和个性特长评价上。前者主要是改变以往单纯以学业（考试）成绩作为评价学生发展的唯一标准的做法，旨在建立包括学业成绩、道德修养、创新能力、实践能力等在内的综合性评价体系。后者则是基于"以生为本"的教育理念，旨在发展学生的个性，能扬其所长。这些改革要求高考在考试科目、考试内容、考试形式以及录取标准上都要作相应的变革。例如，现行的"3+X"科目改革的综合科目的命题中，由于技术上的原因，"学科知识拼盘"色彩仍较浓厚，没有很好实现预期改革目标。综合科目的考试命题只有真正向能力和素质立意转变，才能使基础教育的综合性评价体系得以落实。此外，为配合个性特长评价体系的实施，高考科目改革也应在不降低考试的信度与效度的前提下扩大学生对考试科目的自主选择性上做文章。另一方面，基础教育课程体系改革的重点则是在基础性上。基础教育，顾名思义就是为学生打基础的教育，因此，基础性是基础教育的永恒主题。但由于高考具有强大的社会导向功能和教育指挥作用，使得高考科目的设置成为决定基础教育是否具有基础性的关键所在。要使基础教育始终保持其基础性特点，要求高考的科目改革在将中学所有科目吸纳进考试科目的选择范围、增强命题的科学性、满足高等学校的专业差异等前提下，保持一定的考试科目与内容覆盖面。

  评价教育结果作为考试的最本质功能，不仅仅是被动地作为教育过程的一个环节来行使其反映教育效果的职能，也可以主动地参与到教育过程中的各个环

---

  ① 郑若玲、杨旭东：《高考改革：历史与现实的思考》，载《厦门大学学报》（哲学社会科学版）2003年第1期。

节。因此，评价标准的制定，对于教育的成败与否就显得至关重要。就高考而言，要使它既有利于高等教育阶段合格新生的选拔，又有利于基础教育阶段学生合理知识结构的形成，必须进行全方位的考试制度体系改革，尤其是内容与形式的改革。只有使高考的选拔标准与教育目标吻合起来，才能使其教育评价功能得到最大程度的发挥。

自主招生公平问题探析*

备受关注的《国家中长期教育改革和发展规划纲要（2010~2020年）》征求意见稿于2010年2月28日发布，并向全社会公开征求意见。教育改革也成为今年"两会"代表关注的热点。无论是《规划纲要》或是"两会"热点，高校招生制度都成为教育改革讨论的重中之重。而当下有关高校招生改革的诸多话题中，自主招生是最受关注的问题。其之所以被热议，是因为存在诸多的公平问题。目前自主招生的公平问题主要表现在哪些方面？产生问题的原因何在？有何解决对策？这些都是亟须梳理与思考且关系到自主招生发展与改革的重要内容。

一、问题

与统一高考招生方式相比，自主招生最大的突破在于自主权的扩大，高校从高考分数线的"地盘"上获得了一小块"自留地"，可以部分地"自主经营"，根据自己的需要或喜好挑选适合的生源，同时也使高校招生的途径更加多元。尽管目前的自主招生还处于"带着镣铐跳舞"的状态，但至少在一定程度上摆脱了"高考分数线"这一"紧箍咒"。然而，招生自主权的获得付出了公平代价，不仅造成阶层、地域及城乡之间学生机会的差异，而且深受人情介入与侵扰。

其一，自主招生带来不同阶层之间学生机会的不公平。自主招生选拔更多的话语权掌握在优势阶层手中，使偏远农村地区或贫寒家庭子弟处于竞争的劣势，甚至可能剥夺他们参与竞争的机会。如今，自主招生的应试倾向初现端倪，进一步引发人们对它的忧虑。随着教育部取消自主招生的比例限制，越来越多的考生和家长把自主招生视为跻身名校的捷径，不惜为此耗费大量时间、精力与金钱。尽管高校一再强调自主招生考试"没有大纲、无需专门备考"，但丝毫不影响各种辅导班的门庭若市与红红火火。这些辅导班收费昂贵，有的班3小时培训课程开价1 800元，令人瞠目结舌；师资水平鱼龙混杂，甚至打着"高校命题教授亲自上课"的旗号来吸引"愿意上钩者"；辅导材料五花八门、形形色色，各种"秘籍"、"宝典"、

---

* 原载《中国地质大学学报》（社会科学版）2010年第6期。

"真题"、"指南"大行其道,购者甚众。部分示范性高中也不甘落后,开设自主招生的针对性辅导班。家长对辅导培训热情高昂、出手大方,学生却疲于奔命、不堪重负。① 这种应试倾向,显然也使经济弱势家庭孩子和偏远地区学生在自主招生竞争中处于不利地位。

其二,自主招生带来不同地域及城乡之间学生机会的差异。自主招生名额投放的地域与学校差异,造成地域、城乡、学校之间的机会不公平。② 例如,2009年11月8日北大正式公布了"中学校长实名推荐制"的推荐学校名单,上榜中学皆为都市名校,便有民众担忧农村和西部贫困地区的孩子"会永远被排除在这一选拔渠道之外"③。根据笔者对高校学生信息网"阳光高考"平台公布的2010年具有高校自主选拔录取资格考生名单的统计,获得重点高校录取资格的考生主要分布在教育与经济发达的东、中部,西部上榜考生寥寥无几。笔者特别统计了北京大学、清华大学、复旦大学、中山大学、厦门大学等5所东部地区重点大学生源来源数量分别位列前五位与后五位的省/区/市:北大的前五位分别是北京、江苏、浙江、上海、黑龙江,后五位分别是海南、青海、甘肃、贵州、云南;清华的前五位分别是北京、江苏、浙江、上海、湖南,后五位分别是青海、海南、宁夏、云南、内蒙古;复旦的前五位分别是上海、江苏、辽宁、山东、湖北,后五位分别是宁夏、青海、云南、广西、贵州(海南同贵州);中大的前五位分别是广东、河南、湖南、山东、安徽(辽宁同安徽);后五位分别是海南、宁夏、青海、新疆、天津;厦大的前五位分别是福建、山东、辽宁、江苏、浙江,后五位分别是宁夏、青海、四川、海南、甘肃(天津同甘肃)。统计表明,西部地区考生的录取机会大大少于东、中部地区,有些西部地区的录取人数甚至为零。

其三,自主招生因受人为因素干扰滋生腐败而造成不公平。我国高校在几十年的办学中始终难以走出"一放就乱,一统就死"的怪圈,自主招生也不例外。随着高校自主招生权的扩大,各种腐败现象如金钱侵扰、权力介入等,容易在"自主"的环境中找到生存的空间。自主招考在抵御人情请托和特权干涉方面的能力要远低于全国统一考试。自主招生中的推荐成分,让人对曾经深受其害的高校招生制度忧心忡忡,担心自主招生会重蹈歪路,尤其是经历过"文革"等特殊政治时期的普通百姓,更是对学术以外因素介入带来的腐败与伤痛心有余悸。④

2009年11月,《中国青年报》对2 117名公众所做的关于自主招生的在线调查显示:66.7%的人认为"钱权交易不可避免",56.78%的人认为"自主招生过程不够透明",48.8%的人认为"对教育资源缺乏地区学生更不公平",74.4%的

---

① 郑若玲:《要防止自主招生变成另一种应试》,载《中国教育报》2010年2月24日。
② 庞守兴:《质疑高校自主招生改革方案》,载《教育发展研究》2003年第10期。
③ 谢洋:《校长实名推荐七成网友反对》,载《中国青年报》2009年11月12日。
④ 郑若玲:《自主招生改革不能忽视公平》,载《解放日报》2010年5月17日。

人认为要提高招生录取过程的透明度，69.7%的人认为自主招生首先要保证公平公正、提高公信力，43.8%的人希望高考改革应该谨慎前行、避免伤及教育公平。[1] 同月，新浪网就"中学校长实名推荐制"问题对13 000多名网友进行的调查也显示，七成的网友认为"实名推荐制对多数人不公平"，更有网友直言"信校长不如信考分"。[2] 以上这些调查对象还只局限于能享受到网络资源的民众，若将调查向以农民为主体的"沉默的大多数"铺开[3]，质疑自主招生公平性的人数比例会更高。

无独有偶。我国台湾地区进行的旨在扩大高校招生自主权的"多元入学"改革也有类似的遭遇。2002年，台湾以"大学多元入学新方案"取代了传统的大学联考。"新方案"中的"甄选"类，包括推荐甄选和申请入学两途，类似于我国的自主招生环节。"甄选入学"在打破"一考定终身"弊端、强调选才标准多元化的同时，也给了高校相当大的自主权，并使考生有展示自己才能的机会。然而，甄选的公平性却备受质疑。和以往联考"以分取人、一试定江山"相比，"甄选只要通过简单的基本学力测验再参加面试，很可能产生关说、走后门、开假证明等情事……为了要让学生符合推荐条件，老师不得不替学生制造表现机会，最常见的做法是让学生轮流担任干部，让每个学生都有干部记录或是开服务时数证明。"[4] 更有人认为，"'多元入学'的关说特权之盛，已到了骇人听闻的程度。"[5] 此外，由于才艺是大学甄试考核的重点之一，而民众普遍公认"才艺是钱堆出来的"，"多元入学"因此被讽为"多钱入学"。2002年5月台湾TVBS的民调显示，六成的家长对多元入学方案的公平性持质疑态度，七成的家长赞成恢复以往的联考制度。[6]

显然，以牺牲公平为代价的高校自主招生权的获得，其利弊得失还需细斟。自主招生改革的动机是想与刚性、单一的统考招生传统渠道相抗衡，尽量给予高校更多的招生自主权，并使招生渠道渐趋多元，出发点之良善毋庸置疑。但由于传统的惯性作用以及统考的明显优势，以个性和特色为旨归的自主招生遭遇了不小的阻力。上面的民调结果便是力证。这些发自民间的声音，正是我们进行高考改革的过

---

① 王聪聪：《民众关注自主招生 66.7%的人担忧权钱交易不可避免》，载《中国青年报》2009年11月24日。
② 谢洋：《校长实名推荐七成网友反对》，载《中国青年报》2009年11月12日。
③ 最近的统计显示，全国农民上网的比例只有0.2%，且主要集中在东部地区。而中国13亿人口中8亿多是农民，从统计学意义上分析，网络民意的代表性值得怀疑。详见汪晓东：《多少农民是网民》，人民网，2010年2月23日，http://culture.people.com.cn/GB/11003992.html。
④ 周祝瑛：《台湾教育怎么办》，台湾心理出版社2008年版，第153页。
⑤ 南方朔：《让我们上街头为联考来请愿》，载《新新闻周报》2002年6月5日。
⑥ （台）谢蓉倩：《民调七成家长赞成恢复联考》，载《文教报》2002年5月22日，[EB/OL]. http://bbs3.nsysu.edu.tw/txtVersion/treasure/teacher-news/M.1013440168.A/M.1015995367.A/M.1022039550.E.html。

程中不能忽略且须认真聆听的①。

二、原因

自主招生出现公平方面的问题，大致有经济、文化、制度等方面原因。

从经济上看，虽然在以往的统一高考竞争中，经济因素在一定程度上也会对竞争结果产生影响，但毕竟考试分数才是竞争的"硬通货"和最主要的影响因素，经济窘困并不必然带来低分数。而自主招生由于"注重以'琴棋书画'为代表的艺术能力考察、以实验为代表的动手能力考察、以口试为代表的表达能力考察"②，加上要求考生到高校参加测试，使贫寒家庭子弟由于物质准备上的不足而处于竞争劣势。在平民百姓眼里，自主招生中看重的"技艺"与"能力"，是"用钱堆出来的"，贫困或农村家庭的孩子，琴弦没摸过，怎么去考级？模型没见过，怎么去动手？"能言善辩"也是靠见识与信息"熏陶"出来的，在资料缺乏、信息闭塞的农村落后地区，孩子们怎么去见多识广、如何能谈吐不凡？

事实上，自主招生试行伊始，便有学者指出这一改革有可能对公平选才造成严重冲击，因为经济原因已造成城市和发达地区学生录取比例明显提高，抑制了低收入阶层子女从高等教育获益的可能性。由于学费收入已成为高校经济的重要支柱，高校在考虑自主招生名额投放时，必然会受生源属地经济状况的影响，经济欠发达的西部地区学生录取比例因此小于经济更发达的东、中部地区。同时，由于我国高校的奖、贷学金制度不健全，造成一批农家子弟无力上学或自动流失的现象加剧，从而使城市学生录取比例明显提高。再者，自主招生学校要求学生到校面试，因考试产生的往返食宿路费等经济、心理负担，不是每个学生都能承受得起的。③ 尽管如今许多高校为方便异地考生，在一些省会城市设立了考点，对于农村或偏远地区学生而言，到省会与考的支出虽较远赴外省高校与考的费用少一些，但仍可能让不少贫寒子弟望"考"却步。

从文化上看，由于自主招生并非一种"标准刚性"的制度，极易困于人情，从而容易滋生腐败与不公。和高考其他改革一样，自主招生改革也深受传统文化这只"看不见的手"所牵制。就改革而言，政治、经济、教育等因素的影响是表象、显性的，文化因素的影响则是深层、隐性的，而且，文化对政治、经济等其他因素

---

① 笔者应邀在《解放日报》2010年2月21日第六版上发表"自主招生会取代高考吗"一文。拙文发表后不久，笔者收到一封上海读者的未署名来信，善意提醒笔者关注高考的公平问题，并认为在招生过程中往往是"上有政策下有对策，只有分数没有对策"。笔者认为这位读者的心声具有相当的代表性。读者的反馈也促使笔者对高考及自主招生的公平问题作更深的思考。

② 刘进、王静：《政策过程分析：自主招生公平问题的内在机理探讨》，载《上海教育科研》2009年第6期。

③ 庞守兴：《质疑高校自主招生改革方案》，载《教育发展研究》2003年第10期。

的影响具有中介或折射作用。文化的沉潜性，使其影响常常为人们所忽视，而文化的弥散性，又使其影响绝不可小觑。文化作为一种恒常的制约因素，对改革往往具有深刻和本质的影响。历史有长短，文化有深浅。文化对改革的影响，主要受文化的历史积淀长短和深浅所左右。历史越长，积淀越深，文化的根基越厚，对改革的影响就越深厚和持久。①中国是一个有着悠久考试历史的文化大国，具有深厚的考试文化传统积淀，文化对于高考改革的影响既深且巨，"不管我们是否喜欢，传统文化都存在于我们的现实生活中，而且无论是精华或糟粕，都在起作用，想要全面否定和彻底抛弃传统文化，既不足取，也不可能。"②

与西方契约社会不同，传统中国是一个以家族宗法制社会结构为基础的人情社会，重人情面子与讲裙带关系构成其独特的文化景观，至今未变。契约社会按契约与规矩办事，简单易行；人情社会则讲求"和为贵"，人情与关系常常超越规制成为办事的"幕后主宰"，"人情"不仅重于"国法"，甚至"大于天"，"世事洞明皆学问，人情练达即文章"成为一种褒义的人生哲学。在这种社会文化背景下，简单的高校招生常常因人情困扰而复杂化，若没有可操作的客观标准，便难免走样变形。自主招生设立面试环节，由考官对考生当面进行直接的考核与交流，固然可以弥补统一高考"唯分是论"的不足，但也给人情介入提供了机会，诚如何怀宏在比较古代选举中"人对人"的荐选与"人对文"的考选之优劣时所论，"人对人的好处是常能看到人的全部：不仅文章、学问，还有德行、才干；也不仅一时表现，还有平日作为，乃至家世根底，但假如推荐者私心膨胀而又外无制约，荐选也易生营私、结派、请托、谬滥的流弊。"③

高考在我国是一种高利害竞争性考试，由于其成败直接关乎考生个人前途乃至家族命运，考上理想的大学几乎成为每位考生及其家长的最大冀望，强烈的上学动机促使人们竭尽心机、寻找一切可能的"人情突破口"，愈演愈烈的人情关系风让高校深感"不好招架"，乃至香港中文大学等香港高校在内地招生也不得不取消面试环节，仅依据高考成绩录取。自主招生的人情介入，为"渗水"、造假等疏通了渠道，学校与家长对推荐材料联合造假，成绩单、获奖证书、个人专著、科技发明注水严重，家庭有关系和背景的学生钻空子，学生冒充校长签名推荐书，获奖证书改名，成绩单"移花接木"、摇身一变成尖子生……频频出现的"造假门"令高校十分头疼，④使自主招生从一开始便广受争议，其"黑幕"屡见报端，公众将自主

---

① 郑若玲：《高考改革的理想与现实》，载《上海电机技术高等专科学校学报》2004年第2期。
② 刘海峰：《传统文化与高校招生考试改革》，载《上海高教研究》1995年第3期。
③ 何怀宏：《选举社会及其终结：秦汉至晚清历史的一种社会学阐释》，生活·读书·新知三联书店1998年版，第93页。
④ 《高校自主招生频遇"造假门" 学生冒充校长签名》，腾讯网，2009年12月24日，http://news.qq.com/a/20091224/000674.html。

招生与"走后门"、"托关系"、"暗箱操作"、"猫儿腻"画上等号,① 严重损害了招生的公平性。早在宋代,苏轼在反对设立"德行科"取士时,便精辟地指出其易流于作弊不可行的原因:"若欲设科立名以取之,则是教天下相率而为伪也。上以孝取人,则勇者割股,怯者庐墓。上以廉取人,则弊车羸马,恶衣菲食,凡可以中上意,无所不至矣。"② 古今境况如出一辙,足以表明文化影响的力量之大。

从制度上看,目前自主招生在命题、施测、评卷、录取标准等技术环节,都存在一些不合理甚至是缺陷,容易导致它被腐败不公等负面消极因素侵扰。目前,除北大、清华等少数几所学校的自主考试实行校际联合命题外,其余高校仍自主命题,与全国命题相比,自主命题的科学性与权威性均处于劣势,命题质量(包括试题的信度、效度和区分度等)势必受到影响,而命题质量的高下,又关系到考试优胜劣汰功能的发挥,从而间接影响考试的公平性。在施测和评卷环节,也同样存在严密性、科学性及公平性等问题。例如,针对2006年复旦自主招生面试所出的"神仙题"(指无固定答案、不用任何准备的"自圆其说"题)评分的主观性太强,以及一位不知山东省会为何地,反而以"我一直偏好理科,对这些文科知识平时没有怎么关注"为由理直气壮"狡辩"的考生却通过了面试的典型事例等,不少人对自主考试的科学性提出质疑。也有人认为,自主招生旨在测评考生的素质及创新能力,但实际测试中却出现诸如"说出全国政协常委委员的名字"之类的知识性考题,测不出考生的创新能力,因为"任何有标准答案的试题本质上都不是创新型的"。③ 从录取标准上看,如前所述,高校据以评判和衡量学生的重要标准如"棋琴书画"、实验动手能力、语言表达能力及各种技能获奖证书等,无一不与学生的家庭经济、文化或社会资本密切相关,这样的标准对那些钱权皆无的底层家庭子女,无异于间接剥夺其竞争优质高等教育的机会。

三、对策

在我国实行了几十年"大一统"高考的背景下,自主招生是扩大高校办学自主权的改革象征之一,也是其重要的组成部分。从本质上讲,自主招生是高校作为相对独立的法人行使法律所赋予、以往却被政府所掌控的"公共权力"的一种行为。高校作为教育机构公法人,在招生活动中应当具有一定的"招生自由裁量权",即"高校在法律与规章制度授权和许可的范围内,基于合理选拔人才的目的,自由斟酌选择自己认为正确、恰当的行为的权力"④。在我国这样一个发展中

---

① 肖舒楠、金平阅:《81.9%公众呼吁自主招生过程更加透明》,载《中国青年报》2008年7月21日。
② (宋)苏轼:《苏轼文集》卷二十五,中华书局1986年版,第724页。
③ 浦家齐:《解读高校自主招生》,载《教育与考试》2007年第4期。
④ 尹晓敏:《规范高校招生自主权行使的若干问题的法律思考》,载《黑龙江高教研究》2004年第11期。

的教育和人口大国，以多元化的标准选拔多样化的人才，也是高校招生制度改革的大势所趋。因此，无论从高校行使办学自主权或是教育国情来看，自主招生改革都有其必要性。

客观地说，目前高校自主招生权提升的速度其实是非常缓慢的，只是给高校在高考分数线的"地盘"上"腾出"一小块极为有限的自主空间，相当于"带着镣铐跳舞"，并未触及自主招生的本质，既与高校在面对适应社会需求和符合办学规律的双重压力下所需要的自主办学空间极不相称，也与欧美等国家真正意义上的高校自主招生相去甚远。然而，由于我国实行中央集权政治体制，包括高校办学自主权改革在内的许多教育改革，常常陷入"一统就死，一放就乱"的怪圈，自主招生也同样如此。自主招生在目前受制于统一高考的前提下，尚且出现这么多漏洞，存在这么多"黑幕"，一旦摆脱高考分数线的束缚，其失控状态可想而知。可见，在自主招生的改革进程中，权力与公平之间难免一场"生死较量"。前者尊"科学、自治"为圭臬，为高校所力求；后者奉"合情、合理"为法宝，以民众为拥趸。自主招生的权力实为一把利弊皆锋的"双刃剑"，用得好，则可以力促高考改革的科学化进程；用不好，则可能助长高考改革的腐败与不公。自主招生的权力与公平本非水火不容，但由于缺乏配套措施的保障与透明机制的监督，二者常常处于"非合作博弈"状态。如何兴利除弊，完善改革的配套措施与透明机制，使自主招生的权力与公平变成"合作博弈"的关系，得到互利双赢的结果，是改革的当务之急。①

治理当下自主招生的不公平，首要任务在于完善制度，因经济和文化等因素造成的自主招生的不公平，也可以通过制度的完善加以矫治、消减甚至消除。而完善制度的首要方面在于公开透明。不仅自主招生政策要完全透明公开，而且其实施过程及结果也应完全呈现在"阳光"下，置于舆论监督中。只有如此，自主招生的"渗水"、造假、"黑幕"、"暗箱"等种种丑态才无法存活，人情、钱权等因素才难以介入，腐败自然也难以滋生。当下许多高校对其自主招生过程三缄其口，对招收对象的家庭背景讳莫如深，不仅使人情、腐败等因素借机入侵，而且使其公信大失。却不知，"盖子"捂得越紧，危机变得越深。

首重公平应成为自主招生最重要的改革原则，一切制度的设计都应首先围绕公平来进行。在自主招生的规模上，由于目前我国社会资源配置不甚合理、社会结构差距不断扩大，不同阶层、地域和城乡的学生在经济和教育条件上差距甚大，在自主招生中无法平等竞争，自主招生面临的社会质疑较多，社会认同度较低，因此，试点高校数量和招生规模都应严格控制，不宜急速扩大。对于那些违规招生的高校，应给予其减少自主招生规模甚至暂停招生等惩处。在招生名额的分配上，应适

---

① 郑若玲：《自主招生是一把双刃剑》，载《科学时报》2010年3月4日。

当向中、西部及农村地区倾斜，尤其是教育部直属高校，在招生名额分配倾斜的同时，还应加大对弱势地区的政策宣传和对弱势阶层的招生帮扶，以扩大自主招生在弱势地区和弱势阶层中的影响力，增强其学生的信心与竞争力。如美国哈佛大学为鼓励和帮助处于劣势的少数族裔申请入学，便专门设立了"少数族裔录取项目"（Undergraduate Minority Recruitment Program），力图帮助少数族裔学生获得各种申请信息，增加申请的自信心等。在招生标准的制定上，不能仅局限于学业表现或"棋琴书画"等与家庭文化、教育或经济条件密切相关的因素，而应更加多元与开放，学生的勤奋、毅力、坚韧、勇敢、热情、善良、乐观、助人、孝敬等优良个性或品德，都应纳入评量或考核的范围。对于学生的学业或能力表现，也不能一概而论或进行绝对比较，而应置于其所具有的教育条件或家庭背景中相对而论，例如，同样甚至稍弱的学业或能力表现，教育或家庭条件较弱的学生，其表现中的"含金量"相对而言显然更高；对于外语教育条件有着天壤之别的城乡孩子，进行外语口语的比试显然是不公平的。此外，城乡孩子由于各有所长，擅长建模、演讲或琴棋书画的城市孩子与擅长农活、熟悉和热爱大自然的心灵手巧的农村孩子，其能力或素质其实是无所谓高下之分的，以往的自主招生之所以城市孩子占据绝对优势，是因为招生标准的制定明显带有城市价值或文化偏向，对于农村考生显然不利。在面试考点的布局上，应改变现在集中于省会中心城市、方便城市考生的局面，将考点下移至地市甚至县级城市，以方便农村或偏远地区考生就近与考。

自主招生的公平问题为全社会所关注，对其不公平的治理也同样需要社会各界努力，外部力量应积极介入到改革的进程中，仅靠高校自身的力量是难以有效解决的——尽管它应担当起最主要的完善制度与操作程序的责任。对此，教育主管部门的职责是加强监管，密切关注改革的动态与问题，适时适度予以管理和引导，并加大对造假、违规等不良行为的惩处力度；民间力量尤其是社会媒体须积极参与，发挥有效的监督与舆论作用；与改革紧密相关的中学，则应确保所提供的反映学生各方面素质的评价材料公正客观、真实有效。当然，外部力量有效参与的前提，是自主招生政策、过程及结果的透明化。只有在以更加科学的统一高考成绩作为录取基准、舆论监督体系更加完善与透明、多样化与公平性相互兼顾的前提下，自主招生的公平性才能日臻提高，其选材功效也才能实现最大化。

自主招生联考：是耶？非耶？

近两年，关于自主招生的讨论颇多，而聚焦点则非自主招生联考莫属。2010年11月以来，随着被戏称为"华约"、"北约"、"卓越"、"学院路系"的四大联盟相继组建或扩容，高校自主招生局势瞬息万变，"结盟大戏"高潮迭起、精彩炫目，引发舆论哗然、聚讼纷纭，甚至被喻为"史上最好看"的生源"掐尖战"。仅从以"华约"、"北约"等20世纪冷战术语指代招生结盟这一戏谑以及"掐尖"这一形容本身，便不难嗅出自主招生竞争的"火药味"，改革似乎进入一个"诸侯争霸"的"战国时代"。可以预测，2011年各大联盟自主招生工作结束后，联考话题将会引发新一轮"汹汹众议"。自主招生结盟因何而起？联考有何利弊？结盟与联考意义何在、将把高考改革引向何方？

自2001年教育部在东南大学等江苏省三所高校试行自主招生录取至今，改革已走过十年历程。十年来，自主招生在数量、规模、条件、力度、模式、范围等方面发生了很大变化。然而，在2006年北京化工大学等试行"五校联考"以前，自主招生的"统一高考+各校单考"基本模式一直没变。如今，自主招生高校纷纷"结盟"，笔者认为，此乃考试发展规律所使然。

自主招生改革自试行以来，虽然在选拔优秀人才、鼓励自主办学、更新教育思想、推动教学改革、引导素质教育、推进招生改革等方面都发挥了一定作用，但在公平、诚信、自主考试的科学性、成本与效益、应试倾向等方面受到不少质疑。就高校而言，自主招生在操作上最大的困扰与难题，莫过于自主考试负荷过重、成本巨大以及钱权因素对自主考试与招生的侵扰。自主招生的耗费远高于统一高考，高校在自主招生宣传及网络建设、考场准备、命题、监考、面试等方面开销巨大、耗时甚长。就考生而言，自主招生使其在高考之外徒增经济负担与考试压力，尤其是边远落后及农村地区的考生，鲜有能堪其费用重负者。再者，各校自主命题力量的不足与人情因素的干预，也使自主考试的科学性与公正性大打折扣。联合考试、结盟招生则可以在很大程度上为自主招生补偏救弊。

"结盟联考"既可提高考试效率、节省考试成本，又可增强高校抵御外部干扰

---

* 原载《大学教育科学》2011年第3期。

的能力，高校何乐而不为？所以，出于减轻考试负担、方便考生与考和扩大选择范围、提高考试科学性与公正性等考虑，高校纷纷结盟进行联考联招并不令人意外，既反映了高校招生由分而合的趋势，也顺应了考试自身发展的需要。历史告诉我们，在各种选拔人才的途径中，考试作为一种崇高、具有可信性的正义程序的执行过程，最为公平和有效；而大规模统一考试的公平与效率又居各种考试形式之首。与单独招考相比，统考固然存在重才轻德、压抑考生个性和求异思维、缺乏特色和灵活性等缺陷，但其突出的优势是公平、高效。由政府或专业考试机构主持的统一考试，或由若干同类院校共同主持的自主招生联合考试，无论从命题的信度、效度还是从严密性、权威性、效率方面等，都高于各校主持的单独招考。

因此，就考生规模巨大、文化考核内容相对统一的高校入学考试而言，全国统考的优势大于各校单考是显而易见的。从世界范围来看，由分散走向统一也是域外高等教育招生考试的共性，只是统一的程度或者采行统考成绩的权重有所不同。就自主招生中的自主考试环节而言，校际联考联招比之各校单考单招也是一个明智的选择。毕竟，类型、层次相似的高校，对招生对象的层次与水平等要求也比较靠近，进行联考联招有利于提高考试选拔的效率。越来越多的高校加入招生联盟这一事实本身，也恰恰证明了统考或联考的优势。

那么，自主招生高校纷纷"结盟而考"，是否意味着联考就有百利无一害？对此，我们恐怕不能简单地作是非判断。任何事物都有两面性，联考也不例外。

首先，联考可能有损于招生的个性化。就考试形式而言，联考（或统考）与单考都是利弊相依的。联考固然有上述优势，高校之所以选择联考，也正是由于这些优势能弥补以往单考的短处。但联考在发挥优势的同时，也可能因此丢弃了单考的长处，即单考能更好地满足高校招生的个性化需求，考生的个性特长也得以有更宽广的展示舞台。

其次，联考可能因其高关注度而加剧对中学教学秩序的冲击。由于获得自主选拔录取资格的学生在高考录取时会享受到程度不同的加分优惠，加上媒体对联考的过度炒作，使得越来越多的尖子生跃跃欲试，唯恐错过这场"名校盛宴"，从而提高自己考入名校的"保险系数"。高校"结盟抱团"对自主招生的"白热化"无疑起到一个推波助澜的作用。在自主招生比例不变的情况下，自主招生热度膨胀必然导致竞争加剧，加上自主考试的基础测试内容与高考的考试科目基本重合，使其越来越像一种"小高考"。按教育部的规定，各校自主招生名额原则上不超过年度招生计划的5%，通过该渠道入学的人数其实是很少的。但这样一个清楚的客观事实，却不幸"淹没"在自主招生的"舆论大潮"中，为多数人所忽视。尽管自主招生名额极为有限，牵涉到的考生却为数不菲，加之许多考生与中学对联考盲目热衷，使中学正常的教学秩序受到很大冲击。

再者，联考可能淡化自主招生改革的关键点。无论联考有多少高校参与、涉及多大的考生规模、考试内容多么科学，它毕竟只是一种笔试，只是众多考核形式之一，在用其所长的同时，也终归难消其短。笔者认为，自主招生改革的关键不在于采取何种考试方式，而在于扩大高校招生自主权和对考生进行综合评价两点上。结盟联考的影响过度膨胀，无异于喧宾夺主，从而可能淡化自主招生的关键要素，使改革舍本逐末，最终可能偏离正确的轨道。

2010年试行自主招生联考至今，关于高校结盟"圈地选羊"、"提前掐尖"、"拉帮打群架"、"神仙打架，凡人遭殃"等非议不绝于耳，且认同者不在少数。对此，笔者倒不敢苟同。高校生源竞争是世界各国普遍存在的现象，不仅仅为我国独有。高校为自身发展考虑想方设法挑选或竞争高质量生源，无可厚非。事实上，在高等教育逐渐成为"买方市场"的当今中国，没有哪所高校不想竞争优质生源，即使北大、清华等国内名牌大学，也由于海内外一流高校的竞争压力而设法吸引优质生源。无论高等教育发展到何种阶段，优质大学永远是考生的竞争对象，优质生源也永远是大学的竞争对象。尽管联考在客观上可能会对非联考高校造成一定程度的竞争冲击，但只要这种竞争的手段正当、合法，便能推进高校招生制度改革，并最终促使高等教育积极改革与良性发展。

必须清醒认识的是，自主招生联考只是部分高校权衡利弊后作出的选择，虽然这个选择不见得是最好的，但至少相对于各校单考而言是较好的。对于这样一个自主招生改革十年经验探寻的结晶，我们应充分肯定其存在价值，并给予它更宽松的试验空间。但也应该意识到，联考只是招生改革的一个切入点或者说一个方面，远不是招生制度改革的终点，更非教育改革的终极目标。所以，我们不能止步于自主招生联考利弊得失的总结或讨论，而应借助联考的招生理念与改革实践，来彰显高校更新选才观念、扩大办学权力、革新培养机制等高等教育改革的重要性。换言之，招生改革只是手段，教育改革才是目的。如果将招生与教育割裂开来，只重选拔不重培养，则选拔出的生源再好也是枉然与浪费，并不能触及我国创新教育乏力之症结，也无助于加速我国创新人才培养的进程。

联考的意义与其说在于探索一种新的考试形式，毋宁说在于为高考改革多样化增色添彩。目前的自主招生由于有统一高考成绩作保障，学生的文化基础知识都能达到相应的基准。然而，令人担忧的是，如今高校自主招生普遍孜孜以求于整齐划一的优秀"全才"，非但不利于反而有害于高等教育的健康发展。正如物种的单一性对于生态系统活力有致命的伤害一样，生源群体的单一性对高等教育活力也有很大的损毁作用。就高水平大学的自主招生而言，当务之急不仅在于探索高效的考试形式，更在于探索科学的评价手段，以综合、多元评价取代单维、一元评价，注重对学生个性、兴趣、特质或特长等考核，而不是一味地"以分数论英雄"。鉴于此，我们不能将联考的试行意义无限放大，以免舍本逐末，使高考改革的多样化目标被边缘化。无论如何，包括联考在内的所有高考改革须首重公平，则是我们应该时刻谨记并贯彻的第一原则。

高考与科举

西方哲人说:"不读历史的人,注定重犯历史的错误。"从制度层面看,科举不愧为中国传统文化的"杰作"。但科举文化所形成的深厚积淀仍被分为清晰的黑白两半。当今高考与古代科举无论在社会影响抑或存在问题上,都有诸多惊人的相似,乃至被互称古今。观照科举制度的利弊得失,于当今高考改革不无借镜。历史并没有过去,仍以各种形式潜伏于我们周边并产生深刻影响。在我国这样一个有着悠久考试历史传统与深厚考试文化积淀的国度,高考改革"回头看"尤其重要与必要。本单元将探究科举与社会的互动、科举制度的利弊得失及其现实启思。

科举学：考试历史的现实观照[*]

在中华民族的历史文化中，科举可谓是历时最久、影响最深的遗迹之一。科举考试在中国历史上存在了 1 300 年，是当时最为重要的一项政治、社会和教育制度。至今，古老的科举仍是徘徊在中国大地上的一个历史文化"幽灵"。作为一项以选拔官员为主旨的考试制度，科举在考试领域更是留下了深刻的印痕，其对当代考试的影响波及文化、制度与技术各个层面。由于古代科举性质复杂，现代各种考试制度差不多都能在其复杂多样的形式和性质中找到自己的雏形或粗坯，想要追溯自己的历史渊源，就不得不回到科举那里去，这便是为什么现代各类考试改革都要研究"科举学"的缘故，"科举学"因此具有强烈的现实性。作为一门研究过往考试制度及其运作历史的专学，"科举学"既包括制度考订和史实钩沉等较微观具体的研究，也包括而且强调探寻考试发展内在规律及对现实考试改革影响等较宏观的研究。对高校招生考试制度（以下简称"高考"）、自学考试、国家公务员考试等几种现代考试制度与科举考试的渊源与借鉴关系作一番历史与现实的观照，便可明显看出"科举学"研究的现实意义。

一、科举于高考之借鉴

同为大规模的社会竞争性考试，古代科举与现代高考颇多相似，故后者受前者的影响也颇为深重。在"学而优则仕"的科举时代，办学的目的是"储才以应科目"，科举遂成为当时整个教育制度的重心和人文教育活动的首要内容。虽然百年前科举考试很不光彩地退出了历史舞台，声息已然缥缈，但具有深厚历史底蕴的科举考试所形成的一些传统与文化，却并未因此断绝，至今仍以潜在的形式顽强存留于现实中。科举文化对学校教育的影响，诚如李远哲先生在香港中文大学作的专题演讲中所形容的"科举幽灵"，"它以学业成绩至上的方式，如幽灵一般从后门溜进了新式的'学校'教育。"[①] 而这种影响最集中的表现便是现代高考。与科举的革废是时人议论的焦点这一历史情形有着"惊人的相似之处"的是，被喻为"现

---

[*] 原载《厦门大学学报》（哲学社会科学版）2000 年第 4 期，《新华文摘》2001 年第 2 期转载。
① 李远哲：《中国文化与教育》，载《参考消息》1999 年 10 月 11、12 日。

代科举"的高考制度之存废与改革亦成为当代社会关注的焦点。

十余年来,每逢高考前后,学界和广大百姓都会自觉或不自觉地掀起一股讨论高考的热潮。近几年,随着"素质教育"的提倡,关于高考存废与改革等问题的争论更是空前激烈。对于高考存废这一考试研究领域中至为根本的问题,学界一直存在着"统派"与"独派"的针锋相对。20世纪90年代中期以前,对抗的天平基本上倾斜于"统派"一边。但随着"应试教育"弊病的加剧,整个社会都激愤地抨击着"片面追求升学率",并对高考的指挥棒作用群起而攻之,矛盾双方遂逐渐势均力敌。1998年春夏之交,由对语文高考试题的不满引发了一场对高考自建制以来最为激烈的批判,坚持了数十年的统一高考制度似乎"四面楚歌"。而"在批判高考、主张废除高考的论著中有一共同特点,即不约而同地将高考与科举相提并论,似乎科举在人们印象中是十恶不赦的封建取士制度,而高考既然可以与科举作类比,则可等量齐观,高考也不是什么好东西,应该加以废除了。"[1]

西方学者桑塔亚那说过,"不读历史的人,注定重犯历史的错误。"对高考这样一种与古代科举有着基本相同的精神实质、兼具教育性与社会性的现代大规模竞争考试,其存废与否仅靠考试或教育理论的指导显然远远不够。欲避免"重犯历史的错误",唯有将高考的存废问题放置科举的历史背景中加以考察,方能得出符合考试自身发展规律的结论。

纵观中国历史上的各种制度,可以发现,科举是其中历史最久、变化最小却又影响最大的一项。经过隋朝科举建制前数千年的孕育与尝试和建制后千余年的运行,科举已成为一部结构精细复杂的制度机器,其整体运作设想之周延已达至相当惊人的地步。由于科举取士关系重大,且历时久远,其积极功能与消极影响都十分巨大,有如一把双刃剑,磨砺得越久越锋利,科举因此在其漫长的历程中遭遇了各种议论,其中影响较大的是发生在封建社会最高决策层的六次争论或改制。[2] 争论的结果是科举数次被废。但科举总似有"神灵"相庇,旋废旋复。而佑护科举之"神灵"正是科举自身。因为旨在选拔"精英"以治国的科举制与儒家政治理论十分吻合,在崇尚儒家文化的中国古代,有非常适宜科举制生存的文化土壤。而且,由于科举是普通知识分子获取政治特权、经济利益和社会地位的最佳乃至唯一渠道,对士子的利诱力非常大,科举选拔出来的各级官员一般都对朝廷忠心不二,从而使封建统治机器运行达千年之久。与此同时,封建统治者为使"天下英雄入吾彀中",又不惜代价精心保养和维护着科举这部精细繁复的人才筛选机器。

如果说,在科举具有强盛生命力的诸多原因中,与儒家理论相适应这一原因是封建时代所特有的,那么,"一切以程文为去留"的公平竞争、择优录取这一因素则超越了封建时代,而且是科举制得以长期存在的根本原因。科举(考试)之公

---

[1] 刘海峰:《高考存废与科举存废》,载《高等教育研究》2000年第2期。
[2] 刘海峰:《科举制长期存在原因析论》,载《厦门大学学报》(哲学社会科学版)1997年第4期。

从一开始即为人所识。早在唐末五代时，就有人感叹科第之设，使有才干的草民得以出人头地，无其才的王孙公子沉迹下僚。① 到明代，科举已被人们视为天下最公平的一种制度，以致时人有"科举，天下之公；科举而私，何事为公？"② 之说。到近代，孙中山先生更是将科举誉为"世界上最古最好的制度"。历史实践一再说明，在古代中国这样一个深为人情、关系、面子所累的国度，以荐举为核心的任何一种选才方法或制度最终必然出现权贵把持、徇私舞弊之弊病。唯有以考试为核心的科举制度，方从制度上堵住了"任人唯亲"、"血而优则仕"之漏洞。科举虽存在不少问题，但"圣人不能使立法之无弊，在因时而补救之。"③ 故立法取士，不过如此。一千多年间虽经许多尝试，却没有任何人找到一种更为有效的能够取代科举这种考试选才方式的制度。

然而，科举毕竟在风雨飘摇的清末走向了命运的终结。究其因，外部原因是清政府的内忧外患，内部原因则在科举自身，而且是缘于考试内容和操作者而非制度本身。"如果把（科举）制度比喻为一条流水生产线，那么需要由这项制度来操作的具体内容就像投入流水线上的原料。……产品的优劣并不仅仅取决于流水线本身，还与投入的原料及操作人员有关。"④ 科举之所以到后来无法正常发挥其积极功用，就是因为其内容数百年僵化不变。的确，自始至终，人们在非议科举时，很少甚至几乎没有人否定其制度本身，而将讨论或改良集中到考试内容、考试形式以及录取的地域均衡等方面。千余年考试内容僵化的积重难返，是科举终结之根本原因。

重揭历史的伤疤是痛苦且需要勇气的。当历史的"负面剧本"面临着重被搬上当代舞台的危机之时，当坚持了数十年、对促进人才的成长和推动全民族文化的发展"功德无量"的高考制度处于生死攸关之际，我们又不得不忍受揭痕之痛。因为在高考制度恢复已逾二十年、弊端亦日渐严重的今天，"某些人似乎更多地看到了考试制度的各种弊病，因而患了'历史健忘症'，忘记废除考试制必然带来的更大的弊病，甚至荒诞不经、费尽心机要为当年的'推荐制'寻找某种'合理性'，想再以此来补考试之弊，的确是吃错了药。"⑤ 就算古代的科举离我们太远而容易被"遗忘"，那么文革中的"推荐制"和"文革"后的"保送生制度"实行不久即被异化为"走后门"的情形，谁又不是历历在目呢？这些清晰的往事或现状无不是科举建立之前的推荐制和科举被废之后无序的人才选任制度等历史在当代的重演。当历史的教科书被翻到科举这一页时，本文已无详论高考存废孰是孰非之

---

① （五代）王定保：《唐摭言》卷三，古典文学出版社1957年版，第43页。
② （明）张萱：《西园闻见录》，卷四十四《礼部》（三）（选举·场试），上海古籍出版社（哈佛燕京学社1940年原版本），第205页。
③ （清）赵尔巽等：《清史稿》卷108《选举志》（三），北京：中华书局，1976年，第3150~3151页。
④ 葛剑雄：《科举、考试与人才·人才与经济、社会、文化发展》，《第二届中国东南地区人才问题国际研讨会论文集》，东南大学出版社1996年版，第263~265页。
⑤ 雷颐：《珍惜考试》，载《大学生》1997年第10期。

必要了，因为历史已将答案呈现在读者面前。

不止如此，现代高考中的录取公平问题，也可借鉴于古老的科举。探讨科举考试中有关分区取人与凭才取人的争论，以及分区定额录取制度的形成与演变，对我们认识和改进现代高考分省定额划线招生办法也颇有益处。

从制度层面来说，科举不愧为中国传统文化的一个"杰作"。但和其他任何传统文化一样，科举文化所形成的深厚的历史积淀仍被分为清晰的黑白两半。同样，"科举学"的研究价值亦不仅仅在提供正面借鉴上，对其消极面的揭露批判也具有同等甚至更大的价值。科举因制度而存，因内容而亡。观照科举考试内容对其制度存废的影响，于当今高考内容与形式的具体改革亦不无借镜。①

二、科举于自考之借鉴

如果说现代高考与古代科举仅仅是在考试形式和作用影响上有一定的相似性，那么，高教自学考试与科举的血缘关系则要亲近许多。创立于20世纪80年代初、具有十足中国特色的自学考试制度，是科举考试文化在当代社会的明显存留与升华。

中国建立高教自考制度是世界现代教育史上的一个创举。它是顺应"文革"结束后社会需才急迫而普通高校招生规模严重不足，且有大批青年迫切要求自学成才的需要而诞生的。试想，在当时的条件下，中国为什么没有像许多国家那样大办开放大学或走私人办学的路子，而是发明出国家考试这种教育形式？应该说有传统文化这只"看不见的手"在起作用，因为中国有"以考促学"的古老传统。换言之，这种独特的教育考试制度出现在中国而不是其他国家，有其深层的历史文化渊源。国家教育部考试中心主任、全国高教自学考试办公室主任杨学为研究员就认为，"自学考试制度直接源于我国古代的科举考试制度"，"自学考试继承和发展了科举考试的传统。"② 且不论自考制度本身直接源于科举与否，也无论自考制度的建制者在当时想到借鉴古代的考试形式与否，有一点却毋庸置疑，即科举考试文化作为民族传统的一部分已在传统文化中积淀下来，生长在此文化中的个体或群体多少都带有考试传统的遗传因子。因此，旨在"以考促学"的自考制度就是中国传统文化的深刻烙印在新时期的显现。

按国务院1988年3月颁布的《高等教育自学考试暂行条例》第二条的定义，"高等教育自学考试，是对自学者进行以学历考试为主的高等教育国家考试，是个人自学、社会助学和国家考试相结合的高等教育形式。"从科举应试者的年龄和考试内容、自学与助考风气以及考试的开放性、权威性和教考分离等特点看，科举完全具备个人自学、社会助学和国家考试三个基本要素。科举就是中国古代的高教自

---

① 郑若玲：《科举启示录——考试与教育的关系》，载《清华大学教育研究》1999年第2期。
② 胡家俊、刘生章等：《自学考试管理研究》，外文出版社1994年版，杨学为序，第2~3页。

学考试,而高教自学考试在一定意义上则有如古代的科举。①

正是由于自学考试根植于科举,而且两者同为各自时代"以考促学"的大规模社会性考试,在"考"和"学"的各个环节都面临诸多相似问题,故研究科举可以为健全和完善当今的自学考试提供正反两方面的借鉴。这也正是国家教育部考试中心这样一个非科研机构却花大力气来组织研究中国考试(科举)史、各省自考委下达的考试研究课题中考试(科举)史部分占据着重要地位的原因所在。在教育部"九五"规划重点课题中就有以中国考试史为专题的课题,全国教育考试"九五"科研课题中也有"科举考试的作用与影响研究"。另外,全国自学考试办公室、山东省自考办正在进行"科举与自考比较研究"课题,福建省自考委 2000年也下达了"科举考试与自学考试的比较"和"海峡两岸科举考试的比较研究"两个课题。除资助课题外,自考实际部门的工作人员也积极撰写有关科举的论文。至今在各类自考刊物和论文集中已发表科举研究论文数十篇,这些论文多从自学考试与科举考试比较的角度研究科举对自考的借鉴。

自考界的科举研究不仅取得了丰厚的理论成果,而且产生了实实在在的效应。自学考试建制之初,大到开放性、国家考试、教考分离等宏观特点,小到命题入闱、考试题型、防弊规制等微观操作,或直接继承科举的做法,或在科举基础上进行与现代社会相适应的改良。面对普通高校逐年扩招、学历文凭试点学校日渐增多以及成人学历教育日益红火的严峻竞争局面,自学考试要能够长远健康地发展,除了逐渐完善原有的各项制度外,继续在广博的"科举学"研究领域挖掘历史与文化资源应是有效的途径之一。例如,在处理自学考试与学校教育的关系、改革考试内容、进一步拓展考试功能、严明考试纪律等方面,科举研究都可以给我们以深刻的历史启示。

三、科举于公务员考试之借鉴

作为过往社会的"抡才大典",科举对中国历史上的政治、经济、军事、社会、文化、教育等各方面都产生过不可估量的深远影响。上述高考与自学考试的建立与运作便富含科举考试的文化因子。相比之下,科举对国家公务员考试的影响则更为深远,既有文化与精神上的明显存留,亦有政治制度上的鲜明痕迹;既与本土现、当代公务员制度有承继关系,亦与西方近、现代文官制度有渊源关系。因此,无论从哪个角度或从何种层面,研究科举对于当代中国政治体制尤其是公务员制度的建立与改革都大有裨益。

科举的首要功能是选拔国家后备官员,故其对政治产生的影响最大也最直接。

---

① 刘海峰:《科举:中国古代的高教自学考试》,载《高教自学考试》1998 年第 1 期。

科举实际上就是中国古代的文官考试制度（除选拔少量武官外）。到近代被废前夕，科举已开始朝现代文官考试性质转变，但科举的命运就像它所依附的政治舞台一样，来不及完成这一转变，便在强大的压力下戛然而止，科举终于在它的故乡悲壮地走向了命运的终结。然而，仅仅废制数年后，部分曾在科举废初欢欣雀跃的人士就已痛苦地意识到，科举之废使中国的官员选拔陷入无序状态，更遑论在科举即将迎来其百年祭的今天，人们远距离"冷眼旁观"时对其蕴含的考试精神之深切怀想。余秋雨在谈到科举对文学的影响时所发出的感悟，便是一种代表性心声。"科举以诗赋文章作试题，并不是测试应试者的特殊文学天才，而是测试他们的一般文化素养。测试的目的不是寻找诗人而是寻找官吏。其意义首先不在文学史而在政治史。中国居然有那么长时间以文化素养来决定官吏，今天想来都不无温暖。"①

不过，怀念科举精神的人们仍感到些许欣慰，因为科举虽"失之华夏"，却"得之四夷"。19世纪，当科举制度在其故乡垂垂老矣时，却西传欧美，以一种全新的面貌出现在世人面前。欧美国家巧妙地将科举的考试选才平等竞争精神学了过去，建立起现代文官制度，从而有效地抵御了官场的腐败及任人唯亲的宗法原则，极大地提高了政府的行政效率，为欧美国家的政治制度开创了全新的局面。为此，一些西方学者对科举赞誉有加。西方学者卜德将科举制誉为中国赠予西方的"最珍贵的知识礼物"。美国著名汉学家顾立雅（H. G. Creel）更是认为科举制影响的重要性要超过物质领域中的四大发明，是"中国对世界的最大贡献"。②

尽管西方学者对科举"多彰其功"甚至"好评如潮"，但科举的千秋功罪至今难以"盖棺论定"。之所以如此，与人们考察它的视角、距离以及立场的不同密切相关。辩证地看，科举的利弊相随相依，且都十分明显。但科举首先是一种选任官员的政治制度，若仅从这一角度看，科举对中国官僚政治产生的影响利无疑要大于弊。与以前的各种官吏选任制度相比，科举制可谓是一种实实在在的"精英再生产机制"。③它第一次撇开了血缘、门第、出身、家世等先赋性因素，而将无法世袭的学问作为官员录用与升迁的基本标准。这种机制改变了官员的社会地位来源，极大地促进了社会阶层的流动，更新了官员的成分结构，有利于澄清吏治，在一定程度上减少了官场请托、植党营私的机会，起码在政府机构的入口处限制了任人唯亲的腐败现象发生。而且唯才是取的原则，保证了官员队伍具有较高的文化素质。从一定意义上说，中国的古代文化之所以成为世界上唯一的延续数千年不断的文化，古代中国之所以成为世界上唯一能够在两千年间大体维护统一的广大疆域的国家，科举制度功不可没。但另一方面，科举又强化了官僚政治，使"做官第一主

---

① 余秋雨：《十万进士》，载《收获》1994年第3期。
② H. G. Creel, *The Beginning of Bureaucracy in China: The Origin of the Hsien*, Journal of Asian Studies, Vol. 23, February 1964, pp. 155–183.
③ 孙立平：《科举制：一种精英再生产的机制》，载《战略与管理》1996年第5期。

义"在中国根深蒂固,客观上助长了唯官、唯书、唯上的习惯和心理定势的形成,对中国社会有着长远的消极影响。①

当这种运行了 1 300 年的"精英再生产机制"被连根拔去后,当时的中国社会出现了怎样的情形呢? 有的学者认为,废科举有如发生一场社会大地震。作为清王朝自发进行的一次变法,废科举深刻地影响着其后近百年的国运兴衰与社会变迁,可谓是唐宋以后、民国以前中国历史上最重大的一次制度革命。作为社会重要支柱的文化与政治两个层面所产生的震荡便清楚地说明了这一点。从文化层面看,科举的废止导致了中国历史上传统文化资源与新时代的价值之间的最重大的一次文化断裂。而从政治层面看,科举之废使得人心与政局都迅速陷入混沌状态。作为过往科举社会的主角,知识分子在科举被废后的政治舞台上出演了一幕幕令人心酸的悲剧,从此不得不面对一种起伏跌宕的命运。于是,在清末新政时期出现了大批既无法进入新式学堂又无法通过科举取得功名的"无根人",成为对社会政局稳定极具破坏力的"游民阶级"。就制度而言,废科举亦非有效的改革。因为罢废科举非但没能达到"补救时艰"、挽救政局的目的,反而出现了一种可怕的官员选任制度真空。这样,在新旧规制之间本该有的过渡的锁链被突然断开,正如严复所言,"非新无以为进,非旧无以为守"。这种"先破后立"的"休克疗法"没有充分考虑到新旧制度整合时所引发的问题,从而导致严重的社会脱序和社会整合危机。② 因此,废科举所带来的社会震荡之强烈、政局之混乱远远超出时人的估计与想象。

在科举被废后较长的一段时期,近代中国一直未能重新建立起一种公开、刚性和程序化的选官制度。不止于此,当时中国的官员选拔制度实际上倒退到了科举制以前诸形态。废科举这项重大的社会工程,也由于操作衔接环节的失误,向政府的效绩索取了高额代价。直至南京临时政府建立后孙中山先生下达了系列文官考试的批令和咨文,干部选任制度的真空才得到填充。因此,有的学者认为,成熟期科举制度在严肃科场纪律、实行规范竞争方面,的确是我们现行的考试制度所不能及、更是"察举征辟"色彩浓厚、身份与"关系"背景强烈的我国现行干部制度应当借鉴的。③

在经历了近一个世纪的政坛风云与官制兴革后,中国的政治面貌已焕然一新。人们欣喜地看到,改革开放 20 多年来,各项体制都已进入改革的攻坚阶段。政治体制改革正是其中最重要也最难啃的一块"硬骨头",而建立国家公务员制度又是我国政治体制改革的重中之重。90 年代我国建立公务员制度之初,人们很少关注本国悠久的官员选任制度史,主要是仿效西方的现代文官制度。但事实是,现代西

---

① Liuhaifeng, *The Double-edged Sword: The Merits and Demerits of the Imperial Examination System in China*, *The Effects and Related Problems of Large Scale Testing in Educational Assessment*, Beijing: Foreign Language Teaching and Research Press, 1998, pp. 354 – 360.
② 萧功秦:《从科举制度的废除看近代以来的文化断裂》,载《战略与管理》1996 年第 4 期。
③ 秦晖:《科举官僚制的技术、制度与政治哲学涵义》,载《战略与管理》1996 年第 6 期。

方文官制度源于中国的科举制。孙中山先生早在1921年所作的《五权宪法》讲演中就指出，西方各国用以选拔官员的考试制度都是源自中国的"古法"考试。这一点也得到了西方人士的认可，几乎所有的西方政治教科书都将文官制度的创始者归于中国。因此，曾任美国联邦人事总署署长的艾伦·坎贝尔教授在20世纪80年代初应邀来华讲学时，得知要在其发源地讲授文官制度后深感惊讶。诚然，西方文官制度在中国科举制基础上进行了很大程度的改良，有许多先进的因素值得我们吸纳，但其奉行的公平竞考、择优录用原则均取法于科举制。因此，当我们致力于建立和完善国家公务员制度时，无论从吸收国外文化抑或从吸收本土文化的角度，研究科举都是我们无法绕过的课题。当然，我们不能指望仅靠考试取官就能解决政治体制现代化的出路问题，但作为一种精巧的政治录用方式，考试选才可以减少用人方面的腐败，其平等择优的精神具有恒久的价值。

四、科举学之现实意义

综上所述，同为大规模社会性考试，现代高考、自学考试和国家公务员考试，或在考试性质与考试功能、或在考试产生的社会影响上，都与科举有着某种程度的直接承继或间接渊源关系。不仅如此，与科举考试的性质、功能差异甚大的现代社会各类专业资格证书考试，也可从考试题型、考试组织、防止作弊等方面吸取科举考试方法与技术之精髓。至于科举时代所形成的在成绩面前人人平等、"读书至上"等社会价值观念和某些心理、习俗，在今天也有明显的遗存，虽不在本文讨论范围之内，但也反映出了"科举学"的现实意义。

人们常说，"过去的是历史，但历史没有过去。"古代中国因科举之故而成为名副其实的"科举社会"。如今，科举虽已停罢，但深含公平精神的考试选才方式却没有而且也不能够废止。在日益追求公平竞争的市场经济条件下，中国正逐渐朝考试社会发展。从"科举学"的视角进行考试历史与现实的观照，有助于我们探寻考试发展的内在规律，并能为今天的考试改革提供丰富的历史素材，使考试制度沿着正确的轨道健康发展。这便是"科举学"的现实意义之所在。

科举考试的功能与科举社会的形成[*]

在中国这个历史悠久、底蕴深厚的文化大国，若欲从富庶厚重的传统文化中寻找承传至今、历久弥新的制度文化遗产，科举考试无疑是最为人所熟识的一种。古老的中国亦因发明了科举考试这一选才办法并为西方国家借鉴创立了文官考试制度，而被尊为考试的故乡。此后，科举虽多沐风雨，却仍实行了1 300年之久，对当时中国社会的政治、经济、军事、文化、教育等各方面都产生过不可估量的深远影响。在长久实行的过程中，逐渐形成教育、文化、政治等多项功能，并因此造就了一个科举社会。

一、科举考试的功能

科举作为一种根据统治者的要求而进行的有组织、有目的的测度或甄别人才的考试活动，必然和社会母体的各要素——教育、文化、政治等发生密切关系——既受制又反作用于它们。一般而言，考试受社会制约是发挥其反作用（即功能）的前提条件。但科举却由于其在官员选任中的不可替代性以及在长久实行中所形成的稳固地位，使得其社会功能常常凌驾于社会母体的制约之上。

（一）教育功能

科举考试的教育功能主要体现在牵制教育目的、引导教育过程和评价教育结果等方面。科举在本质上虽是中国封建社会的文官选拔考试制度，但其"学而优则仕"的观念，也深深影响着其时的教育，以致形成"储才以应科目"的办学目的。旨在选任人才的科举制和旨在培养人才的学校教育，本是分途而行的两种制度，且后者的产生至少先于前者两千多年。但科举制的建立，却使中国古代的学校教育走上了一条命运多舛的不归路。自唐至清，各朝学校教育与科举考试的轻重存废，总是遵循着"重学校轻科举——科举与学校并重——重科举轻学校"的一般规律。在这种矛盾互动中，看似势均力敌，实则有其轻重，结果是科举制取得了决定性中

---

[*] 原载《厦门大学学报》（哲学社会科学版）2005年第2期；《新华文摘》2005年第11期论点摘编。

心地位。① 虽然科举也曾面临着衰落甚至停罢的危机，但在与学校教育的角逐中，多数时候仍处于主流地位，对学校教育产生了强大的制约和导向功能，并最终形成其时学校教育"储才以应科目"的教育目的。

如果说科举考试对教育目的具有牵制作用，那么对教育过程则起着直接的引导作用。前者正是通过后者来实现。在封建时代，科举官僚体制造就了"朝为田舍郎，暮登天子堂"的政治现象。科举及第入仕由于对绝大多数人的利诱力实在太大，而对学校教育产生了强大的制约和导向功能，并使后者直接成为其附庸，学校教育内容都是围绕科举考试而设置。例如，唐代科举常科中以及第人数最多的明经科和地位最高的进士科为重。明经科考试内容不外乎大经、中经、小经等儒家经典，与此相对应，唐代官学如国子、太学和四门学等，其教学计划完全根据科举九经取士的要求而制定。随着以诗赋考试为主的进士科崛起，科举考试一度重视书判、策论和诗赋，学校也随之注重习字、习时务策和做诗赋，乃至乡学也都普遍学习做诗。② 明洪武十七年（1384 年）颁布科举成式后，明清八股文考试的命题范围局限在《四书》、《五经》中。中央官学国子监的教学内容亦以《四书》、《五经》为主，并专门开设了制义（八股文）课程，"以《钦定四书文》讲授，学生每三月诵读制义一篇，不但诵读，且得练习写作，'以清真雅正为宗'"。③

考试是评价教育结果的重要手段。与前两个教育功能的"后发外生性"相比，科举考试的评价教育结果功能是自然的、技术的，因而也是其最本质的教育功能。由于考试成绩是评价教育结果一个最明确的指标，追求好的考试成绩成为科举教育施行过程中的一个直接目标。在科举时代，朝廷衡量州县学的优劣和对学官的奖励标准，主要是根据各校的科举及第率。宋代蔡京罢科举实行三舍升贡之时，升贡率（升学率）遂成为判断各校办学成绩好坏的主要标准。当时对各地学官考课的四项指标中第一项就是贡士当官率，所谓教官考课"第一项，教育有方。注谓贡士至辟雍升补推恩者多"。④ 对及第率的追求即确立了科举考试在教育中的轴心地位。

（二）文化功能

科举考试的文化功能主要表现为选择文化和提升文化。从宽泛意义上说，考试本身就是一种文化，经过长期实践而形成的考试制度，即是制度文化的重要组成部分。然而，考试与文化的关系绝非单向、被动的关系，而是双向、互动的关系。考试既是文化的产物，要受文化的制约，又能促进文化的发展，成为文化的动因。从这一点来看，考试的文化制约性与其文化功能是无法截然分开的，比如，考试制度

---

① 郑若玲：《科举启示录——考试与教育的关系》，载《清华大学教育研究》1999 年第 2 期。
② 毛礼锐、沈灌群：《中国教育通史》（2），山东教育出版社 1987 年版，第 515 页。
③ 毛礼锐、沈灌群：《中国教育通史》（3），山东教育出版社 1987 年版，第 406 页。
④ 刘海峰：《科举考试的教育视角》，湖北教育出版社 1996 年版，第 163 页。

和考试内容的选择,看起来是受到文化的制约,是文化的产物,但反过来也可以说是一种对文化的选择结果。

在中国选官制度史上,为什么科举能力挫他法且雄踞千年?此种倚重客观标准的考试制度,便是对中国自古追求"至公"理念的文化选择结果。科举考试被认为是中国古代"贤能治国"理想的一种具体体现,而"贤能治国"本身即包含着公平的因子。科举不仅奉行"一切以程文为去留"的公平录取标准,而且在制度上也严格奉行"程序公正"。此外,由于入仕和受教育机会在各地之间并不完全均等,故超越于考试技术上的公平与公正外,科举的解额分配制之建立所体现的区域公平性也不容忽视。科举在历史上的长期实行,正说明其对公平理念文化的选择功能是极其强大和持久的。

同考试制度相比,考试内容的文化选择功能则表现得更为直接。考试内容所选择的文化,往往是强势文化,或是先进文化。科举之所以长期以儒家经典为考试内容,是因为强调"修齐治平"的儒家文化在维护和稳固封建皇权统治方面,具有佛家、道家以及技术文化所不可比肩的优势。而它在科举考试内容中的唯一性,又反过来进一步强化了其强势地位。因此,考试内容的选定,就是对文化的一种选择。不过,支撑考试内容的选择文化功能之发挥的,仍是考试制度本身。制度越重要,其考试内容的文化选择功能也越强大。

科举考试的提升文化之功能则与"以考促学"的传统直接相关。以考促学对于提升社会和个体的文化水平,其作用是不言而喻的。科举由于对读书人有巨大的利诱力,所谓"书中自有千钟粟""书中自有黄金屋",使得科举时代读书重学的风气长盛不衰,加之宗族学田、义田、义学的存在,有力地推动了当时教育的普及和文化的发展。而且,科举长期的上下阶层流动,"造成了一个弥漫着书香的世界,使中华民族成为世界历史上一个最具书卷气的民族,甚至目不识丁者也知'敬惜字纸',普遍有一种对于文字、文献的崇拜。"[①] 故而"四海仰文明"的古代中国,在当时堪称"文化大国"。

科举停罢后,时代在前进,而社会整体文化水平却有所下降。据罗斯基的研究,1880年清代识字率男性为30%~45%,女性为2%~10%,平均识字率在20%左右,这一比率不亚于英国和日本在现代化以前的识字率。但从1895年到南京国民政府成立期间,全国平均识字率却一直在下降(直到20世纪30年代,具有小学文化程度的人数只占总人口的17%),以至于梁启超曾在1915年批评新政时说,20年来办现代教育使得全民不识字。[②] 这无疑是对科举考试之提升文化功能的极好反证。

[①] 何怀宏:《选举社会及其终结——秦汉至晚清历史的一种社会学阐释》,生活·读书·新知三联书店1998年版,第34页。
[②] 何怀宏:《1905年废除科举的社会涵义》,载《东方》1996年第5期。

(三) 政治功能

科举考试制度的创建和实施，无不体现着国家和统治者的意志。而国家意志恰恰是政治的一种体现。从这个角度看，科举考试属于政治制度的范畴，其政治功能是不言而喻的。科举考试的政治功能主要体现在影响社会地位结构、稳定社会秩序、提高行政绩效等方面。

社会地位结构是指社会成员在具体的社会活动和社会关系中所处的位置结构，它包括静态和动态两种状态。社会地位的静态结构通过社会分层来反映，动态结构则通过社会流动来反映。隋唐至清，科举成为士子们仕进的主要乃至唯一阶梯，考取功名便意味着获得了进入权力阶层的入场券，身份和财富亦随之而来。即使只是考取举人以下的下等功名，还没有资格成为官员，身份也是大不相同的，而且，科举的开放性，也能让他们有机会拼搏更高功名。更重要的是，科举进行社会分层，得到自上而下、冠冕堂皇的鼓励和响应。宋真宗在《劝学文》中，便以科举登第后的社会地位和经济利益为诱饵，对广大士子进行赤裸裸的劝诱："富贵不用买良田，书中自有千钟粟；安居不同架高堂，书中自由黄金屋；出门莫恨无人随，书中车马多如簇；娶妻莫恨无良媒，书中自有颜如玉。"

科举影响社会分层又是通过促进社会流动来实现的。促进社会流动并非采行考试的原始动机，而只是其副产品。然而，这个看似不经意的副产品，却撼动了社会的根基。为什么隋唐以后，中国社会很少能看到其他文明社会中存在的数百年乃至数十代延绵不绝的世家贵族，所谓"世家无百年之运"？根源在于科举实行自由报考，将参政机会向大多数人开放。由于科举是获取地位、权力和经济财富等社会稀缺资源的最主要乃至唯一途径，一旦中举，便可山川变色，天地为宽，正所谓"十年寒窗无人晓，一举成名天下知"，使普通百姓对它的参与热情与耿耿忠诚达到前所未有的高度，从而为社会流动奠定了广泛而坚实的社会基础。

科举考试稳定社会秩序之功能早在一千多年前的中国古代即为统治者所识。科举考试体现的是国家的意志，奉行的是公平公正原则。人们参加科举，不仅可以认同国家意志，而且通过公平的竞争获得一种满足感。因而，"考试制度的运用，可以加强全国人民对政府的向心力。无论他们属于哪一个种族，亦不论他们居住何方，皆可经由考试而加强他们与政府间的关系，使他们对国家更为忠诚"。[①] 因而，历代统治者在打下江山、政权初定后，所做的第一件事便是重开科考，以笼络民心，网罗人才。

促进政治统一，是考试稳定社会秩序的前提。钱穆认为，自汉以来到清末，无论何种考选办法，都采取分区定额制度，使各地举子一度集中中央。此种人才大集

---

① 转引自廖平胜：《考试学原理》，华中师范大学出版社2002年版，第155页。

合,"不仅政府与社会常得声气相通,即全国各区域,东北至西南,西北至东南,皆得有一种相接触相融洽之机会,不仅于政治上增添其向心力,更于文化上增添其调协力"。① 而科举之所以能促进政治统一,乃缘于其所具有的公平精神及其所带来的高度认同感——既能得到君王的认可和支持,又能得到民众的接受和赞同。

此外,科举由于能选拔出合格人才和有效防止腐败而具有提高行政绩效之功能。历史已经证明,和其他选才办法相比,科举是选拔真才最有效可行的办法。科举建制前,历代实行过的"养士求贤"、"军功赏爵"、"察举征辟"、"九品中正制"等,由于对选拔对象范围作了严格限制,基本上是从统治阶级尤其是贵族子弟中选拔才俊,结果,造成裙带之风盛行、人才素质低劣,如东汉末年竟有"举秀才,不知书;察孝廉,父别居"的奇怪现象。而科举则把选拔对象扩大到整个社会,几乎所有的知识分子都被纳入其轨道,选拔出真才的概率比之封闭的体制无疑要高得多。再者,科举采取多层次、多科目的考试方式,经过如此严苛的竞争与淘汰机制而筛选出来的知识分子,都是既有广博的知识和高度熟练的运用能力、又有坚韧毅力的社会精英。正是由于科举制的这种"瓶颈效应",才能最广泛地动员社会各阶级、阶层知识分子进入政治录用的竞争行列,而最终选拔出"德才兼备"的政治精英。②

由于科举选拔出的都是经过"过五关斩六将"重重竞争的最后赢者,整体素质以及对行政腐败的"免疫力"比不经考试者无疑要高。而且,由于以考试这一相对客观的标准作为用人的依据,和非考试标准相比,从理论上说,能消除用人过程中的徇私舞弊。因此,科举还有减少和防止行政腐败的功能。学者屈超立在《科举制的廉政效应》一文中认为,在科举制度以前的秦汉魏晋南北朝以及元朝的贵族政治时期,世家大族利用其世袭的特权,贪赃枉法,腐败之风延及社会生活的各个方面,是中国古代最腐败的时期。而在科举制度鼎盛的宋明清时期,是科举制度全面推行的时代,也是吏治相对清明的时期。③ 所以,当1905年废科举后,政府用人由于无标准可依,知识分子退居社会的边缘,导致人事奔竞、派系倾轧、结党营私、偏枯偏荣等种种病象的出现,以致钱穆悲痛地认为这是聚九州之铁铸成的一个"大错"。④

二、科举社会的形成

科举社会是指科举在政治生活和社会结构中占有重要的地位、科举影响无所不

---

① ④ 钱穆:《国史新论》,生活·读书·新知三联书店2001年版,第293页。
② 房宁:《科举制与现代文官制度——科举制的现代政治学诠释》,载《战略与管理》1996年第6期。
③ 屈超立:《科举制的廉政效应》,载《政法论坛》2001年第5期。

在的社会。① 由于科举考试在教育、文化、政治方面的功能日益强大，而逐渐渗透到社会各个层面。尽管它有明显的局限性，也曾遭遇过历代重臣的反对，但1 300年的封建统治对它仍"欲罢不能"。科举考试正是以其漫长的存在时间和巨大的历史影响，成为中国封建社会的显著特征。多数学者认为，宋朝以后，中国基本上是一个科举社会，朝廷、士大夫及学术文化经由科举而紧密结合。钱穆曾说："科举进士，唐代已有。但绝大多数由白衣上进，则自宋代始。我们虽可一并称呼自唐以下之中国社会为'科举社会'，但划分宋以下特称之为'白衣举子之社会'，即'进士社会'，则更为贴切。我们亦可称唐代社会为'前期科举社会'，宋以后为'后期科举社会'"。② 因此，可以认为，科举考试的功能与科举社会的形成是相维相因的，但前者只是促成后者的一种隐晦动力。在人们看来，科举社会之所以形成，乃源于考试一步步从社会边缘走向中心。因此，科举社会是以"凭才取人"的人才选拔标准和能力本位主义的价值取向为表征的。回眸选拔人才方式的发展历史便不难看出这一点。

科举考试的出发点是以考试的方法来选拔治理国家的各级人才。而这在春秋以前官僚政治体制全然封闭的"'血'而优则仕"时期几乎是不可想象的。到了春秋战国时期，随着"学而优则仕"主张的兴起，"学"③ 渐渐取代"血统"，成为许多庶民仕进的阶梯。但那时的仕进之途尚未制度化，带有相当大的机缘与刺激性。有时可能因与君主有只言的投机而飞黄腾达，亦可因片语的不合而招来横祸。及至汉武帝元光元年（前134年），"初令郡国举孝廉各一人"，④ 选举才开始制度化——由地方官察访人才、举荐朝廷的察举制由不定期到定期举荐。

不过，两汉的选举由于是地方官以"孝悌""廉正"的标准察访并荐举所谓的人才，被察访者并无自荐的可能，因而本质上仍是一种自上而下的推荐，与社会下层几无关系。荐选与此后的考选最大的不同在于，前者是"人对人"，后者则是"人对文"。"人对人"的主观性，容易造成推荐中的"泥沙俱下"，与才干相关的学问、德行、能力，以及与才干无关的门第、奔竞、请托，都可能影响荐选的过程及结果。发展到东汉晚期，荐举制度遭遇了严重危机，如《后汉书》言道："汉初诏举贤良、方正，州郡察孝廉、秀才，斯亦贡士之方也。中兴之后，复增敦朴、有道、贤能、直言、独行、高节、质直、清白、敦厚之属。荣路既广，觊望难裁，自是窃名伪服，浸以流竞，权门贵仕，请谒繁兴。"⑤

为革除弄虚作假、奔竞请托之流弊，汉顺帝阳嘉元年（公元132年），尚书令左雄倡议"儒者试经学、文吏试章奏"。从此，察举孝廉在地方官推荐这个重要环

---

① 刘海峰：《多学科视野中的科举制》，载《厦门大学学报》（哲学社会科学版）2002年第6期。
② 钱穆：《中国历史研究法》，生活·读书·新知三联书店2001年版，第46页。
③ 这里的"学"是个广义的概念，包括学术、思想、口才、品行、勇武乃至雕虫小技。
④ （东汉）班固：《汉书·武帝纪》卷1~12，中华书局1962年版，第160页。
⑤ （南朝）范晔：《后汉书·左黄周列传》卷54~62，中华书局1965年版，第2042页。

节之外,又多了一个关键环节——考试。考试环节的设立,意味着察举制在原有的"以德取人"、"以能取人"基础上,又增加了"以文取人"的因素,这对于此后的人才选拔机制和人才价值取向的影响无疑是历史性的。钱穆认为,中国历史上汉代以下的政府,"既非贵族政府,也非军人政府,又非商人政府,而是一个'崇尚文治的政府',即士人政府。"① 尽管察举制总的说来还是以推荐举送为主,以考试为辅,但"崇尚文治的政府"注定是要和考试发生密切关联的。

"左雄改制"使察举制处于一个十字路口:一条路是把开启的门关小,使统治层相对封闭,使上升之途更加缩小,客观上可以减少觊觎之心与奔竞之势;另一条路则是索性让门完全敞开,使统治层向所有人开放,只是每个人都要经过一套严格的、同等的考试程序才能达到高位。"左雄改制"似有意走后一条路,但当时社会的发展却似趋向于前一条路。② 曹魏初期,为应对当时制度紊乱、援用私人、用人无度的政治危机,创设了九品中正制,由中正官对所辖区内人士加以品评,以为登用黜陟之依据。但随着士族名门的出现和对政治的把持,客观的品状已无可能。九品中正制逐渐"尊世胄,卑寒士",转为门阀士族服务,并成为制约察举制的铨选主体,因而形成当时"上品无寒门,下品无世族"的门第社会。

尽管如此,作为九品中正制下一条入仕途径的察举制,仍得以坚持下来,而且按某种规律演进发展。察举的中心环节,也逐渐由先前的举荐转移到考试上。经由魏晋南北朝的发展,到隋初,察举制已基本完成其历史使命,以考试选才的科举制度呼之欲出。隋朝建立后,出于稳定新政权的需要,隋文帝开皇年间正式废除了九品中正制,收回了地方辟举权,并一再下诏举行特科,选拔各类人才。隋炀帝大业元年(605年),始置进士科,标志着中国的选举制度从此进入一个新时代——科举时代。不过,"大业年间的进士科仅具有古词新用的用义,与当时并存的秀才、明经、孝廉科似乎没有根本差别。隋炀帝创设进士科时并未有意识地加给其什么特别重大的意义,进士科设立的重要性实际上是唐以后此科迅速发展并逐步取代包容所有科目、科举成为进士科的一统天下之后赋予的。"③

尽管科举在唐代开始走上正轨,但唐初科举在选官制度中的地位还是很低的。唐中后期,进士科在各取士科目中的地位迅速上升,乃至形成"缙绅虽位极人臣,不由进士者终不为美"的"唯进士是贵"之风气。但受选拔人数的局限,科举出身者在中下级官员中仍然只占很小比重,考试选拔对中下层的触动并不大。加之考录程序中"行卷"、"公荐"环节的存在,使得唐代科举中仍存留了两汉重行、魏晋重名之遗风。这些因素多少影响了"以文取人"的考试制度在选举社会中的地

---

① 钱穆:《中国历代政治得失》,生活·读书·新知三联书店2001年版,第16页。
② 何怀宏:《选举社会及其终结——秦汉至晚清历史的一种社会学阐释》,生活·读书·新知三联书店1998年版,第95页。
③ 刘海峰:《科举考试的教育视角》,湖北教育出版社1996年版,第26页。

位。到宋明两代，科举出身者在官僚政治中的影响有所加强。明中叶以后，更是出现"非进士不入翰林，非翰林不入内阁"的情况。清代沿用明制，尽管有不少满人未经科举便入仕升迁，但终不得与科第出身者相比，且高级官员仍以进士出身者居多。

宋代以后，科举时加改革。发展到清末，科举制已成为一部结构精细复杂的制度机器，其整体运作设想之周延已达至相当惊人的地步，如邓嗣禹所言："明清方法之严密，不惟足以冠古今，亦并足以法中外。……历代继绳，时加改革，积千余年之心思才智，殚精竭思，兴利除弊，制度严密，良有以也。"[①] 科举制度的完备，是其在政治上的重要地位和对社会的重大影响所使然，反过来又强化了其政治地位和社会影响。考试就这样一步步从社会的边缘走向中心。实际上，自读书人"始觉文章可致身"，深切体会到社会身份和地位的高低不再以血统和出身为划分，而代之以是否考中科名并以科第的高低为依据后，科举社会便已形成。而一旦形成，上至朝野下至百姓，便无不为科举所累。历代科举的革兴、科场案的处理，以及科举的废止，都成为当朝最高统治者的中心议题。对百姓而言，"满朝朱紫贵，尽是读书人"的社会政治现象则产生了极大的刺激作用，所谓"浮名浮利过于酒，醉得人心死不醒！"尽管科举在任何社会都只能是一种选拔少数人的精英性质的活动，但绝大多数士人仍皓首穷经终不悔，在中国选举史上出演了一幕又一幕令人心酸的悲剧。

上述历史述要表明，科举创制之前，人才选拔以门第为重。隋唐虽行科举，但由于其对中下层触动极小，可以看做是门第与科第并存相争的社会。及至取士不问门第，"一切以程文为去留"，且因取士数量大，各阶层对应举趋之若鹜，加之公卿大夫多出自草根白屋，以贵族世家为象征的门第社会已无存在之基础，更无"复辟"之可能，代之而起的是靠读书而崛起的"科举世家"和科举社会。可见，科举社会的价值取向是能力本位主义，能力和学问而非出身和血统成为决定一个人成功的最关键因素。尽管影响个人能力和学问的高下有多种因素，但起码能力是无法先赋的。而封建中国之所以从门第社会走向科举社会，其背后有极其深刻的社会文化根源——摆脱人情请托困扰，追求社会公平正义。在选拔人才过程中饱受人情困扰的先人们，发明了考试这把客观公正的"量才尺"。他们当初或许并没有想到考试带来的公正会有如此大的社会效益，一旦意识到，便以"至公"作为首要目标来建设考试制度，力图使之"止于至善"。

当然，考试有如一把锋利的双刃剑，科举社会所形成的传统，既是中华民族一笔巨大的文化遗产，又是一个沉重的历史包袱。正是这笔遗产，制造了中国社会至今解不开的"考试情结"。当今中国堪称是一个考试大国，和古代科举一样，高考

---

① 邓嗣禹：《中国考试制度史》，台湾学生书局1982年版，第332页。

成为现代中国的"举国大考",高考期间几乎成为"高考节",民众对其他各种社会考试的热情也在持续上升,说明考试具有长久存在的社会基础。考试固然有其局限,但在公平公正区分选拔人才方面还是利大于弊。中国过去是一个科举社会。为了制衡讲究人情关系的消极影响,解脱人情困境,现在和将来仍须以考试作为社会生活的调节阀。[①] 随着各行各业越来越多地采用考试手段来测量、评价人才,考试社会离我们已越来越近。

[①] 刘海峰:《"科举学"——21世纪的显学》,载《厦门大学学报》(哲学社会科学版)1998年第4期。

科举至公之道及其现实启思[*]

在数千年来的中国社会，考试一直是人们获取社会资源、追求上进机会的重要手段，大规模竞争性考试尤其如此。科举制度的长期运行，更将考试这一选才手段的功能发挥尽致，并极大地强化了考试选人的观念。历朝历代统治者都意识到科举具有重要的社会功能尤其是有着巨大的政治治理功能，为了使这一考试制度具有长久生命力并使其功能得到有效发挥，围绕"追求至公"这一主旨，不断完善科举制度，终将公平的重要性强调到无以复加的地步。科举制度的公平性可谓是科举学领域最具现实意义的研究课题。以往学界对科举的公平性虽有不少探讨，但多集中于论证其为公平之制度，鲜见系统阐述科举诸方面公平建设及其得失之成果。本文拟通过梳理科举在报考资格、取士标准、考试录取、考试规制等方面的变革，探寻科举变革的走向，总结考试发展的规律，从科举的"至公之道"提炼出对当今高考改革的启思。

一、报考资格：从封闭到开放

作为竞争的起点，报考资格直接决定着取士范围的大小与考生数量的多寡，制约着取士质量的优劣，是关系到考试制度公平与否的首要环节。从隋唐到明清，科举对报考资格的限制越来越少，竞争机会也越来越公平，与科举之前各种选士制度报考资格的封闭性形成鲜明对照。

在春秋以前，选官实行世卿世禄制，用人标准是"血"而优则仕，政治体制处于全然封闭的状态，平民子弟根本没有入仕的机会，公平的理念与实践都无从谈起。汉代建立察举制后，由于"举主"具有颇大的选择权，并与被举者结成恩主与故吏的深厚关系，各种错综复杂的社会关系与社会利益由此获得渗透的途径，察举制逐渐沦为把持权势的工具，这一良法美意也被异化为徇私舞弊、以族举德。特别是到东汉晚期，察举制度遭遇了严重危机，群僚举士"名实不相副，求贡不相

---

[*] 原载《厦门大学学报》（哲学社会科学版）2010年第5期；《教育学》（人大复印资料）2011年第1期转载。

称，富者乘其财力，贵者阻其势要，以钱多为贤，以刚强为上"，① 以致当时士大夫以不应辟举为荣。在这样的环境下，无权无势、无依无靠的贫寒子弟得到举荐的机会微乎其微，他们纵有满腹经纶，也只能望"仕门"兴叹。

到了曹魏时期，等级森严的门阀制度有所松动。曹操在《举贤勿拘品行令》中淋漓尽致地表达了"唯才是举"的用人原则。② 从表面上看，"唯才是举"破除了以往"血统论"的封闭体系，"'血'而优则仕"变成了"才高则用"，但此中的"举贤者"与前代察举制中的"举主"一样，成为一把"筛子"，将出身卑微的寒门子弟筛出"贤能之士"的圈子外，终难摆脱"血统论"之桎梏。曹丕主政时期实行的九品中正制亦难幸免于此。九品中正制成为拦截在平民与政治体系之间一道无形的高墙，"其始造也……犹有乡论余风。中间渐染，遂计资定品，使天下观望，唯以居位为贵"，③ 从而造成"上品无寒门，下品无势族"的结果。这些做法无一例外地限制了人才参选的开放性，除了少数符合统治者或选拔者要求的人，大多数人被拒之门外。

而科举与前代取士办法最大的不同，在于其给予天下读书人平等的竞争机会。从隋炀帝大业元年（605年）颁发的有关振兴选举和学校的诏令，便可看出其平等开放性："诸在家及见入学者，若有笃志好古，耽悦典坟，学行优敏，堪膺时务，所在采访，具以名闻，即当随其器能，擢以不次。"④ 对"见入学者"和"在家"者一视同仁，无需出身显贵、功勋卓著或出于官学，只要"笃志好古、耽悦典坟、学行优敏、堪膺时务"，均可参与选举的竞争。但客观地说，隋制科举尚未摆脱前代选士制度之窠臼，对选举对象仍有一定的限制，如：工商者不得与考入仕，对品级不同的官员也待之有别，"文武有职事者，五品已上，宜依令十科举人。……其见任九品已上官者，不在举送之限"，⑤ 应选者必须由地方州县或高级官员举荐，即所谓的"州举"或"郡举"。因而，和察举制一样，隋制科举在举荐过程中也难免瞻徇私情、爱憎由己，"在外州县，仍踵弊风，选吏举人，未遵典则。……犹挟私情，不存公道。"⑥

及至唐初，科举进行了一个历史性的变革——举子可"怀牒自进"，自由报考。怀牒自进也是科举区别于前代取士制度的重要特征之一。这种做法不分贫富贵贱，基本上没有门第的限制（工商除外），将参政机会向平民开放，在人才选拔史上意义重大。也正是这种开放性，使唐代形成士人"觅举"风尚，"策第喧竞于州府，祈恩不胜于拜伏。或明制适下，试令搜扬，则驱驰府寺，请谒权贵，陈诗奏

---

① 王符著，汪继培笺：《潜夫论》卷2《考绩》，上海古籍出版社1978年版，第75页。
② 陈寿：《三国志》卷1《武帝纪》，中华书局1982年版，第49~50页。
③ 房玄龄等撰：《晋书》卷36《卫瓘传》，中华书局1974年版，第1274页。
④ 魏征等：《隋书》卷3《炀帝纪》，卷66《李谔传》，中华书局1982年版，第64~65页。
⑤ 同上，第68页。
⑥ 同上，第1545页。

记，希咳唾之泽，摩顶至足，冀提携之恩。故俗号举人为觅举。夫觅者，自求之称，非人知我之谓也。察辞度材，则人品可见矣。故选曹授职，喧嚣于礼闱；州郡贡士，争讼于陛闼。"①觅举即毛遂自荐，觅举之人在当时多为无特殊社会关系的"不为人知"者，所以才需"陈诗奏记"，奔走于权贵之间，希望得到他们的赏识和提携。②毛遂自荐之举在隋唐之前虽偶有所见，但始终未被纳入取士制度中，更遑论产生广泛的社会影响。唐代的"怀牒自进"对于激发士人奔竞求仕之心、扩大取士制度的社会基础之功效，由"觅举"之风可见一斑。

唐代举子虽可"怀牒自进"，但由于在府州解试和中央级省试之间存在行卷（公卷）、公荐、通榜等环节，带有明显的前代荐举痕迹，使得科举的开放性与公平性均受到一定局限。到唐代后期，声誉在录取中起着越来越重要的作用，乃至于"先声夺人"，尤其是随着应举人数的增多，没有一定声誉者，会大大增加被"遗漏"的概率，诚如柳宗元所言："所谓先声后实者，岂唯兵用之，虽士亦然。若今由州郡抵有司求进士者，岁数百人，咸多为文辞，道今论古，角夸丽，务富厚。有司一朝而受者几千万言，读不能十一，即偃仰疲耗，目眩而不欲视，心废而不欲营，如此而曰吾能不遗士者，伪也。唯声先焉者，读至其文辞，心目必专，以故少不胜。"③由此而造成唐代科场请托奔竞之风盛行，"收入即少，责争第急切，交驰公卿，以求汲引，毁訾同类，用以争先"，其结果，不仅"浸以成俗，亏损国风"④，而且请托关节带来的权贵干扰、垄断科场也损害了科举的公平性，以致"贡举猥滥，势门子弟，交相酬酢，寒门俊造，十弃六七"。⑤出身寒微的平民子弟若无显贵相荐，则难入杏门，只能发出"空有篇章传海内，更无亲族在朝中"之愤慨。为了从制度上堵住权势干扰取士的漏洞，唐代科举不得不增设覆试环节。到了宋初，为杜绝科场"因缘挟私"，遂"诏礼部贡举人，自今朝臣不得更发公荐，违者重置其罪"，⑥宋代科举的开放性与公平性自此得以增强。自隋唐至明清，科举对报考资格的限制越来越少，宋代已允许工商、"杂类"人等报考，清代除倡优、皂隶之家与居父母丧者外，原则上所有人均可报考。

自由报考意味着报考资格从封闭走向开放，使选拔对象的范围从少数人扩大到社会各阶层，几乎所有的知识分子都被纳入其轨道，选拔出真才的概率自然比封闭的体制要高得多。更重要的是，自由报考使人人享有了平等竞争的机会。早在唐末五代时，就有人感叹科第之设，使有才干的草民得以出人头地，无其才的

---

① 杜佑：《通典》卷17《选举五》，商务印书馆1935年版，第94～95页。
② 吴宗国：《唐代科举制度研究》，辽宁大学出版社2001年版，第222页。
③ 柳宗元：《柳河东集》卷23《送韦七秀才下第求益友序》，上海人民出版社1974年版，第398～399页。
④ 杜佑：《通典》卷17《选举五》，商务印书馆1935年版，第97页。
⑤ 刘昫等：《旧唐书》卷164《王播传》，中华书局1975年版，第4278页。
⑥ 李焘：《续资治通鉴长编》卷4，中华书局2004年版，第105页。

王孙公子沉迹下僚。① 比起世卿世禄或任人唯亲的选官制度，不问阀阅、凭才取人的科举制度，可以说是在等级森严的中国封建社会中难得的一项具有公平精神的制度。②

二、取士标准：从主观到客观

在科举时代，取士标准直接关系到考试录取的结果与考试制度的成效，同时也与公平攸关。取士标准的划分大体上有两个维度：主观与客观。主观的取士标准难以量化，对其把握受到人为主观因素的影响，因而可能产生个体判断上的差异；客观的取士标准则可量化，便于进行刚性的衡量与取舍，不受个体主观因素的影响。中国历史上的官员选任制度，大致可划分为世袭任官、推荐选举与考试选拔三大类。其中，世袭任官的标准是单一的"'血'而优则仕"，无所谓选拔。以察举为代表的推荐选举（荐选）和以科举为代表的考试选拔（考选）则分别与主观标准和客观标准相对应。取士标准从主观的荐选走向客观的考选，且越来越刚性，是科举制度公平诉求的必然结果。

在科举建制前的官员选任办法主要是荐选，如周代的选士制度、汉代的察举制、魏晋南北朝的九品中正制等。即使到了隋唐，科举的有些环节如"行卷"、"公荐"等，如前所述，也带有前代荐举遗风。荐选的依据主要是士人的德行、道艺与才能，如周代选士制度评选人才的标准分为三等："德行为上，其次治事，再次言语，一律皆采取平日的素行。"③ 九品中正制也同样，人才品第的高下，主要依其资历与品德，而品德所依据的仍是人才所在地的群众舆论与公共意见。荐选固然可以将人才分为三六九等，官吏的任用黜陟表面上看好像有了客观标准，但分等的过程却难以量化，无论是德行、治事抑或言语的高下，都取决于评定者的个人判断，受制于主观因素的影响。

隋炀帝大业元年，置进士科，策试诸士，遂开考选之先河。其实早在北朝，已出现门资比重日益降低、才学比重越来越大、察举制逐渐朝"以文取人"方向发展的趋势，考试日渐成为察举的中心环节。但北朝的察举选士仍须先由州郡保举，然后由朝廷策试，并非自由竞争。而隋选进士，是州郡策试在前，朝廷策试在后。所以，从程序上看，后期的察举是选举与考试并行，其基本精神仍难脱选举之窠臼，科举则是纯粹的举行考试了。④ 相应地，隋朝以后，取士标准也发生了变化，

---

① 王定保：《唐摭言》卷三，古典文学出版社1957年版，第43页。
② 刘海峰：《科举制长期存在原因析论》，载《厦门大学学报》（哲学社会科学版）1997年第4期。
③ 沈兼士：《中国考试制度史》，台湾商务印书馆1995年版，第7页。
④ 同上，第87页。

"主要以考试成绩决定取舍",① 宋代以降,更是"一切以程文为去留",② 取士标准越来越刚性。

荐选与考选这两种办法本无所谓高下优劣,而是各有短长。荐选由于看重"平日之素行"而非一时之表现,与"选贤与能"的初衷有较高的一致性,因而,比之以单次考试来评定举子的做法有更高的效度。事实上,荐选使用之初,也确有其效。中正初设,"所论惟在德行,重清议,据行实以登下其品第,以是立名教之防,使知名勇功之士,不敢有裂冠毁冕之为。"③ 然而,言采易见,德行难知;策试可凭,考察难见。荐选的流弊如前所论,由于无法量化,极易困于人情。

荐选与考选最大的不同在于,前者是"人对人",后者是"人对文"。"人对人的好处是常能看到人的全部:不仅文章、学问,还有德行、才干;也不仅一时表现,还有平日作为,乃至家世根底,但假如推荐者私心膨胀而又外无制约,荐选也易生营私、结派、请托、谬滥的流弊。"④ 因此,荐选的效果完全取决于评选者的素质。"人对人"的主观性,容易造成荐选实践中"泥沙俱下",与才干相关的学问、德行、能力以及与才干无关的门第、奔竞、请托,都可能影响荐选的过程及结果。荐选的目的本来在于举荐贤才,非俊莫用,但从史实来看,各种荐选制度无一例外地陷入人情的泥潭不得自拔,造成荐选结果名实不符、唯在门第。"据上品者,非公侯之子孙,则当涂之昆弟也。二者苟然,则荜门蓬户之俊,安得不有陆沉者哉",⑤ 这种不公平极大地挫伤了广大平民上进的积极性。

荐选与考选互有短长,可相得益彰。正是由于荐选流弊重重,取士制度在隋唐有了历史性的突破,由以往"人对人"的荐选变成"人对文"的考选。考选有效地避免了荐选易羁于人情之流弊:"用一种客观的测验方法,来判断各方面所举的人是否贤能?这一作用,不独可以判断贤否,而且可以避免恩怨,就成为考试制度的精神所在了。"⑥ "人对文"的考选有如当今的高考,评判者面对的是考卷而非考生本人,从而过滤了"人对人"办法中荐举者对于被荐者爱憎、好恶的私见与偏颇,有利于客观公正地选拔才俊之士。尤其到了明代,考试文体变为八股文后,衡文的刚性又迈上了新台阶,取士办法更加客观、公平、公正,"科举取人用考试的方法,完全依据客观的尺度做取舍的标准,考官丝毫不能任意出入。所以自唐代奠立科举制度以后,凡属具有真才实学的人不难有脱颖而出的机会,这是用人唯才主

---

① 张希清教授认为,在隋唐五代及宋初,决定科举取舍的因素有"通榜"、"公荐"等推荐的成分,举人的程文即试卷所起的作用反而甚小。直到宋仁宗庆历元年废公荐,罢公卷,程文始成为评定艺业、决定去取的唯一根据。因此,在庆历元年之前的四百多年间,均非"一切以程文为去留",而是"主要以考试成绩决定取舍"。详见其《科举制度的定义与起源申论》,载《河南大学学报》(社会科学版)2007 年第 5 期。
② 陆游:《老学庵笔记》卷 5,上海书店 1990 年版,第 5 页。
③ 沈兼士:《中国考试制度史》,台湾商务印书馆 1995 年版,第 54 页。
④ 何怀宏:《选举社会及其终结:秦汉至晚清历史的一种社会学阐释》,生活·读书·新知三联书店 1998 年版,第 93 页。
⑤ 房玄龄等:《晋书》卷 48《段灼传》,中华书局 1974 年版,第 1347 页。
⑥ 同③,第 35 页。

义的实际应用,实足以救'乡举里选制度'之穷,防'九品中正制度'之弊,这又是中国政治发展史上的一种大改革。"①

当然,考选办法采行客观、刚性的取士标准也有一定的局限性,在克服荐选流弊的同时,也丢弃了荐选"重平日素行"之所长,并因此屡遭非议。千余年的科举史上,在提议改革或废止科举时,曾屡次尝试以德行荐举人才,取士标准常在"以德举人"与"以文举人"之间"拉锯",但结果总是客观的"文才"标准胜出,主观的"德才"标准无疾而终。例如,明朝朱元璋政权建立伊始,即下诏"特设科举,务取经明行修、博通古今、名实相称者。……使中外文臣皆由科举而进,非科举者毋得与官",但三年后,朱元璋发现"所取多后生少年,能以所学措诸行事者寡。"② 这让对科举寄予厚望、"以图至治"的朱元璋大失所望,遂诏令罢废科举,"别令有司察举贤才",并提出"以德行为本,而文艺次之"③ 的荐举标准。由于荐举结果无法量化,"所举者多名实不称,徒应故事而已",④ 因此,在停罢科举十年后,明政府又不得不恢复采用它。

科举考试文体的变迁也反映出取士标准的这种走向。科举考试文体在唐代重策重诗赋,宋代重策论、经义,明清只重八股制艺,放在明清科举三场考试中头场的八股文是科举的首要内容,成为举子跻身仕途的"敲门砖"。之所以如此,不仅因为文兼众体的八股文能满足科举对举子进行多方面考核和必须有相当难度与区分度等要求,而且因为它具有"规范竞争,防止作弊,客观衡文"⑤ 等功用,从而使作文这种主观性很强的文体变成一种标准化考试文体,以便最大限度地降低因主观评分误差而导致的结果不公平。

正是由于人的道德品质较难客观评量,以德行取士无法保障公平公正性,科举每次都旋罢旋复,最后不得不回到标准刚性的"以文举人"的老路上来。刚性、客观的标准有利于排除人为因素的干扰,使"'科甲'面前人人平等"成为可能。取士标准的变革越来越朝向客观的考试方向发展,实在也是选才发展的规律所使然。

三、考试录取:从追求考试公平到兼顾区域公平

考试录取既是一个关系到考生竞争结果的技术问题,也是一个影响到社会稳定的政治问题。科举在考试录取上存在着考试公平与区域公平孰轻孰重这一千古难题。考试公平是指依据考试成绩公平录取考生,区域公平是通过区域配额来控制地

---

① 沈兼士:《中国考试制度史》,台湾商务印书馆1995年版,第105页。
② 张廷玉等:《明史》卷70《选举》,卷137《刘三吾传》,中华书局1974年版,第1695~1696页。
③ 中央研究院历史语言研究所校勘:《明太祖实录》卷79,上海古籍书店1983年版,第1443页。
④ 中央研究院历史语言研究所校勘:《明太祖实录》卷134,上海古籍书店1983年版,第2122~2123页。
⑤ 刘海峰:《八股文百年祭》,载《厦门大学学报》(哲学社会科学版)2001年第4期。

区之间考中人数的悬殊差异；考试公平倚重考试结果，区域公平则偏重地域均衡。总体而言，科举录取从开始阶段单纯追求考试公平，逐渐演化为在注重考试公平的同时，兼顾到区域公平。①

隋代和唐初的科举中，地方级别的州郡考试沿袭东汉以来的"均衡举额制"，按人口比例举送考生，但在全国一级考试则不分地区取中，完全奉行"自由竞争"的考试公平原则。盛唐以前，由于考试内容以经术为主，北方士子往往更守先儒训诂，质厚但不善文辞，而南方士子正好相反，好文学而轻经术，致使北方人在科场竞争中占有绝对优势。例如，唐代357名宰相中，北方人占91.3%，南方人仅占8.7%。② 及至唐朝后期，科场开始崇尚文学性质十分突出的进士科而冷落以儒家经术为主的明经科，加之经济、文化、教育重心因战事而逐渐南移，北方士子在科场竞争的优势逐渐减弱，南方士子的优势则明显增强。

到了宋代，科场录取人数比例开始出现南北倒置现象，从北宋可考的9 630名进士中4.8%为北方人、95.2%为南方人③这一事实便可见一斑。由此，引发了宋英宗治平元年（1064年）一场分别以朝廷重臣司马光和欧阳修为代表的科举取才南北地域之争。司马光力主在考卷上"各以逐路糊名，委封弥官于试卷上题以在京师、逐路字，用印送考试官，其南省所放合格进士乞于在京、逐路以分数裁定取人"，④ 并提出逐路取人的具体比例。欧阳修则认为，科举比于前世"最号至公"的原因即在于其"不问东西南北人，尽聚诸路贡士，混合为一，而惟材是择"。而且，由于东南之士初选已精，故至省试合格者多，西北之士学业不及东南，初选已滥，故至省试不合格者多。若一律按统一比例录取，则东南之人应合格而落选者多，西北之人不合格而得者多，这样是取舍颠倒、能否混淆，会造成另一种不平等。因此，他主张"且尊旧制，但务择人，推朝廷之至公，待四方如一，惟能是选，人自无言"。⑤ 结果仍依成法，一切以程文定去留。这场争论既包含朝廷政治势力博弈的因素，也反映了科举录取的考试公平与区域公平之矛盾。

明初，南方举子在科场的压倒性优势依然如故，考试公平与区域公平的矛盾愈积愈深，以致爆发了充满血腥味的"南北榜事件"。明洪武三十年（1397年），刘三吾主考会试，"榜发，泰和宋琮第一，北士无预者。于是诸生言三吾等南人私其乡。帝怒，命侍讲张信等覆阅，不称旨。或言信等故以陋卷呈，三吾等实属之。帝益怒，信蹈等论死，三吾以老戍边，琮亦遣戍。帝亲赐策问，更擢六十一人，皆北

---

① 郑若玲：《大规模考试录取公平诉求的历史考察与启思》，载《教育与考试》2009年第6期。
② 傅衣凌：《唐代宰相地域分布与进士制之"相关"研究》，载《社会科学》1935年12月第1卷第4期。
③ John W. Chaffee，*The Thorny Gates of Learning in Sung China: A Social History of Examinations*，Cambridge: Cambridge University Press，1985，pp. 132 – 133.
④ 司马光：《司马温公文集》卷5，商务印书馆1936年版，第22~23页。
⑤ 欧阳修：《欧阳修全集》（下）卷17《政府》，中国书店1986年版，第894~895页。

士。"① 在这一事件中，刘三吾所取皆南士其实是坚持"择优录取"和"考试公平"原则的结果，而朱元璋处死或发配考官和状元、亲自主考和阅卷且所取皆为北士，则明显带有地域笼络的政治色彩。明仁宗洪熙元年（1425年），这一问题再次被提出，仁宗认为"科举之士需南北兼取……比累科所选，北人仅得十一，非公天下之道"，② 遂令大臣讨论具体名数。大学士杨士奇提出南北分卷的设想。两年后，南北卷制度正式实施。

到了清初，会试取中分为南卷、北卷和中卷。例如顺治九年（1652年），会试取进士共400名，其中，从浙江、江西、福建等地取南卷233名，从山东、山西、河南等地取北卷153名，从四川、广西、云南等地取中卷14名，南、北、中卷的取中定额占总定额的比例分别为58%、38%、4%。但这样的划分还是比较粗糙，省区之间的录取机会仍有很大差距。所以，到了康熙五十一年（1712年），"以各省取中人数多少不均，边省或致遗漏因废南、北官、民等字号，分省取中。按应试人数多寡，钦定中额。"③

显然，按区域录取且区域划分越来越细并最终被分省定额取中制度所取代，在很大程度上是出于追求区域公平的政治考虑。分省定额取中、注重区域公平的做法虽然与"唯文是论"的考试绝对公平原则有某些矛盾之处，但明显缩小了地域间人文教育水平的差距，对于调动落后地区士人的学习积极性、维护中华民族统一等都有积极意义。例如，清政府为安抚孤悬海外的台湾，于福建乡试的录取名额中专为台湾士子设立了保障名额，台湾考生的举人配额从康熙时的1名逐渐增加到咸丰以后的6名。在会试一级，从乾隆以后规定在福建省名额内专门编出"台"字号，如果台湾籍会试举人在10名以上，就至少取中1名进士。这种优待办法使台湾士子欢欣鼓舞，更加热衷于渡海来大陆参加乡、会考试，增加了台湾读书人对中央政府的向心力，有利于国家的统一和民族凝聚力的加强。④ 科举录取从追求考试公平走向兼顾区域公平，有其深远的政治意图，有利于均衡地域教育文化水平差异，扶持弱势地区的社会发展。

四、考试规制：从简疏到繁密

科举除了在报考资格、取士标准、考试录取等几个主要方面进行了划时代的公平变革外，在考试规制与防弊技术方面也日臻严密。如果说，科举在唐代主要注重"以法治考"，规制也尚显简疏，到了清代，从规制的颁行到贡院的形制则已繁密

---

① 张廷玉等：《明史》卷70《选举》，卷137《刘三吾传》，中华书局1974年版，第3942页。
② "中央研究院"历史语言研究所：《明仁宗实录》卷9，"中央研究院"历史语言研究所1962～1966年版，第290页。
③ 赵尔巽等：《清史稿》卷108《选举志》（三），中华书局1976年版，第3158页。
④ 刘海峰等：《高校招生考试制度改革研究》，经济科学出版社2009年版，第9页。

周详，对弊窦的惩处也异常凌厉，直至成为一种各环节"滴水不漏"的"至公"之制度。

为防范科举中的舞弊现象，保证科举活动的公正性和制度的严肃性，历朝历代都颁行了详略不同的考试规制。唐代颁布了"废举者"、"坐州长"等诸多法令，对考试不实者作出详细的法办规定。在《唐律疏议》、《唐六典》、《册府元龟》等典籍中均可找到有关科举的法令规制，并实行了入场搜检、考官锁院、别头试、覆试等关防弊窦的手段。宋元两代也各有不少科举条规或法令，如《宋大诏令集》便收录了35条科举诏令，在宋代编敕中也有不少关于科举的单行法，如《天圣礼部考试进士敕》、《至和贡举条制》等；《元典章》之《礼部·学校》和《大元通制条格》之《学令·科举》中，也有许多关于科举的法令，其中《科举程序条目》对元代科举的考试程序、考官选试、取中数额、科场规则等都作了详明的规定。①宋代创建的殿试制度、糊名法、誊录法与双复位等第法，对后世科举乃至现代考试都产生了重要影响，极大地提升了科举的严密性与公平性。明代科举在考官选任、考场、阅卷以及取录各环节已形成一套严密的规制，还形成了明远楼、号舍等独特的贡院形制，从明远楼到至公堂，从外帘到内帘，贡院的所有建筑布局谨严有序，蕴含着统治者力求维护考试权威和保证考试公平的良苦用心，使明代科举赢得"天下之公"的美誉，时人亦认为"我朝二百余年公道，赖有科场一事"。②到了清代，由于清廷乃"部族政权"入主中原，出于稳固统治基础的考虑，将科举作为"羁縻牢笼"手段之意图格外急迫，"乡会两闱，乃国家抡才大典，必须防范周密，令肃风清，始足以遴拔真才，摒除弊窦。"③所以，清代不仅承袭明代的贡院规制，而且频频立法，以严防弊窦，死守公平，笼络人心。由杜受田等修、英会等撰的《钦定科场条例》便是清代考试规制的最集中体现，洋洋大观达60卷之多，对科举各层级、各环节的考试事宜以及违纪惩处都作了非常细腻的规定，可谓密于凝脂、不厌其详，而且还根据实际发展需要每十年增修一次。

明清两代尤其是清代的科举考试与防弊规制可谓集历代之大成者，"没有研究过贡院规制和科举程序的人很难想象其严密精细的程度，研究过贡院规制和科举程序的人则很难忘却其严密精细的程度。"④例如，为防举子夹带，对举子在试场的服式、用具等都作了严格规定："帽用单层毡，大小衫袍褂，俱用单层，毡衣去里，裤裤绸布皮毡听用，止许单层，袜用单毡，鞋用薄底，坐具用毡片，其马褥厚褥，概不许带入，至士子考具卷袋，不许装里，砚台不许过厚，笔管镂空，水注用瓷，木炭止许长二寸，蜡台用锡，止许单盘，柱必空心通底，糕饼饽饽，各要切

---

① 刘海峰：《科举学导论》，华中师范大学出版社2005年版，第280~282页。
② 王世贞撰，魏连科点校：《弇山堂别集》卷84《科试考》，中华书局1985年版，第1604页。
③ 昆冈等修，刘启端等纂：《续修四库全书》，《钦定大清会典事例（六）》卷三四一《礼部·贡举·整肃场规》，《钦定科场条例》（二），上海古籍出版社1995年版，第391~392页。
④ 刘海峰：《科举学导论》，华中师范大学出版社2005年版，第290页。

开。……至考篮一项，或竹或柳，编成玲珑格眼，底面如一，以便搜检。至裈裤既用单层，务令各士子开襟解袜。"① 可见，贡院关防之缜密、监视之严厉，"几有鸟飞不下蝇萤不入之势。"②

再如，明清科举阅卷环节有"搜落卷"之法，主考官除阅读分房考官的荐卷外，还对未中式的落卷尽数搜阅，以防考官"误抹佳文"甚至"挟私妄抹"，造成遗珠之憾；不仅如此，还在乡、会试开榜后，由礼部、顺天府等处出示，十日内令落第士子阅看或领回落卷，旨在令士子信服，防止弊窦，以示至公。此举既可督促考官严谨判卷，又可平反冤案和安抚落第士子，以杜绝科场舞弊、维护科举公平。更重要的是，可以促使政府将所有阅卷过程出现的问题及制度上的漏洞在发领落卷之前尽最大努力加以解决，以保持社会稳定。③ 这一环节不仅前无古法，也为当今考试所不及。

除了颁行周密的规制，清朝还对科场舞弊事件刀挥斧砍，制造了一起起惊心动魄的科场案。清廷正是通过严密规制、严肃法纪和严惩舞弊，来维护科举作为"抡才大典"的公平与权威，以实现其奉为圭臬的"至公"理念。是故，清代科举"立法之周，得人之盛，远轶前代"。④

五、现实启思

从科举变革的历史梳理不难看出，无论政权如何更迭，帝制政府始终不遗余力地以公平为依归对选才制度进行改革，换言之，公平始终是科举变革的"关键词"。科举正是通过千余年的公平变革，最终成为一种不仅有广泛世界影响而且有深远历史影响的制度，在追求公平方面，更是一个永恒的典范。同样，在当今中国，高考改革的公平问题也可谓是一根牵动社会的"敏感神经"，高考哪怕一个小小的改革，也会经由民众的关注使其社会影响被无限放大。"公平是社会大众对高考最为关注的一个方面，也是高考制度的基本功能和精神之所在。"⑤ 是故，高考自建制以来的几乎每一项改革，都与"公平"二字紧紧捆绑在一起，尤其是近年来，教育部在提升高考的公平性上可谓不遗余力。

由于历史、传统、观念、文化、制度、现实国情等诸多原因，高考改革仍存在诸多不如意与不公平，其考试形式、考试科目、考试内容、录取机会、志愿填报、

---

① 昆冈等修，刘启端等纂：《续修四库全书》，《钦定大清会典事例（六）》卷三四一《礼部·贡举·整肃场规》，《钦定科场条例》（二），上海古籍出版社1995年版，第173页。
② 邓嗣禹：《中国考试制度史》，国民政府考选委员会1936年影印版，第332页。
③ 贺晓燕：《试论清代科举制度中的"发领落卷"政策》，载《第六届科举制与科举学国际学术研讨会暨中华炎黄文化研究会科举文化专业委员会第一次会员大会论文汇编》，杭州师范大学人文学院2010年版，第150~160页。
④ 赵尔巽等：《清史稿》卷108《选举志》（三），中华书局1976年版，第3149页。
⑤ 刘海峰：《高考改革首重公平》，载《光明日报》2005年6月22日。

高考加分、综合评价、自主招生等方面的改革，无一不在公平、科学与效率之间徘徊取舍，在各种矛盾或两难中百转千回。高考改革的一些新举措，在克服传统弊端的同时，又带来了新的不公平。因此，高考作为一项规模大、牵涉广、难度高的改革，非常需要"瞻前顾后"、放眼权衡。这就要求高考改革既要置身于宏阔的现实与国际背景，又要有辽远的历史视域。然而，在当下高考制度的公平建设过程中，有一种需要检视的现象：越来越多的人热衷于推介"他山之石"如美国、日本等国家和我国台湾地区的先进经验，不乏"往外看"，确使改革的视域日益宽广，让人欣慰；却鲜有"回头看"，缺乏对我国考试历史与考试文化的淘沙与探寻，令人惋叹。而历史与文化对高考改革的影响力，实际上远大于域外的影响力。在我国这样一个有着悠久考试历史传统与深厚考试文化积淀的国度，高考改革"回头看"尤其重要与必要。

"观今宜鉴古，无古不成今。"同为大规模竞争性考试，古代科举与当今高考有许多相通、相似乃至相同之处。科举的公平理念与措施不仅在历史上具有先进性与现代性，在当今社会仍具有普适性，有些做法的公平程度至今未被超越，有相当丰厚的历史遗产值得今天的高考所继承。我们不能因为科举废止百年来社会对它"一边倒"的批判而患上"历史健忘症"。科举虽已停罢，但深含公平精神的考试选才方式却没有而且不可能被废弃。[1]

考试改革须首重公平，是科举给高考最重要的启思，也是科举留给当今社会最宝贵的文化遗产之一。历朝历代有关科举的变革与争议，无一不以"公平"为重心，正如美国学者费正清所说："在一个我们看来特别注重私人关系的社会里，中国的科举考试却是惊人地大公无私。每当国势鼎盛、科举制度有效施行时，总是尽一切努力消除科场中的徇私舞弊。"[2] 虽然从变革动机的深处看，科举制度的公平建设因与权贵的既得利益相冲突，可能并非基于改革者内心真正的公平理念和"以民为本"思想，而是出于统治者维护和稳固政权的需要，但从变革的结果看，科举的公平建设产生了实实在在的社会效益，使这一制度日臻完备，长存千余年之久，成为帝制统治秩序坚如磐石的重要支柱和中国古代文化绵延不绝的重要基石。这样的社会效益理应冲破时代与政治的藩篱，为当今中国社会所追求。作为当今中国影响最重大、最广泛的教育制度之一，高考的不公平可以说是我国一个潜在却不容忽视的社会安全隐患。因此，高考改革必须首重公平。这既是保护民众个体权益的需要，也是维护国家政局稳定的需要。[3]

再者，由于科举与高考有诸多惊人的相似，它的许多规制可以成为高考改革的重要参考。例如，近年来高校自主招生、保送生制度、高考加分、综合素质评价等

---

[1] 郑若玲：《科举学：考试历史的现实观照》，载《厦门大学学报》（哲学社会科学版）2000年第4期。
[2] ［美］费正清著，孙瑞芹、陈泽宪译：《美国与中国》，商务印书馆1971年版，第41页。
[3] 郑若玲：《高考公平的忧思与求索》，载《北京大学教育评论》2010年第2期。

改革，都与招生标准的取舍密切相关，改革中引发的公平争议，与科举取士标准中关于荐选与考选孰优孰劣、"德行"与"文艺"孰轻孰重之争如出一辙；高考录取的地域歧视之争，与科举录取中考试公平与区域公平之争有本质的相似，与之相关的"高考移民"则是科举"冒籍"的现代版；高考标准化考试题型僵化与内容局限等非议，与八股文（标准化试题之滥觞）考试的优劣利弊之争也有颇多共性；当今高考一些主观题阅卷的"秒杀"速度，与科举阅卷的谨严认真形成强烈反差；等等。这些问题、争议及其改革，都可以直接或间接从科举中吸取经验教训。此外，科举考试的覆试、磨勘、双复位等第法、考试立法、"搜落卷"等措施，对高考的形式改革、考试严密性、考试法制建设、高考评卷等也不无启思与借鉴。

科举对清代社会流动的影响

——基于清代朱卷作者之家世分析*

科举制度建立后,随着用人标准向"以文取人"的转变,统治阶层原有的单一封闭的社会成分结构开始受到冲击。尤其是宋代以后,科举在社会政治生活中地位日重,统治阶层社会成分结构也发生了前所未有的变化,并对其时的政治、教育和文化产生了重大影响。科举与社会流动的关系,因此成为历史学界和社会学界研究的兴奋点。关于科举对社会流动的影响,古今中外已有大量定性或定量研究,大致归为三派,即流动派、非流动派和中间派。流动派认为科举促进了阶层的上下流动,以潘光旦和费孝通、柯睿格(E. A. Kracker)、何炳棣等人的研究影响较大。以海姆斯(Robert P. Hymes)、哈韦尔(Robert A. Hartwell)和艾尔曼(Benjamin A. Elman)等人为主要代表人物的非流动派,则认为科举并未造成多大的社会流动。中间派则更具弹性,一方面肯定科举改变了社会结构,另一方面又认为其对社会流动的作用和影响非常有限;中间派人数可能最众,且观点多在流动与非流动间徘徊,张仲礼、贾志扬(John W. Chaffee)、李弘祺等人均持此论。

上述三派观点之所以笔争不断,舌战不辍,概因受史料时代和地域差异、样本大小、研究方法不同等因素影响。同样的史料,从不同角度或取不同方法分析,可能得出不同结论,这也许是"科举促进社会流动的功能和结果既没有流动派所说的那么大,也没有非流动派所说的那么小"[1] 等观点占主流的原因之一。"科举到底引起了多大的社会流动"一直是科举学界的热点与公案,[2] 由于观点截然对立,仍不断引发后学者的好奇,笔者也因此加入这一行列。本文选取《清代朱卷集成》[3] 为研究史料,试图通过对有清一代近八千份朱卷的作者之家世调查,得出自己的看法。

---

* 原载《厦门大学学报》(哲学社会科学版)2007 年第 5 期。
[1] 刘海峰:《科举学导论》,华中师范大学出版社 2005 年版,第 242 页。
[2] 刘海峰:《"科举学"的世纪回顾》,载《厦门大学学报》(哲学社会科学版)1999 年第 3 期。
[3] 顾廷龙主编:《清代朱卷集成》(全 420 册),台湾成文出版有限公司 1992 年版。

一、研究史料

《清代朱卷集成》是一套总数达420册之巨、弥足珍贵的朱卷大集,收集了进士、举人、贡生卷共计8 364份。取其为研究史料,主要受潘光旦和费孝通的朱卷研究之启发①。朱卷,即举子的考试卷,一般由三部分组成:一是考生履历,包括考生姓名、字号、出生年月、籍贯、世居地、师承、同谊,以及本族、姻亲和母系等谱系情况;二是科份页,载有本科科份、考生中式名次、考官的姓氏、官阶和批语等;三是考生文章。本研究所取乃考生履历的部分内容,包括考生籍贯、世居地、父祖上五代以及岳父和外祖父之功名与官阶情况。

除朱卷外,各种科举录和传记材料(包括个人传记和各地方志所撰传记)等,也是史学界研究科举与社会流动惯用的研究材料。相比而言,朱卷不仅所载家族史料详细具体,而且由于使用场合的严肃性,信息的准确度较高,其研究价值不言而喻。科举录则因受篇幅所限记载较为简单,而传记性材料通常又存在一些漏洞或缺陷,如何炳棣所指出:一是缺乏传主的个人家庭背景资料(除非其祖先是高官显贵或有特别的才能和贡献);二是传记材料的选择通常带有偏见,传主的材料有可能被夸大或刻意隐瞒,或者受编撰者个人主观因素影响。② 朱卷研究因此越来越为史学界所青睐。

本研究在剔除全部8 364份朱卷中仅存文章的无效残卷后,共得有效卷7 791份,其中,会试卷1 568份,乡试卷4 869份,贡生卷1 354份。这样的一个样本量是多是少呢?关于朱卷数量,刘海峰认为,假如每位进士、举人和贡生都有一份朱卷,那么从理论上说,清代至少应有朱卷18万份以上,但各地现存朱卷仅有15 000

---

① 就笔者视野所及,迄今为止,取朱卷为史料对科举与社会流动关系进行研究较有影响的成果,主要有潘光旦、费孝通的《科举与社会流动》(《社会科学》1947年第1期)和张杰的《清代科举家族》(社会科学文献出版社2003年版)两项。潘光旦和费孝通的研究主要以朱卷履历为调查对象,但其利用的仅有当时所能收集到的全部朱卷915份(盖因样本较少,对进士、举人和贡生卷未作区分)。尽管如此,潘、费之研究仍因开先河而具有重要的学术价值,本文的研究方法便直接得益于之。区别之处在于本研究样本数量更大,且依举子功名高低做了分层归类,以便考察各层举子社会阶层流动的差异性。此外,本研究所考察的举子外祖父和岳父之功名情况,也是潘、费研究所未及。但因角度与方法基本相同,潘、费研究成为本研究的极佳参照。张杰的《清代科举家族》一书,也是以《清代朱卷集成》所载朱卷为基本史料,对一些有典型意义的科举家族进行研究。在与本研究直接相关的该书第五章《社会流动》中,作者分别从"应试中的水平流动"、"中举者的垂直流动"和"由乡村向城市的迁移"等方面,对科举与社会流动作了定性和定量研究。其中,所作的阶层垂直流动主要根据陕西23份举人履历,来统计非科举家族实现整个家族垂直流动(变成科举家族)所需时间。可见,其重点是放在少而又少的科举家族而非普通家族上;由乡村向城市的迁移,则主要从清代顺天乡试外地考生与外地官员人数的对应关系,来看科举对士人居住地的迁移影响。张杰的研究与本研究虽取同一史料,研究角度却颇有不同,所用方法亦归趣甚异。就量化研究而言,此项与本研究不具有可比性。

② Ho, Ping-ti. *The Ladder of Success in Imperial China: Aspects of Social Mobility, 1368–1911*, New York: Columbia University Press, pp. 95–97, 1962.

种左右。① 假如这一推算大体准确的话,相比于理论上应有的朱卷数量,本研究的取样无疑只是非常小的一部分,若以整个科举时代举子数量而论,则更微不足道,以此来考量科举与社会流动之关系,不免管窥蠡测,难见全貌。但由于各种原因特别是近代以降中国社会变革频仍,朱卷类史料绝大多数已烟消云散、了无踪迹。若以现存朱卷数而论,则本文的统计量还是不算少的。何况,《清代朱卷集成》的朱卷数在迄今同类文献中已为最多者。本文冀望通过《清代朱卷集成》这扇不小的窗户,能清晰透视科举与社会流动的关系。

研究科举对社会流动的贡献,最常用的方法是分析科第人物的家世出身。本研究亦取此法,并采用 Excel 做分项统计。在科举时代,科考功名对于普通民众所处阶层起着至为关键的作用,即便是那些达官显贵家庭,也需凭借功名维持乃至提升其家族地位②,所谓"科第之设,草泽望之起家,簪绂望之继世;孤寒失之,其族馁矣;世禄失之,其族绝矣。"③ 因此本文的阶层划分主要以功名为据,将功名类型分为进士、举人、贡生、生员、其他④和无功名共计六类。

二、统计分析

统计科举所造成的社会流动,尽管一般都是计算各类中式者出身于平民或各级官员(包括各级功名)家庭的比例,但在具体的统计口径上又略有不同,例如,何炳棣的统计口径较为宽粗,是以"人次"计,即无论上三代先祖出了几个功名(含官职),均计为 1 人次。潘、费之统计则以"人数"计,较前者更为精细,但他们仅将功名分为上、中、下级和无功名四类,"无功名"范围较宽,包含了"其他"类,笔者的统计口径则将这二者做了区分。与此同时,笔者也采用潘、费的口径,试图通过不同口径统计结果的比照,对科举造成的社会流动作出更全面的估算。以下分别从祖上功名、姻亲和母系功名、城乡分布等维度来看科举对清代社会流动的影响。

---

① 刘海峰:《科举学导论》,华中师范大学出版社 2005 年版,第 249 页。
② 如贾志扬所认为,南宋的官员们往往选择以考试而非其他因素(如武力)来维持其家族地位,因为他们意识到,不是由考试竞争得来的家庭财富往往缺乏安全和保障(详情请参阅 Chaffee, John W., *The Thorny Gates of Learning in Sung China: A Social History of Examinations*, New York: Cambridge University Press, 1985, pp. 187 – 188)。
③ 王定保撰,姜汉椿校注:《唐摭言校注》,上海社会科学院出版社 2003 年版,第 180 ~ 181 页。
④ 由于大量举子先祖的身份只有官职或封典,并无功名记载,而我们又无法根据官职或封典来判断其功名大小,只好将这样的情况专门划出"其他"类。但可以明朗的是,但凡有官职或封典者,无论其官阶是用钱买来还是以功名换来,也无论其封典是荫承其祖先之功劳还是因自己的努力而得,都与朱卷作者的功名无关,因而可将之归入有一定社会地位或经济地位的家世之列。当我们的目光投向无功名阶层时,那些功名不明者并不会影响数据统计的准确性。另一方面,若其先祖没有任何功名、官职或封典记载,以科举时代唯名是重的特点,说明他们实在是找不到可以挂靠的实名或虚名,因此,可视无功名阶层为完全的布衣出身。

（一）祖上功名

笔者先依自己的统计口径（即"无功名"与"其他"分别统计），得出各层举子上行五代均无功名的比例，进士、举人、贡生分别为 5.36%、6.72%、4.73%，平均为 6.10%，说明出身于上五代均无功名家庭的举子要想实现向上流动是相当艰难的。6.10% 这个依笔者口径统计而得的科举对社会流动的贡献比率不到潘、费所得 13.33%[①]的一半，概因统计口径的宽严不一所致。

笔者认为，潘、费取举子上五代计算过于苛严，也不一定符合家族发展的实际情况。虽然中国的传统是以五服之内为亲族，但族内的庇荫并非定数。俗话说，"人无三代富"。除极少数名门望族，一般家族若无功名可继，是难以维持五代而不衰的。因此，笔者认为统计上三代功名便足以反映阶层的流动情况。事实上，除潘、费研究外，其余的定量研究基本上都是以三代为据的。对于普通家族而言，家道中落的情况多数时候甚至就发生在一两代之内。对出身于上两代均无功名家庭而考取功名者，视之实现了阶层流动亦无不可。基于这一考虑，笔者依潘、费的统计口径，分别统计了各层举子上行二代、三代和五代均无功名者的比例。

统计表明，上五代均无功名者，进士、举人、贡生的比例分别为 10.65%、10.68%、7.31%，平均为 10.09%；上三代均无功名者，进士、举人、贡生的比例分别为 13.27%、13.41%、9.45%，平均为 12.69%。笔者认为，上三代均无功名者这一接近 13% 的比例，可以认为是清代科举开放给平民上升的道路宽度，或者说是科举在社会流动上所产生的力量或贡献。考虑到举子们在记录家世时可能牵强附会或夸大事实，这一比例实际上是一个可以确信的最小值，科举对社会流动的实际贡献很可能高于这一比例。上两代均无功名者，进士、举人和贡生的比例则分别为 17.22%、17.66% 和 13.07%，平均为 16.78%，说明有近 17% 的举子来自父祖均无功名、绝大多数可被视为布衣之家庭，实现了阶层的向上流动。

若严格按社会阶层流动的定义，只要举子自身获得的功名高于其父祖辈的功名，例如，只要举人和贡生是来自父祖为生员及其以下功名之家庭，便可视为实现了向上流动，进士则更如此。事实上，生员阶层因经济地位低微，也可将其划归于一般平民（何炳棣的研究便如此划分）。这样的统计口径虽然可能稍嫌宽泛，但作为参照还是有其统计意义的。表 1 便是按这样的划分得出的各层举子上三代均为平民的人数及比例。

[①] 潘、费所界定的社会流动是举子从上五代父祖中没有获得任何功名的布衣家庭而得功名。经过层层筛选统计，得出五代之内均无功名者的比例为 13.33%，认为这一比例便是科举考试对社会流动的基本贡献率，并据此认为，科举并非完全由已有功名的世家垄断，虽然科举成为社会流动的渠道也并不见得很宽大。

表1　　　　　　　　　各层举子上三代均为平民的人数及比例①

上三代功名构成		进士		举人		贡生		总计	
		数量（人）	比例（%）	数量（人）	比例（%）	数量（人）	比例（%）	数量（人）	比例（%）
父亲	生员	226	14.41	790	16.23	271	20.01	1 287	16.52
	无	429	27.36	1 419	29.14	333	24.59	2 181	27.99
	小计	655	41.77	2 209	45.37	604	44.61	3 468	44.51
祖父	生员	81	5.17	323	6.63	108	7.98	512	6.57
	无	330	21.05	1 070	21.98	243	17.95	1 643	21.09
	小计	411	26.21	1 393	28.61	351	25.92	2 155	27.66
曾祖	生员	40	2.55	159	3.27	60	4.43	259	3.32
	无	275	17.54	892	18.32	198	14.62	1 365	17.52
	小计	315	20.09	1 051	21.59	258	19.05	1 624	20.84
总数（人）		1 568		4 869		1 354		7 791	

注：祖父和曾祖分别基于前一代或两代也为生员或无功名者的统计。
资料来源：笔者统计所得。

统计表明，若仅计父亲一代，所有举子中有44.51%的人实现了向上流动；若以父祖两代计，有27.66%的举子实现了向上流动；若以上三代计，则也有20.84%的人实现了向上流动。其中，对进士而言，本文只统计了其出身于生员及以下家庭的人数，若将出身于举贡家庭的人员计入，其实现向上流动的比例则更大。

值得注意的是，无论基于何种口径来统计，出身于布衣家庭的各层举子中，贡生的比例始终是最低的。一般认为，功名越高，所需文化、社会和经济资源越多，布衣家庭在这些资源的占有上显然处于弱势，因而平民子弟考中功名的概率与功名大小理应成反比。由此推之，出身于布衣家庭的举子应以进士最少，贡生最多。但笔者的统计却与这一推论恰恰相反。原因何在？是否可以归因于贡生的家庭背景？贡生是从生员中经考试选拔优秀者贡入国子监者，但这种由学政主持的选拔考试远不及政府组织的乡、会试严格，人为因素的侵扰可能更多。再者，有些贡生头衔可以通过捐纳而得。如此，获得贡生资格所需的各种资源反倒可能较进士、举人为多，来自较高阶层的贡生自然也多于后者，来自较低阶层者则相应地少于后者。

（二）姻亲和母系功名

非流动派针对流动派的主要攻击之一，便是认为后者没有考虑婚姻关系和母系家族对举子升迁的作用。为探究姻亲和母系因素对阶层变动的影响，笔者按潘、费的口径，统计了所有举子岳父和外祖父的功名情况，得出岳父为布衣的进士、举人和贡生比例分别为43.88%、45.27%和39.00%，平均为四成左右；外祖父为布衣之进士和举人比例则都超过了一半，分别为53.13%和51.80%，贡生依然最少，但也几近一半,为 45.72%。

为进一步探究姻亲和母系对布衣家庭出身举子功名之影响,笔者还专门统计了上三代均无功名举子之岳父和外祖父功名情况(表2)。

表2　　　　　　　上三代均无功名举子岳父和外祖父功名情况

外戚上三代功名构成			进士	举人	贡生	生员	无功名	总计
进士	岳父	数量(人)	5	9	33	12	149	208
		比例(%)	2.40	4.33	15.87	5.77	71.63	100
	外祖父	数量(人)	0	1	19	9	179	208
		比例(%)	0.00	0.48	9.13	4.33	86.06	100
举人	岳父	数量(人)	8	17	123	41	464	653
		比例(%)	1.23	2.60	18.84	6.28	71.06	100
	外祖父	数量(人)	4	3	71	30	545	653
		比例(%)	0.61	0.46	10.87	4.59	83.46	100
贡生	岳父	数量(人)	3	0	25	12	88	128
		比例(%)	2.34	0.00	19.53	9.38	68.75	100
	外祖父	数量(人)	2	1	8	9	108	128
		比例(%)	1.56	0.78	6.25	7.03	84.38	100
总计	岳父	数量(人)	16	26	181	65	701	989
		比例(%)	1.62	2.63	18.30	6.57	70.88	100
	外祖父	数量(人)	6	5	98	48	832	989
		比例(%)	0.61	0.51	9.91	4.85	84.13	100

资料来源:笔者统计所得。

表2显示,出身上三代均无功名之布衣家庭的各层举子中,岳父亦为白丁的比例相当高,其中进士和举人的都在70%以上,贡生的也接近这一比例;从母系家世看,各层举子外祖父亦无功名者的比例均超过八成。以上各项若将生员视为平民而计入,则岳父和外祖父之平民比例会更高。

(三) 城乡分布

通过举子的城乡分布,可大致了解士子中举几率的城乡差异,科举所造成的地域流动规模,以及影响社会流动的因素等。

举子履历中所标明的世居地,分为城、镇、乡三类。[①] 在 7 791 份朱卷中,记载了世居地的有 6 516 份,将世居地"不详"者剔除后,城、镇、乡举子比例分别

[①] 世居地为"城"、"乡"者,一般都有明确记载,"镇"则未明,笔者将标为城外的非乡村类都归于"镇",无特别标注的则归于"不详"。

为53.96%、22.70%、23.34%。这一结果和潘、费得出的52.50%、6.34%和41.16%的比例分布有所不同（盖因笔者的划归标准与其略有不同），但在"城"项上的比例还是基本接近的。考虑到笔者所划归的"镇"与"乡"之间的模糊性，若将"镇"项划出二分之一并入"乡"项①，则"乡"项的比例至少在35%以上。单从数据上看，举子的城乡分布比例相差不到20%。但若将城乡人口基数考虑进去，举子获取功名概率之城乡差距就大了许多。以其时城乡人口比为9:1算，占总人口仅10%的城市人口，享有53.96%的中举几率，而占总人口90%的乡镇居民，却只享有46.04%的中举几率，城乡差异之大不难想见。

再具体来看若干省份的城乡分布。我们仅取举子来源最多的前八省即浙江、江苏、安徽、江西、山东、湖南、八旗、河南作分析。笔者统计了这八省剔除世居地不详的举子之城乡分布。从"城""乡"两项的比较看，"城"项以八旗、江苏和浙江为最高，尤其是八旗，来自"城"的举子比例高达88.06%，江苏和浙江分别为62.73%和58.82%，位列最后的三省分别是湖南、安徽、江西，比例各为14.69%、39.45%、45.42%。"乡"项则以安徽、湖南、山东为最高，比例分别为47.07%、43.13%、41.55%，位列最后的三省则恰好是"城"项的前三省，比例分别为4.48%、5.83%、20.48%。这八省中，八旗和江苏两省的城乡差异尤其大。这一统计结果与潘、费的结果非常一致。潘、费得出的"城"项比例也以江苏、直隶②和浙江等为大，以山西、安徽、山东、河南为小，而"乡"项的比例分布则正好相反。

那些家世不同的举子，有无城乡分布的明显差异？我们可从上三代和上五代均无功名③且剔除了世居地不详的举子之城乡分布中寻找答案。总体来看，在城乡分布上，笔者得出了与潘、费大致相同的结果，即：上三代和上五代均无功名者之城、镇、乡比例分布相当接近，上三代者分别为52.25%、19.05%、28.70%，上五代者分别为52.27%、18.67%、29.06%。而无论是上三代还是上五代均无功名者，其"城"、"镇"、"乡"的分布比例与所有举子的城乡分布比例也大致相同，说明举子的城乡分布并未因家世的不同而改变。

三、研究结论

上文各分项统计，可以支持以下结论与分析：

---

① 在潘、费研究中，将"镇"项的五分之二并入"乡"项加以统计。笔者以为，在以农业为主要支柱的清代，"镇"上的居民无论是生计来源还是生活水平，其实与乡间居民无甚差异，且大部分人还是业农的，"镇"项至少可以划出二分之一并入"乡"项。

② 在潘、费研究中，举子省别分布最多的是直隶，可能与其收集的材料局限在当时的北平有关。但这并不影响我们对城乡分布的分析。

③ 为便于和潘、费研究作比较，此处统计亦取他们的口径而做。

（一）科举是一条促进清代社会流动既公平且重要的渠道

关于祖上功名的统计表明，出身于上五代均无功名家庭的举子想要实现向上流动相当艰难。然而，对这些几乎没有其他社会资源的底层而言，科举却是他们唯一的升迁途径。尽管获得功名者大多数出身于较高社会阶层，但一定比例的布衣凭借科举得以升迁的事实，说明他们仍有一条较为公平的上升渠道。比起世卿世禄或任人唯亲的用人制度，科举不问家世阀阅、凭才取人的做法，显然具有超越等级森严的中国封建时代之现代性特征。科举给各阶层子弟提供了基本公平的社会地位竞争机会，所谓"有其才者，縻捐于瓮牖绳枢；无其才者，讵系于王孙公子！莫不理推画一，时契大同"。[①] 因此，它使社会阶层得以"洗牌"，在使门第力量日渐式微的同时，让真正的人才出人头地，而不论其出身于草根阶层抑或上流社会。"好学者则庶民之子为公卿，不好学者则公卿之子为庶民"，"朝为田舍郎，暮登天子堂"等，都是对这种社会流动的生动写照。从这一点来说，我们显然无法忽视和否认科举的公平性及其对社会流动的影响，恰如美国学者费正清所感慨："在一个我们看来特别注重私人关系的社会里，中国的科举考试却是惊人地大公无私。"[②] 当然，在阶级社会，所有的公平都只能是相对的，科举也概莫能外。

这一结论也进一步支持了柯睿格和何炳棣等流动派的观点。在关于科举促进社会流动的几项影响较大的量化研究中，1947年，柯睿格统计了南宋绍兴十八年（1148年）《题名小录》和宝祐四年（1256年）《登科录》，得出半数以上的进士来自平民家庭，认为科举是有才能者进入官员阶层的重要途径和促进社会流动的重要因素。[③] 十余年后，何炳棣通过调查明清举子近四万人的家世，得出来自平民阶层的举子比例在四成以上，认为科举考试在帝制时期发挥了重大的促进社会流动和保持官僚阶层稳定的作用，官僚阶级的内部构成处于流动状态，不断有新的血液输送到统治阶层。[④] 本文统计出有12.69%来自上三代无任何功名或官阶之布衣家庭、20.84%来自上三代均为平民（含生员）之家庭的举子，凭借科举实现了自身乃至整个家族的向上流动。

需要说明的是，笔者得出的这些比例之所以远不如柯睿格的南宋数据高，可能因为宋朝统治者出于扩大统治基础的考虑，大大增加了科举尤其是进士科的取士人数，使得宋代的年均取士数为历代之最，加之取士过程中有意裁抑子弟、奖进寒

[①] 王定保撰，姜汉椿校注：《唐摭言校注》，上海社会科学出版社2003年版，第81~82页。
[②] [美]费正清著，孙瑞芹、陈泽宪译：《美国与中国》，商务印书馆1971年版，第41页。
[③] Kracke, E. A., *Family vs. Merit in the Chinese Civil Service Examinations During the Empire*, Harvard Journal of Asiatic Studies, 1947 (10): 103-123.
[④] Ho, Ping-ti., *The Ladder of Success in Imperial China: Aspects of Social Mobility, 1368-1911*, New York: Columbia University Press, 1962, pp. 92-125.

士，① 故其平民出身进士比例惊人的高。本文所得的以晚清举子为主体的流动比例与何炳棣得出的明清两朝的综合数据也有一定差距，一则可能因为科举越到后来竞争越激烈，由此导致考试难度加剧，并带来制度运作中的腐败，从而大大强化了钱权皆无的平民子弟之竞争劣势；二则可能因何氏的统计口径较为宽粗，有重复计算的情况，导致比例较高。但无论如何，在科举制度已然腐败、售官数额越来越大的晚清，仍能有超过二成的平民子弟实现家族和自身的向上流动，说明科举的大门的确是向各阶层普遍开放的。

（二）姻亲和母系家族对于举子提升社会阶层几无助力

针对流动派所考证出的科第人物之家世出身，非流动派进行了反向考察，认为科举并未造成多大的社会流动，从而引发了这一学术领域两种观点的激烈对峙。② 20世纪80年代中期，海姆斯对柯睿格的观点进行了尖锐反驳，认为考察科举所造成的社会流动，不能仅以直系父祖三代家世为据，而应将母系、旁系乃至五服以外的亲属之家世以及庇荫等因素都考虑进去。他通过对江西抚州地区进士家世的分析，认为其家族成员或有做官史，或曾与科第中人及官宦之家有联姻或交往史，因此认为柯睿格大大高估了平民通过科举的向上流动率，并认为宋代抚州地区基本上不存在通过科举实现的向上流动。相反，当地官员产生的家族延续性表明，即使这些家族在相当长时期内没有出过进士，他们也可以轻松保持对当地的控制和影响。③ 1989年，哈韦尔在对宋代官员的传记资料进行研究后也认为，科举造成的社会流动并不大，宋代朝廷经常由数个或数十个大家族所垄断，科举出身不过是锦上添花而已。④ 几乎同期，艾尔曼的研究亦认为，何氏和柯氏之研究低估了家族、婚戚对阶层流动的作用，官僚阶层内部所存在的优秀分子的轮转，基本上是发生在统治阶层内部，科举制度在很大程度上不过是统治阶层政治、社会、文化的"重生

---

① 刘海峰：《科举考试的教育视角》，湖北教育出版社1996年版，第50~55页。
② 针对非流动派的反驳，若干年后，何炳棣在其自传《读史阅世六十年》（商务印书馆2004年版，第23~29页）第一章附录中，以《家族与社会流动论要》为题，专门作文回应。认为海姆斯对"家"和"族"的定义松散含糊，将抚州志书中所列百年及百年以上同姓同乡者都视为同"族"，而根本不顾官方及世俗之以"族"为一个五服之内的血缘组织。而且认为海氏对抚州地区"精英"的界说也过于广泛，即举凡官员、乡贡、一切寺庙的主要施主、创建或扩充书院、修桥补路、倡修沟渠水道、组织地方自卫者，甚至与以上任何一类人士有婚姻或师生关系者，皆被视为"精英"。在这样的界定下，新进士由于泽惠于同姓同乡之"族人"（甚至泽惠于百年以前的同族进士），或者上述精英再考中进士，自然都不能视为社会阶层的向上流动。何氏以自己家族一门四房为例，说明族人的经济支援是有限的，即使族中最成功者，都无法保证本房本支每一世代都能通过科举而延续其成功（事实上大多数都是不能的），更不要说泽及嫡堂、再堂、五服内外的同姓者。因此，他认为两宋以降，族对族人向上流动的功能绝对不会大到海氏未明言，却几乎相信的"一人得道，鸡犬升天"的程度。对于艾尔曼的反驳，何氏则采取"以子之矛攻子之盾"的方法，指出艾氏对明清三千多个进士和举人的祖上三代履历分析所得出的统计结果，表明平民出身的中式者之百分比与自己所做的同期统计大都符合，甚或稍高。
③ Hymes, Robert P., *Statesmen and Gentlemen: The Elite of Fu-chou, Chiang-His, in Northern and Southern Sung*, Cambridge: Cambridge University Press, 1986, pp. 34 – 48.
④ 刘海峰：《科举学导论》，华中师范大学出版社2005年版，第241页。

产"而已。①

可见，姻亲和直系以外的旁系（尤其是母系）对社会流动的作用是流动派和非流动派最主要的分歧所在。本文统计所得的出身于上三代均无功名之布衣家庭举子中，七成以上的岳父和八成以上的外祖父亦为布衣（在岳父或外祖父有功名的其余举子中，不排除有一部分是世家姻亲或权门显贵而家道中落者之后裔），这样高的比例除验证了古代联姻讲求"门当户对"外，也说明借助姻亲或母系家族力量实现阶层升迁的人数比例其实是非常小的，出身布衣家庭的大部分举子并没有可以襄助的外在力量，主要还是靠竞争机会的开放和自身努力实现阶层的向上流动。因此，笔者不敢苟同非流动派将姻亲和母系等家族力量加以泛化的解释，并认为海姆斯和哈韦尔等人所持"财政官僚机构乃至整个政府都被一小群贵胄世族所统治，没有一个例子可以说明向上流动完全是由于在文官考试中取得了成功，相反，登科都是发生在跟一个已经形成的权贵缙绅世族通婚之后"②的观点过于片面和偏激。

（三）家世对社会流动的影响大于居住地

尽管举子向上流动的机会城乡差异很大，但家世比居住地对社会流动的影响更大。对不同省份举子的城乡分布统计表明，城市经济较发达的东部沿海省份如江苏和浙江，或以满人为主的八旗，举子上升机会的城乡差异甚大，而在农业经济较发达的内陆省份如安徽、湖南等，则举子上升机会的城乡差异要小许多。笔者十分认同潘、费对此的解释，他们认为，江苏、浙江等由于离地地主极为发达（地主集中在城市），直隶又是官吏聚集之地，而山东、河南、山西等却是自耕农比较发达的地域（地主分散在乡间），因而，前者城市举子的比例较高，后者乡间举子的比例较高，说明有资格读书应举、借科举而上升的，大多限于不必依劳力为生、有一定经济基础的地主阶级或经商家庭。笔者所统计的八旗之城乡差异也佐证了这一点。不过，尽管举子与地主在城乡分布上有一定相关性，但我们却不能忽视这样一个事实，即乡居平民的确也有一定的机会凭借科举实现阶层的向上流动和地域的水平流动。

总体来看，住在城市的举子实现阶层向上流动的机会要比乡间举子大得多。但举子的城乡分布却并未因家世的不同而改变。对那些有机会读书应举的乡居举子而言，比之举子有无功名的家世差异，其城乡差异要小得多。换言之，只要有读书应举的条件，乡居举子的中举几率与城市举子无甚差异，二者有基本相同的上升机会。

这一结论，一方面说明科举考试需要一定的资财作支撑；另一方面，也可从科

---

① Elman, Benjamin A., *Political, Social, and Cultural Reproduction via Civil Service Examinations in Late Imperial China*, Journal of Asian Studies, 1991 (1): 7-28.
② [美] 贾志扬：《宋代科举》，台湾东大图书公司1995年版，第16~17页。

举"凭才取人"原则惠及社会各阶层尤其是各地域民众的事实得到解释。科举在一定意义上可以说是古代中国一种颇具平民色彩的自学考试制度，举子无需入学，可以通过自学径直参加科考博取功名，不像日后的学堂，须支付巨额教育费用，"科举办法，士子自少至壮，一切学费，皆量力自为。亦无一定成格。"① 因此，即使是对科举痛加批判的民国著名教育家黄炎培，也将科举喻为由贵族教育移到平民教育上一个"过渡的舟子"。②

然而，科举毕竟是一个漫长且难度颇大的学习和考试过程，"一般贫苦子弟较难有受教育的机会，也较难有经济条件请到高水平的教师和支付应考的费用，与家道殷实者相比显然处于不利的竞争位置"。③ 在长达十余年的"晋级式"考试过程中，考生不仅因专心备考而需付出巨大的机会成本，购买考试出题用书、各类参考资料、稿本、闱墨等以及房屋租赁，也构成一笔不菲的开支。显然，没有一定的家资财力做保障，想要赢得科场竞争绝非易事。

再者，科举考试从明初颁布程式后，由于考试内容数百年不变地出于"四书"、"五经"，且奉行"一切以程文为去留"的刚性录取标准，使科举受外界环境、氛围或其他社会条件的影响不太大，加之其时的城乡差距远非现代社会的城乡二元结构如此显著，举子无论居处热闹的都市，抑或僻壤的乡村，只要有一定的经济条件，勤学苦读，便皆有脱颖而出的可能性。是故，在社会流动特别是阶层流动中，家世起着远比居住地更大的作用。

---

① 故宫博物院明清档案部编：《清末筹备立宪档案史料》（下），中华书局1979年版，第982页。
② 黄炎培：《中国教育史要》，商务印书馆1930年版，序言。
③ 刘海峰：《科举考试的教育视角》，湖北教育出版社1996年版，第260页。

科举启示录

——考试与教育的关系[①]

回眸历史，我们不难发现，持续了1 300年之久的科举制，曾经闪耀过璀璨的光芒。在科举制消逝了近百年的今天，我们仍能感受到科举时代所积淀的传统文化之无处不在。在经历了盲目而激烈的批判之后，科举制又渐渐为世人所慎思、所吸纳。作为中国古代一种大规模的国家考试，科举以选拔优秀人才担任政府官职为鹄的，对中国历史上的政治、经济、军事、社会、文化、教育等各方面都产生过不可估量的深远影响。从教育的角度看，由于深受"学而优则仕"的观念影响，封建时代办学的目的是"储才以应科目"，足见科举对教育的影响之大。由于科举考试是一把利弊相依的双刃剑，这种影响带有明显的正负两面性。在科举系统中，一方面，科举考试与学校教育经历了兴衰互动的演变，前者在相当程度上充当了指挥者角色，使当时的学校教育紧紧围绕这根指挥棒运转，对学校教育的衰败负有直接的责任；另一方面，科举考试又本着考教分离原则，从根本上保证了考试的公平、公正与效率，客观上刺激了时人向学的积极性。科举废除已近百年，其对教育的影响却弥漫并积淀为现实基因的一部分。探讨科举制下考试与教育的关系，有利于我们今天的教育考试改革鉴古知今、趋利避害。

一、学校教育与科举考试之互动

我国是文明发达的古国，自夏商开始便有了正式的学校教育，经历西周、东周和汉代，学校教育的规模不断扩大，至隋科举产生之前，已初步形成一整套招生、教学、管理（包括考试）和用人的教育制度。封建统治者越来越热衷于兴办教育和选拔人才，以实现"贤能治国"的理想，学校教育似乎踏上了一条康庄大道。然而，令统治者们始料不及的是，一种新型的选拔人才的考试制度——科举制之建立，却突然改变了学校教育的发展轨道，中国古代的学校教育从此走上了命运多舛的不归路。各朝学校教育与科举制之间的轻重存废，总是遵循着"重学校轻科举——科举

[①] 原载《清华大学教育研究》1999年第2期；《教育学》（人大复印资料）1999年第9期转载。

与学校并重——重科举轻学校"的一般规律。在这种矛盾互动中，看似势均力敌，实则有其轻重，结果是科举制取得了决定性中心地位。这种态势从唐宋两代便清晰可见。

公元618年，隋灭唐起。立国之初，百废待兴。唐高祖深知教育为兴国之本，下诏恢复隋朝衰落的学校，国子学、太学、四门学及地方州县学校相继恢复招生。到唐太宗时期，一方面继承先祖传统，大力兴办教育，使中央官学达到了全唐空前绝后的盛况，"国学之内，八千余人，国学之盛近古未有"；① 另一方面，实行开科取士。由于没有偏废一方，唐太宗时期的学校教育与科举考试都得到了长足发展。武则天临政后，采取了重科举的政策；在学校教育方面，却一改崇儒重道的文教政策，代之以崇佛轻儒，并频繁地对教育制度进行改革，任命一些不懂儒学的人担任学校的领导和教师，致使"学校顿时隳废矣"。② 由于胡滥改制，加之科举不经学校，多从各地直接征召文士到洛阳应试以及进士科举内容不以儒道为重，"重乡贡轻生徒"的社会风气已初露端倪。

到天宝年间，"重乡贡轻生徒"的社会风气愈演愈烈，学校教育的发展再次面临停滞的危险。为扭转这一局面，励精图治的唐玄宗一方面改革科举制，作出停止乡贡、所有举子皆入中央和地方官学才许应举的决定；另一方面，大力发展学校教育，建立从地方到中央的学校教育体系，并允许私人办学。此举给面临衰颓的学校教育带来了一丝曙光。然而好景不长，安史之乱造成"重乡贡轻生徒"的故态复萌，使学校教育终难摆脱衰败的命运。

到了宋代，科举考试与学校教育的兴衰互动依然故我，但考教合一的理想得到了一定程度的实现。与唐代统治者所不同的是，宋代更关注学校教育与科举考试的联结。这种思想主要体现在三次大规模的兴学运动中。这三次大动作的改制使宋代的学校教育得以避免了唐代时的大起大落，但在兴旺中却渐渐融入科举体系，最终沦为其附庸。

宋仁宗执政后，授意参知政事范仲淹进行改革，规定全国各地州县立学；地方所有应举者都必须入州县学且须在学三百日以上。此次兴学之举，目的是弥补科举"只获不耕"的缺陷。但由于兴学过程中出现了一些新问题，加上统治集团的权力倾轧，改革实行不到一年便被迫终止。到宋神宗即位时，科举只获不耕的弊端依然存在。

熙宁二年（1069年），王安石主政参知政事，实行三舍取士，将所有太学生员分为外舍、内舍和上舍三等，逐次考舍升级。上舍生依考试结果，"上等以官，中等免礼部试，下等免解"。③ 三舍取士法将学校教育与科举考试系统地结合起来，

---

① （唐）杜佑撰：《通典》卷五十三《礼典》十三"大学"，中华书局1984年版，1468页。
② （后晋）刘昫等撰：《旧唐书》卷一八九《儒学》（上），中华书局1975年版，第4942页。
③ （宋）宋应麟撰：《玉海》卷一一二《元丰太学三舍法》，大化书局1977年版，第21~27页。

大大刺激了当时的学校教育。

到徽宗时期，宰相蔡京在三舍取士法的基础上进行了更激进的改革，罢废科举14年。这期间录取的五榜进士，皆由太学上舍取。这次为兴学校而罢科举的事件，表明学校教育在与科举考试的轻重存废斗争中取得了暂时性胜利，但由于科举考试运行了500年之久的强大惯性及其广开仕途、公平公正等诸多为世人所称道的合理之处，使得蔡京的以三舍考选代替科举取士的办法仍以失败告终。

以上对唐宋两代学校教育与科举考试互动关系的论证表明，考试与教育之间存在着不平衡的兴衰互动关系。虽然科举也曾面临着衰落甚至停罢的危机，但在与学校教育的角逐中，多数时候仍处于主流地位，对学校教育产生了强大的制约和导向作用。"朝为田舍郎，暮登天子堂"。科举及第入仕对于绝大多数人的利诱力实在太大。因此，只要科举的取士功能尚存，它对学校教育的强大制约和导向便不会消亡。客观上讲，只要科举考试能根据社会的需要及时更新考试内容，它还是能够公平地选拔出社会的栋梁之才、变"贤能治国"的理想为现实的。令人扼腕的是，由于科举考试的内容几百年一贯地局限于儒家经典，命题范围有严格的限制，要想拉开考生间的距离以便于区分选拔，只有"钻牛角尖"出偏题怪题，以致举子们在八股文这种高级的汉字游戏中耗尽人生的智慧。发展到清末，科举已无法适应近代社会要求，成了远离社会的"外星人"，不得不在1905年退出历史舞台。

二、科举制度之突出优点

科举考试在与学校教育千余年的角逐之后，终于败下阵来。科举制在考试内容与形式上步入死胡同的同时，也带领学校教育偏离了健康发展的轨道。作为一种选拔人才的方式，科举制却备受赞赏，以致在19世纪西渐欧美后，成为近现代文官制度的胚胎，也是中国政体中"受到欧洲人无条件赞美"的特别之处。现代不少西方学者还认为科举是"人类所发展出的选择公仆的方法中最奇特、最令人赞赏的方法"。[①] 这一切都源于科举考试的基本原则——考教分离以及由此而派生出的两个最突出的优点：公平公正和防止作弊。

（一）公平公正

古代中国是一个以家族宗法制的社会结构为基础的国度，重人情面子与讲裙带关系构成其独特的文化景观。在这种社会文化背景下实行的选士制度，若没有可操作的客观标准，"任何立意美妙的选举制度都会被异化为植党营私、任人唯亲的工具"[②]，最终必将走入求才的死胡同。汉代的察举制和魏晋时期的九品中正制，无

[①] 威尔·杜兰：《世界文明史》第1卷（4）《中国与远东》，台湾幼狮文化出版社1978年版，第196页。
[②] 刘海峰：《科举制长期存在原因析论》，载《厦门大学学报》（哲学社会科学版）1997年第4期。

不由最初的唯才是举走到最终的权贵把持便是鲜活的例证。与以往选士制度不同的是，科举制由封建王朝设科招考，士人"怀牒自进"自由报考，采取"一切以程文为去留"的择优录取原则。显然，它比以往的任何选士制度都更为公平与公正。

首先从报考条件看，科举将官僚系统向全社会开放。从隋唐到清末，报考限制越来越少，清代除倡优、皂隶之家与居父母丧者外，原则上人人皆可报考，且无须地方官举荐，可"怀牒自进"。自由报考使得一般平民知识分子有机会通过公平竞争成为官僚系统的成员，结束了魏晋时期"上品无寒门，下品无势族"的局面。据统计，明清两代的进士平均有42.9%出生于从未有过功名的家庭。① 其次从考试的实施看，统治者采取各种措施，包括订立繁杂而严密的贡院规制、命题与评卷程序以及作弊的惩罚措施等，使考试成绩能真实反映出应试者的水平，保证考试的公正性；为防止权贵干预、确保平民子弟有较公平的竞争环境，大部分朝代还对主考官和朝官子弟作一些限制，如唐宋时期礼部侍郎亲族的别头试、明清时期严格的覆试制度与回避制度以及清朝官、民子弟"分卷取中之法"，等等。再次，从录取环节看，其不问家世阀阅，"一切以程度为去留"的录取原则具有明显的公正性。此外，由于入仕和受教育机会在各地之间并不完全均等，故超越于考试技术上的公平与公正外，解额分配制之建立所体现的区域公平性也不容忽视，尽管它隐藏着统治者更为深远的地缘政治的考虑。

严格地讲，科举所体现的公平与公正是相对的。首先，要通过科举的层层选拔，需要有"十年寒窗"的用心攻读，而寒门子弟少有受教育机会，也难以支付应考费用，与家道殷实者的竞争显然不是平等的。其次，妇女无权应举入仕。再次，从本质来看，科举这种以大量财富和社会声望来犒劳少数中举者的制度，无法维护平民百姓政治上的公平性。尽管如此，在特别注重人情、面子和关系的中国古代社会里，科举考试仍可谓"惊人地大公无私"。② 其考教分离原则所体现的公平竞争、优胜劣汰等精神具有超越等级森严的中国封建时代之特征。

（二）防止作弊

作为中国古代一种大规模的统一考试，科举制实行考教分离的原则。虽然科举考试与学校教育在教学内容和标准上保持高度的一致，但在职责上却具有相对独立性。学校只管教学，并不参与科举考试的各项工作。中央官学由尚书礼部下属的国子监统辖，而科举考试为尚书礼部专司，乡试以上主考官由朝廷选派。这种考教分离原则至少从职责上有效地杜绝考试作弊的可能性。

此外，为确保科举考试作为国家"抡才大典"应具有的严肃性与权威性，中央政府还制订了从命题到录取的一整套严密措施，主要包括：第一，"锁院"制

---

① 刘虹：《中国选士制度史》，湖南教育出版社1992年版，第444页。
② ［美］费正清著，孙瑞芹、陈泽宪译：《美国与中国》，商务印书馆1971年版，第41页。

度。考官一经任命即刻赴贡院入闱回避，断绝与外界乃至亲友的往来，以避免发生行贿受贿、请托舞弊等事件。第二，严格的考场和考试规则，包括报名时的结保、保廪生认保，考前的点名、搜检，考试中的巡视以及考场秩序的维护等。第三，糊名和誊录易卷制度。考生交卷后，由弥封官将考生所填履历、姓名等弥封糊名，然后交由誊录手将墨卷誊为朱卷，由对读生核对完毕方可送考官批阅。第四，覆试制度。为严防录取环节的舞弊行为，科举考试对所有被录取者均采取严格的覆试制度。第五，回避制度。主持考试的主要官员，其亲属要回避科考。到了清代，回避制度几乎涉及参与考试工作的所有人员。例如乾隆二十一年（1756年）规定，主考、同考、监临、监试、知贡举、提调、受卷、弥封、誊录、对读及收掌等一切考官的子孙宗亲和近亲皆不准参加科考。在今天看来，这一系列措施中有些显得十分繁琐甚至无理，但在弊风肆虐的当时，的确起到了防范科场舞弊、维护考试公正的巨大作用，从制度上保证了科举的高效率与权威性。

三、科举对高考改革之启示

无论日月如何更替，社会总在绵延不断地向前发展，而且历史总是呈现出某些"惊人的相似之处"。科举考试在中国历史上存在了1 300年，是当时整个教育制度的重心和人文教育活动的首要内容，成为最受时人关注的焦点，并对中国封建社会各方面都产生过深远影响。千余年科举考试所形成的一些传统至今仍以潜在的形式顽强地存留于现实之中。百年前科举考试很不光彩地退出了历史舞台，声息已然缥缈，而当代社会出现的某些问题又与历史有着"惊人的相似"。今天，人们一再聚焦被喻为"现代科举"的高校招生考试制度。整个社会都在激愤地抨击着"片面追求升学率"，并对高考的指挥棒作用群起而攻之，学术界和广大百姓也正就高考的存废问题争论不休。假如我们能超越个人情感，以冷峻的目光审视科举，借鉴其精华、吸取其教训，也许在高考的决策与操作上可以减少很多失误，少走很多弯路；哪怕历史与现实并不完全同轨，至少能给我们以启示。那么，就让我们超越时空，拉近历史与现实的距离，也许，我们的思维能渐渐走出迷雾、摆脱困惑。

（一）"片追"的阴影

"片面追求升学率"可谓近年来教育界乃至整个社会谈论的热门话题，在各报章杂志往往处于十分显眼的位置。"片追"与高考录取率有直接的关联，是伴随激烈竞争而产生的一种不正常的教育现象。它与高考如影随形，成为笼罩在高考头上一块久久不散的乌云，"黑色七月"也因此得名。它还赋予高考以"魔力指挥棒"的功能，使整个中学乃至小学、幼儿园阶段的教育都在这根魔棒的指挥下运转得精疲力竭，怨声载道不绝于耳。如今，人们已越来越清醒地意识到，"片追"在破坏正常教学秩序的表象下，更深地危及社会风气和中国在 21 世纪的国际竞争力，对"片追"的喊打声也愈来愈响亮。其实，"片追"这种伴随高考竞争在 20 世纪 60 年代萌发滋生的教育现象，并不令人陌生。在中国这个考试故乡，"片追"现象古已有之。

隋唐以后，科举制的选拔人才功能越来越受到统治者的重视。科举考试由于与功名利禄直接挂钩，而且几乎是士人通向荣华富贵的唯一途径，沦学校教育为其附庸在所难免，一心追求科举及第率亦在情理之中。朝廷衡量州县学的优劣和对学官的奖励标准，主要是根据各校的科举及第率。宋代蔡京罢科举实行三舍升贡之时，升贡率（升学率）遂成为判断各校办学成绩好坏的主要标准，教官考课"第一项，教育有方。注谓贡士至辟雍升补推恩者多"。[①] 对及第率的追求即确立了科举考试在教育中的轴心地位。

与功名利禄直接挂钩的科举制强化了官本位体制，牵引着士子们一心投身科场，两眼紧盯及第，在激烈的科场竞争中耗费终生，豪情悲壮却令人痛惜。今天的"片追"何尝不是如此？在现行的社会政治体制下，考上大学等于上了"终身保险"，人生的希望与前途都被寄托在上大学身上，而现有的经济条件又限制了高等教育的普及，虽然招生数在逐年增加，但相比于人口的增长和教育意识的增强，仍是杯水车薪。只要高考的竞争存在，"片追"便无法根除，并且在今后相当长一段时期仍将成为困扰教育工作者的主要问题。即使高考竞争随社会经济与教育的发展减小到最低限度，"片追"也仍将存在，并且所追求的目标会不断升级。可见，"片追"是竞争的高考不可克服的痼疾。

那么，我们是否只能任由"片追"和高考这根魔棒对教学秩序越来越肆虐的破坏与指挥而无所作为呢？答案是否定的。事实上，我们大有可为。一是继续改革政治体制，淡化官本位色彩，提供多种成才途径。二是改革高考，包括改革考试的科目、内容和命题形式等。三是改变"文凭至上"的教育价值观，使人们从争过高考独木桥改为走多途径发展的立交桥。

（二）高考的存废

1952 年建立的高校统一招生考试与中国古代科举统一考试一脉相承。与科举考试一样，作为一种选拔人才的制度，高考在促进人才成长、推动全民族文化的发展方面，可谓功德无量。但是，在数十年的运作中也出现了很多弊端。如"片面追求升学率"所带来的种种恶果、保送生制度助长了"走后门"和弄虚作假等不正之风、考试中的种种舞弊行为、区域的不公平，等等，其中以"片追"最为严重。追求高考升学率使学生学无宁日、教师教无宁日，在一定程度上扭曲了全面发

[①]（清）徐松辑：《宋会要》第 4 册《职官》五十九之十五，中华书局 1957 年版，第 3724 页。

展的教育目标。为了改变考试对教育教学的负面影响，一些论者提出了废止高考的主张。教育界为此展开了系列争鸣与商榷。高考这一上关国家发展、民族前途，下系民众个人命运的制度之存废与否，已成为广大师生、家长乃至整个社会热切关注的重大问题。现时高考的存废利弊之争和历史上的科举存废之争何其相似！我们不妨把视线再次投向科举。

自隋炀帝大业元年（605年）设立进士科[①]以来，"一切以程文为去留"的科举考试便显现出勃勃生机，充分发挥着公平选才的积极功能。但由于其弊端亦十分突出，历代都就科举制的存废利弊进行过争论或改制，其中影响较大的有六次。这六次争论或改制都发生在封建社会最高决策层，且都为不同历史条件下的重复，具有惊人的相似之处。结果是，科举制在经历了数次短暂的中断之后，由于人情困扰，旋罢旋复，各朝仍将其作为选拔人才的首要途径。科举制在历史上之所以长期存在，一个重要的原因便是"科举制是等级森严的中国封建社会中难得的一项具有公平精神的制度"。[②] 而科举考试的公平与公正，恰恰是由国家主持的统一考试来保证。

与科举制一脉相承的现代高考制度之公平精神与社会效益亦缘于统一考试，这一点已广为认同。因此，无论从科举考试的历史还是从目前中国的现实来看，都应坚持统一高考。尽管高考存在很大的局限性和种种弊端，然而，与科举制一样，"立法取士，不过如是"。历史上科举考试与学校教育的矛盾互动最后以兴学堂废科举为结局，那是因为科举考试的内容不合理，跟不上时代发展的步伐，而今天的高考内容与时代的要求是相适应的。在处理考试与教育的关系问题上，正确的做法不是废除高考，而是改进考试的内容和形式，使其更好地促进中学教育和教学的发展。

[①] 刘海峰：《科举考试的教育视角》，湖北教育出版社1996年版，第24~26页。
[②] 刘海峰：《科举制长期存在原因析论》，载《厦门大学学报》（哲学社会科学版）1997年第4期。

废科举的教育影响

科举作为中国古代一种"以考促学"的国家考试制度,对教育的影响不言而喻,从这一意义上亦可视之为一种教育体制。随着西方坚船利炮的入侵,西方近代教育制度传入中国。近代中国的一些有识之士以及洋务派都将民族图强的希望寄托在新式西方教育上,并将教育症结归于科举取士制度的束缚,极力主张改革乃至废除科举。因而,科举的废除与教育是直接相关的。而废科举后的教育在获得大发展的同时,也遭遇了诸多困境,可谓是利弊兼得,且在很多方面是利弊相依的。

从利的方面看,由于废科举的直接目的与理由是给新式教育开路,科举的废止对近代中国新式教育的发展无疑会产生积极影响。有学者认为,虽然早在19世纪中期开始,中国即已兴起了新式高等教育,但在科举废止前,高等教育近代化发展的步伐一直十分缓慢。这是由于科举不仅是传统高等教育的重心所在,而且还极大地制约着新式学校教育的发展。因此,科举改革事关中国近代高等教育变革之全局,科举存废成为新旧高等教育转化的关键所在。废除科举后,中国高等教育近代化遂取得了突破性进展:新学制迅速推广,近代高等教育行政管理体制基本形成,留学教育迅速发展,高等教育培养目标和课程结构发生巨大变化。[1]

废科举所带来的另一个有利的方面是女学的兴起。作为社会的"半边天",女性对社会发展起着不可或缺的作用。而女性接受教育则是反映其社会地位高下的重要指标,也是社会平等和文明发展的重要标志。遗憾的是,虽然我国早在古代即已形成相对完整的学校教育系统,但受"男尊女卑"和"女子无才便是德"等封建思想的影响,女性一直被拒于正规学校教育门外,女子学校教育因此成为我国古代封建社会教育史上的空白。直到近代,这一空白才得以填补。1844年,英国"东方女子教育协会"在宁波设立阿尔特塞女子学校,虽然该校进行的只是初等教育,目的也是培养虔诚的女信徒和未来的教牧人员,但在当时的历史背景下可谓是一大创举。[2] 此后,女性教育又开辟了留学教育这一途径。到19世纪末20世纪初,受教会女校和女子留学教育的影响,主张学习西方的洋务派和维新派中的进步人士,

---

* 原载《复旦教育论坛》2005年第2期;《高等教育》(人大复印资料)2005年第5期转载。
[1] 张亚群:《科举革废与中国高等教育近代化的特征分析》,载《集美大学教育学报》2000年第4期。
[2] 潘懋元:《女子高等教育——文化变迁的寒暑表》,载《集美大学学报》(教育科学版)2001年第3期。

开始创设女学堂。1907年，清政府又颁布了《女子小学堂章程》和《女子师范学堂章程》。章程的颁布为女学发展提供了制度保障，女学从此蓬勃地开展起来，且层次不断提升。

可见，我国近代女学虽然发轫于教会学校，但真正兴起却得益于学堂的兴盛。而学堂的兴盛正是废科举的最主要产物。据统计，1904年，全国学堂总数为4 222所，1905年为8 277所，1906年为19 830所，1907年为35 913所，1908年为43 088所，1909年则已多达52 348所；学生总数也逐年递增，1905年以前最多不过258 873人（不含军事、教会学堂），1907年达到1 024 988人，1909年达到1 638 844人，1912年跃升为2 933 387人，几乎是1905年的12倍。[1] 学堂和学生数的增长中便有女学的贡献。截至1907年，全国共有女子学堂428所，女学生15 496人（据《光绪三十三年分学部第一次教育统计图表》统计）。[2] 到1909年，全国已有在校女生78 376人。[3]

从弊的方面看，废科举使得教育的普及失去了制度的推动与保障。在科举官僚体制下，由于读书应举基本上是士子们进入仕途和享受荣华富贵的唯一途径，正所谓"学也，禄在其中矣"，企求功名富贵成为多数士子学习的根本动机。以才学为录取依据利诱着士子们刻苦学习，形成了尊重知识、重视教育的传统和"五尺童子耻不言文墨"的浓厚学习风气。[4] 邓嗣禹即认为，科举考试制度直接影响到中国儿童的向学之早之勤："启蒙以后，家资虽贫，必茹苦含辛，送子学成；天资虽鲁，父师必严厉挞责，谆谆告诫，俾成可造之材。贫苦子弟，类皆廉谨自勉，埋首窗下，冀求一第。即纨绔公子，亦知苦读，以获科第，否则虽富不荣。倘肄业之时，一曝十寒，遇大比之年，名落孙山，则不拘富贫，皆垂首丧气，无面见人。非若现今学校，毕业与否，不甚紧要也。因此之故，前清时代，无分冬夏，几于书声遍野，夜静三更，钻研制义。是皆科举鼓励之功，有甚于今日十万督学之力也！"[5] 事实上，由于科举具有"光宗耀祖"之功，儿童向学不仅受家庭父母而且也受宗族或家族的推动。宗族都设有相当数量的学田、义田、义学，同族子弟不分贫富均可就读本族的宗族学校接受教育。再者，科举吸引着几乎天下所有可读书之人，但中第者毕竟是少数，绝大多数落第者滞留在社会下层，他们为生计而设馆授徒，发挥着普及教育和传播文化的作用。即使是那些高中为官者，在仕途不得志或离职后，也大多回到乡间从事教育。而他们的科场经验，对热衷科举的学子们无疑具有很大的吸引力，无形中也增强了他们在普及教育和文化中的作用。

此外，和以身份等级为基础的结构封闭的社会相比，科举时代由于精英层以及

---

[1] 桑兵：《晚清学堂学生与社会变迁》，学林出版社1995年版，第145~146页。
[2] 朱有瓛：《中国近代学制史料》（第二辑下），华东师范大学出版社1989年版，第649~650页。
[3] 桑兵：《晚清学堂学生与社会变迁》，学林出版社1995年版，第3页。
[4] 刘海峰：《科举考试的教育视角》，湖北教育出版社1996年版，第249~252页。
[5] 邓嗣禹：《中国考试制度史》，考选委员会印行1936年影印版，第398页。

上下层之间均存在一个流动机制,使其文化知识与教育的覆盖面明显高于前者。萧功秦认为,隋唐以前,在九品中正制这种封闭性的人才选拔制度下,功名的获得所依据的条件,是世袭的身份,而不是个人的努力与知识积累的水平。文化知识的传播范围,往往局限在少数具有贵族血统或较高的世袭身份等级的阶层中。整个社会缺乏强大的获取文化知识的利益激励机制。而在科举制下,功名、地位与权力这些社会稀缺资源的获取,需要社会成员以获取这个社会的主流知识文化为基础,这就使社会的文化教育覆盖面达到近代以前最为广泛的普及与提高。而且,"科举办法,士子自少至壮,一切学费,皆量力自为。亦无一定成格。各官所经营,仅书院数十区,(费用)率多地方自筹,少而易集,集即可以持久,无劳岁岁经营。"[1] 因此,国家和政府无需支付巨额的教育费用,科举亦得以避免其他"官学"因国家经费窘困而面临的发展瓶颈问题。正是这种全民向学和促学的浓厚风气,有力地推动了教育的普及。到了清末,更是读书人数骤增,以致在外国人眼里,中国的读书人简直是世界第一,"就男性人口而言,世界上已知的国家内没有一个国家的教育普及程度有中国那样广泛。在这里,文学被置于一个最尊崇的位置,文学知识成为通往国家高官之阶的敲门砖……在中国人的价值观念中,知识置于财富、高贵门第之上。"[2]

科举被废后,虽然新式教育大兴,学堂数和学生数猛增,但其普及教育之功非但远不及科举,而且在一定意义上说还严重阻碍了教育的普及。首先,学堂的接纳能力与需求量严重不对称。1905年后,学堂的绝对数量虽有惊人增长,但对于当时有着4亿人口的中国,仍是杯水车薪。据估计,1906年,中国应受学之人约1亿,其中学龄儿童至少5 000万,而实际就学率仅为6%。适龄儿童就学率最高的北京城也不过42%。在兴学成绩斐然的直隶,1903~1908年,学生数从6 000人增加到18万余人,以平均每年5%的速度增长,但相对于570万学龄儿童,1908年直隶的就学率仍只有3.2%!直隶尚且如此,其他不及之省份,其就学缺口之大就可想而知了。更有甚者,是学堂的办学效率低下,学务严重名不副实。例如,1906年,河南密县29所公立小学共有学生131人,平均每堂不到5人;[3] 顺天府的情况更令人触目惊心,"各州县连一个真正的学堂都没有。某县立有蒙学堂十余处,其中的学生多半是花钱雇了来的小工,教习大概也都开过学房铺。在城内立有高等小学堂一所,学生共有四五人。前几天南路厅下乡查办事件,要到学堂里头去参观,赶紧连司事的全扮作了学生,对付着凑了十来个人,敷衍了敷衍。"[4] 由于学堂的供需矛盾十分突出,严重影响了教育的普及,甚至可以说,科举被废后的教育普及状况比废前更恶化了。据罗斯基的研究,1880年清代识字率男性为30%~

---

[1] 萧功秦:《从科举制度的废除看近代以来的文化断裂》,载《战略与管理》1996年第4期。
[2] 中国社科院历史所明清史研究室:《清史论丛》,中国广播电视出版社2001年版,第215~236页。
[3][4] 桑兵:《晚清学堂学生与社会变迁》,学林出版社1995年版,第159页。

45%，女性为2%～10%，平均识字率在20%左右，这一比率不亚于英国和日本在现代化以前的识字率。但从1895年到南京国民政府成立期间，全国平均识字率却一直在下降（直到20世纪30年代，具有小学文化程度的人数只占总人口的17%），以至于梁启超曾在1915年批评新政时说，二十年来办现代教育使得全民不识字。①

其次，是学堂对教育的促力远不及科举。邓嗣禹在对科举罢废前后的向学之风进行对照后认为，"自罢科举后，中大学毕业，无噉饭之所。于是纨绔子弟，终日逸游；贫困之士，有志莫遂。甚至平民义务学校，免费供膳，犹辞不入。强迫教育之今日盛，反不若科举时代能使人力争向上也。"② 促学力的下降，盖因科举功名观念影响的余力尚大，使新学堂的毕业生在社会地位和影响力上还远不能和科举功名获得者相比。清末学堂在数量激增的同时，质量并未随之提升，反而因前者而出现质量的失控。1903年，有人调查了江南的教育界，发现"仕宦中人，竞言开学堂，不知学堂为何事也；地方绅士，竞言开学堂，则以学堂为利薮也；士林中人，竞言开学堂，只以学堂为糊口也。"③ 虽人人竞言开学堂，但开学堂所需的人才和物质基础并不具备，以致造成新学堂培养了不少"新人物"，但未必养成多少"新学人"的尴尬境地。学子无学，是其社会地位逐渐下降的一个重要原因。加之清政府在财政窘困的情况下，屡屡削减教育经费，亦严重制约了质量的改善——这些问题在具有民间办学性质的科举体制下都不存在。再者，科举的苛严竞争已深入民心，对传统教育深为迷恋的时人自然对清末处于混乱状态的新式学堂嗤之以鼻。因而，在废止科举前后，清廷为促进学堂的发展，不得不出台了一些甚为奇怪的学堂奖励章程，规定依学生等级高下和程度优劣，分别实行科举虚拟和职官实授的双重褒奖，直到宣统三年（1911年），各学堂实官奖励政策才被停罢。这种以科举功名和出身奖励学堂毕业生的做法，其实质是新式学堂教育与传统科举教育之间的一种妥协，同时也说明在科举被废之初，其对教育的促力仍远大于已然蓬勃发展的学堂，亦反衬出废科举对教育普及的消极影响。

废科举给教育所带来的另一个弊端是教育机会的上浮，进而造成新式教育的贵族化倾向，在一定程度上破坏了科举时代所形成的教育平等性。众所周知，科举制给天下士子提供了一个平等竞争的舞台，科举教育因此亦深具平等性。正是这种平等竞争机制促进了教育的普及，也促进了教育机会的扩大与下移，并使得"将相本无种，男儿当自强"的观念在科举时代深入人心。不只如此，科举制度还注重各地区教育机会的均衡，实行分区定额取中办法，以优待照顾边疆和文化相对落后

---

① 何怀宏：《1905年废除科举的社会涵义》，载《东方》1996年第5期。
② 邓嗣禹：《中国考试制度史》，考选委员会印行1936影印版，第398页。
③ 罗志田：《近代中国社会权势的转移：知识分子的边缘化与边缘知识分子的兴起》，载《开放时代》1999年第4期。

地区的士子，促进当地人文教育水平的提升。[1]

科举即废，其原有的教育平等保障机制随之烟消云散，代之而起的是一种全新的近代学堂教育体系。这种新教育体系不仅带来教育内容、方式方法、管理体制、经费及教育结构重心等诸多改变，而且带来受教育机会的变化，后者主要由前者某些方面引起。以教育结构和教育经费的改变为例。虽然废科举带来了学堂的迅猛发展，但由于清末教育投资的重点在中学堂以上的高级教育中，致使为数众多且成为教育普及基本单位的初等教育学堂因资金紧缺而发展乏力。再者，从各级学堂的设址看，京师大学堂和其他各类高等、专门、实业和师范学堂都集中在京城、省城或其他重要的城市，中学堂也基本上设在各府、厅、直隶州的所在地，连小学堂也多设在州县所在地。显然，学堂的如是布局基本上将农村排挤出去了。[2] 教育层次结构的严重失衡，带来的后果便是城市与农村之间学校教育的割裂，以及如陶行知所谓的"让农村人往城里跑，让自利者变为食利者，（学校教育）只针对有钱达官贵人，而百姓子弟仍无受教育机会"。[3]

再从教育经费的支出看，学堂（初等小学堂和优级师范学堂除外）实行收费上学，且学费昂贵，加之书本笔墨和膳宿等开支，不像昔日科举教育的主要开支仅周期性的赶考费一项。据张謇对江苏南通地区的估算，在20世纪初，一个家庭要送一个孩子上初等小学，每年需花35～50元的总学费（而传统私塾的学费不过是几元）。当时，一个普通农民每年平均收入仅12～15元，而在张謇工厂的工人每年也只有50～100元的收入。而湖南西路学堂每学期的膳宿及杂费就高达50多元，一年即要100多元。[4]清末京曹何刚德在比较科举和学堂的教育费用支出时曾说："从前寒士读书，无所谓学费也，且书院膏火，尚可略资以津贴家用，今则举学中田产，悉数归入学堂，而学生无论贫富，一律收费，且膳宿有费，购书有费，其数且过于学费"，"即千金之家，亦必裹足焉"，所以入学者寥寥无几。[5]对科举痛加批判的民国时期教育家黄炎培，也不得不承认科举导致教育机会下移这一点。他在1931年出版的《中国教育史要》一书的序言中写道："公家教育，最初是偏于贵族方面的。由贵族教育，移到平民教育身上，靠什么东西，做他们过渡的舟子呢？倒是科举。宋赵汝愚评王安石时代的政治，说'自科举罢后，寒畯之士，进取无途。'（《续通典·选举略》）自然，任何问题，见到九百九十九分的坏处，总要忘掉中间也有一份好处。科举也是这样。等到后来科举废、学校兴，转不免带多少贵族教育的意味，这倒是科举时代料想不到的。"

从以上分析看，废科举给教育带来的影响总体上似乎弊大于利。民国初年的政

---

[1] 刘海峰：《科举考试的教育视角》，湖北教育出版社1996年版，第258～267页。
[2][4] 应星：《废科举、兴学堂与中国近代社会的转型》，载《战略与管理》1997年第2期。
[3][5] 转引自杨齐福、吴敏霞：《近代新教育在废科举后发展取向的偏差》，载《福建师范大学学报》（哲学社会科学版）2001年第2期。

论家杜亚泉认为,如果在最初考虑改革科举制度的具体办法时,不是简单的废止科举制度,而是"稍稍改其课士之程式,简(选)稍通时事之儒臣,典试各省,依今日之教科门类,列为试题,以定取弃",那么,这种科举改革所产生的效果,会比单单废除科举而建学堂的效果更好。[①] 历史不能假设,亦无法重来。且不论杜亚泉的观点正缪与否,他至少给我们提供了一种思考科举影响的新思路。笔者以为,废科举于其时的教育虽带来弊大于利的影响,但历史的脚步无人能阻,废科举在开辟现代教育之路这一点上的积极意义至为深远。随着这条路越走越宽阔,其积极意义将越来越彰显。

---

① 萧功秦:《从科举制度的废除看近代以来的文化断裂》,载《战略与管理》1996年第4期。

高考改革的科举史观照

——考试存废的视角*

中国自古便是一个倚重考试的国度，有着久远的考试历史，被尊为"考试的故乡"。尤其是存续了1 300年的科举考试，因其漫长的存在时间和广泛的社会影响，成为古代中国的社会重心。不仅对中国社会各方面产生深重影响，而且对古今中外各种考试制度的创建与发展也具有相当重要的启发与借鉴。现代高考①作为一种与古代科举有着基本相同的精神实质的大规模竞争性考试，在改革发展过程中遭遇的许多困惑与难题与科举有着惊人的相似，它甚至被比喻为"现代科举"。许多学者论及高考时，都不可避免要提及科举，更有一些成果直接对二者进行观照研究，高考存废问题便是其中的"重中之重"，人们常以科举废来论及高考存废，引发了学术界的激烈争议。这些论争既有激越之"攻"与冷静之"守"的巨大反差，也有唇枪舌剑、笔锋犀利的"你来我往"，争得热闹纷呈，"打"得难舍难分。本文试从考试存废的视角梳理近年来学界的相关研究，旨在鉴古知今，并使科举学研究的现实意义进一步凸显。

一、激越之"攻"与冷静之"守"

关于高考的统独存废之争，早在这一制度建制之初便已生发。到20世纪90年代中后期，随着高考弊端日重，学界对高考存废的论争更加激烈。也许是千年科举给国人思想打下了太深的烙印，有些人在抨击高考时，往往把科举作为反面教材搬出来，"不约而同地将高考与科举相提并论，似乎科举是十恶不赦的封建取士制度，而高考既然可以与科举类比，则可等量齐观，也应该加以废除。"② 例如，有学者论及高考与创新精神的关系时，认为科举制度使中国封建社会长期停滞，使强盛的中华民族日益衰落，积弱成疾，最后病入膏肓，而高考与科举"并无大异"，使中国教育死水一潭，是扼杀人才、泯灭民族创造力的罪魁祸首，废除统考制

---

* 原载《科举学论丛》2007年第2辑。
① 本文论及的高考特指全国普通高校本专科招生统一考试制度。
② 刘海峰：《高考存废与科举存废》，载《高等教育研究》2000年第2期。

"就是要避免鸦片战争的历史悲剧重演"。① 也有学者在对中国古代教育制度进行历史反思后说:"当我们回忆起清末民初的教育改革是以废除科举制为突破口时,也就会联想到今天教育改革的突破口在于彻底改革高考制度",并且流露出对因"文革"期间采行的推荐制在实施过程中发生较大偏差而"导致'文革'后高等学校招生考试制度的全面恢复"惋惜的情绪。② 更有个别文学工作者以骇人的标题词汇如"地狱"、"罪恶"、"自杀"、"罪魁祸首"等来吸人眼球,指出自鸦片战争至今百余年,中国古代的各项制度几乎全成了历史,唯有考试"野火烧不尽",认为现行的高考制度对学生、教师和家长都是"炼狱",并且"偷"走了国人的创造力,应尽早把高考"请进坟墓"。③

对于考试的存废问题,相比于上述激越乃至愤慨的"凌厉攻势",对教育与考试制度有较专深研究的学者们则"以静制动",多发理性冷静之音。例如,中国高等教育学科的"开山鼻祖"同时也深谙于教育史的潘懋元教授,在厦门大学 2005 年 9 月举办的"科举制与科举学国际学术研讨会"上指出,科举无论是在其存续期间或废止后,引发的争议史不绝出,中国自学考试制度的建立、公务员考试的开展,尤其是高考制度的改革,都在一定程度上反映了科举的直接或间接影响,科举的废止不等于科举制度没有历史价值和某些至今仍有现实意义的文化教育遗产;④ 他还认为,对中国古代政治、文化起过积极作用的科举考试,由于禁锢不前,到近代成为文明进步的礁石而不得不废止,在当今中国社会发展需求与高等教育越来越多样化的今天,统一、单一的高考制度变革也势在必行,但变革不能像百年前废止科举那样遽尔取消它,只能采取渐进的方式稳步推进、逐渐完善。⑤

对科举与高考均有精深研究并且首倡建立"科举学"的教育考试史专家刘海峰,则直接以《高考存废与科举存废》为题撰文,在对科举和高考的性质、考试形式与作用影响等逐一进行异同比较,以及分别论析了科举存废与高考存废后指出:"科举与高考对教育所造成的消极影响确有某些类似之处。但科举本身并不是什么坏制度,以往人们对科举的了解和认识不全面,不够客观。……以历史上废止科举的事例来作为当今废除高考的论据是不充分的。全面了解科举考试存废演变的历史,只能证明高考有其长期存在的价值和合理性。"⑥ 他认为,科举制的实质是用考试的办法来进行公平竞争,尽管有许多局限和弊端,但总比没有标准的恶性竞

---

① 冯增俊:《全国统一高考制度与中华民族创新精神》,载《华东师范大学学报》(教育科学版)2001 年第 4 期。
② 沈骊天:《中国古代教育制度的历史反思》,载《南京大学学报》(哲学·人文科学·社会科学版)1996 年第 1 期。
③ 舒云:《高考殇》,载《北京文学》2005 年第 10 期。
④ 潘懋元:《科举盖棺未论定》,刘海峰主编:《科举制的终结与科举学的兴起》,华中师范大学出版社 2006 年版,第 1 页。
⑤ 潘懋元:《从科学发展观看高考改革》,载《湖北招生考试》2006 年第 2 期。
⑥ 刘海峰:《高考存废与科举存废》,载《高等教育研究》2000 年第 2 期。

争好得多。今人之视古人，犹后人之视今人。以往人们将清末废科举的激烈言论当做是古代多数人对科举的看法，这就好比当代只看主张废止高考一派的人提出的论点一样，认为高考罪大恶极，必须废除。如果只看一个时期一个方面的言论，后代人以为当今民众都认为高考是一种"人神共愤的考试"，而实际上当今多数民众和许多专家都认为高考是现代中国社会难得的相对最公平的一种制度。① 此外，刘海峰在"坚持统一高考"的系列论文中，也一再旗帜鲜明地主张坚持统一高考，认为科举虽已停罢，但考试这种选才方式却没有而且也不可能被废止，在中国的文化与教育国情下，以统一高考成绩来决定录取与否是最公平可行的办法，具有一定的必然性。②

其他一些学者也从各自的角度进行了历史与现实的观照研究，并殊途同归地提出维护高考的观点，例如认为：科举考试的公平与公正，是由国家主持的统一考试来保证，与科举制一脉相承的高考之公平精神与社会效益亦缘于统一考试，无论从科举考试的历史还是从目前中国的现实来看，都应坚持统一高考；③ 统一高考在演化过程中汲取了科举制之统考形式、公平选才、考试管理等方面的有益经验，对保障考试选才的公平公正性、维护弱势阶层和欠发达地区考生接受高等教育权利等发挥了不可低估的作用；④ 高考是在扬弃科举制的基础上，继承了其公开、公平、择优等合理内核，无论从经济的效率性、政治的公平性或文化的先进性来考察，高考都是当今中国最具比较优势的考试制度，"废除高考论"是贴着"解药"标签的"毒药"；⑤ 高考沿袭了科举公平竞争的精神，并将之发挥到前所未有的高度，将高考指责为造成诸多教育问题如重智轻德、片面追求升学率、学业负担过重等的"罪魁祸首"是不能成立的；⑥ 科举受到考试以外太多因素的制约，把科举制的失败完全归咎于其本身是不公正的历史结论，科举的制度虽已消失，理念仍在延续，因为社会对"公平选拔人才"的需要永远不会消失，高考制度关乎全民利益，涉及国家根本，绝不可轻率地变更；⑦ 继承了科举先进要素如公平、择优等的高考制度虽有其弊端，但取得的成绩是显著的、主要的，对高考称赞也好，指责也罢，都应抱着为了更好地发挥高考的选拔与测评功能和对中学教育的正确导向功能的态度，而不是破旧立新，"不要在倒掉脏水之时把孩子也一起泼掉了"；⑧ 科举的历史

---

① 刘海峰：《知今通古看科举》，载《教育研究》2003年第12期。
② 请参阅刘海峰：《为什么要坚持统一高考》，载《上海高教研究》1997年第5期；《论坚持统一高考的必要性》，载《中国考试》1997年第5期；《在理想与现实之间——三论坚持统一高考》，载《高等教育研究》1998年第2期。
③ 郑若玲：《科举启示录——考试与教育的关系》，载《清华大学教育研究》1999年第2期。
④ 张亚群：《从考"官"到考"学"——废科举后考试文化的变革与传承》，载《书屋》2005年第1期。
⑤ 姜传松：《"废除高考论"："美丽"的曼陀罗》，载《大学·研究与评价》2007年第6期。
⑥ 刘静：《科举制度的平等精神及其对高考改革的启示》，载《山西师大学报》（社会科学版）2002年第1期。
⑦ 裴云：《高考的历史传承、现状及其未来走向》，载《湖北招生考试》2006年第6期。
⑧ 董泽芳：《不要把孩子和脏水一起泼掉》，载《湖北招生考试》2007年第4期，第1页。

充分说明，考试是选拔人才的最佳途径，废除考试制度危害更大，当务之急不是废除高考，而是加大改革力度。①

在查阅文献的过程中，笔者发现"以科举之废论断高考当废"之人只是极少数，而主张"思科举之长改高考之短"的观点则俯拾即是，说明学界绝大多数对科举的评价还是较为客观冷静，对高考也是大体拥护的。例如有人认为，科举因制度而存，因内容而亡，观照科举考试内容对其制度存废的影响，于当今高考改革不无借镜；② 高考与科举有类似之处，但也有本质区别，以妖魔化科举来妖魔化高考是不正确的，高校招生考试的一些做法如分地域招生、加分制度等不合理之处，均可从科举制度中得到启发予以改革；③ 科举已废，但它所体现的考试选拔人才的客观、公平、公正仍值得借鉴和继承，社会上改革高考的呼声很高，但公众的普遍认识是：高考改革是其自身的完善和进步，而不是对它的否定；公平正义是高考的根基和立足点；④ 主张统考者与主张废考者争论的焦点实际上是高考能否兼顾考试的公平性与科学性，科举的历史考察和高考的现实论证均表明，当二者发生冲突时，最终结局往往是公平优先，高校招考制度有关追求选才科学性的改革都必须在确保考试公平性的前提下进行，否则这项改革就很可能会失败。⑤

此外，由于高考与科举一样都利弊显著，一部分人因此对高考抱有一种"又爱又恨"的矛盾心态。一方面，许多高考的过来人，尤其是1977年和1978年的考生，对邓小平果断恢复中断已达11年之久的高考，鲜有不由衷感激和拥戴者，但也有人对"黑色七月"笼罩下的高考制度怀有切肤之痛，恨不能即刻"除之而后快"。假如真废止了高考，又会如何呢？恐怕不少人会发觉自己对高考其实是有着深深眷恋的。⑥ 有人说，高考剥夺了孩子们的童年，却给了每一个孩子同样做梦的权利和实现梦想的机会。⑦ 这种说法便为人们面对高考所产生的矛盾心态作了一个最好的注脚。也有人认为高考和科举一样，不仅是选拔人才，而且是社会流动最核心的制度性管道之一，作为当代新科举，高考承担了社会缓冲阀的功能，给底层精英以向上流动的指望，使社会"不至于崩溃"，高考制度是当今中国仅有的几个基本剔除了人为因素的刚性制度，满足了一般老百姓对"程序公正"的需求，而这正是高考改革的"瓶颈"所在，但"就形式化和非人格化而言，如今的高考比当年的科举还厉害"，因此，高考是一个"迫不得已的荒谬制度"，"是地狱，又是天

---

① 张意忠：《科举存废与教育兴衰》，载《当代教育论坛》2004年第8期。
② 郑若玲：《科举学：考试历史的现实观照》，载《厦门大学学报》（哲学社会科学版）2000年第4期。
③ 康珂：《从科举制的兴衰探讨当前高考改革的走向》，载《时代经贸》2007年7月第5卷。
④ 郑朝卿：《高考文化建设和高考人文精神》，载《中国考试》2007年第7期。
⑤ 罗立祝：《公平性与科学性：高校招生考试制度改革的两难选择》，载《湖北招生考试》2005年第10期。
⑥ 郑若玲：《"举国大考"的合理性——对高考的社会基础、功能与影响之分析》，载《高等教育研究》2007年第6期。
⑦ 顾卫临：《高考：还有更好的路可走吗》，载《瞭望》1997年第20期。

堂",是"一头让人哭笑不得、又无可奈何的怪物"。① 对高考"爱恨交加"的矛盾心态跃然纸上,隐约可见一种"恨铁不成钢"的对迫切改革之诉求。

二、唇枪之"来"与舌剑之"往"

学界对考试存废问题的研究,不仅呈现出大量学者的"单打独斗"式的阐述,成果颇丰,而且出现了"打擂台"式的正面交锋或商榷,你来我往,热闹非凡,社会影响也随之弥散。早在20世纪90年代中期,主张"严进严出"的刘海峰与主张"宽进严出"的唐安国便针对高校招生考试的"宽进严出"问题进行过数番"笔战",笔者在《"举国大考"何去何从》② 一文中曾专门介绍过,此不赘述。此后,针对某文学工作者情绪化地片面强调高考的弊端,提出应将高考尽早"请进坟墓",刘海峰直率地指出,"不研究高考的人往往是高考改革的激进派,研究高考的人往往是高考改革的稳健派。"他举出一个典型例子,即关于"高考并非计划经济产物",是一个早在十多年前便已为教育界辨析清楚的问题,但到最近还不时有人说高考是"计划经济的最后一个堡垒",既然中国已走向市场经济,统一高考这一计划经济的产物也就"可以休矣!"③ 以此例说明,由于高考改革的复杂性,若不是在认真研究或全面思考的基础上,所言便可能脱离实际。他认为,既公平客观又不诱导片面应试,是人才选拔中的一个千古难题,历史上不绝于耳的科举存废之争即说明了这一点,古往今来的实践一再证明,实行考试制度有其弊端,所谓"立法取士,不过如是",但废止考试必将造成更大的祸害,高考并非万恶之源,而只是各种教育及社会矛盾的集合点,并不是废止了高考,教育问题就可以迎刃而解,如果高度重视甚至过度重视教育的文化传统没有改变,重人情与关系的社会氛围没有改变,诚信体系没有建立起来,即使将高考"送进了坟墓",不久后还得将它重新请出来。④

此外,冯增俊针对笔者研究科举考试与教育的关系后所得出的启示"在处理考试与教育的关系问题上正确的做法不是废除高考,而是改进考试的内容和形式"⑤ 反驳说,统考制度"强行要求全国数百万学生都按照一个步调受教育,都只能读同样的书……极大地扼杀了儿童创造性","以往那种以维护旧文化、少数人剥夺大多数人发展权利的选拔型的全国统考失去了最后的存在基础"。⑥ 对此,笔

---

① 许纪霖:《高考制度:迫不得已的荒谬》,载《中国新闻周刊》2005年第27期。
② 郑若玲:《"举国大考"何去何从》,载《招生考试研究》2007年第1期。
③ 顾海兵:《中国高考制度批判:计划经济式的高考可以休矣!》,载《中国改革》2001年第10期。
④ 刘海峰:《高考并非万恶之源》,载《北京文学》2006年第1期。
⑤ 郑若玲:《科举启示录——考试与教育的关系》,载《清华大学教育研究》1999年第2期。
⑥ 冯增俊:《全国统一高考制度与中华民族创新精神》,载《华东师范大学学报》(教育科学版)2001年第4期。

者又进行了反驳,认为统考制度的确存在一些缺陷,但说它强行要求学生"按照一个步调受教育"的观点有失偏颇,鉴于普通教育知识学习的基础性,从提高考试效率的角度看,与其说是统考制度强行要求学生读同样的书,不如说是考核范围的基本相同选择了统考;"扼杀创造性"的观点也以偏赅全,即使在被认为是统一考试"最大受害者"的语文作文考试中,富有创造灵性的作文并不鲜见;① 维护公平是高考制度存在的"立基",在目前中国的国情下,确保教育资源(尤其是优质教育资源)竞争的公平乃第一要义,高考制度存在的根基并未被动摇,我们不应贸然抛弃而应坚守现有的相对最科学、合理与公平的统考制度。②

高考存废之争不仅局限于中国大陆的学者,客居海外的学人也加盟其中,使这一本来就颇为热闹的领域因增添了"域外色彩"而有新"看点"。旅美学者黄全愈近年来在国内关于高考的论争中表现活跃,在高度推崇美国"高考"的同时,认为中国"很不合理"的高考已为人们所"深恶痛绝","绝大多数人会同意取消高考";高考这个"风向标"引导着中国教育"残酷"地培养一流的"考生";取消高考的关键,是"建立一套全新的评价体系";③ 云云。对此,孙东东、张亚群以及笔者等都曾撰文提出不同看法,孙东东认为中美两国的教育资源、经济基础和政治体制都不相同,以美国的高校招生制度抨击我国的高考是一个高考认识的"误区";④ 张亚群认为黄氏对中美考试功能与方法的解释以及对中美基础教育的评价都犯了"以偏赅全"的错误,比较中美"高考"制度的得失,必须顾及二者赖以产生的社会土壤;⑤ 针对黄氏提出的"要不要取消高考已经不是问题,而能不能取消高考才是人们举步不前的主要顾虑",以及我们的社会和考试文化"仍在为落后的'八股'、没落的高考推波助澜、摇旗呐喊",并且以百年前张之洞废科举的奏请,来隐喻废除高考的必要性等,笔者则指出"'要不要取消高考'恰恰是关乎教育发展和考生利益的重大问题,高考既不是落后的'八股',也不是没落的制度,现代高考与古代科举虽同构但不同质,在二者之间随便画等号是不恰当的。……深思我们制度的利弊,提出适合中国国情的改革建议,比一味地用他国的做法指责中国的考试制度,可能对改革高考更有助益。"⑥

针对上述异议,黄全愈又撰文回应,认为自己的核心观点没有被真正理解,论者"随心所欲,四处游击",因而"争论不到点子上",指出自己争论的不是要不要高考,而是认分还是认人亦即以"考"为本还是以人为本的问题,等等,并逐

---

① 郑若玲:《科举、高考与社会之关系研究》,华中师范大学出版社2007年版,第269页。
② 郑若玲:《"举国大考"的合理性——对高考的社会基础、功能与影响之分析》,载《高等教育研究》2007年第6期。
③ 黄全愈:《"高考"在美国》,北京大学出版社、广西师范大学出版社2003年版,第12~14页。
④ 孙东东:《走出高考认识误区,推进高考实质性改革》,载《湖北招生考试》2004年第10期。
⑤ 张亚群:《"高考"比较岂能以偏赅全》,载《湖北招生考试》2004年第10期。
⑥ 郑若玲:《高考改革与公平》,载《湖北招生考试》2004年第10期。

一辩驳了上述几位学者对其观点的一些"误识"。① 黄的回声又引发了张亚群更为锐利的"应答",认为黄氏所言不过是"遁辞",他们之间争论的焦点"根本不是什么'教育以考为本还是以人为本'的问题,而是'高考改革是以美国模式为本,还是以中国实际为本'的重大导向问题。"除一一"回击"黄氏针对自己前文所提异议外,张亚群强调,为高考改革建言"仅有善意是不够的;还必须论证这些建议是否符合客观实际,是否符合教育和考试演化的规律",认为学习国外的先进经验必须结合国情。② 有趣的是,这场以针对黄氏观点为开场的激烈"笔战",最后的"斗士"却非黄氏本人,而是近年来不时"批判"高考的经济学人顾海兵。顾氏读了孙东东等人对黄全愈的异议后"路见不平,拔刀相助",遂从"半路杀出",针对异议逐一替黄氏作答,说"高考不是问题,统一高考是个问题",认为孙东东所言的误区,非但不是误区,而且是正区,说"文革"取消高考造成后门成风"完全是一个伪问题",甚至以取消统一强制婚检为"启示"来论断统一高考的"去向",认为统一高考一日不改,中国的核心竞争力便一日不可能强大。此外,顾氏还以孙东东坚持统一高考的态度来"猜测"其"动机"是欲以此"保持与显示北大(孙东东乃北大教授——笔者注)的'高考霸主'地位"!③

三、余音

科举制度这一古代中国的"抡才大典"虽已废止百余年,但后人并未就此遗忘它。事实上,百年来的科举反思从未断绝过,乃至"为科举制平反"成为当代中国学术界的一种思潮与趋势④,科举百年祭的2005年也因此被称为中国的"科举年"⑤。作为现代中国的"举国大考",高考在2007年迎来了建制55年、恢复30年,从年初到年末,各种媒体或在不同的时节、或以不同的篇幅聚焦高考,以至于演绎出一种"集体性怀旧",因此在某种意义上,2007年可谓中国的"高考年"。不仅是"集体性怀旧",有关考试存废之争的各种观点表现出的激愤的抨击也好、坚定的维护也罢,冷静的思索也好、无奈的喟叹也罢,无不体现了高考在当今中国教育领域乃至中国社会的重大影响,反映了考试与社会的关系是一个永恒的命题。随着中国高等教育大众化和多样化的发展,虽然"上大学"已基本上不是问题,作为高校招生主要途径的高考,本当越来越淡出民众的视野,但由于高考在担负为高校选拔合格新生的原始任务的同时,还"身兼数职",具有教育、文化、政治和

---

① 黄全愈:《教育以"考"为本还是以人为本?》,载《湖北招生考试》2005年第2期。
② 张亚群:《高考改革三问——兼答黄全愈教授》,载《湖北招生考试》2005年第10期。
③ 顾海兵:《高考与统一高考之辩——兼与孙东东教授商榷》,载《湖北招生考试》2005年第2期。
④ 刘海峰:《为科举制平反》,载《书屋》2005年第1期。
⑤ 刘海峰主编:《科举百年祭》(前言),湖北人民出版社2006年版,第1~5页。

经济等多项社会功能①，换言之，高考不是单纯的教育问题，这项教育考试制度表象的背后，蕴含着重要的社会功能，使高考承载着远远超出自身所必须承载的社会责任。相应地，高考重大的社会影响也不会在短期内弱化，存废之争必将继续。

作为一项在中国历史上曾长期存在过的考试制度，科举在考试领域留下了深刻的印痕，其对当代考试的影响波及文化、制度与技术各个层面。由于古代科举性质复杂，现代各种考试制度差不多都能在其复杂多样的形式和性质中找到自己的雏形或粗坯，想要追溯自己的历史渊源，就不得不回到科举那里去，科举学因此具有强烈的现实性。②其实，不仅是存废问题，高考的其他问题如录取的区域公平、考试与教育的关系、考试科目与内容、考试防弊等，也都与科举的遭遇有惊人的相似之处，均可从科举史中或寻得宝贵的经验与教训，或得到深刻的启发与借鉴，这将使科举学研究的现实意义更加凸显。

考试是一把人才选拔的"双刃剑"，也是我国存续了数千年之久的一笔珍贵的制度文化遗产。笔者认为，这笔特殊的文化遗产需要学界以全面、冷静、客观的态度理性地评价、认识与改革之。如果"站在批判考试弊端的立场上，全盘否定现有考试制度的长处，这无异于英国产业革命初期毁坏机器的运动"，显然，"文明所带来的弊害不是通过消灭文明来消除，而应是更好地利用文明。"③

---

① 郑若玲：《高考的社会功能》，载《现代大学教育》2007年第3期。
② 郑若玲：《科举学：考试历史的现实观照》，载《厦门大学学报》（哲学社会科学版）2000年第4期。
③ 国家教委考试中心主编：《美日法人才选拔与考试方法》，人民邮电出版社1994年版，第59页。

域外高考

  高考制度除了要"回头看",从历史中寻找智慧,也应"向外看",从现实中求取借鉴。尽管中国的高考可以说是世界上独一无二的大学招考制度,但在高考改革日益朝多样化方向发展,世界各国招考制度越来越趋同、教育交流越来越频繁、教育接轨越来越迫切等时代背景下,我们完全可以也必须全面了解域外高考的前世今生、改革动态与发展趋势,以最大限度地为我所用。本单元将详解美国、法国、日本、中国台湾等较有代表性的国家或地区的高校招考制度的运作、改革及启示,尤其关注其公平性建设与改革。

我们能从美国高校招生制度借鉴什么[*]

全国普通高校本专科招生统一考试制度(以下简称"高考")自1952年建立,迄今已历经风云55载,1977年恢复高考至今,也已整整30年。与别国招生制度所不同的是,我国的高考自建制伊始便带有鲜明的"统一性"。由于存在重才轻德、缺乏特色与灵活性等统一考试本身所固有的缺陷,建制后尤其是20世纪90年代末以来,高考不断朝多样化方向改革。在改革进程中,动辄有人提出废除统一高考,借鉴美国高校多元招生办法。美国的招生制度在中国到底可行不可行?我国高考的多样化改革能从美国高校招生制度中借鉴什么?带着这些问题,笔者利用2006年国家公派留美一年的机会,查阅了大量相关文献,并访谈了十余位大学招生办公室主任或相关考试机构负责人,对美国高校招生制度作了较深入的了解。

一、灵活多元的美国高校招生制度

美国是世界上高校数量最多的国家,据美国教育部公布的数据,2004~2005学年,被纳入联邦政府学生财政援助计划的高校(即Ⅳ高校)有4 216所。[①] 这数千所高校类型、层次各异。就招生来看,可将其大致分为有入学要求和开放入学两类,其中,前者要求学生提供从高中成绩到推荐信等一系列材料中的一种或数种,后者则只需提供高中毕业文凭或同等学历证明。以下主要从录取评价指标、招生计划两方面论述有入学要求的美国高校的招生办法。

美国高校的录取评价指标多元,包括中学成绩、标准化考试分数、课外活动、才艺与能力、个性品质等。其中,中学成绩是美国大学入学最重要的一条标准。但大学在评估此项指标时,并非片面追求高分数,而是将其放置到学生的中学条件或家庭背景中综合评价,注重学生追求上进、挑战自我的精神。此外,很看重学生选择课程的难度,鼓励学生在可能的情况下多选修高级课程或大学预修课程,如AP

---

[*] 原载《东南学术》2007年第3期。
① National Center for Educational Statistics (NCES). *Digest education of* 2005, Table243, *Degree-granting Institutes, by control and type of institute*: 1949 - 50 through 2004 - 05, http: //nces. ed. gov/programs/digest/d05/ch_3. asp.

（Advanced Placement）、IB（International Baccalaureate）课程等，修习并通过了这些高难度课程的统一考试，可以为大学申请成功增加不少筹码。标准化考试（包括 SAT 和 ACT）分数是仅次于中学成绩的另一条主要指标，近年来一些学校开始把它列为可选条件，或者干脆取消这一入学要求，但四年制公立大学和非营利性私立大学极少有放弃这一要求的。课外活动也是一些大学尤其是一流大学较重视的指标，它不仅有助于大学考察学生对非学术活动或在学校以外社区活动的参与程度、承担的义务、所作的贡献，而且可以关注到学生的特殊才能或成就。推荐信在入学申请中亦占有一定分量，一般要求学生提供由高中主要课程任课教师所写的推荐信（有的学校还欢迎提供由雇主、教练、宗教领袖、朋友、家人等写的额外推荐信）。由于希望选拔到全面发展的学生，一些大学还鼓励申请者提交自己在艺术或体育方面的才艺证明。学生的个性品质通常也是招生人员所关注的内容，主要从推荐信、中学报告以及学生所写的短文或个人自述等材料中考察，使学校在冰冷的考试分数与学业成绩之外，了解学生作为"人"的思想、观念、态度、爱好、兴趣、生活经历等活生生的另一面。

此外，面试也是一些大学录取评价的内容之一。当然，并非每所大学都具备面试条件，即使是那些条件具备的学校，面试也并非必要条件。尽管没有得到面试机会（入学申请提交得越早，得到面试机会的可能性越大）的申请者并不会在入学竞争中处于劣势，但大学一般都鼓励学生尽可能利用面试机会，以便学校和学生更好地相互了解。面试并不在校园内由招生人员完成，而是由散布在全美各地（乃至全世界）的校友志愿者们代表学校在当地进行。因此，面试与其说是入学条件之一，毋宁说是架构在学生与大学之间的一座桥梁，或者说是大学向学生推介自己的一条渠道。

美国数千所高校由于资质、声誉、办学条件、生源多少各有不同，其招生计划也"因校制宜"。常用的招生计划有提前招生（early admission）、常规招生（regular admission）、滚动招生（rolling admission）三种。其中，提前招生又分为"提前决定"（early decision）和"提前行动"（early action）。二者的区别在于，"提前决定"是捆绑式的，学生申请这一计划，就意味着对大学做了某种承诺，一旦被录取，便有义务进入该校，且要交纳一定的入学保证金，同时撤销已提交的其他学校的同类申请，否则便是违规。"提前行动"则是非捆绑的，学生即使被某所大学录取，也可等到所申请的其他大学录取结果出来比较后，再决定上哪所大学。提前招生一般要求学生在每年 11 月 1 日前递交申请，12 月中旬出录取结果。全美除数百所大学采行提前招生计划，更多的大学采行的是常规招生计划（实行提前招生的大学也兼行常规招生）。常规招生的申请截止日一般为 1 月 1 日，3 月底或 4 月初出录取结果，被录取的学生要求在 5 月 1 日答复学校，并交纳保证金。竞争性不强的大学则多实行滚动招生，即早申请早录取，以刺激学生积极申读，滚动招生一般在入学前 6~9 个月开始受理申请材料。由于申请不久便可知晓录取结果，滚动招生对部分学生的吸引力相当大。① 此外，近年来还有少量学校实行"当场录取"办法，学生带着申请材料到学校，招生人员审阅后，当场便告知录取结果。

二、高考的多样化改革与国情

高考之所以进行多样化改革，是因为它的"大一统"存在不少弊端。最主要的弊端，一是考试标准单一，长期实行"千校一卷"，使层次、类型各异的高等学校无法根据自己的需要选拔适合培养的人才，没有真正的招生自主权；二是录取标准单一，高考分数成为录取的唯一指标，导致智育长期"一枝独秀"（而且仅是考试分数体现出的智育），忽视了学生的平时成绩、身心素质、品行修养、各种能力及对学校或社会的贡献等其他因素。针对这些弊端，高考在过去 20 多年先后进行过一些改革，其中最引人注目的莫过于保送生制度的建立和自主招生的试点。

为克服高考"唯笔试是取"的应试弊端，20 世纪 80 年代中期建立了保送生制度。建立这一制度的目标十分明确，一是通过全面考核保送生的德、智、体情况，导向和鼓励中学生全面发展；二是使高等学校选拔出具有较好专业适应性的优秀人才，扩大招生自主权；三是通过建立以考试为主、以保送为辅的招生制度，把考试与保送两种形式的长处集中起来。但实行不久，保送生制度的目标便屡屡受阻。随着保送规模的扩大，问题越来越严重，权力和金钱逐渐侵蚀到高考这块"净土"，起初是"荐良不荐优"，推荐材料被大量"灌水"，此后又进一步蜕变为"推劣不推良、送官不送民"，将不合格的权势子弟保荐给高校。保送生的选拔变得黑幕重重，被人情、关系等因素异化为教育腐败滋生的温床，公平与诚信遭到严重损害。一时间，认为应将其"扫进历史垃圾堆"的观点，② 在民众中有相当的代表性。为此，1999 年教育部推出"保送生综合能力测试"，规定必须以测试成绩作为保送生录取的重要依据；2001 年，作出"一压二严"的规定（"压缩规模，严格标准，严格管理"）③；2007 年，又规定重点强化对保送生资格的审查和推荐过程的监督，进一步加强对保送生的文化测试与考核。可见，现行的保送生制度与实行之初已有很大差别，不仅招生规模更小，而且实际上变成了另一种统一考试或以此为主的招生办法。

自主招生试点则始于 2001 年，是为扩大高校办学自主权而探索的以统一考试为主，多元考试评价、多样选拔录取相结合的高校招生制度。实行 6 年来，不仅参

---

① David Reingold, How to Humanize the College Admission Game, *The Journal of College Admission*, Summer, 2004.
② 陈杰人：《保送生制度还要存在多久》，载《中国青年报》2000 年 8 月 30 日。
③ 郑若玲：《保送生制度：异化与革新》，载《教育发展研究》2002 年第 6 期。

加试点的高校数量逐年增多，而且限制条件正逐步放宽，自主招生的生源比例和降分幅度不断加大。自主招生的改革试点，由于是对长期以高考分数为唯一录取依据的录取制度（保送生和特长生招生除外）的挑战，试行后引起社会各方密切关注，"自主招生"成为2006年我国教育八大关键词之一。① 总体而言，自主招生取得了较好的效果，也得到上至教育主管部门下至普通民众的肯定。但在肯定之余也心存顾虑，顾虑之一是公平问题，人们担心如果缺乏强有力的监督，"自主"的环境可能会"滋生"出各种腐败现象；顾虑之二是诚信问题，担心一些责任心不强的中学对推荐材料"注水"，以及一些考生"脚踏两只船"。事实证明，这些顾虑并非杞人忧天，前两年的自主招生中就已出现高分考生"不辞而别"、"另攀高枝"的诚信危机。② 而公平危机却更隐蔽，多是一些私下交易，例如，一些权势子女只要过得了高考统考关，学校自主招考关便不成问题。

客观地说，保送生制度和自主招生改革，与美国高校招生制度的多元、自主等特点有异曲同工之妙，打破了高考长期"大一统"的局面，给高校招考带来了新意与活力，对鼓励中学生德、智、体全面发展和推进素质教育确有一定功效。但在实践中，为什么二者不约而同遭遇公平危机与诚信危机呢？笔者认为主要原因是受传统文化这只"看不见的手"以及中国的现实国情所牵制。

中国是一个以家族宗法制社会结构为基础的国度，重人情面子与讲裙带关系成为其独特的文化景观，在这种社会文化背景下，若没有可操作的客观标准，"任何立意美妙的选举制度都会被异化为植党营私、任人唯亲的工具"③，这也正是不问家世门阀、凭才取人的科举制度在中国历史上长存1 300年之久的主要原因。保送生制度由于缺乏可操作的客观"硬件"，成为传统文化消极作用和政治腐败的牺牲品。自主招生有高考这道门槛，尚且出现问题，若取消高考改为"完全自主"，其公平与诚信问题就更令人难堪其忧。

目前，中国的高等教育虽已迈入大众化，入学机会的竞争不再像精英阶段那么激烈，但中国的现实国情从总体上说仍是"穷国办大教育"，高等教育尤其是优质高等教育资源仍较稀缺。但在中国这样一个讲人情、重关系、看面子的国度，民众素来"不患寡而患不公"，在教育资源的竞争过程中，老百姓仍首重公平。为什么高考自建制至今，虽不断遭受各界批评，但仍然为多数人所接受？别无他因，"公平"而已，它强调"程序正义"，即升学机会和考试分数面前人人平等。受中国传统文化和目前诚信制约机制尚不健全等因素影响，在社会资源和教育机会的竞争过程中，如果不以考试成绩这一"后致因素"为竞争资本，金钱、权力等"先赋因

---

① 《2006年我国教育八大关键词》，2006年12月27日，新华网，http：//news.shangdu.com/category/10001/2006/12/27/2006-12-27_513351_10001.shtml。
② 《高校自主招生面临尴尬：高分考生"另攀高枝"》，2004年2月9日，中华教育网，http：//edu.china.com/zh_cn/1055/20040209/11618972.html。
③ 刘海峰：《科举制长期存在原因析论》，载《厦门大学学报》（哲学社会科学版）1997年第4期。

素"则将取而代之。这已一再为中国考试历史所证明，也是高考多样化改革所必须警而醒之的。

三、他山之石，可以为错

尽管高考存在种种弊端，但它与中国的现实国情及社会文化是相适应的。在没有找到一套行之有效的替代办法前，轻言废止乃至轻率行废，可能造成比现有弊端更严重的问题。但这绝不能成为高考裹足不前的借口。高考的"大一统"弊端不仅与教育规律背道而驰，而且对其人才选拔功能的发挥制造了越来越大的障碍。高考欲保持长远的生命力，必须在坚持统一考试的前提下，适时适度进行多样化改革。这既是千年科举告诉我们的深刻道理，也是教育与考试发展的现实要求。

作为多样化招生制度的典型代表，以及高等教育的强国与大国，美国的高校招生制度历经300多年，发展已很成熟和完善，可以成为我国高考多样化改革的重要参考。但任何国家招生制度的形成与运作，与本国的历史、文化、经济、政治和教育等因素关联甚密，别国可以受其启发甚至借鉴，生搬硬套却绝不可行。因此，我国高考多样化改革在借鉴美国的做法时切不可忘"橘逾淮而北为枳"的教训，否则便可能南辕北辙，弄巧成拙。笔者认为，中国高考多样化改革可以从美国高校招生制度中得到以下四点启发与借鉴：

第一，注重入学机会公平。美国是个典型的移民国家，由于各族裔各阶层子女的教育条件不同，高等教育阶段的入学机会差异甚大。为缩小差距，美国政府早在20世纪60年代初就颁布了《平权法案》（Affirmative Action），旨在给予少数民族或女性在就业和教育机会方面优先考虑，政府还设有一些专门针对弱势群体的财政援助项目，一些高校也设立了为少数族裔提供入学信息、咨询与指导的专门机构。我国也是一个地域辽阔、民族众多的国家，民族、阶层、城乡、地域间差异甚大，教育的条件不均衡以及由此带来的机会不公平，在某种程度上与美国相似，特别是城乡、地域间的差别，相比于美国有过之而无不及。高考制度在多样化改革过程中，也必须时刻凸显公平[1]，尤其要防止因客观标准减少导致权力、金钱介入而给弱势群体带来的不公。

第二，适度采用多元录取指标。美国高校录取新生，没有固定的指标体系，而是综合评价：既有智力方面的要求，又有非智力因素的考量；既重视学生的考试成绩，又看重平时的学业成就；既从考试分数或年级排名等相对客观的硬指标来评判学生，又从充满个性与人情味的推荐或自述材料中了解学生。指标多元体现了美国大学既注重学生"德、智、体"全面发展，又不错失"专才""偏才"。这种综合

---

[1] 郑若玲：《高考改革必须凸显公平》，载《教育研究》2005年第3期。

评价方式正是我国高考多样化改革的目标。遗憾的是，这种在美国畅通无阻的方式，在我国却屡行屡败。因此，在目前高等教育资源紧张、诚信制约机制尚未健全的背景下，高考多样化改革仍需以统考为主。但本着从实际出发、循序渐进等原则，可将考试成绩之外的其他因素适度、逐步、切实纳入录取指标体系，并建立和健全相应的监控机制。

第三，扩大高校招生自主权。美国高校向来具有办学自主与学术自治的传统，体现在高校招生上，也具有高度的自主权，招生的标准、规模及运作完全由各校招生委员会自主制定，联邦与州政府不得干预。我国高考虽然从20世纪80年代便开始了"扩大高校招生自主权"的努力，但进展缓慢，即使是实行自主招生，高校真正享有的自主权仍十分有限。2006年复旦大学和上海交通大学的"面试招生"，可谓是一种有力的尝试。应鼓励这些试点院校稳步加大自主力度。待时机成熟，可将统一考试与招生两相分离，由高校自主决定考试结果的使用比例，或将统一高考变成水平考试，让招生院校在水平测试的"基准"之上最大限度地享有自主权。

第四，建立多渠道、多层次考试"立交桥"。美国高校招生制度一个鲜明的特色是计划与机制灵活多样、招生效率高。对学生而言，既有旨在吸引那些对某校"情有独钟"且愿意及早与之订立"婚约"的"急性子"学生的提前招生计划，也有针对那些深思熟虑、欲精拣细挑的"慢性子"学生的常规招生计划，还有针对快进生或超常生的提前入学计划。从高校来说，既可以让那些生源充足的学校在规定时间内尽快完成招生工作，又可以让那些生源不足的学校在最大的时间跨度内网罗更多生源。我国目前虽然不大可能采取完全个性化和自主性的招生机制，但分层分类进行考试却有其可行性，以便适应高等教育多样化和人才需求结构立体化的需求。具体而言，可将高考分为普通大学及独立学院的本科统考和高职高专的专科统考两种类型，或采取全国统一高考和各校单独考试相结合的二次高考模式。这两种办法各具特色，可以从不同角度为推进高考多样化发挥作用。经过一定阶段或范围的试点后，可以进一步将二者结合起来，使高校招生在坚持统一考试的前提下，真正建立起多渠道、多层次的考试立交桥。

追求公平：美国高校招生政策的争议与改革*

作为世界高等教育强国的美国经过数百年发展，形成了成熟、独特且高度个性化的高校多元招生制度。但美国的高校招生制度非完美无缺，相反，有些问题十分突出，其中最大的问题便是高等教育入学机会不公平。美国是个典型的移民国家，各族裔、各阶层社会资源（包括教育资源）差异甚大。在普通教育阶段，由于实行义务教育，入学机会不成为问题。但到高等教育阶段，不同族裔和阶层子女的入学机会公平问题便凸显出来，尤其是享受优质高等教育资源的机会，在族裔及阶层间分布很不均匀。因此，入学机会公平一直是美国高校招生改革的热点，也是美国政府面临的最头痛的教育问题之一。

一、取消提前招生

美国数千所高校由于资质、声誉及办学条件、生源多少各有不同，其招生计划也是"因校制宜"，常用的主要有提前招生、常规招生和滚动招生三种招生计划。其中，提前招生又分为两种类型：一种叫"提前决定"（early decision），另一种叫"提前行动"（early action）。二者的区别在于，"提前决定"是"捆绑"的，学生申请了这一计划，意味着对大学做了某种承诺，一旦被录取，便有义务进入该校，且要交纳一定的入学保证金，同时撤销已提交的其他学校的申请，否则便是违规。"提前行动"则是"非捆绑"的，学生即使被某所大学录取了，也可等到其他大学的录取结果出来后作比较，再决定上哪所大学。提前招生一般要求学生在每年的11月1日前递交入学申请材料，12月中旬出录取结果（包括财政援助的批准情况）。常规招生的申请截止日一般为1月1日，3月底或4月初出录取结果。滚动招生则是边申请边录取，一般在入学前6~9个月开始受理申请材料。①

起源于20世纪50年代的提前招生计划，到90年代发展迅速。提前招生因录取率高出常规招生数倍而备受家境好的优秀学生青睐，但也因给弱势群体带来不利

---

* 原载《教育发展研究》2008年第13、14期合刊。
① David Reingold, *The College Admission Game*, The Journal of College Admission, Summer, 2004.

而颇受非议。2006年9月12日,哈佛大学宣布从2007年起取消提前招生计划。此后的两周,普林斯顿大学和弗吉尼亚大学也跟着做出同样的决定。一个月之内,先后三所著名大学宣布取消提前招生计划,迅速在全美掀起了一场关于提前招生的争论热潮。

  哈佛大学进行这项改革最主要的目的便是出于公平的考虑。哈佛认为,提前招生使得低收入家庭、工人阶级和少数族裔的子女(亚裔除外)在这些著名大学的入学竞争中明显处于劣势,而对那些本来就处于优势地位的学生则更有利。[1] 一般而言,那些家庭富裕、学业优秀的学生更倾向于申请提前招生项目,因为这一项目要求学生在无法对所获得的助学金结果进行比较的情况下作出入学决定。家境一般而需要奖学金资助的学生则常常没有足够的勇气申请这一计划。

  除了财政援助的原因外,赞成者认为取消提前招生主要有两个好处:

  其一,有助于减轻中学对大学入学的狂热程度,改善中学的教学氛围。在提前招生计划下,升学的压力已越来越早地进入到中学生的生活中,有些成绩好的学生,其中学生活甚至从初中阶段开始便被报考名牌大学的压力所扭曲,父母们尤其是那些"追求卓越"的父母们(Type - A parents)也跟着陷入一种热衷于升学的疯狂状态。可见,提前招生实际上并没有为学生减轻升学压力,而只是把压力提前。取消提前招生,则可使学生11年级(高三)及其以前的学习处于正常状态。

  其二,可以缩小大学之间的竞争力差距,各阶层子女入学机会将更加平等。提前招生对精英大学特别有利,可以确保他们提前得到能付得起学费的优质生源,从而提高新生的报到率,而且这些人将来很可能成为重要的捐款校友。再者,"捆绑式"的提前招生也意味着学生失去了通过比较不同学校的财政援助计划而得到更多助学金的机会,从而使这些大学减少助学开支。提前招生还导致社会阶层歧视现象。申请提前招生的学生多数是那些请得起家教或升学顾问,或者就读于教学条件优越、有丰富升学指导经验的中学的优势阶层子女。另一方面,低收入家庭子女由于需要对更多学校的财政援助结果进行比较,很难对"捆绑"的提前招生作出承诺,这使得他们通常不愿也不敢申请这一招生计划。显然,取消提前招生将使优势阶层子女占有的升学申请优势不复存在。[2]

  反对取消提前招生的一派则针锋相对地认为:

  其一,如果这一改革被广泛采纳,则入学对于许多中学生和大学来说可能变得更糟。对学生而言,提前招生由于可以使许多12年级(高四)学生在圣诞节之前解脱升学的重压而很受学生欢迎。再者,申请提前招生的多为那些选修了高难课程

---

[1] Alan Finder and Karen W. Arenson, *Harvard Ends Early Admission*, The New York Times, September 12, 2006.

[2] Editorial, *End Early Admissions: Colleges Should Give Kids and Parents a Break*, The Philadelphia Inquirer, September 20, 2006.

（如 AP 课程）、积极参与课外活动的优秀学生，取消了提前招生，意味着对所有资质的学生"一刀切"。如果学生不能尽早确定他们能否获得所申请学校的录取资格，就得同时申请多所学校、付更多的申请费。整个入学系统因此变得十分拥堵，入学竞争更加激烈。而实际上学生申请的一些大学并不一定是他们的真正兴趣之所在，从而使入学过程变得低效，与此同时，申请者被录取的机会并没有增加。对于大学而言，由于提前招生时段分流处理了一部分申请材料，可以减轻常规招生时段的工作量。取消提前招生，无疑将加大常规招生时段的工作压力。

其二，取消提前招生是否真的有利于弱势阶层子女也令人质疑。不少人认为提前招生可以检查中学在升学指导方面工作的好坏（例如在有些中学，一些学生虽资质不错，但由于升学指导的匮乏或不力，他们到了高四仍没有参加 SAT 或 ACT 考试，也没有参观过任何大学校园，甚至没有和升学顾问探讨他们对大学的兴趣与意向）。废除提前招生将使这些相对劣质的中学在指导学生不力方面，丧失来自外部的监督压力，而这些中学通常为低收入家庭或少数族裔子女就读的学校。[①]

尽管取消提前招生的改革得到许多大学招办主任和大学升学顾问以及其他相关人士的赞扬，但真正付诸行动的仍只有少数几所大学。毕竟这一计划实行了几十年，取消它是一项很大的改革，绝大多数学校只是静观其变，不敢轻举妄动，唯恐改革带来优质生源的流失。只有像哈佛这种具有高声誉的大学才敢于进行这一改革，因为即使取消了提前招生计划，它们也始终是尖子生的首选。

二、废除《平权法案》

美国的种族不平等根深蒂固。1961 年肯尼迪总统任期颁布了《平权法案》（Affirmative Action），规定在就业和入学方面不仅要消除种族和肤色歧视，而且应给黑人等少数民族以优先考虑和优先机会。1964 年又颁布了《公民权利法》（Civil Right Act），重申所有公民，不分种族、性别、肤色和民族，均有享受平等的受教育权利和机会。但实际上，种族教育机会不平等至今仍比较突出。

作为一项政治法案，《平权法案》对大学招生的影响，最典型的事例是密歇根大学的招生"官司"。密歇根大学由于在招生过程中执行《平权法案》力度较大，对少数族裔照顾较多，1997 年被底特律一位白人高中毕业女生在其入学申请被拒后，以遭到该大学招生歧视为由告上法庭，引起轰动。2003 年，美国最高法院最终裁决此案，认为大学在作出录取决定时可以考虑学生的种族，但这样做只能是为了促进高等教育多样化，而且不能在录取比例或降低标准上作硬性规定。2006 年 11 月 7 日，密歇根州在中期选举中对废除《平权法案》的所谓"2 号提案"进行

---

① Jay Mathews, *Is Early Admissions a Good Idea?* Washington Post, September 21, 2006.

表决，结果以58%比42%获得通过，意味着少数族裔和女性的入学和就业优待不再受法律保护。同1997年的诉讼、2003年的裁决一样，2006年密歇根州的投票又引起全美新一轮对《平权法案》的讨论。

对《平权法案》进行表决，密歇根州并非先例，加州早在1996年、华盛顿州在1998年即已表决通过了取消《平权法案》的议案。其中，取消《平权法案》的"209提案"在加州获得通过后，在非常看重学业成绩和考试分数的加州大学系统，非洲裔、西班牙裔和美洲土著等少数族裔学生的入学比例大为下降，特别是在伯克利和洛杉矶两所分校；相反，亚裔和白人学生比例则大幅上升，其中亚裔学生数量增加最多，超过了他们在本州的人口增长速度。亚裔在加州大学系统九个分校中的七个，都成为了最大种族，在个别分校更是成为51%的多数。少数族裔特别是非洲裔学生比例的下降，引起了加州乃至美国社会关于是否要重新起用《平权法案》的争论。不少人认为，如果继续执行"209提案"，最终将导致非洲裔被加州这所最好的公立大学拒之门外。同时，非洲裔学生比例的下降也引发了加州大学系统对其招生政策的反思。他们认为，如果改变过去仅重视学习成绩和标准考试分数的入学标准，兼顾考虑学生的课外活动、学习主动性与学业进步等因素，则有可能使学生种族成分发生变化。[①]

从密歇根州的情况看，取消《平权法案》提案的支持者认为对个体的评价应当根据其能力而非其他。反对者则认为，提案的通过意味着密歇根州公民思想的严重倒退，使少数民族和妇女的权益受到伤害，并将导致职场和公立大学特别是密歇根大学多样化的减弱。依笔者看，此次《平权法案》表决引起的争议只是美国教育机会公平问题的冰山之一角。族裔教育机会不公平（包括学校教育资源不均）仍将是美国面临的最头痛的教育问题。

三、财政援助的改革

和入学机会一样，大学学费和财政援助也一直是美国高等教育争议的热点。2006年9月，哥伦比亚大学宣布从2007学年起，对来自年收入低于5万美元的中低收入家庭本科生，将以奖学金取代贷款。[②] 近几年进行了类似改革的常春藤盟校还有哈佛、普林斯顿和耶鲁三所大学。这一改革的出发点是为了吸引更多优秀的低收入家庭子女入学。

随着美国高等教育普及化的到来，弱势阶层子女上大学的机会增加了许多，但由于政府对高等教育的财政支持减少，导致大学学费近年来涨幅迅猛。2006年美

---

① Ralph C. Carmona, *Beyond 209*, San Francisco Chronicle, October 26, 2006.
② Karen W. Arenson, *Columbia Alters Financial Aid for Low-Income Students*, New York Times, September 19, 2006.

国大学委员会（college board）的调查报告显示，四年制公立大学2006年的年均学费为5 836美元，加上食宿费，每人每年花费约13 000美元，比上一年增长了6.3%。私立大学的年均学费为22 218美元，加上食宿费，则每人每年花费约30 367美元，比前一年增长了5.9%。[1] 结果，大学不得不增加奖学金以帮助学生支付不断上涨的求学费用。

而近十年来，美国高校在本科生的奖学金授予上有一个根本性改变，即越来越多奖学金的授予不是基于学生及其家庭的经济需要（need-based grants），而是基于学术成就（merit grants）——前者自1965年"高等教育法"通过后一直是一条起主导作用的评价标准。在高校、州政府和联邦政府三条主要的奖学金渠道中，前两条途径基于学术成就授予奖学金的趋势已经凸显。美国教育部主持的一项涉及数千所高校的关于美国大学生援助的全国范围的研究项目（National Postsecondary Student Aid Study）调查数据发现，从学校（包括社区学院、四年制公立、四年制私立）这条渠道看，对学生的援助在1995~2004年间增长了105%，其中，基于需要的奖学金的增长仅为47%，而基于学术成就的优秀奖学金却增长了212%。后者在所有奖学金中所占比重也由35%上升到54%。从州政府这条渠道看，优秀奖学金占州政府奖学金支出的比重，也从1981年的9%上升到2004年的26%。[2]

优秀奖学金比例上升所带来的结果是：家庭富有者、白人或亚裔子女比低收入家庭及少数族裔等弱势群体子女受益更多。弱势群体得到的财政援助越来越少，直接影响到他们参与和完成大学教育的机会。不仅哈佛、斯坦福这些一流大学的学费让低收入家庭和少数族裔学生可望而不可即，就是那些本该在教育机会平等运动中发挥领导作用的公立大学系统，其入学和财政援助政策也越来越向特权或优势阶层子女倾斜。2003年，这些名列前茅的公立大学给家庭年收入低于2万美元的学生提供的奖学金为1.71亿，而那些家庭年收入超过10万美元的学生却得到了2.57亿的援助。[3] 因为这些大学为了保持在各种排行榜上的前列位置，非常看重学生的标准化考试分数，而通常优势阶层子女就读于教育条件优越的学校，而且请得起家教和升学顾问，能参加考前辅导课程等，因而在考试竞争中占据优势。

可见，美国高等教育的学生财政援助存在着两难，一方面，大学和政府希望增加优秀奖学金来吸引优秀生源；另一方面，这样做的后果又直接影响了弱势群体的入学机会，从而影响到美国高等教育一向所标榜的教育机会公平以及高等教育的多样化。少数一流大学已经注意到这一问题，并进行了减免低收入子女财政负担的相应改革，承诺在学生用尽了其他财政来源（如研究经费、家庭支付）的情况下，

---

[1] College Board, *Trends in College Pricing* 2006（report）, www.collegeboard.com.
[2] U. S. Department of Education, Institute of Education Science, *National Center for Educational Statistics* (NCES): Issue Brief, No. 115, July 2004.
[3] Arthur M. Hauptman, *College: Still Not for the Needy?* The Chronicle Higher Education, Volume 52, Issue 12, 2005.

学校将百分之百满足他们的奖学金要求，学生无需借贷。但由于低收入子女在这些一流大学所占的比例非常小，从总体上看，这些改革对增加弱势群体高等教育机会影响不大。笔者认为，只有当类似的政策在大量公、私立大学广泛推行，才可能对增加弱势阶层子女入学机会产生较大的影响。

追求公平是高校招生的永恒主题，且任重而道远。美国作为高等教育与经济发展均领先于世界的国家，尚且存在诸多的教育机会公平问题，作为人口多、底子薄、"穷国办大教育"的多民族的中国，更不能忽视高等教育入学机会的公平问题。美国关于这一问题的诸种改革与争议，无疑值得我们深思与借鉴。

社会维权系统分担高校招生公平责任：美国的启示[*]

进入21世纪之后，社会对人才的需求越来越多元，人也越来越需要培养全面的素质和促进个性的发展。而这与"凭分取人"的统考制度之间矛盾越来越大。"从考试回归评价，这是时代赋予我们的重任。"[②] 与高考录取"软挂钩"的综合素质评价，是从考试到评价的积极探索。但是，由于综合评价包含很多容易受人为干扰的主观因素，实施起来问题重重。国内的保送生制度逐渐变成滋生腐败的温床，包括其他涉及推荐、可人为操作的招生制度，也几乎无一例外地变味。这也是北京大学甫一宣布从2010年开始"中学校长实名推荐制"的试点即引起社会各界热议的原因之所在。可以说，综合素质评价与高校招生"软挂钩"，既是稳妥之策，也是无奈之举。对考生进行合理的综合评价是高校招生制度走向科学选才的方向。美国作为典型的由高校来自主招生的国家，其招生最显著的特点也是最为人所赞赏之处，便是对申请者进行综合评价。本文试图通过分析美国选拔性高校招生综合评价制度的社会基础，得出对我国高校招生中综合素质评价改革的启思。

一、美国社会维权系统保障高招公平公正

19世纪之前，美国大学入学考试只有口试，几乎没有书面考试。这一时期高校各自为政，依据自身的发展特点选拔学生，入学规定的执行情况普遍不严格，考试不正规，弹性很大。[③] 直至20世纪60年代，美国著名的私立高校基本上仍然只面向社会上层的男性白人和清教徒招生，其他少数族裔（犹太裔、非洲裔或亚裔等）和妇女被拒之门外。[④] 但此后，美国国会通过《国防教育法》、《高等教育法》、《民权法》、《成人教育法》等诸多法案，推动了高等教育的民主化进程，高等教育规模不断扩大，校园成分从单一的上层白人发展为与人口比例相近的多民族

---

[*] 原载《教育发展研究》2010年第5期。陈为峰为第二作者。
[②] 戴家干：《关于完善高考制度的几点思考》，载《湖北招生考试》2007年第16期。
[③] 唐滢：《美国高校招生考试制度研究》，华中师范大学出版社2007年版，第255页。
[④] 程星：《细读美国大学》，商务印书馆2004年版，第3页。

多种族共存，妇女的入学比例如今已超过男性。① 高校招生制度也开始演变为开放招生和综合评价选拔招生两种方式。开放招生基本上不存在公平问题，只要符合条件的申请者都可以进入大学。对于选拔性高校来说，由于申请者众多，而录取名额有限，就涉及综合评价的选拔结果是否公平公正的问题。那么，美国是如何保证综合评价招生制度公平公正性的？

任何不公正的行为都是一种侵权行为，招生违规操作其实就是一部分人侵犯了另一部分人的权利。如果公民具有强烈的权利意识，对招生过程中的不公正行为及时治理，那么这类侵权事件就会少一些，人们就会提高自我约束意识。在中国，往往人情大于法，而美国则往往法不受制于人情。美国民众的公民权利意识之强是有目共睹的，在权益受到损害时，强烈的维权意识就会推动法制运转，保障权益。

美国从第一批移民踏上北美大陆起，民间的权力和利益就一直在唱主旋律。1620年，"五月花"号的乘客为了建立一个大家都能受到约束的自治基础，他们在上岸之前签订了一份公约，即后人所说的"五月花号公约"②，强调法律是为了维护全体社会成员的整体利益而不是为了维系某种统治秩序而制定的。"五月花号公约"成为美国立国的传奇和神话。《独立宣言》则在人类历史上第一次以政治纲领的形式提出了如下原则："人人生而平等"；"人具有不可剥夺的生命、自由和追求幸福的权利"；"政府必须经人民的同意而组成，应为人民幸福和保障人民权利而存在……"。1787年9月，美国制宪会议通过《美利坚合众国宪法》，这部美国的根本大法再一次弘扬和彰显了公民的权利。两个多世纪以来，美国联邦最高法院通过众多判例，不断地强化美国宪法的权威性，宪法精神得到弘扬，并且深入人心。

然而，联邦政府的权力毕竟有限，即使是州一级的政府管理机构权力亦有限，民间的权力便成为社会权力的重要组成。民众重视自己的公民权利，积极参与社会各类事务。当个人的力量有限时，就形成群体力量发挥群体的优势。社会各类团体同样寻求自主自治，充分发挥民间权力。从美国两百多年的历史中，我们总能看到民间权力发挥作用的历史痕迹。

20世纪60年代末至70年代初，美国掀起民权运动和妇女运动。这场运动使美国民众的意识里对平等的含义增加了新的内容：人人平等，包含种族平等、少数族裔平等、妇女地位的平等、不同价值取向的人群的平等、不同年龄群体的平等……，也包括受教育机会的平等。当他们觉得权利受到侵犯的时候，他们就会站出来为自己争取，这类例子不胜枚举。

个人权利发挥社会影响力的另一个方式是组成民间组织，使其与相关个体及其

---

① National Center for Educational Statistics (NCES), *Digest of Education Statistics* 2008; Table 187. Historical summary of faculty, students, degrees, and finances in degree-granting institutions: Selected years, 1869 – 70 through 2006 – 07 [EB/OL], http://nces.ed.gov/pubsearch/pubsinfo.asp? pubid = 2009020, March 2009: P. 277.

② [美] 艾捷尔编，赵一凡、郭国良译：《美国赖以立国的文本》，海南出版社2000年版，第5页。

他社会群体单位建立契约关系，行使民间权力，维护各方面利益。在教育领域，由于联邦政府没有直接管辖教育的权力，州政府和民间组织就发挥了很大的作用。对于私立高校占主导的美国高等教育领域，民间组织更是发挥了主导作用。

19世纪末，由于美国中等教育的质量不能满足高等教育的需要，高校以及中介组织开始介入对中等教育质量的认证。先是密歇根大学仿效德国大学只接受德国高级中学学生的制度，率先与本州的中学建立一种"认证关系"，由大学每年对中学进行一次考察，审查中学的教师水平、课程设置以及学校的教学设施等。从通过审查的"认可中学"毕业的学生可以不经考试，直接进入大学。此后，其他大学纷纷效仿。后来，为帮助高校跨州选择学生或学生跨州选择高校，又出现了跨州的地区性民间认可组织，并逐渐形成了六大地区性认证机构。[1] 每个认证机构负责对美国某个特定区域进行教育认证。后来，其功能又逐渐扩展到对中学后教育机构包括公立与私立学校、学院及大学等的认证。

20世纪初，非营利性的民间机构大学入学考试委员会（College Entrance Examination Board，CEEB）成立。该委员会除致力于学院入学标准的统一外，还把工作的范围延伸到校园之外，原来各自组织测试的学院开始逐渐接受该委员会的检查与测试结果。[2] 随着测试理论的完善，最终发展成如今被称为美国高考之一的SAT考试。可见，在中国人看来只能由政府机构组织的统一考试，在美国却能由民间组织发起并形成巨大的影响力。美国的民间组织不仅可以组织统一考试，还可以对高校进行评估，扮演着在中国只有政府部门才能担当的角色。

在民间权力充分彰显的传统背景下，美国民众强烈的公民权利意识和对之誓死捍卫的行为就显得自然而然，对其独特的、暂且称之为"爱打官司"、"好管闲事和打抱不平"、"疾恶如仇"的社会行为方式，也就不难理解了。这样的社会行为方式不断敲打和考验着社会涉及公民权利的相关机制是否能维护公平公正。随着时间的推移，维护公民权利的社会程序中容易受人为干扰的部分逐渐得以改造完善，发展出社会维权模式的制度文明。社会行为的规范在美国人心目中有着举足轻重的地位。"如果把法规、传统与道义作为抉择的因素，中国人首先考虑的是仁义道德，然后是传统习性，最后才是法规。而美国人首先考虑的是法规，然后是传统习性，最后才是仁义道德。"[3]

美国公民强烈的权利意识以及对权利（不论是自己的还是他人的）的捍卫，形成了社会独特的群体行为方式，并对公民的行为产生了强有力的社会约束力量，构建了较为完善的社会诚信机制。这使得美国高校的综合评价招生选拔制度能够以社会各界普遍接受的方式运转，顺利为美国名校选拔出期望的人才。这样的约束力

---

[1] 吴向明：《美国高等院校招生制度研究》，中国社会科学出版社2008年版，第29页。
[2] 贺国庆等著：《外国高等教育史》，人民教育出版社2003年版，第440页。
[3] 陈屹：《美国素质教育大参考：中美教育实证比较》，新世界出版社2001年版，第218页。

量成为美国名校本科招生综合评价制度重要的社会基础，它将招生过程中的人为干扰因素奋力抵挡在外，其作用正如中国高考用卷面分数所铸造的"铜墙铁壁"一般，抵御着社会无孔不入的关系和人情。

二、中国社会维权体系之建设

不同的社会形态有不同的教育公平发展水平。例如，在20世纪60年代之前的美国，高等教育是上层阶级的特权，高等学校拒绝为非洲裔、犹太裔和其他少数族裔、妇女等弱势群体提供教育机会，这是无教育公平可言的。经过民权运动、妇女运动之后，美国的高等教育逐渐向社会大众开放，教育公平问题凸显出来，人们强烈地要求维护公平。在中国，早在宋代就逐渐形成了教育均等观念，明清科举更是极度追求"至公"，当今社会亦如此。可以说，中国的教育公平和考试公平长期以来一直维持在比较高的水平，这有赖于令中外学者瞩目的科举制度以及被称为"现代科举"的高考制度。

然而，一项制度所发挥的作用是有限的，不可能做到无所不包。高校招生考试制度的主要功能是选拔人才。因此，高校招生考试制度如果需要通过制度设计维护教育公平，其选才的科学性就无法实现最大化。而社会维权体系的根本目的是为了保障公平，社会维权体系越完善，维护公平的能力就越强，高校招生制度就无需承担本不该主要由其承担的维护公平的责任。

在美国名校的本科招生综合评价制度中，需要学生填写个人信息，提交相关简历和推荐信等，这些信息很容易造假。学生的中学成绩、年级排名在招生考量中的权重也很大，如果学校配合，这两样成绩也可以掺假。但是，在美国的社会环境中，如果这些造假行为被发现，后果将很严重，不仅相关人员会面临指控，相关的责任人如中学校长等也可能迫于舆论压力引咎辞职，因此，敢于以身试法者极少。美国中学里的升学顾问通常会再三交代学生不要在申请资料中造假。正是美国社会维权系统对教育公平较强的维护能力，使其高校招生综合评价制度可以紧密围绕如何科学选才这一初衷，保持较高的效度，而不至于在舞弊与防弊、造假与打假中徘徊与纠缠。

就中国的情形而言，如果不完善社会维权体系，从而将高考维护公平的负担减下来，高考就很难充分发挥选拔人才的功能。而高考维护公平最重要的手段之一就是统一考试，以刚性的卷面成绩将不正之风挡在招生过程之外。中国的科举史也是如此。科举考试在程序上增加糊名、誊录等一系列措施，致力于避免人为因素干扰，保证公平。在追求公平的巨大压力下，科举制度花了大量"精力"，从形式到内容的改革都紧密围绕如何防弊、防止不正之风的干扰，从而离选才的本意越来越远，并最终导致了畸形选才的严重后果。

只有社会维权体系提升了维护教育公平的能力，保证高校招生制度运作结果的公平，高校招生制度才可能朝着科学选才的方向发展。"新课改"之后，中国高校招生制度开始构建综合评价体系，其科学性有望提高。但这一改革任重而道远。中国过度僵化的高校招生制度如何与社会维权体系"交接"维护公平的责任，成为一个迫切需要解决的现实问题。

公民维权是一个复杂的过程，笔者暂且将其简化为三个步骤：侵权行为发生；司法系统介入；按照司法程序完成权利维护过程。第一个步骤是维权事件的起因，是一个公平的社会所应尽力避免的。如果后两个步骤都能顺利完成，说明社会维权体系是相对完善的。以美国为例。美国的社会维权体系对后两个步骤有着强大的执行力。一般情况下，当美国人发现公民权利受到侵犯时，就会"打官司"，而民众也会将侵犯者视为公敌，有强烈的社会公正意识（美国人的"好管闲事"即得名于此）。司法系统介入之后就会按部就班地运作起来，高度刚性化的司法程序便开始了公民权利的维护过程。[①]

（一）违法必究系统

目前，中国还不具备照搬美国名校本科招生综合评价制度并将之作为与高校招生"硬挂钩"的条件，表层的原因是中国社会诚信机制尚不健全，或者说尚不具备对不诚信行为的有效约束力量；更深层的原因，是因为中国民众的公民权利意识淡薄。再完善的司法程序，如果不介入侵权事件，也只是一纸空文。对于中国的高考来说同样如此。许多舞弊案层出不穷、荣誉造假、经历造假，但这些事件都是安静地发生，无声无息地结束。因此，构建一个"违法必究"的机制，是提高社会维权体系维护公平能力的首要条件。

然而，提高公民维权意识是一个长期且艰难的过程，公民维权意识不仅包括受侵犯者积极的维权行为，更包括社会民众对公正的维护意识和参与热情，而且后者形成的舆论压力将形成强大的维权驱动力，促使社会维权体系在社会监督下公正地运作。互联网改变了人们的行为方式，促使人类社会进入了一个新时代。对于社会维权行为来说，互联网提供了一个便捷的传播平台，这样的平台使得社会更容易形成舆论压力，更容易发挥社会群体的集体监督功能。当侵权事件被"晾"在网络上后，群众犀利的眼睛总能迅速发现其不合理、违法之处，然后迅速形成舆论压力进行集体监督。

在近年的保送生和高校自主招生改革中，教育部都提出了明确要求：相关程序必须要向社会公布，接受社会各界的监督。但是，正如科举一样，制度和人之间的

---

① 在笔者与美国宾夕法尼亚州立大学教育学院杰出教授孙开键先生的访谈过程中，孙教授提到不少美国人因为一点微小权益进行的维权行为，包括中学少给了学生 0.0001 分的中学成绩，法院判决学校对学生进行赔偿。

较量永远不会停止，再好的制度也有漏洞，而只要有漏洞，一些人就会挖空心思实施舞弊。因此，信息发布程序需要不断完善。

（二）有法可依系统

中国是一个考试社会，当社会不具备健全的公平权利维护系统时，能够公平地对人群进行区分的考试就会成为最佳选择。但是，当极大的利益与一次考试相挂钩的时候，人们会想方设法提高成绩，舞弊就是其中恶劣的一种"方法"。1977年恢复高考以来，几乎年年都有舞弊案发生。中国亟须一部考试法作为相关部门的执法依据和人民群众的维权依靠。

令人欣慰的是，制定《考试法》成为了教育部2009年的工作要点之一。[①] 虽然《考试法》还没有出台，但已引起社会各界的关注。在国家《考试法》酝酿之际，重庆市人大常委会历经3次审议、于2007年5月18日颁布了《重庆市国家教育考试条例》，成为新中国成立后制定考试法的"破冰之举"。2006年10月，该条例征求意见稿曾在新华网重庆频道举行网上公开立法听证，有8万多社会各界人士热情参与，提出意见和建议。可见，中国社会已具备建立考试法的群众基础。

考试立法是有法可依系统的一部分，社会维权需要完善的法制建设。当然，完善的法制建设不能仅仅依靠制定法律法规，也需要具有维权意识的社会民众在集体监督的环境下不断考验司法系统，并使之在实践中完善。

美国高校本科招生综合评价制度与中国高校招生制度相比，虽然显得刚性不足，规范性较弱，抵御社会不正之风的能力也较低，但是换来了更为合理、科学的选才方法。这样的制度在当今中国一时很难照搬实施，原因之一，就是中国的法制不完善，而美国是一个法治社会，具有高度刚性的司法程序来维护公民的权利，杜绝不正之风，保证制度运作的信度。因此，中国高校招生制度要提高科学性，其前提是提高司法程序的刚性，完善法律法规，增强社会维权体系对公平的维护能力。只有当社会诚信在机制层面和文化层面得以保障时，高校招生制度才可能实现从考试到评价的回归。

---

① 《教育部2009年工作要点：十方面谋划发展促进公平》，中华人民共和国中央人民政府网站，2009年9月8日，http://www.gov.cn/gzdt/2009-01/03/content_1194465.htm。

法国高校招考制度及其启示[*]

中国的高考是世界上独一无二的大学招考制度,运行50余年来总体上较为平稳,但并非尽善尽美。古语云:"法久终弊"。随着高考地位的凸显,运行时间的增加,以及教育的飞速发展,人们对高考的期待与批评日趋高涨。在批评的同时,有不少学者主张借鉴美国、日本等国经验为我所用,对欧洲国家的关注相对较少。作为西欧发达的资本主义国家,法国的高校入学实行的是与英国类似的"证书制"。但由于法国教育制度具有高度中央集权制的特点,与我国的国情有某种程度的类似。而且,法国高等教育的历史悠久、体系多元、高校入学标准与方式各异,非常值得我们深入了解与借鉴。

一、中学毕业会考制度

中学毕业会考制度是法国学制中一种特有的考试制度,每个中学毕业生必须通过中学毕业会考,才能被允许升入高等学校继续学习。这一制度起始于19世纪初[①],早期的会考是在大学里进行,会考毕业文凭也是由大学授予的。会考合格标志着中学学业的完成,获得者可进入大学继续深造,意味着中学毕业资格具有中学毕业和升入大学的双重意义。尽管中学毕业会考历经改革,日渐多元,但其作为中学毕业资格的意义和地位始终未变。随着教育平民化和普及化运动的不断开展,以及"双轨制"教育的改造与教育渠道的多样化,如今普通高中、技术高中及职业高中均设有各自的毕业会考制度。作为一种独具特色的证书考试,法国会考制度具有以下鲜明特点。

(一)权威性

作为法国教育制度的一大特色,毕业会考"是国家的标志……在民众的心目

---

[*] 原载《中国地质大学学报》2008年第3期。
[①] 也有人认为法国中学毕业会考制度产生于14世纪末,参阅于钦波、杨晓主编:《中外大学入学考试制度比较与中国高考制度改革》,四川教育出版社2000年版,第112页。

中，它是机会均等和学校民主化的标志",并因其公正性而备受推崇。[1] 显然,和中国的统一高考一样,法国的高中毕业会考也是一种典型的国家考试,全部考试是在大学方面的监督下,由教育部长指定的考试中心实施。在 20 世纪 60 年代以前,中学毕业会考是全国统一进行、统一出题、统一评分的。后因考生增多,加上曾出现过试题大范围被盗事件,方改由各大学区自行组织考试,试题的命制、考场的安排、考试的监督、阅卷评分等均由各学区负责。[2] 因此,毕业会考仍可视为一种统一考试,需要动员国家教育团队中所有的力量为之服务。例如,2007 年的会考,法国国内有 4 366 所中学临时改动为考试中心,近 13 万阅卷者和主考人批阅了 400 万份考卷,另外还监考了 100 万次口试。国家投入考试的全部成本估计高达 4 000 万欧元。[3]

会考不仅在考试的组织上由各学区统一操办,而且每个类别考试的大纲是由国家教育部决定的。各学区设立专门的考试委员会,成员包括大学和中学的教师,或职业界的代表等。各学区还设立专门的命题委员会,负责试卷的命制、评价及筛选等。此外,值得一提的是,对于这一可能给学生带来重大影响的考试,评委们在评定成绩时必须查阅学生手册(学生人手一册,主要记录学生在各个学年的进步情况和班级排名,对各门学科基础知识和技能的掌握水平以及教学小组对此学生的评价),参考教学小组对该生的评语决定是否补足学生的分数让他通过考试。对没有通过会考的学生,若主考官未在其学生手册上签字,他就无法参加补考。[4] 由于考试的要求相当严格,法国的毕业会考通过率约为三分之二。尽管自 1985 年法国政府就提出"到 2000 年将同一年龄组获得高中毕业证书的比例提高到 80%"的宏伟目标,且各届政府都将其作为优先发展的教育政策,但直至 2006 年,这一目标始终没有达到,会考通过率仍只有 64.6%。从考试的组织、命题、施测到结果的评定,无不反映出法国高中毕业会考制度的权威与严肃性。

(二) 合理性

尽管法国的会考与中国的高考一样,也是"以分数来说话",但却非"一试定终身",其时间安排和考试方法均比较科学合理。

法国的会考是分阶段进行的,第一阶段考试的时间安排在高二年级期末,内容为法语的笔试、口试。第二阶段考试安排在每年 6 月份高三年级期末,此一阶段的考试又分为两次考试,第一次是常规考试,包括必考科目的笔试、口试、实践科目

---

[1] 转引张文军、周丽玉:《法国"业士证书"制度及其启示》,载《教育发展研究》2004 年第 2 期。
[2] 于钦波、杨晓主编:《中外大学入学考试制度比较与中国高考制度改革》,四川教育出版社 2000 年版,第 118 页。
[3] 阮洁卿、阮来民:《法国高中毕业会考制度的发展及其特点研究》,载《外国中小学教育》2007 年第 8 期。
[4] 汪凌:《法国高考招生制度及其启示》,载《湖北招生考试》2005 年第 8 期。

和任选科目等。考试及格则可获得高中毕业会考证书，不及格者可参加第二次的口试补考，补考科目是从考生已经考过的笔试中选择两门，以口试的形式再测试，取两次成绩中的高者记分。补考通过者便可获会考毕业证书，仍未通过者，则可重新参加来年考试。这种两次考试的合理安排使一些未通过第一次考试的考生能在最短的时间内重新获得成功的机会。此外，在每年的9月份国家还专门为因突发事件及各种特殊原因缺考并经过证明确认的学生开设一次补考。

会考的方法也比较科学，有口试、笔试、口试加笔试、现场操作等多种测试形式。作为会考的必考科目，体育的成绩则以高中平时成绩为准，不另外举行考试。此外，对考生的年龄没有规定，考生可根据自己的意愿多次参加会考。可见，考试不仅设置上颇具人性化，而且可以通过多种形式对考生进行全方位考核。

（三）多样性

法国会考设有多种系列、类别和考试科目，不同科目的系数（反映其重要性）也有差异。总体来看，法国毕业会考分为普通、技术和职业三种系列，分别对应于高中的三种学业轨道（即普通高中、技术高中、职业高中）。每一系列又可细分为多种类别，如普通会考分为经济和社会、文科、理科三大类；技术会考包括经营科学与技术、工业科学与技术、实验室科学与技术、医学－社会科学、农艺和生物的科学与技术、音乐与舞蹈类、旅馆业类等7大类；职业会考则包括旅馆－饭店业、环境、会计学－秘书、销售－贸易、美容、印刷工业、电子学和安全等17大类。各大类别之下又细分为众多的专业方向。

会考的考试科目分为必考、专业和自选三种。会考的专业性主要便是通过不同的科目及其系数来体现。学生还可根据自己的学习专长和能力，从美术、音乐、家政、拉丁文等十余门科目中选择自己专长的两门参加考试，选考成绩合格则计入总成绩。可见，学生可以根据自己的兴趣、爱好、能力、志向等，自由地从众多的系列、类别和考试科目中选择适合自己的内容参加考试，而设置的多样性，又有助于更全面、真实地考察和了解考生的能力和专长。[①]

二、高校录取办法与改革

法国的高等教育体系设计独树一帜，尤其在高等学校的类别方面呈现多元化构架，不仅入学途径与学习年限各异，获得的高等教育文凭种类繁多，而且属性上也有公私立之别，且机构错综复杂，彼此融会贯通。

---

① 阮洁卿、阮来民：《法国高中毕业会考制度的发展及其特点研究》，载《外国中小学教育》2007年第8期。

(一) 高等教育机构的类别与录取办法

法国的高等教育机构大体上分为三类。第一类是高等专业大学，即众所周知的"大学校"，是法国的精英教育机构，被誉为法国精英的"摇篮"。第二类是历史悠久的综合大学，是法国高等教育的主体，在其体系中占有重要地位。第三类是短期高等技术院校，主要指一些为期2年的高中后职业技术培养机构。除上述三类外，法国的高等教育体系中还有数量庞大、门类众多、旨在为学生提供某一特定职业技能教育和培训的高等专科学院，如医务学院，社会事务学院，艺术、舞蹈、音乐学院，建筑学院等，以及数所提供高等教育方面培训的教研机构，如法国名校巴黎9大，巴黎政治学院，巴黎天文台等。[1]

尽管法国的高校招考实行"证书制"，获得了毕业会考证书的学生理论上都具备了申请高等院校的资格，但由于各校层次高低不同，录取新生的标准不一，录取办法各异。一般来说，综合大学和短期高等技术学院是根据各系科所需要的会考证书的种类，择优录取学生，换言之，毕业会考成绩是大学录取新生的唯一标准，学生只要取得了会考证书，就基本上获得了上大学的资格，而且除大学的医学类专业外，原则上学生注册人数是不受限制的。[2] 尽管如此，对于一些名牌大学或热门专业来说，由于入学竞争激烈，并非所有学生都能如愿入学，有些学校还要专门组织除会考之外的入学考试来筛选竞争者。

而具有精英教育性质的"大学校"的招考条件就更加苛严，学生必须先经过激烈的竞争进入大学的预科学习2年后，再参加大学校单独组织或几所学校联合组织的高难度竞争性考试，用分数说话，依据教育部规定的名额按考生成绩从高到低择优录取。由于大学校竞争激烈，其入学考试的难度与压力并不亚于中国的高考。[3] 每年约有10%最优秀的高中毕业生会选择进入大学校的预科班学习。预备班根据各所大学校的不同侧重点，分为工科、文科和商科三类。学生要在中学毕业会考之前向所报考学校提出申请，并递交在高中前两年的成绩、排名以及老师和校长对其评价等资料。大学校的招生委员会在审核学生材料后给出初步意见，等学生会考结束后再综合会考成绩作最后的录取决定。[4]

(二) 近年来的改革

"证书制"在法国实行了200余年，也受到社会的普遍认可，但也存在一些不够完善之处。针对高校招考制度的一些缺陷，近年来法国进行了一些改革。从社会

---

[1] 申皓、陈蓓：《试析法国的高等教育体制》，载《法国研究》2007年第3期。
[2] 转引张文军、周丽玉：《法国"业士证书"制度及其启示》，载《教育发展研究》2004年第2期。
[3] 安子：《法国高考"残酷"甚于中国高考》，载《中学生时代》2005年第2期。
[4] 新华：《法国大学如何招生》，载《成才之路》2007年第26期。

反响看，有些改革比较顺利，有些改革则遭遇了重重阻力。以下仅介绍两项近年来反响较大的改革。

1. 大学预科录取办法的改革

大学预科虽然只是一个附设在高中的教育阶段，但其录取的竞争激烈程度却甚于一般的综合大学，其招生考试各环节也类似于中国的高考。尽管没有举行统一的考试，而只是凭高二三个学期（法国高中实行的是三学期制）和高三头两个学期的平时成绩，外加学校的评语作为录取的依据，但却有与我国高考一样的报志愿一环。以前，预科录取的流程与中国现行的高考类似，学生最多只能报6个志愿，学校签注意见后，由招考中心组织按学生的志愿顺序依次投档。每个学校可保留档案15天进行研究，若不录取，档案就必须转到下一个志愿学校，直到最后一个志愿。这一制度的最大缺陷也与中国的高考类似，即本来有希望入选的学生有可能因为志愿填报不恰当而落选。

为克服这一弊端，2003年，法国对大学预科录取办法进行改革，学生采取网上报名，每一个学生最多可以在两个专业方向上各申请6所学校，再通过就读的学校把材料同时转给这12所学校。此后，学生可把12个志愿依照中意的程度排序，排序时可以取消若干志愿，但不能再添加。此后由招生部门在互联网上放第一榜，学生或者接受或者放弃第一榜的录取，如果对第一榜的录取结果不满意，也可以暂时保留录取机会，同时等待更靠前的志愿的第二、第三、第四轮放榜。这样，越有名望的学校录取到优质生源的概率越大，而排名靠后的学校则很可能只能录取到一些被一流大学挑拣剩下的生源。此外，学校处理学生档案的工作量也会大大增加，而且名望越高的学校工作量越大。当然，处理档案的时间也更从容，不必像以往那样只能保留15天。① 这一改革既减少了学生因填报志愿不当而出现"高不成低不就"的风险，也使学校能招到更整齐、更自愿的学生，因此可以说是一项总体上成功的改革。

2. 《教育指导法》中有关会考制度的改革

2005年年初，法国教育部在酝酿多年的基础上，公布了新的《教育指导法》（或称《学校未来导向法》，又因法国部长费雍而得名"费雍法案"）。这一改革是在为适应教育发展和改革需要而对1989年的《教育指导法》进行修正的基础上，确定了2020年前法国教育发展改革的重大原则、基本目标、具体措施以及学校在教育改革中的使命和作用等，其中便包括了对法国高中毕业会考制度的改革。

具体而言，此次会考制度的改革方案提出，颁发文凭的标准应改为期末考试成绩、平时考试成绩、实习考试成绩和鉴定的综合计算成绩，其初衷是通过把平时成绩纳入高中毕业成绩，来避免"一考定终身"的不合理现象。毫无疑问，这一初

---

① 刘学伟：《法国高考制度改革简介》，载《教育与职业》2003年第11期。

衷的出发点是善意和合理的，但却引发了广大师生的抗议，乃至发展成为一场罢工、罢课、游行、示威的学潮，震荡着法国的政局。相关人士担心将各种成绩载入毕业文凭会使高中毕业者获得的会考证书失去国家统一文凭原有的价值，认为这些改革强化了社会对个人前途选择的社会决定权和不平等，严重伤害了中学生固有的权利。由于平时成绩主要掌控在任课教师手中，增加平时成绩在会考成绩的分量，将造成任课教师直接支配学生前途的权力过大，有可能损害到高中毕业成绩的公正性。此外，各中学教育质量和声誉的好坏，也极易造成"同样的中学毕业文凭而价值不同"、毕业生就业前景不同以及高校的入学录取参数不同等结果。这对较差学校中学习优良的学生有失公平，特别是对因经济拮据而读不起好的私立学校的学生来说，更是不公平。① 由于担心因学生反对而扩大学潮，教育部长费雍表示升学考试的内容将从一揽子教育改革计划中剔除，暂不交由议会讨论，法国的"高考"改革计划也因被搁浅。②

三、法国高校招考制度的启示

通过对法国高校招考制度的介绍，不难看出，无论是在运作上还是所存在的问题等方面，法国的"高考"与我国的高考有许多相似之处。"他山之石，可以为错"。我们可以从法国的高校招考制度及其改革中总结出一些对我国高考改革有益的启示与借鉴。

（一）重视对公平的追求

有人认为，法国人之间最大的不平等就在于受高等教育机会的差别，而并非在经济上的不平等。③ 法国高中毕业会考由最初的普通高中会考发展成普通、技术、职业三种会考，便是一种破除教育"双轨制"、为平民阶层子女进入大学提供机会的重要演变。而且，法国人追求观念上的绝对平等，认为无论什么人、何种家庭社会地位，都要经过平等的竞争来取得不同的学习机会。而要使每个青少年都有平等竞争的机会，考试及资格证书是最有效的办法。尽管考试制度也有种种不合理之处，但它是"维系公平竞争的最伟大的平衡装置"，以至于有人说，考试制度调整着法国公民的生活和工作，失去资格证书将会一事无成。④ 这也正是为什么2005年年初新的《教育指导法》中有关会考制度的改革建议最终会引发出一场影响政

---

① 杨玲：《法国近期的中等教育改革与学潮》，载《世界教育信息》2005年第10期。
② 《法国"高考"改革计划搁浅》，载《新民晚报》2005年2月18日，http://tran.httpcn.com/Html/0410/82100425199.shtml。
③ 瞿葆奎主编：《法国教育改革》，人民教育出版社1994年版，第305页。
④ 于钦波、杨晓主编：《中外大学入学考试制度比较与中国高考制度改革》，四川教育出版社2000年版，第110~111页。

界的学潮。尽管教育部长表示绝不放弃改革高中毕业会考的理念，但考虑到民众的公平意愿，此项改革暂时被取消。我国的高考改革也应首重公平①，只有在基于公平的前提下稳步推进改革，才可能使改革的成效最大化。

（二）坚持严格的考试取人

尽管法国没有严格意义上的大学入学考试，但其高中毕业会考实际上承担了高中毕业资格和大学入学资格的双重考核任务。而且毕业会考从考试大纲、命题到阅卷各环节均由教育主管部门严格把控，一丝不苟，并未随着高等教育大众化而降低考试标准，目前的通过率仍未达到8成。而那些入学竞争激烈的大学校，以及一些技术学院，选择新生除了采行会考证书这一标准外，还对报考者实行各种高难度的单独考试或考核。即使是把高等教育机会向那些没有高中毕业会考文凭或同等学历的人开放，也对他们设有针对性的"大学专门入学考试"②。我国各种类型的高等教育机构质量参差不齐，尽管绝大部分公立大学仍以统一高考成绩作为录取新生的主要依据，但少数公立大学和许多民办大学眼光短浅，在招生上重数量轻质量，最终可能损害自己的社会声誉，对有限的高等教育资源也是一种令人痛惜的浪费。为保证质量与声誉，我国高校仍应坚持以考试为主，其他考查为辅的招考办法。

（三）拓展考试"有限的多样"

法国的高中毕业证书和高校招生凭证双证一体化的制度，"既是对教育经验的结果的检测，也为这些教育经验提供了框架和一致性。"③ 因此，这一统考制度有助于规范中学的教学，保证教育质量。尽管法国采行严格的高中毕业会考成绩作为申请大学入学的资格，但这种考试的"口味"并不单一，而是在统考模式之下呈现出多元性，既有不同的系列，又有不同的类别与考试科目，学生可以按照自己的个性、学业背景和能力作出最适合自己的选择。再者，不同系列的毕业会考虽然是与高中的不同学业轨道相对应，但也可以彼此"立交"，而且不同类别的证书被同等地认可，从而为学生追求适合自己的高等教育机会提供了最大的可能。此外，不同的高等教育机构采行的入学标准繁简不一，在国家统考之外学校还可根据需要另行举办考试。鉴于我国高等教育机构体系的复杂性与多样性，招生体制也完全可以大力借鉴法国这种"有限的多样"模式，架设一条多渠道、多层次的"考试立交桥"，使不同层次、不同类型的高等教育机构在招考制度的选择上能"各得其所"。

---

① 郑若玲：《高考改革必须凸显公平》，载《教育研究》2005年第3期。
② 吴立人：《试比较美、法两国高校招生制度》，载《吉林教育科学·高教研究》2001年第1期。
③ 转引张文军、周丽玉：《法国"业士证书"制度及其启示》，载《教育发展研究》2004年第2期。

（四）招考改革"以生为本"

从法国会考的规制看，无论是报考的条件，考试的次数和补考等的设计，抑或考试形式的多样化，考试系列、类别、科目的选择性，以及成绩的评定等，都体现出浓厚的人性化色彩，充分考虑到学生的个性、能力与条件，从而在看似死的制度下施展出弹性与灵活的一面，有力地维护了学生的教育权利。而大学预科录取制度的改革设计更是"以生为本"，主要基于学生的利益。在新的录取机制下，学生可以无所顾忌地向所有的志愿同时投档，而不必担心报高志愿被黜落，因为即使录取不到最高志愿，也不会影响后面志愿的录取。但高校却要承担更多的风险，在录取过程中校方根本不知道学生报考了哪些学校，也不知道本校是该生的第几志愿。[①]"大一统的简单僵化"以及改革过程中较少着眼于考生利益等，都是我国高考制度长期以来最为人所诟病之处，因录取制度不科学导致志愿填报存在较大风险及其给考生带来的不利，也是我国高考录取制度改革之亟须。我国高考在朝向多样化的各种改革中，应遵循"以生为本"的原则，深思如何更好地做到统一与多样的结合，以便最大限度地满足学生的多样化需求和降低学生的考试风险。

[①] 刘学伟：《法国高考制度改革简介》，载《教育与职业》2003年第11期。

考试社会的域外视角[*]

考试社会是指考试已广泛渗透到社会各行各业,并把考试结果作为教育机会获取和职业准入的重要乃至唯一依据,作为职业升迁的重要乃至唯一参考,考试成为解脱人情困扰、维护社会公平、稳定社会秩序的有力手段,民众因强烈而浓厚的"考试情结"而深受其影响的社会。在东亚,不仅中国十分重视考试,日本、韩国、中国台湾等国家或地区也有重视考试的文化传统,并因此形成了独特的"东亚考试文化圈"。[①] 它们具有和中国大陆相似的高校招生统考制度,而且,考试在其国家社会生活中渗透的广泛程度、产生的社会影响、竞争的激烈程度,和中国大陆也颇为类似,甚至有过之而无不及。本文以日本和台湾地区为例,通过对域外考试社会的考察,试图得出对中国的考试社会发展之启示。

一、日本:"考试地狱"

1963 年 5 月,日本学者宫崎市定出版了《科举——中国的考试地狱》一书。该书甫一出版,便接连被评为当时日本数一数二的畅销书,产生了学术著作少有的轰动效应。宫崎之所以以"考试地狱"一词为书名,并且此书会吸引民众如此强烈的关注,乃因日本社会本身就是一个"考试地狱"。

考试地狱是日本教育成功的产物,也是日本教育中最严重的问题之一。日本是一个重视教育的国度,早在明治维新时期,明治政府就将振兴学校和普及教育视为富国强兵最紧迫的任务。随着教育的发展和国民教育需求的增强,考试竞争也逐渐激烈。起初大学的入学考试由学校自己主持,当时处于大学金字塔顶端的帝国大学,由于其毕业生享有免试进入政府部门工作的特权而竞争尤为激烈。在 20 世纪 30~40 年代,日本就出现了考试形同"地狱"的问题,但由于所涉学校甚少,这一问题尚不突出。

第二次世界大战以后,日本教育迅猛发展,"考试地狱"问题变得越来越严重,以致成为一个影响整个教育和全体国民的大问题。由于高考决定着一个人未来

---

* 原载《考试研究》2008 年第 1 期。
① 刘海峰:《科举制与"科举学"》,贵州教育出版社 2004 年版,第 151~171 页。

的人生，日本的学生、家长、教师均把考试当做头等重要的大事。考试竞争的压力使日本出现了与其教育高普及率很不协调的各种奇特现象：家庭主妇成为整日为孩子教育操劳的"教育母亲"，把孩子送进名门，让其顺利通过一道道"考试关"，是主妇们自身社会价值的最终实现；[1] 普通中小学校将考试预备教育或应试教育作为学校的主要工作，升学率和入学竞争率成为日本每所高中对外宣传的主要指标；考试产业随之兴起——不仅专业的考试公司生意兴隆，而且存在数量惊人、年营业额高达数千亿日元的文化产业——带有补习性质的"私塾"。[2]

日本"考试地狱"的成因，一般认为有以下几个方面：

第一，人事录用和雇佣制度的影响。日本的政府和大企业在录用职员时，一般实行不成文的"指定校制"，即只录用名牌大学（尤其是东京大学）的毕业生，不一定讲求专业对口。而且，日本在人事雇佣上一直奉行两大原则，即"终身雇佣制"和"年功序列制"（按学历和累计工龄来安排职位及其晋升、确定工资待遇等），由于政府部门和大企业福利待遇好，社会声望高，日本人多在成为政府部门或大企业职员和幸福人生之间画等号，"要进入政府部门或大企业，就必须进入一流大学，而要进入一流大学，就必须历经考试磨炼"的观念在日本已深入人心，追求名校历和高学历成为一种普遍的社会风气。

第二，平等和公平观的影响。日本的教育从整体上说重视平等对待每一个孩子，对平等的追求有时甚至衍生出"极端平均主义心态"，这种心态成为"考试地狱"的重要支柱。例如，尽管日本在高中入学考试时已对学生进行过一次筛选，但出于平均主义的压力，又不得不允许已分流出来的大批高中生加入到高考竞争的大军中来。结果是，90%～95%的各类高中毕业生都有资格参加大学入学考试，这无疑加剧了本已激烈的高考竞争。[3] 与中国一样，日本也十分强调竞争的公平性，认为竞争原点越少越好，同一路线、同一标准的竞争才公平，而分数正是"唯一的公平尺度"，考试是公平的选拔方法，可以制衡特权，"取消考试升学将会改变一个社会的公正、美好的形象。"[4] 因此，尽管日本各界也清醒地意识到过于强调考试对学生和教育发展有很大的副作用，但为公平计，还是不得不采行考试办法。

第三，家族主义文化传统的影响。深受中国儒家文化影响的日本，其家族主义文化传统也十分强调"孝"与"和"的观念。日本的"忠孝"观强调，"立身之道，扬名于后世，以显父母，孝之终也"，能否取得社会成功成为衡量"孝"的重要标准。对广大学子而言，通过考上大学获得一定社会地位便是"忠孝"的最好表现。"和"即"和谐"，日本的"和"重视"序列"和资历，强调"所属"，但

---

[1] 江冶：《日本：应试教育害死人》，载《环球》2000年第2期。
[2] 贾非：《日本的社会和教育——考试观念的更新与回归》，载《比较教育研究》1995年第4期。
[3] 王义高：《日本的"考试地狱"与"人格完善"——兼谈中国变"应试教育"为"素质教育"的几点考虑》，载《比较教育研究》1997年第1期。
[4] 贾非：《日本的社会和教育——考试观念的更新与回归》，载《比较教育研究》1995年第4期。

这种"和文化"也带来了人们对所属集团以外的强烈不信任感，以及集团内严重的人情关系。考试便成了最为日本人所认可和信赖、用于克服人情困扰的选拔方法。① 例如，早在20世纪20年代激烈的考试竞争开始显现之时，为解除考试竞争的压力，日本文部省曾提出过一个重视"内申书"（即现在的"调查书"）② 的改革方案，规定全面废除初、高中的入学考试，改为考查入学前的学习成绩，重视内申书和人品。但由于内申书被认为掺水分太多，不可信赖，学力考试最终还是无法取消。

正是在上述人事、教育和文化等因素影响下，高校入学考试兼具了教育和社会选拔功能，考试所带来的重压由此而生，并波及各教育阶段。有人曾如此形容日本的考试竞争："日本每年不知有多少学生皆倒在东京帝大的榜单之前——有的是因为被录取而快乐得昏倒，有的则是因为没被录取而挫败得昏倒。"③ 考试的激烈竞争所带来的种种严重问题，使得"考试地狱"、"教育荒废"、"学历社会"等成为20世纪80~90年代日本教育改革中最流行的贬义词。

这些问题也引起了日本政府的关注。1986年，日本临时教育审议会在审议报告中就提到，"人们为了进入一流企业、一流学校而开展了激烈的竞争。家长、教师和学生都不得不卷入这样一种只重分数、偏重智育的教育中去，忽视了对学生个性发展的指导"，"学校存在过于激烈的考试竞争，使学生之间、甚至师生之间失去了正常的谈心和交流思想的机会，有时失去友情和相互间的信赖。"为此，临时教育审议会先后提出一系列克服"考试地狱"和"学历社会"的构想和举措，例如建立以21世纪为长远目标的终生教育的社会；建议企业界、政府机构在录用人员时，应注重每个人各方面的能力；建立多元化的评价体系；建立广泛的职业能力评价制度；改革大学入学考试制度，实施各大学可"自由利用"的新的统考制；将私塾引向为终生教育、终生学习服务的轨道；等等。④ 虽然近二十年来日本对考试制度和学校教育进行了种种改革，但强调多元评价的改革方向至今未变。

二、中国台湾："为联考请愿"

与中国大陆仅一水之隔的台湾地区，不仅文化传统与祖国大陆基本相似，考试在其社会所占有的地位也与大陆的情形大致相同。"台湾社会从升学、晋职到聘任、确定资格等各个方面都用考试，考试种类之多之频繁，简直可以将其称为考试

---

① 桂勤：《教育成功的代价——对日本考试地狱的探析》，载《比较教育研究》1992年第2期。
② "内申书"是指由校长向升学或就职单位提供的关于某个学生的报告，包括该生的成绩、人品、表现等。类似于我国的推荐信。
③ 南方朔：《让我们上街头为联考来请愿》，载《新新闻周报》2002年6月5日。
④ 王义高：《日本的"考试地狱"与"人格完善"——兼谈中国变"应试教育"为"素质教育"的几点考虑》，载《比较教育研究》1997年第1期。

社会。"① 但其中竞争最激烈、影响面最广、引发争议最多的还是大学入学考试。

1949 年国民党当局退守台湾后,实行的是各高校自行招考。为应对日渐扩大的考试规模所带来的沉重考务负担,减少各校单考所带来的人力、财力、物力浪费,1954 年,台湾开始实行联考制度。随着联考弊端的显现,1992 年,大学入学考试中心在对联考制度进行较全面检讨的基础上,提出了"大学多元入学方案"。经过数年的勘磨与讨论,1999 年,又出台了"大学多元入学新方案",2002 年正式实施。

台湾之所以会进行"多元入学"的改革,主要缘于以往的联考重压所造成的诸多教育乃至社会问题。教育方面的最大问题是联考导致"升学主义"盛行。在"升学主义"影响下,"学生和家长将升学作为读书学习的最高宗旨,学校和教师也将获得较高的升学率树为最高追求目标。""升学主义"不仅带来了诸多教育问题,而且对学生个人和社会也产生许多不良影响,例如缺乏生活适应能力,个人价值与尊严窄化,埋没个人的性向与禀赋,阻碍兴趣与情绪的发展,造成选才制度的僵化,产生学非所用及大材小用的心态及由此导致的挫折不公平感,等等。②

由于联考的激烈竞争带来了诸多问题,一直以来,联考受到颇多非议,与大陆高考常常成为教育问题追根溯源的对象一样,联考也常常被当成台湾教育问题的罪魁祸首,被视为"怪物"和"噩梦"。2001 年 7 月 3 日,传统联考终于正式成为历史。2002 年 2 月,"大学多元入学新方案"开始启用。新方案主要是针对以往联考制度中仅以一次考试定取录的弊端,改用多种途径选拔新生。特别是其中的甄审,在打破"一次考试定终身"弊端、强调选才标准多元的同时,既给了高校相当大的招生标准制订权,又给了考生展示自己各种才能的机会。然而,作为"多元入学方案"中的亮点和新鲜事物,甄审在实际操作过程中却出现了诸多问题,其中最大的便是甄试及保送中的"暗箱操作"和对"多元能力"的要求所带来的不公平问题。2002 年 3 月 17 日,台湾媒体披露了奥赛主考官索贿嫖妓事件③,引发轩然大波。新方案的公平性因这一舞弊事件而遭致强烈质疑。

2002 年 6 月 5 日,台湾著名政论人士南方朔撰文《让我们上街头为联考来请愿!》,对台湾的"教改"和"多元入学"进行了言辞激越的批判:"'多元入学'的关说特权之盛,已到了骇人听闻的程度";多元入学是"由一群占尽'联考'利益而出人头地的各种名流"将联考"妖魔化"后所拼凑出的"既不公平又让学生劳累不堪"的方案;这个方案,又"制造出了一个比联考更大的恶魔,它必须由家长的金钱和社会关系垫底,必须让孩子痛苦一个 3 年,然后再一个 3 年"。④ 同年的民意调查也显示,七成以上的民众认为大学联考的公平性比多元入学值得信

---

① 刘海峰:《变革中的台湾大学联考制度(下)》,载《中国高校招生》1993 年第 3 期。
② 杨李娜:《台湾的大学入学考试制度研究》,厦门大学高等教育科学研究所 2003 届博士论文,第 154 ~ 155 页。
③ 王燕萍、卫铁民:《取消统一高考保送出现舞弊》,载《中国青年报》2002 年 3 月 18 日。
④ 南方朔:《让我们上街头为联考来请愿》,载《新新闻周报》2002 年 6 月 5 日。

赖，支持恢复联考。在野党国民党也极力批评多元入学方案是"画虎不成反类犬"，并存在诸多弊端，如："多元入学"变成"多钱入学"，教材松绑、弊病丛生，量尺分数不公正，增加学生痛苦指数，使不同的升学途径变成"多元压力"，造假风气鼎盛、拔苗助长，等等。① 总之，台湾各界对多元入学的批评不绝如缕，恢复联考的呼声渐起。

针对联考与多元入学的争议之生发，追根究底还是缘于人们心中那份永远无法无法割舍的"公平情结"。正如有学者所认为，"超过七成的民众赞成恢复联考，怀念的不是伴随而来的压力，而是行之多年、制度化、明确又较能取信大众的选才方式，能够减轻家长的经济负担、缩短学生的痛苦期，更让社会中下阶层有公平的立基，藉由联考改变原有的弱势。"② 为"求公平起见，即使是防止极少数人作弊，也不得不将所有的人一体看待，采取可以排除作假的方式来选拔人才。"③ "联考制度几十年来一直受人诟病，但因为它公平简单，凭'真'本领打天下的特点，非常吻合中国考试取仕的传统。……公平在中国人的心目中有无可取代的价值地位。"④

与中国大陆一样，台湾社会围绕考试这根轴心的运作也是受深厚的文化传统这只"看不见的手"所牵制。中国古代社会因科举考试的轴心地位而形成了读书做官、崇尚功名等传统，这些传统至今仍深深根植于海峡两岸中国人心中，并支配着我们的行为价值观。随着多元入学方案的不断完善和高等教育入学机会的不断增加，如今的台湾考大学的压力已大幅减轻，考不上大学才成稀奇事，但重视考试的文化传统是根深蒂固、很难消除的。即使将矛头直指统考弊端的多元入学改革，也并非舍弃考试。事实上，多元入学方案之"考试分发入学"一途，学科能力测验和指定科目考试都是由大学入学考试中心负责实施的统一考试，"甄选入学"的两条途径也都必须先经过学科能力测验这一统考关。可见，废除联考不等于取消考试，而是考试呈现多元化。

不难想见，在未来的台湾社会，考试仍将扮演重要角色，只不过竞争的重心会由"上大学"上移至"上名牌大学"，甚至上移至社会职场。正如一些企业界人士所提到，他们如今招聘人才不再只注意是不是大学生，而是要先筛选出他们认为符合一定水准的大学生。

三、启示

对日本和中国台湾地区考试社会的考察昭示着这样一个事实：在东亚这个深受

---

①② 中国国民党中央委员会：《回顾绿色执政两年系列之五——变调的多元入学》，2005年5月20日，http://www.kmt.org.tw/Content/HTML/Statement/Policy/20020520_13_3788.html。
③ 刘海峰：《传统文化与两岸大学招考改革》，载《高等教育研究》2004年第2期。
④ 沈君山：《台湾的高等教育与改革》，载《上海高教研究》1997年第5期。

中华儒家文化影响的"东亚考试文化圈"中，无论社会制度和经济发展水平有怎样的差异，也无论教育体制和教育基础有多么不同，在重视考试这一点上却毫无二致。而采行考试最重要的出发点便是基于公平的考虑。在如今的教育机会分配中，权力的侵扰虽然已不明显，但金钱的作用却越来越大。对钱权皆无的广大草根家庭子女来说，考试尤其是一些重要的选拔性考试这种刚性的制度作为一个自致性因素，几乎是他们获得教育机会、实现阶层流动一条最公平合理的"独木桥"。而教育机会的公平竞争恰恰是社会和谐与进步发展的重要内容。① 中国过去是一个科举社会，古代中国之所以从门第社会走向科举社会，正是受其背后深刻的社会文化根源所驱使，即：摆脱人情请托困扰，追求社会公平正义。② 因为在重人情、关系、面子的文化氛围中，"若不以考试来竞争，就很可能用权力、金钱或关系来竞争，或者采用弄虚作假来竞争。"③ 日本、中国台湾地区也概莫能外。

此外，日本和中国台湾社会也彰显着能力本位的价值取向。这一取向的优点在于尊重知识和才干，也满足和尊重了绝大多数人对公平的渴望和意愿，并将社会引向一条规范有序的竞争轨道。但日本和中国台湾地区的考试社会也暴露了考试所带来的重压和种种问题，值得我们深思，并引以为戒。他们所应对这些问题的共同措施是改革考试制度，进行社会和教育的"综合治理"，使之朝标准多样化方向发展。这些对于当前中国大陆的教育和考试问题无疑具有直接的借鉴意义。

考试社会有其利弊优劣。当考试成为社会的轴心时，如果利用得当，考试社会将成为一个竞争公平有序和资源高效配置的社会。但如若将考试的选拔功能强调到无以复加的地步，便也可能将考试异化为社会等级划分的帮凶，将参加考试的人异化为一部迷失自我、缺乏灵性的"考试机器"，考试社会也因此可能偏离正常轨道，走入一个盲目竞争的死胡同。作为考试的故乡，中国社会自古即有重视考试的传统，以至于帝制中国被称为"科举社会"。这一传统至今未衰。2007年恰逢高考建制55年、高考恢复30年，从各地区各种媒体围绕恢复高考所举办的各式纪念活动，便不难看出当今中国对高考这一"举国大考"的重视。随着各行各业越来越多地采用考试手段来测量、评价人才，中国正逐步走向一个考试社会，或者说已经具有某些考试社会的特征。"他山之石，可以为错。"在这一行进过程中，我们不仅需要深入分析考试社会的利弊，兴利除弊，而且应当借鉴其他国家或地区的经验，以形成一个健康和良性运转的考试社会。

---

① 郑若玲：《高考对社会流动的影响——以厦门大学为个案》，载《教育研究》2007年第3期。
② 郑若玲：《科举考试的功能与科举社会的形成》，载《厦门大学学报》（哲学社会科学版）2005年第2期。
③ 刘海峰：《科举存废与高考存废》，载《高等教育研究》2000年第2期。

报章精论

高考制度包括考试形式、科目、内容、录取等方方面面，对中学教学及教育改革产生巨大影响，也关系到高等教育的生源质量与教育改革。高考改革牵涉面广、影响重大，复杂而艰难。高考改革中的有些问题，一经提出，往往就成为社会各界热议的焦点，如异地高考、自主招生及其联考、高考加分、高考状元、中学校长实名推荐制，等等。本单元将从微观层面，对高考改革、高校招生、高等教育改革及中学教育改革中一些广受关注的具体问题，做深入浅出的精辟解析，尤其注重分析改革中存在的公平问题。

异地高考：为何千呼万唤难出来[*]

高考改革历来是社会各界尤其是考生、家长、教师、中学、大学等群体或机构密切关注的教育问题。前几年，高考改革的焦点话题不外乎自主招生、保送生制度、加分政策等。近两年，社会大众、学界、媒体则普遍将目光聚焦于异地高考（或曰就地高考）："非京籍家长"与"京籍非家长"在教育部或北京市信访办等敏感部门门前频频现身、严重对峙；法学界和教育学界专家学者连续两年联名上书政府总理或提请国务院审核"户籍地高考招生"政策的合法性并提交异地高考改革相关方案；媒体对这些动态紧锣密鼓地给予追踪、连篇累牍地进行报道。教育部权威人士的频繁表态，更使这一问题的讨论迅速升温。

2012年8月30日，教育部等四部委发布《关于做好进城务工人员随迁子女接受义务教育后在当地参加升学考试工作的意见》，国务院在随后的批复中同意"各地有关随迁子女升学考试的方案原则上应于2012年年底前出台。"家长代表呼吁各省市应在本地2013年高考报名方案出台之前制定异地高考方案，并明确规定从2013年开始执行。随着方案出台最后期限的临近，各地如何落实《意见》备受关注，教育主管部门也面临着前所未有的压力。

一、异地高考问题的复杂性

异地高考问题并不是近两年才出现的新鲜事。改革开放以来，随着经济与社会的发展、城市化的推进，流动人口的数量越来越多、规模越来越大、范围越来越广，流动人员随迁子女的教育和升学问题日益凸显，异地高考是其中最引人关注、难度最大的问题。20多年过去了，高考领域的许多改革都有程度不同的进展甚或突破，唯独异地高考问题依然是"一块难啃的硬骨头"，困扰着考生、家长和各级各类教育部门。这是因为，异地高考不仅仅是一个在哪里参加考试的教育问题，而是一个与政治稳定、经济发展、教育资源、文化基础、就业流向、地方投入等多方面密切相关的社会问题。

---

[*] 原载《光明日报》2012年11月28日第14版。

允许随迁子女在流入地参加高考，固然是出于尊重流动人口教育现状的一种人性化考量。但异地高考之所以被高度关注，并不仅仅缘于这一人性化考量，其背后有更深层的原因，即异地高考将可能成为调整不同省市的高等教育入学机会乃至社会发展水平高度失衡状态的突破口。京、沪等地由于经济与文化相对发达，社会生活水平相对较高，吸引了大量流动人口。更重要的是，高等教育资源尤其是优质资源高度集中的京沪等地，成为最吸引随迁子女就地高考的地区，也是异地高考问题解决难度最大的地区。所以，异地高考问题产生的深层背景，是各地经济、文化、教育发展的不均衡。要减少异地高考发生的概率或者降低异地高考操作的难度，只能在均衡各地社会发展上做文章。

然而，中国是一个地域辽阔、民族众多的大国，历史原因本来就造成了东、中、西部地区之间发展极不平衡。改革开放以后，我国经济迅速腾飞、社会迅猛发展，东部地区和京、沪等大都市，由于社会发展基础较好，加上相关政策的倾斜与扶持，东、中、西部地区的社会发展水平差距进一步拉大。近年来，国家实施"西部大开发"战略，已将扶持与开发重点转移至中西部。但历史的欠账不是朝夕所能弥补，地域差距的鸿沟也不是短期所能消弭。尤其是教育基础与资源的巨大差距，要在短时期消弭谈何容易！俗话说，"十年树木，百年树人"。教育发展的差距更需要一个相当长的时期来逐步缩小。而教育资源与机会的差距，在我国现有的高考分省录取体制下带来的直接后果，便是各地高等教育尤其是稀缺的优质高等教育入学机会的不均衡。

再者，异地高考与高考移民关系密切。众所周知，我国的高考政策是考生要在户籍所在地参加考试，换言之，无论考生在何处求学，都必须在原籍参加高考。而"异地高考"顾名思义是指在非户籍地参加高考。虽然"异地高考"的本意是要解决"随迁子女就地高考"的问题，但一旦放开，则很难从技术上对"进城务工人员随迁子女"与"高考移民"作出区分，从而可能因"鱼龙混杂"而加剧本已饱受非议的高考移民问题。近年来，高考录取机会的地域不公平，已年年成为全国"两会"的焦点，时时可能触发不同利益群体的对峙，成为教育领域危及社会和谐与政局稳定的头号难题。而高考录取机会的背后，又有着政治、经济、文化、人口、地理、教育基础与体制等多重复杂的影响因素。凡此种种，决定了解决异地高考问题的巨大难度与复杂性。

二、解决异地高考问题需要理性抉择

从理论上说，大多数进城务工人员随迁子女在孩提时代就跟随父母进城，有些甚至在城市出生，在城市里上幼儿园、小学、中学，可是，与户籍捆绑的高考制度让他们必须回到教学人员与教育内容完全陌生的原籍地参加高考。这既有失公平，也不近仁道。

对于解决外来务工人员随迁子女异地高考问题，社会各界见仁见智：有建议恢复全国统考者，认为一旦恢复全国统一考试，随迁子女高考问题便自动消失；有建议完全松绑异地高考者，认为户籍应与高考资格脱钩，以学籍取代户籍作为高考报名依据；有建议实行绝对的录取公平者，认为应完全按成绩"评分取人"，或者按各地报考人数均衡分配重点大学的招生指标；还有建议实行高校自主招生者，认为实行全国统一考试、高校自主招生，问题就迎刃而解。方家各持己见也各有道理，但都无法根本或完全解决异地高考问题。这些建议可能在一定程度上满足了随迁子女异地高考的利益诉求，却可能带来其他新的甚至更严重的公平问题。

社会各界不仅清醒意识到解决异地高考问题的重要性，而且正在设法解决它，这是好事却非易事。异地高考这一根源于社会发展不均衡、关涉各方面改革与利益重新分配的重大问题，不仅需要相当长的时期来逐步解决，而且也无法达到绝对的公平。对于高考这种牵涉面广、规模巨大的高利害考试，怎么改都可能会让部分群体认为不公平。但是，打破地域界线、破除地方保护主义是一种必然，更是一种必须。这是我们面对异地高考问题必须持有的理性认识。

笔者认为，解决异地高考既要采取权宜之计，更要制定治本之策。综合改革、稳步推进、逐步放开，是解决这一问题的理性选择。首先，可将愿意参加全国统一高考省市的自主命题权收回，扩大全国试题覆盖面积，在试卷相同地区实行异地借考，借此可扩大异地借考的范围。其次，对高职高专院校的招生完全解除户籍限制，允许考生不分户籍自主提出申请，不仅能给高职高专多提供一条生路，也在很大程度有利于解决异地高考问题。最后，按"先易后难"、"先地方后中央"的顺序，结合各地的实际情况和教育资源承受能力来制定具体细则，将具体决策权交给地方，有限放开或者完全放开异地高考。如果要求各地"一刀切"地贸然放开，对流动人口子女随迁就读京、沪等地的行为乃至对未来的务工流向等，都将产生极大的刺激作用，从而可能给流入地的教育、经济、就业、人口管理等带来很大压力，造成在地与流入双方人士的矛盾。即使在不损害流入地户籍学生教育机会的前提下，采取增量的办法给随迁子女分配招生指标，在高等教育规模不变的情况下，增加随迁人口子女的招生指标，必然意味着减少其他地学生的升学机会，从而可能带来新的不公。因此，各地在制定异地高考方案时，应当倾听公众呼声、回应百姓关切，进行民主与科学决策，避免因政策失当引发新的社会矛盾，与改革初衷背道而驰。

由于随迁子女高考问题长期存在、积弊甚深，眼下只能先以逐步和有限放开、划拨增量等治标之策以对付其紧迫性。但强化资源均衡，加大扶持弱势地区各级教育尤其是高等教育的规模与质量，改变目前优质高等教育资源高度集中的局面，以及改革高考制度等，才是解决异地高考和高等教育机会地域失衡的治本之策。需要强调的是，高考毕竟只是高校选拔新生的一种手段，其功能是有限的，不能指望高考来解决教育乃至社会存在的所有不公平问题。高考面对教育资源失衡这一复杂问题，其实很无力，也很无奈。

"减负"应成为一项系统工程[①]

2010年10月24日,国务院办公厅发布了《关于开展国家教育体制改革试点的通知》(国办发〔2010〕48号),从专项改革、重点领域综合改革和省级政府教育统筹综合改革三个层面,确定了囊括从学前教育到高等教育各个阶段的十大改革试点任务,其中之一是"推进素质教育,切实减轻中小学生课业负担"。

"减负"在中国不是一个新名词。自20世纪80年代中期以来,"减负"便年复一年地被提及,从未离开过公众的视野。在2010年7月颁布的《国家中长期教育改革和发展规划纲要(2010~2020年)》中,"减轻中小学课业负担"更是作为第四章第十条的标题被突出,足见政府的"减负"决心。此次《通知》重申这一任务,则是对《规划纲要》精神的具体落实,备受各界瞩目。被纳入改革试点的各地纷纷作出回应,出台了包括规范中小学办学行为、改进考试评价制度等在内的各种"减负"实施方案。

众所周知,中小学课业负担过重严重损害了少年儿童的身心健康,直接影响到素质教育的成效。这一问题不解决,小则阻碍"德智体全面发展"教育目标和健康合格公民培养目标的实现,大则危及国家人才培养、社会发展及至民族存亡。对于这一问题,政府与教育主管部门不可谓不重视,出台的各种治理措施不可谓不多、方案不可谓不周全。但"减负"的成效却不甚理想甚至可以说收效甚微。这说明,"减负"不是一个可以轻易达到的治理目标。笔者认为,学业负担问题是一项需要综合治理的"系统工程",不仅需要教育界的决心与努力,而且需要社会各界的支持与配合。

就教育而言,要切实做到"减负",除了继续推行包括教学内容、方法、评价等在内的新课程改革外,还需要高考改革相配套。高考已成为我国基础教育的绝对"指挥棒",这一点毋庸讳言。"大一统"的高考不改革,新课改精神便无法落到实处,"减负"也将成为空谈。但摒弃统一高考、实行完全多样化与个性化的招生办法,在我国也行不通。现实国情与文化传统,决定了统一高考仍须成为我国高校招生选拔的主要方式。现阶段,高考改革的总体方向应该是兼顾统一与多样,在坚持

[①] 原载《光明日报》2011年1月31日第16版。

统一高考的前提下，积极稳妥地探索多样化改革，最终建立起"统考为主、能力测试、多元评价、分类招生"的高校招生考试制度。其中，尤需引起重视的是能力测试与多元评价。只有突破以往单维的考测内容和单一的评价方式，才可能把学生从为满足单一考评而进行单一强化的沉重学习负担中解脱出来，并使学生各方面素质与能力得到普遍重视与均衡发展，个性也因此更加健全。

就社会而言，要切实做到"减负"，必须为之营造良好的改革环境。学业负担固然主要是由激烈的高考竞争所引起，但这只是表象，其背后隐藏着同样甚至更加激烈的社会竞争。高考之所以会成为基础教育的"魔力指挥棒"，其竞争之所以激烈，正是由于它是社会竞争在教育领域里一个高度浓缩的"替罪羊"。取消统一高考，丝毫不会减弱教育竞争与社会竞争的激烈程度，只不过竞争可能以其他更不公平、不合理的方式来进行。再者，社会观念与民众心态也无时无刻不牵制着教育改革与高考改革。例如，"万般皆下品，唯有读书高"与"重学轻术"的传统等级观、重学历文凭与校历"出身"的机械用人观、就业时过度求稳心态等方面的不良影响，都会直接或间接折射到教育领域。假如社会的人才评价观不多元化，人才选拔机制不灵活、选拔渠道不多样，"唯文凭马首是瞻"与"人才高消费"的用人风气不改变，传统文化中"重学轻术"的消极影响不克服，则教育领域单方面进行无论多么正确的改革，都将可能因"曲高和寡"无疾而终。中国正迈向多元化的时代，包括人才观、用人观、选拔渠道等在内的社会理论与实践，也必须与时俱进，尽快转变为多元化。在健康多元的社会环境下进行的教育改革，也才能更加切实易行。

可见，"减负"之重任，远非教育界所能独立担当与包办，将之完全推卸给教育界既不现实也不公平，必须由教育界与全社会共同担当、综合治理。对于"减负"这一任重而道远的改革目标，各方既要积极行动、稳步推进，又不能盲目乐观、急于求成，需做好"打持久战"的心理准备。

高校"结盟":减负还是掐尖[①]

前有"清华系",后有"北大系";"理工系"紧随而上,匆忙登场,2011年高校自主招生,大幕初启,高潮已至。

短短数天,"清华系"7校、"北大系"13校、"理工系"8校,近30所中国顶尖大学上演一场"结盟"大戏,局势瞬息万变,"战况"扑朔迷离,即将开始的2011年度高考自主招生注定精彩炫目。

高校急切"结盟",将把探索中的高考改革引向何方?议论声中的人才选拔评价机制又该如何走得更好?本报记者对话考试制度研究者、厦门大学教育研究院教授、博士生导师郑若玲,解析高校"结盟"背后的是是非非。

一、从分散到统一是世界各国高校招生的共性

记者:去年,清华首倡五校联考,似乎并未引起太大震荡。但今年,局势变动如此之剧烈,令人惊叹。"乱局"之下,褒贬、质疑之声四溢,您怎么评价当前高校急切结盟的事实和趋势?

郑若玲:当前高校纷纷"结盟"招生,反映了高校招生由分而合的趋势,在一定程度上也吻合了"合久必分,分久必合"的规律。自主招生改革已进行了十年,随着教育部的逐年放权,高校的改革空间与自主权也逐年扩大。但由于各校单独举行的自主考试所花费的人力、物力、财力等方面成本巨大,也给考生带来经济与身心等方面的沉重负担,出于节约考试成本、方便考生考试与选择、提高考试效度等考虑,近年来出现若干个自主招生高校"联盟"并不令人意外。实际上,越来越多的高校加入自主招生联盟这一事实本身,也证明了统考的优势。由政府或专业考试机构主持的统一考试,或者由若干同类院校共同主持的自主招生联合考试,无论从命题的信度、效度还是从严密性、权威性、效率方面等,都高于各校主持的单独招考。由分散走向统一也是世界各国高等教育招生的共性,只是在多大程度上的统一或者采行统考成绩的权重不同而已。

[①] 本文为《光明日报》专访(记者丰捷),原载《光明日报》2010年11月29日第5版。

记者：的确，对于"结盟"的初衷，无论是"清华系"还是"北大系"都强调了减轻考生负担，增加选择机会。但质疑的焦点恰恰在此，是减轻考生负担？还是抱团掐尖？联考的副作用会不会更大？掐尖与垄断，是一种必然而正当的存在，还是可以在制度设计上予以规避？而最大限度地为选拔人才服务？

郑若玲：从整体上说，这种联考联招比各校单考单招的副作用更小。毕竟，类型、层次相似的高校，在招生对象层次与水平等方面的要求也比较靠近，进行联考联招有利于提高考试选拔的效率。当然，名校联考联招在客观上可能会对其他高校造成一定程度上的生源竞争冲击。目前，有统一高考成绩作为招生的前提条件，学生的文化基础知识都能达到相应的基准。如果这些学校在自主招生考试选拔中注重对学生个性、兴趣与特长的考核，而不是一味地"以分数论英雄"，可能更利于避免恶性竞争、选拔优质人才。

二、自主招生亟须强化多样化招生理念

记者：从去年开始，关于自主招生演变成一场令考生身心俱疲的"小高考"的议论就已甚嚣尘上。今年，结盟之势的确立，更加剧了人们的担忧。与此同时，我们看到，与发现偏才、怪才、特色人才的愿望相去甚远的是，自主招生招来的仍基本是全面发展的"好学生"。形式的突破固然重要，但为使自主招生改革的初衷真正得以实现，您认为高校更需要下工夫去探索的是什么？

郑若玲：现在高校之所以未能突破招收"好学生"的路子，原因可能有两个：

其一，迫于公众质疑的压力而不敢为。近年来，随着自主招生降分幅度的加大，加上自主招生的透明机制不够健全，不断有公众质疑自主招生的公平性。公众的质疑，使得高校在招收偏才、怪才、特色人才等方面不敢越"高考分数线"这一"雷池"半步。

其二，高校对高等教育多样化的重要性认识不到位。目前有资格进行自主招生的高校，基本上都是名列前茅的高水平大学，它们缺的不是那些整齐划一的总体成绩优秀的学生，而是某方面或某领域的"偏才"、"怪才"或其他各种特殊人才。成绩优秀的"全才"即使没有自主招生来降低分数的门槛，基本上也能顺利迈进高等学府；徘徊于大学高墙外的，常常是那些无法跨越传统分数线障碍的"偏才"、"怪才"们，他们纵然有值得培养的资质或智能，也无法真正进入自主招生的范畴。但令人担忧的是，高校自主招生普遍孜孜以求于整齐划一的优秀"全才"，非但不利于反而有害于高等教育的健康发展。正如物种的单一性对于生态系统的活力有致命的伤害一样，生源群体的单一性对高等教育的活力也有很大的损毁作用。而我国高校自主招生改革的公平诉求，在某种程度上却是以牺牲高等教育"多样化"及其活力为代价的。

所以，我认为目前高校自主招生改革迫切需要面对的问题，一是招生思想与理念的更新，二是自主招生制度公信力的提高，包括招生办法、过程与结果的透明与公开。

记者：这几年，高考招生中的另一个日渐突出的现象是优质生源涌向海外，无论是港校还是国外高校，都对内地高校形成了生源竞争的压力。我们注意到，在这次北大的公告中特别提及，"必须放眼全球，在世界范围内和世界一流大学进行生源竞争，为中国的自主创新选拔人才"。那么，放眼世界，高校联盟的健康生态是怎样的？国外有哪些值得效仿和借鉴的经验？

郑若玲：优秀高中生选择出国留学，对中国高等教育的冲击需引起重视。面对这种生源流失现象，国内高校不能只盯着争抢生源，而应互利合作，并深刻反思自己的缺陷，纠偏补弊，尽量缩小与国际优质高等教育资源之间的差距，以相对价廉质优的服务来应对世界高等教育的竞争与挑战。

美、英等高等教育发达国家，其教育水平之所以领先于世界，一个很重要的原因是他们的招生始终信奉并践行着多样化理念，无论何种层次或类型的高校，都非常注重新生群体来源在性别、阶层、种族、语言、民族、地域、才能等方面的多样化。在统一高考基准的保障下，以多样化的招生理念来指导自主招生改革，是目前亟须也比较切实可行的一条路子。

三、外部力量应该介入改革

记者：无论"结盟"的利弊如何，这是一个探索的过程。怎样让自主招生走得更好，内外部是否应协同努力？

郑若玲：目前出现的几大"结盟"，反映了改革初期政策的多变与不稳定。这样一个探索的过程是必要的。任何改革都不可能是完美无缺的制度设计，必须在现实中不断试验、修正，才能日臻完善。自主招生改革也同样如此。因此，对于这种改革的试探应有一个宽容的心态。但由于高考招生直接关系到考生的利益，且具有巨大的社会影响，又不能不谨慎而稳步地进行。如今，高校早已不是"象牙塔"，其自主招生也不仅仅是高校自己的事，而是一个与外部各要素密切互动与关联的过程。在实施自主招生时，虽然高校享有法定的招生自主权，但绝不意味着他们可以天马行空、随心所欲。"自主"不等于"自由"，高校在行使自主权的同时，须臾不能放松自律，否则很容易操作失控，事与愿违。

与此同时，外部力量也应积极介入改革的进程。教育主管部门在职能上应由以往的"包办者"变身为"监管者"，密切关注改革的动态与问题，适时适度予以监管和引导；民间力量尤其是社会媒体也须积极参与，发挥有效的监督与舆论作用；与改革紧密相关的中学，则应确保所提供的反映学生各方面素质的评价材料公正客观、真实有效。而外部力量有效参与的前提，是自主招生政策、过程及结果的透明化。只有在以更加科学的统一高考成绩作为录取基准、舆论监督体系更加完善与透明、多样化与公平性相互兼顾的前提下，我国真正意义上的自主招生才具有可行性，其选材功效也才能达到最大化，并最终带动所有高校步入自主招生之列。

　　需要指出的是，如果自主联盟招生不注重个性，只一味地强调考试科目的难度与对知识的单维考核，很可能变成第二次高考，从而失去"自主"的意义，自主招生高校也因此会丢失招生的自主权。这是自主招生高校应该警醒的。

危机化契机：高等教育的出路

——对话厦门大学教育研究院教授郑若玲[*]

高考刚刚结束，众多海外高校就兴致勃勃地涌向中国，今年，他们带来了更为诱人的招生诱饵。据北京市教委的不完全统计，今年报名参加"洋高考"的北京考生约为2 500人，比去年增加约1 000人，增幅高达67%。北京四中、北师大实验中学、人大附中等名校，拿到国外高校录取通知书的毕业生人数比去年增加了40%~60%。号称沪上"四大名校"的复旦附中、交大附中、上海中学和华东师大二附中，每年约有20%的考生直接申请海外留学，而今年，这一比例又有增加。

"千军万马过独木桥"的时代真的结束了。而与此同时，"生源危机"迫近中国高校的警示不再是危言耸听，随着形势的变化，中国教育如何迎战全球化竞争必须引起足够的关注。

记者： 来到中国的海外大学都会惊叹于中国的市场之大，而对于留学潮下移，高中生特别是高中尖子生青睐海外留学，我们大多也会发出这样的惊呼：这是海外大学在与中国高校抢夺生源，兵临城下，生源竞争已然是一场全球化的角逐。您怎么看这一现实？社会及公众又应以怎样的心态看待它？

郑若玲： 对于越来越热的留学潮，社会及公众不必过于诧异。"潮"之所以形成，乃因有引力存在，也暗含着社会发展的起伏变化。众多学子被吸引到海外接受高等教育，说明他们确有比我们做得好的地方。但只要我们认真反思，高度预警，努力改善教育现状，充分满足国民需求，是完全可以以独特的优势，吸引和稳住可能流失的生源，并可能形成一种"回潮"。

记者： 事实上，高中生出国留学升温的话题早已引起关注，每年高考前后总会掀起一轮讨论的热潮，根据您多年的观察，这其中，哪些变化或显现出的信号应该引起我们的警觉？

郑若玲： 的确，高中生出国留学热早已不是新鲜话题。近几年呈现出留学生源数量由少而多、生源质量由优质到多样、留学院校层次由单一到多元、留学国家由欧美到全球等趋势。而且越来越多的海外高校热衷于把生源市场拓展到中国，近年

---

[*] 本文为《光明日报》专访（记者丰捷），原载《光明日报》2010年6月21日第13版。

来各国高等教育展接踵而至便是例证。对于大陆高校而言，生源的竞争不仅来自海外，还来自港台澳地区。这说明，我国高等教育所面临的生源竞争已由过去的单方面变成多方面甚至全方位。如果再不反思与改革，扭转不利局面，我国高等教育的声誉以及国民对高等教育的信心都将日渐下降，由高等教育大国变为高等教育强国的建设道路也将严重受阻。

记者：中国学生之所以放弃高考投身海外，大多缘于对当下应试教育的一种迂回，或对海外高校人才培养方式的认同和欣赏，对国际化教育环境的向往和需求，您认为这对于中国教育意味着什么？对中国大学会产生哪些短期内我们看得见的影响？

郑若玲：中国的高等教育虽然于2002年提前进入高等教育大众化阶段，但相比于许多西方教育发达国家和港台地区，我国的高等教育资源仍无法完全满足国民教育需求，优质高等教育资源尤显稀缺与不足。加上受"重学轻术"传统观念和"唯学历文凭是论"的社会风气以及社会人才评价标准单一等影响，高考尤其是普通本科院校入学机会的竞争仍非常激烈，并向下影响到整个基础教育的竞争。此外，随着中国经济与社会发展参与国际化的程度加深，具有国际化教育背景与视野的人才也越来越受青睐。这些因素对中国高中生出国留学热潮都起了推波助澜的作用，给中国的教育带来不可小觑而且是全方位的冲击，意味着我们的教育亟须进行全方位的改革，不仅要了解民众教育需求，完善高校招生考试选拔制度，而且要更新教育理念，革新人才评价标准，掌握世界教育改革动态、吸收世界教育先进经验，以便及时应对来自教育内外部的各种挑战，更好地满足民众的教育需求。

记者：由生源危机而引发大学关门，是危言耸听，还是确应警钟长鸣？

郑若玲：这种弃考热对于中国大学而言，挑战无疑是严峻的。随着适龄人口数量的逐年下降和出国留学人数的逐年上升，国内大学的生源竞争将加剧，高等教育早已不是以往的"象牙塔"，随着市场竞争机制的引入和竞争意识的增强，因竞争而导致的生源危机已经出现。如果不尽快反思、检讨与改革，一些没有基础与特色、定位不清、质量低劣的高校（尤其是基础较薄弱、办学资源严重不足的民办高校），在这种竞争中将可能因生源短缺而被淘汰出局。这绝非危言耸听，确实应以此为警钟，吹响我国高等教育质量提升的号角。所以，从某种角度看，高中生的出国留学热对于改善与提升我们的高等教育质量不一定是坏事。

记者：中国人的教育不再是中国学校独揽的事，在全球化竞争逼近的形势下，应对全球化挑战，我们的教育改革应做出怎样的调整？

郑若玲：由于教育受到社会政治、经济、文化、人口等各种外部因素的影响与制约，我们不能关起门来办教育，教育改革也应该有广阔的视野，要避免"头痛医头，脚痛医脚"的短视行为。面对全球化的挑战，我国的教育界应首当其冲，变压力为动力，积极全面地检视教育理念、制度及改革等方方面面，主动发现问题、寻求对策，而不是一味地消极抗拒与排斥。与此同时，也需要社会各界的积极支持与参与。教育主管部门要有危机意识与改革决心，主导与推动教育改革；社会民众与舆论在呼吁呐喊教育进行改革的同时，应给予改革试验以足够的耐心与空间；媒体则应密切追踪改革的动向，尤其应关注改革出现的问题，发挥良好的舆论导向作用。

综合素质评价到底应该怎么评

据报道，山东临沂师范学院中文专业今年在招生录取中，12名上线考生因"综合素质"的原因被退档。一直以来，"高考分数"在高招录取中的权威地位无人撼动，临沂师院的"吃螃蟹"之举因此"一石激起千层浪"，引发媒体的广泛关注与讨论。

由于50多年来高校招生的主流渠道一直实行"以分取人"的刚性机制，现在引入相对弹性的综合素质评价，大家便不由得紧张起来。以笔者之见，综合素质评价的引入并不可怕，它只是录取依据中很小的一部分，也并不是说高分考生因为"素质低"而上不了大学，学生被退档的主要原因还是学校觉得其综合素质不适合所报专业。2008年1月，教育部下发的《关于普通高中新课程省份深化高校招生考试改革的指导意见》，便明确将"建立和完善对普通高中学生的综合评价制度，并逐步纳入高校招生选拔评价体系"作为高考改革的主要任务之一。因此，笔者认为临沂师院小心谨慎迈出的改革第一步值得充分肯定。

在引入综合素质评价的过程中，不少人担心对农村孩子是否公平，农村孩子是否会处于劣势。这样的担忧是可以理解的。不过，如果是在农村高中，农村中学会用适合农村孩子的标准来评价其综合素质。如果农村孩子到城市读高中，城市中学在进行综合素质评价时，就应该充分考虑到农村孩子与城市孩子的区别，而不是机械地分出高下。比如，城里孩子有条件学钢琴，会在才艺方面占一定的优势。中学的综合素质评价，应尽量排除学生因为来自不同的经济和社会地位阶层而造成的才艺表现上的差异因素，要根据具体情况调整各种因素的权重。同时，高校也应该考虑到这一点。如果农村孩子和城里孩子的才艺表现相当，其综合素质的"含金量"显然是有差别的。当然，农村孩子也不见得在各方面都处于下风。比如，他们在吃苦耐劳、为人处世等方面的表现，就有可能因艰难的生活历练反而优于城里孩子。

综合素质评价应该是一个综合而弹性的结果，而不是只根据才艺或其他某一方面来决定全部。因此，单纯用ABCD来评量学生的综合素质并不很合适。美国高校录取所依据的综合素质评价就比较模糊，各项指标都没有硬性的等级要求。

---

* 原载《中国教育报》2009年9月16日第3版。

就我国目前的综合素质评价改革而言，有些硬指标可以评定分数或等级，而对于一些涉及主观价值判断的素质，如果也要给出硬性的评定结果，则容易给腐败以可乘之机。笔者认为中学要做的是尽可能如实地反映出学生的各方面素质，把对学生综合素质的评判任务交给高校去做。

我国在高招中引入综合素质评价才刚刚起步，有人担心中国的人情社会易滋生腐败。在这方面不妨适当借鉴美国的相关做法。美国的招生人员组成非常多元，有教授、招办工作人员、研究生、年轻教师、外聘人员等。这些不同的招生工作者会对学生进行数轮筛选。经过这么多人手，"走后门"的难度可想而知。而且美国非常注重诚信记录，对"走后门"也多避而远之。我们也可以借助团队的力量和智慧，慢慢摸索，不断总结自己的经验。而且也应允许高校大胆尝试这样的改革。毕竟，考生都是上了投档线的，其基本的文化素质是有保障的，考分之间本来差别也不太大，只是其综合素质是否适合某个专业的问题。对于退档的学生，应该把退档原因摆出来，这样既让考生有知情权，也让招生过程透明化，以便舆论监督能及时介入，考试腐败就难有容身之地了。

在综合素质和高招挂钩的过程中，也有人担心中学会为了升学率而美化学生的综合素质评价。这种可能性是存在的。笔者认为，增加中学和大学之间的互动与了解，可能是这一问题比较有效的解决办法。在美国，招生工作人员与中学的接触非常多，如果中学提供的评价不实，一旦被招生人员发现，中学名誉扫地，将使其评价大打折扣。而且，学生的综合素质评价可以得到多方面的相互印证，其间的漏洞并不难看出。因此，我们可以通过巧妙地设计综合素质评价指标，让中学充分展示出其对学生个性、品德、能力等方面的了解。综合素质评价的内容越具体、细微，就可能越接近真实。

此外，改革过程中要充分发挥教育主管部门的监管作用和社会舆论的监督作用。教育主管部门既不能"大包大揽"，也不能放任自流，听之任之。而应充分承担起监管的职责，密切关注改革的动态与问题，适时适度地予以监督和引导。社会舆论往往也能发挥有效的作用。而舆论监督的基本保障条件是综合素质评价的过程及结果的透明化。

理性反思"史上最牛高三班"[①]

今年高考录取结束后,被戏称为"史上最牛高三班"的成都七中高三14班的辉煌"考绩"被广为流传,啧赞声不绝于耳,成为一时的热门话题。近日,随着该班班主任刘源与各任课教师及部分学生共同完成的励志图书《最牛高三班是怎样炼成的》面世并热销,"最牛高三班"再度引起热议。事实上,"最牛高三班"并非仅此一家,湖南、海南等地也都出现过类似的班级。但与此前赞声一片所不同的是,近期的讨论主要聚焦于"教育公平"、"教育均衡"等话题。笔者不禁欣喜于民众日益热情的教育参与和渐趋增强的公平意识。

据报道,成都七中"最牛高三班"在班主任和各任课教师的"锤炼"下,全班59名学生全都考上了名牌大学:11名北大、9名清华、5名复旦、2名香港科技大学、2名中国科技大学、1名美国麻省理工,其中26人在高中三年期间获得数学、化学、生物等竞赛的赛区一等奖,今年四川高考成绩理科前10名的学生,有3个出自该班,其中一个还是成都市理科状元……如此业绩,相信没有人不会为之瞠目。根据班主任介绍,该班的素质教育成效也较为显著,学生们不仅学业成绩好,而且热衷于课外活动,其共同的特点是学习刻苦、个性突出、思维活跃等。

平心而论,站在该班教师和学生个人的立场看,这样的教育业绩毫无疑问是成功的,"最牛高三班"所在学校、教师、学生、家长,在某种程度上也都受益颇多。但作为"最牛高三班"局外人的我们,在惊叹于如此辉煌"考绩"的同时,也不能不追问:制造出这样颇具震撼力的教育结果之原因何在?这样的"轰动效应"是我们应孜孜以求的吗?辉煌业绩的背后,是否隐藏着教育危机?

成都七中是成都市乃至四川省内出类拔萃的高中,14班这一"最牛高三班",则是该校两个理科实验班之一,学生为来自成都和外地的优秀学生。其他省出现的"最牛高三班"的生源基本上也有这样的特点。由于现在的教育竞争已下移到初中乃至小学、幼儿园,一般通过中考进入名为实验班(实则重点班)的高中学生,多数是经过层层筛选的最后赢者。因此,各地的"最牛高三班"基本上都是集全校、全地市乃至全省的"优中选优"学生于一班,并配备以全校最优质的师资与

[①] 原载《中国教育报》2009年11月18日第6版。

最精良的设施,且多实行动态管理,通过定期考试进行末位淘汰。在这样的条件与机制下,高考岂有不"牛"之理?正如有关种田的经验所言"秧好一半谷",要丰收则应"三分种七分管"。当然,不可否认,学生和老师们的刻苦努力,也是其之所以"牛气冲天"的重要原因之一。

然而,在目前我国社会竞争日趋激烈、各级优质教育资源尤其是本科以上的优质高等教育资源尚为稀缺的前提下,出现这样的"最牛高三班"却不见得是好事。中共十七大报告指出,"教育公平是社会公平的重要基础",在党领导人民全面建设小康社会、构建社会主义和谐社会的进程中,促进教育公平是一项具有全局性、战略性的任务,也是我国教育改革和发展坚定不移追求的目标。而现在的教育分化现象堪忧,一方面是以营养高度集中和浓缩的"优质土壤"培育出来的少数"最牛高三班",以及将来社会竞争起点高拔的所谓"优质生";另一方面则是在营养一般的"普通土壤"甚至是营养不良的"劣质土壤"中培育出来的大量"普通生",以及因为当地高中教育资源匮乏而无缘考大学的"流失生"。二者之间的巨大反差,显然与我们的教育目标相背离。

反差的背后,是我国教育资源配置的严重失衡,即城乡之间、区域之间、学校之间在师资和办学条件上的甚大差距。失衡的背后,则隐藏着损害社会公平的深刻危机。如果说,媒体对"最牛高三班"的报道有炒作之嫌(当然,也有引发民众关注与讨论之功),那么,教育工作者对此则应有清醒的认识和理性的反思。摆在我们面前的紧迫任务,是尽快缩小差距,实现均衡,而不是制造"最牛",加剧失衡。

即便不考虑教育资源不均和社会公平受损等宏观方面的问题,仅就"最牛高三班"的现象本身而论,在给学生们带来辉煌的考试业绩进而可能步入人生坦途的同时,也在某种程度上强化了本来就不平等的社会分层,学生们只是单一地体验"重点"和"优质",而疏离"一般"和"庸常",可能造成他们"精英意识"有余而"平民意识"不足。这对其未来成长的负面影响不可小觑。此外,优胜劣汰的动态管理机制、纷繁多样的竞赛培训"小灶",都进一步强化了本已十分严重的应试教育弊端,加重了学生的身心负担,与"全面推进素质教育"、"减轻学生学业负担"等教育改革的方向背道而驰。

"最牛高三班"从表面来看只是高考制度运作的产物,但它与高考制度、教育理念、评价机制、资源配置乃至社会观念等都密切相关。要减缓乃至消除其背后的重重危机,除媒体和舆论的正确引导外,在高考制度和评价机制的改革上,强调考核的统一基准的同时,应引入多样化的评价体系;在教育理念与社会观念的革新上和教育改革的实践中,强调夯实学生学业基础的同时,应适当强化个性与特长,并使社会的人才评价和录用标准日益多元化。从长远来看,则应着眼于教育资源的均衡化和教育实践的法治化。唯有如此,才能离"教育公平"与"和谐社会"的目标越来越近。

校长推荐在美国也不是主流[1]

2009年7月,北京大学曾透露拟实行"中学校长实名推荐制"的改革,一度引起民众的关注与讨论。11月8日,该校正式对外公布了这一改革的实施方案,"北大"和"中学校长推荐"迅速成为社会聚焦的两个词汇。这一改革方案引发了十分对立的两派观点:支持者认为此举体现了北大不拘一格选人才的创新勇气,有助于消除"一考定终身"的弊端;反对者则认为,该举措会扩大中学校长手中的权力,给权力寻租造就空间,容易导致招生腐败。支持者主要来自少数高校的招生人员和部分中学校长,反对者则包括社会各界民众尤其是与高考改革密切相关的学生家长们。从舆论的力量看,反对者大幅度超过支持者。

一般认为,"推荐上大学"的做法来自国外,有些人甚至误认为在国外,学生经由中学校长推荐可以直接上大学。的确,在美、英、法等教育发达的欧美主要国家,推荐是高校录取的环节之一。但他们的做法与我们想象的有不少出入。以美国为例:

首先,并非所有的大学都倚重推荐环节,大学之间对推荐信的重视程度各不相同。一般而言,入学申请录取率甚低、竞争激烈的名牌大学,对推荐信比较重视,希望借此了解学生的学业素质、发展潜力、进取心、特殊才能及个性特征等;而入学申请录取率较高的一般大学,对推荐信并不看重,主要倚重学生AI(由中学成绩和标准化统一考试分数共同确定的学术指数)的高低来决定录取;实行开放入学的社区学院等,则只需学生提供高中毕业证书或同等学力证书即可入学,对包括推荐信在内的其他材料不作要求。

其次,推荐信的出具者一般是中学教师而不是中学校长。通常,大学要求的推荐信有两封,分别由学生高中阶段主要科目(如语、数、外、自然、社会等)的任课教师(最好是最后两年的任教者)所写。有的学校还规定,如学生认为有必要,也可提供这两封以外的额外推荐信供参考,例如由学生曾服务过的雇主、业余爱好的教练、所在社区的宗教领袖、朋友甚至家人等所写的推荐信(因此,不排除中学校长个人以朋友、家人等身份为学生写推荐信)。作为常青藤名校之一的达

---

[1] 原载《中国教育报》2009年11月19日第4版。

特茅斯学院，甚至要求申请者提供一份类似于推荐信的同龄人的评价材料，因为同龄人的视角通常与教师和其他推荐者有所不同。额外推荐信一般被建议不超过两封。

最后，中学校长在大学录取环节的"发声"渠道是中学报告而非推荐信。中学报告是大学申请者必须提交的材料之一。各大学所要求的中学报告繁简不一，内容一般涉及学生所在中学的基本情况、学生的学术成就、课外表现、学习动力、潜力、创造性、批判性思维、情感成熟度、自信心、领导才能、对他人的关心、职业道德、自私程度、师生的评价等，既有客观选择项，也有主观报告项，由申请者所在中学的校长或升学顾问填写。填写人还被要求从总体上对申请者与其他同学进行对比，分出三六九等。报告通常要附上填有课程名称和分数的正式成绩单（由校长、升学顾问或中学其他官员填写并寄送）作为佐证。

美国高校录取一个最鲜明的特点是评价标准多元，包括中学学业成就、标准化统一考试分数、课外活动表现、才艺与能力及个性品质等。他们希望通过多元的标准，录取到或全面发展、或特长突出的最适合的学生，从而构成一个来源丰富、特色多元的优秀学生群体。因此，录取评价所依据的材料也非常丰富，既倚重中学的平均成绩或排名、SAT 或 ACT 等标准化考试分数、个人才艺或能力的获奖证书等硬指标，也参考推荐信、课外活动评价、学生自我陈述或小作文等反映出的个性、特长、兴趣等软项目。各种材料既可以相互印证，又可以多视角地勾勒出申请者的整体形象。对于名牌大学而言，包括中学成绩和标准化分数在内的学术成就，始终是最重要的录取指标。推荐信只是众多评价材料之一，甚至不是主要的参考依据，更不存在"中学校长推荐上大学"的做法。

笔者认为，北大作为中国最好也是受瞩目的大学，在上海已试行了三年"中学校长实名推荐"的基础上，进一步探索"中学校长实名推荐制"的改革值得鼓励。但由于以往的"保送生制度"一度异化为"荐良不荐优"，甚至变味为更恶劣的"推劣不推良、送官不送民"，以至于中国的民众一听到"推荐"二字便难免忧心忡忡。这对于北大的改革无疑有积极的警醒作用。面对民众的疑虑与担忧，北大改革的当务之急，恐怕在于严格控制试点规模、制定具有可操作性的推荐标准、建立有关人员问责制、完善舆论监督的透明化等。肩负推荐重任的中学校长们，值得深思的则可能在于提高自身的公平意识与责任感、强化品牌意识与危机感、抵御权钱的侵扰与诱惑。北大的"推荐制"改革，既需要自身小心谨慎地迈进，更需要民众和舆论的积极监督与献计献策。只有群策群力、审慎周密，改革之路才能越走越宽。

要防止自主招生变成另一种应试*

自主招生是近年来我国高校招生考试制度改革的一项重要举措。2003年试点以来，自主招生改革在选拔优秀人才、鼓励自主办学、更新教育思想、推动教学改革、引导素质教育、促进教育公平、推进招生改革等方面都发挥了一定的作用。但也存在一些诸如公平、诚信、科学性、成本与效益等方面的问题。近两年来，随着自主招生高校数量的增加，以及教育部对自主招生政策的"松绑"，尤其是放宽了对生源质量较好的高校自主招生人数比例的限制，以及放宽了对特优生投档分数线的限制后，自主招生的"应试倾向"开始初现端倪。这种倾向对于自主招生改革或高中教育教学都可谓"有百害而无一利"。

一、自主招生应试的商机与"钱景"

据报道，随着政策的松动，如今越来越多的考生和家长把自主招生视为跻身名校的捷径，不惜为此耗费大量时间、精力与金钱，自主招生的商业色彩越来越浓厚。尽管高校一再强调自主招生考试"没有大纲、无需专门备考"，但丝毫不影响各种辅导班的门庭若市与红红火火。这些辅导班收费昂贵，有的班3小时培训课程开价1 800元，令人瞠目结舌；师资水平良莠不齐；辅导材料五花八门，各种"秘籍"、"宝典"、"真题"、"指南"大行其道，甚至有辅导班"独家发布"所谓的《中国高校2009年自主招生考试指南》，内容包括北大、清华等名校2009年自主招生政策解析及历年笔试、面试的"真题"，自主招生面试技巧，自荐材料经典范例，还附录了25套名校自主招生数学试题，售价高达200元。尽管各种辅导班收费不菲，辅导材料价格混乱，但报名者和购买者却不在少数，尤其是家长们，对辅导培训热情高昂、出手大方。自主招生应试的无限商机与美好"钱景"开始显露。

考生与家长之所以热衷于应试的辅导培训，无非是冀望从中受益。进入21世纪后，我国传统的高校招生录取体制弊端越来越凸显，自主招生改革作为对传统弊端的有力挑战，对于健全创新人才的选拔机制无疑有重要意义。1952年新中国建

---

* 原载《中国教育报》2010年2月24日第6版。

立统一高考制度后,高校招生几乎是以高考分数作为录取的唯一依据。由于录取制度刚性,标准单一,高校基本上没有招生自主权,中学教学也陷入"片追"与应试教育的泥潭不能自拔。扩大高校招生自主权,推进素质教育,探索一种以统一考试为主,多元考试评价、多样选拔录取相结合的高校招生制度,成为教育改革的迫切需要,自主招生改革因此应运而生。这一改革使考生有机会摆脱"一考定终身"的阴影,参与竞争的天地更加广阔。尤其是取消对自主招生人数比例的限制和放宽对特优生投档分数线的限制后,考生若登上自主招生的录取榜单,便意味着能享受少则二三十分,多则五六十分甚至更多高考分数的"优惠"。那些成绩不错、将目标锁定名校但又没有绝对把握的学生,更是希望借助辅导班面试技巧的培训与面试经验的传授,增加自主招生的胜算。

在我国这样一个人口众多、资源紧缺的发展中大国,高考竞争其实是人们一生政治地位、经济地位等社会竞争在教育领域的高度"浓缩",因此异常激烈。高考结果的一分之差,便可能使考生的前途或"上天"或"入地",带来人生境遇的云泥之别。在高考这一每年考生上千万的"举国大考"中,多一分便可以跨越成千上万的竞争对手,而通过自主招生能享受到几十分的优惠,诱惑之大也就不难想见!正是这种巨大的诱惑,使考生和家长们对自主招生的辅导培训趋之若鹜。

市场意味着利润。商家之所以热衷于办班,无疑是因为既有市场又有利可图。唯利是图乃商家之"本色",只要能赚钱,只要有"愿意上钩者",不管辅导条件具不具备,师资水平合不合格,先扯起"让考生在面试中脱颖而出,彻底打动考官,力争获得 20 分以上的加分"之类的"'唬'皮"来招揽商机。更有一些辅导班不惜以虚假信息欺骗考生,例如,尽管高校一再强调命题教师不可能参加任何盈利性辅导机构的教学,但偏偏就有打着"高校命题教授亲自上课"旗号吸引考生和家长的辅导班;某名牌大学严正声明"从未授权任何机构举办本校自主招生考试相关的培训班和课程",便是针对有人打着该校"金字招牌"开设所谓"自主招生辅导网"而发出的。尽管形形色色的自主招生辅导班陷阱颇多,甚至招摇撞骗,但并不影响它赚得盆满钵溢。至于培训结果如何,管用与否,就无心过问了。事实上,就有参加过自主招生培训的考生,发现费时费钱的辅导培训对面试根本不管用,失利后对参加培训班颇感后悔。

二、应试:有百害而无一利

有考试便有应试,二者的关系犹如孪生兄弟,如影随形。由于自主招生基本上都设有高校自主考试的环节,应试行为自然难以避免。应试现象本不足为奇,也不见得所有考试的应试都是坏事。但对于自主招生而言,应试却是有百害而无一利。其一,自主招生改革的初衷之一便是要克服传统高考指挥棒下存在的严重的应试积弊，为应试教育"破冰"，给素质教育开路。如今陷入应试怪圈，重蹈高考应试之覆辙，显然有悖于改革的初衷。其二，自主招生改革的重要意义在于健全创新人才的选拔机制。高校在传统高考体制之外，好不容易争取到自主招生这么一个招收优质创新型人才的好渠道。而"创新型人才"的内涵是很丰富的，包括强烈的创新欲望、对新知的敏感性、对权威的挑战性、敏锐的洞察力、创造性与发散性的思维能力、强烈的好奇心和求异思维、执着的探究精神等诸多要素，因此很难被量化，更不是通过短期的辅导或培训所能简单造就的。愈演愈烈的应试倾向，只会使自主招生这条旨在选拔创新型人才的渠道误入歧途，并"污染"那些创新型人才"原生态"的创新素质与能力，从而使高校招收"不经过训练的原生态学生"这一美好愿望成空中楼阁。

此外，自主招生的应试破坏了中学正常的教学秩序，使学生本已沉重的学业负担进一步加重。自主招生的操作一般从上一年11月到第二年3月，时间跨度达四五个月之久。这样的时间安排不利于学生对高考的复习准备。参加自主招生培训班，意味着学生要抽出宝贵的高三第二轮复习时间，甚至打乱原来的复习计划。有的学生要同时参加几所学校的测试，疲于应付，苦不堪言。高中学校在教学进度、教学内容等方面也多进行调整，以便应对自主招生。一项题为"高等学校自主招生对苏浙沪高中教育的影响调研"结果显示，高达57.8%的学生认为高校自主招生使得学生的学习压力和课业负担加重，46.7%的教师认为自主招生使得教师的教学负担加重。

三、扭转应试倾向："魔道之战"

事实证明，各种辅导与培训不过是商家牟利于市的"噱头"，只会为积弊甚深的应试教育推波助澜，对自主招生的成功却不起作用。针对愈演愈烈的自主招生应试之风，各校开始积极应对，"见招拆招"，许多高校在自主招生指南中都会强调考生无需做特别的准备，而且每年的考题都不会重复。例如，清华大学宣称：所有科目考试均不提供任何大纲或考试辅导，"测试主要看考生平时的积累，考生不必进行特殊的准备，只要按照中学老师的要求进行正常复习即可"，并告诫考生，他们的面试内容与形式每年都有调整，就算有通过了面试的学生传授经验，也不一定发挥作用，因为不同的学生有不同的感受和理解；厦门大学也强调"测试注重学生的综合素质，考生考前不必特别准备"；前几年上海交大自主招生面试中曾设有小组讨论的环节，后来发现有中学在进行训练，学校便去掉了这一环节；复旦大学的水平测试每年也都更换命题教师，测试题目每年都百分之百不同。

此外，各校在自主考试的命制上也颇费心思，力图从根本上治理应试之风。紧密联系社会实际，从生活中取材，注重基础性、综合性与开放性等，是如今自主招生命题的主要倾向。例如，青少年网瘾、偷菜、环境污染、哥本哈根气候大会、高房价、武广高铁、上海世博会、低碳经济、汶川地震、金融危机、救市计划、农民的市民化等社会热点，都被纳入近两年自主招生的命题视野中。这些考题考核的重点不在于考生观点的对错，而在于对社会问题的观察、分析与思考能力，靠的是日常的积累与用心，突击辅导是难以奏效的。一些诸如"如果老子和孔子打架，你会帮谁"、"猫和冰箱有什么关系"、"曲解成语"、"学历史与报读清华经管有什么关系"等高度开放性的题目，以及"为什么要把清华大学作为第一志愿填报"、"对人大校徽的感受"等充满个体感的题目，则使得各种培训辅导的题海战术大栽跟头。

任何一项教育，一旦出现应试倾向，便很容易走样变形，甚至与教育目的背道而驰。现在如过街老鼠般的"奥数"就是失败的典型例子。"奥数"训练本来是用以培养孩子的数学思维能力，但由于与招生挂钩而催生出巨大的"奥数"培训市场，制造出可观的"奥数经济"，使它陷入应试的泥潭不能自拔。而过度的应试，又造成"奥数"难度"水涨船高"，为提高区分度，"奥数"命题不得不滑向"偏难险怪"，最终落得棍打棒喝到处被"封杀"的下场。越来越严重的应试倾向，只怕也让自主招生最终走样变形，非但无益反而有害于高校创新型人才的选拔。

要扭转自主招生的应试倾向，需要多管齐下、综合治理。高校方面的"见招拆招"固然有一定的效果，但"道高一尺魔高一丈"，仅靠高校单方面努力，是很难从根本上遏制其应试之风的。媒体的密切关注与及时曝光，对于揭穿辅导培训广告的虚假性非常有效。此外，考生和家长也要擦亮眼睛，尽量从官方渠道获取有益信息，不要轻信商家的"噱头"。须知，自主招生注重的是"工夫在诗外"。考生只有在平时的学习中注意"练好内功"，夯实基础，培养能力，提升素质，才能"以不变应万变"，让"诗外功夫"得到最充分的展示。随着高校招生制度改革越来越接近"以统一考试为主，多元考试评价、多样选拔录取相结合"的目标，自主招生的应试现象也将逐渐失去生存的土壤。

重新审视城市少数民族加分政策

近年来，在有关高考的话题中，"高考加分"无疑是最受关注的内容之一，尤其是每年高考前后，各种媒体都不约而同地聚焦于此。2010年9月4日，笔者以"高考加分"为关键词在百度上搜索，找到相关网页约4 750 000篇，其受关注的热度由此可见一斑。而关于"高考加分"的议论，主要集中于"体育加分"和"少数民族加分"两方面。

2009年，重庆31名考生被查出违规变更民族成分，其中涉及15名官员子女，包括当地文科高考状元。该丑闻广为热议，使高考自建制以来一直实行的对少数民族考生优惠、倾斜的招生录取政策陷入前所未有的信任危机，在2009年年底《中国青年报》的调查中，有75.3%的人将该丑闻视为"2009年最损害教育公平事件"。2010年，媒体对少数民族加分问题继续聚焦，并指出享受这项加分的考生主要集中于区域内相对发达地区或中心城市以及集中于少数中学。例如，北京市今年的高考加分者中，少数民族考生数量最多，有6 700余人，占各类加分考生总数1.1万人的60%以上，占北京市考生总数8万人的8%以上；湖南省长沙市今年共有991名考生享受少数民族加分优惠，占长沙考生总数的2%以上，且主要集中于市区，仅位于市区的"贵族学校"——同升湖国际实验学校一个学校，便有110人获得此项加分，占全市此项加分总数的11%。无独有偶。江苏、安徽两省今年获得少数民族加分的考生也以城市居多。

公众对于少数民族考生加分政策可谓聚讼纷纭。支持者认为这种优惠政策是必要的。少数民族地区由于历史、地理等原因，发展相对落后，教育资源相对于汉族地区更少，导致少数民族考生起点较低，入学机会更少，因此需要政策来倾斜，如果不采取优惠措施，他们就难以和其他民族一道发展，从而不利于整个国家的发展。反对者则认为这一政策到了该取消的时候了。如果对少数民族聚集地区孩子给予照顾没有问题，但对于从小就生活在大城市、和其他孩子教育环境并无不同的少数民族孩子，就没有必要给予照顾，对于那些假冒民族成分的城市考生，就更不能照顾。而现在少数民族加分政策的受益者恰恰更多的是城市考生，这一政策不仅给

---

* 原载《中国教育报》2010年10月13日第5版。

教育腐败以可乘之机，而且损害了以"分数面前人人平等"为表征的高考竞争的公平公正性，应该被取消。无论是媒体的关注还是公众的聚讼，其焦点实际上都在城市少数民族考生高考是否应该加分上。

　　分析这一问题的合理性，首先必须了解少数民族考生加分政策的缘由。对少数民族考生实行招生录取优惠政策，是新中国少数民族高等教育政策的重要组成部分，自高考建制伊始便开始执行，起初主要体现为"降分（或放宽）录取"、"优先录取"，21世纪初以来变成"加分录取"。"降分"与"加分"实际上是一个事物的两面，二者的意图都是为了对少数民族考生实行招生上的倾斜与优惠。众所周知，历史原因造成少数民族聚居地区或散居地区经济、文化、教育比较落后，为了扶持这些地区及其少数民族的社会发展，有必要对其少数民族考生给予录取优惠。因此，少数民族考生加分政策的缘由是这些地区经济、文化、教育相对于汉族地区比较落后。

　　从中国社会的整体发展状况来看，目前差别最大的不在地区之间而在城乡之间，换言之，东、中、西部地区的城市之间发展水平的差异，要远小于同一地区的城乡差异。非少数民族聚居地区的城市尤其是大城市，非但不属于经济、文化、教育落后地区，反而是社会各方面发展比较先进的地区。这些城市的少数民族考生，显然不能被纳入国家规定的加分或降分照顾范畴。而且，城市少数民族考生加分也没有政策依据。例如，在教育部制定的《2010年普通高等学校招生工作规定》中，对少数民族考生的招生倾斜有明确规定：对于边疆、山区、牧区、少数民族聚居地区少数民族考生，"可在高校投档分数线下适当降低分数要求投档，由高校审查决定是否录取"；对于散居在汉族地区的少数民族考生，"在与汉族考生同等条件下，优先录取"。城市的少数民族考生明显属于后者，不能享受加分或降分优惠，充其量只能享受"同等条件下优先录取"的倾斜照顾。

　　尽管甚嚣尘上的民族成分造假之风，夺走了许多人对少数民族考生加分政策认可度的"最后一根稻草"，让他们在绝望中不得不大声疾呼取消加分，回归"裸考"。但笔者认为，由此取消整个少数民族考生加分政策，无异于"把孩子与洗澡水一起倒掉"。事实上，对少数民族等弱势群体给予倾斜与照顾，是许多国家高校招生的共同做法。例如，美国的《平权法案》规定在入学与就业等方面，不仅要消除种族和肤色歧视，而且应给少数族裔或女性以优先的考虑或机会；印度对低种姓阶层等宪法认定的弱势群体实行高校录取的"保留政策"，由政府管理的高校要为这些群体保留一定比例的名额；我国台湾地区的高校录取也有针对山地生等少数民族学生的"特种生加分"优待政策；如此等等。面对目前少数民族考生加分的混乱状态，我们应该做的不是因噎废食，而是加大清理、整顿、监督和惩处的力度。由教育部根据各地少数民族教育的实际状态，制定适合的少数民族高考加分政策，从而使这一政策惠泽于真正需要和应该惠泽之人。对于目前实行的城市少数民族考生加分政策，则应以"同等条件下优先录取"取而代之。

学业水平考试：从考试到评价的新起点

2012年1月4日，重庆举行首次普通高中学业水平考试，标志着在重庆实行了20多年的高中毕业会考寿终正寝。一时间，这一消息在各路媒体广为传播，成为近期继自主招生之后又一个与高考相关的热点话题。

重庆于2010年开始实行普通高中新课程改革实验，新课改需要建立与之配套的教学质量的检测与评价体系，正在试行的普通高中学业水平考试方案应运而生。据悉，重庆的普通高中学业水平考试每年组织两次统考，分别于6月底和12月底进行，不再单独组织补考，第一次考试不合格的学生，可参加第二次、第三次考试。每次考试均包括语文、外语、数学、思想政治、历史、地理、物理、化学、生物9个学科。除全市统考的9个科目外，高中新课改课程涉及的其他学科将由学校组织考试或考查。笔试科目不再以百分制评定，而是按卷面成绩折合成A、B、C、D、E五个等级予以评定。学生参加所有考试、考查科目成绩达D等（或合格）等级及以上，同时，高中三年修满学分144分，方可取得高中毕业资格和颁发普通高中毕业证书，对于提前达到条件的学生，可以提前毕业。包括高中学业水平考试、考查科目成绩和综合素质评价结果等在内的学生档案，供高校招生录取时参考。

可见，现在试行的高中学业水平考试与被取代的高中毕业会考之间是一种继承、发展与改革的关系。二者在目的、性质、基本功能等方面大体相同：目的都是为了全面贯彻教育方针，促进学生德、智、体诸方面协调发展，克服偏科现象，加强教学管理，推动教学改革，大面积提高教学质量，给中学教学以正确的导向；性质都属于检查和评价普通高中教学质量和办学水平的水平考试，不同于高考这一选拔性考试；基本功能都在于全面反映高中学生在各学科所达到的学业水平。

然而，现今的高中学业水平考试并非高中毕业会考的简单复制，二者在层次、功能上又有所不同：在层次上，前者是国家承认的省级毕业考试，2000年国家下移实施高中会考的统筹决策权后，有些省又将权力进一步下放到地市乃至县一级，个别省区甚至停止了会考，后者则是在教育部指导下由省级教育行政部门组织实施

---

* 原载《中国教育报》2012年1月11日第3版。

的国家考试，有助于提升考试的权威性与管理品质；在功能上，前者主要用于衡量学生学业是否达到毕业标准以及普通高中的教学质量与办学水平等，后者在前者这些功能的基础上，还拓展了依据课标检验新课改的落实、对普通高中课程方案及其实施进行诊断、督促、规范与引导、为高校招生提供学业信息等功能，有助于发挥考试对教学的正面导向功能。

尤值一提的是，在具体实施上，高中学业水平考试相比于以前的毕业会考更为科学合理。一是考试更加人性化，重庆的改革首当其冲，允许考生根据自己的情况灵活选择考试时间与次数，一定程度上克服了以往"一考定终身"的弊端；二是契合新课改的要求，引入学分制动态管理机制，考试方式与评价标准更加多元，给不同资质的学生提供了弹性的成长空间，能更好地满足个性化发展的需求；三是评定方式采取等级制而非百分制，可以淡化"片面追求分数"的意识，使评价结果更加符合正态分布；四是强化了学业水平考试的评价功能，考试成绩不仅可做中学办学质量监督和招工参考之用，而且与高校招生更加紧密地挂钩，各级各类高校在招生时可根据各自情况，自主选择采用学业水平考试成绩的范围与比重，使各方对它更加重视，从而可以避免像以往会考最后沦为"最虚伪的一种考试"的命运。

近几年，实施新课改的省份陆续实行了高中学业水平考试，有人担忧学业水平考试与以往会考是"换汤不换药"、这样"瞎折腾"反而增加了教育成本等。这样的担忧不无道理。高中学业水平考试作为"新课改"催生出的一种考评制度，要想切实发挥其对普通高中教育教学质量的管理与监控作用、对学生潜能发展的引导作用，并使其为高校招生多元评价、多样选拔提供学业参考，确实应该理性检视与反思毕业会考的功过，认真吸取经验教训。笔者对学业水平考试的改革提出以下建议：

其一，要坚守其国家考试的性质，教育部、省级教育主管部门应以对待统一高考的重视程度来认真对待高中学业水平考试。唯有如此，才能使这一考评制度的权威性、科学性、公平性得到保障，使其考评功能实现最大化，因此所获得的教育效益，也一定会让付出的成本"价有所值"。其二，要对学业水平考试与统一高考清晰定位、使各司其职，并与中学综合素质评价一道，为构建和完善普通高中学生综合评价制度以及高校招生多元评价多样选拔体系共同发挥作用。鉴于学业水平考试与高考性质各异，学业水平考试一定要遵循全面考核原则，保持较宽的学科覆盖面，并以学科基础知识测试为主、能力测试为辅，高考则逐渐转变为以能力测试为主、学科基础知识测试为辅。其三，要提升学业水平考试命题的科学性，使其更好地发挥"以考促学"的功能，加强题库与动态管理机制的建设，为考生提供更加弹性与人性化的考试服务，在有条件的地方，可试验一年多次考试，使考生有更大的选择余地，有利于消除"一考定终身"的不良后果。

需要指出的是，考试是一把"双刃剑"，用之不当，对教育教学会产生很多诸如"片追"的消极影响；用之合理，则有"以考促学"之功。我们要做的，正是在理性、科学的研究基础上，不断建设和完善包括学业水平考试在内的各种大规模考试制度，使其更好地服务于人才的选拔与培养。就学业水平考试而言，如果制度科学，用之得当，可以使我们的教育考试真正实行从考试到评价的重要跨越，这也正是学业水平考试在"新课改"征途中的新使命。

恶性竞争：招生失序的危险信号[*]

2011年7月初，各路媒体相继转载的一则招生新闻，犹如一石激起千层浪，引发了民众的广泛关注，关注度之高甚至冲淡了中国共产党建党90周年的喜庆。7月1日上午，复旦大学在官方网站上发布了一份措辞严厉的《关于部分省市考生受骗修改志愿的严正声明》，称复旦大学于高招期间与各省市考生、家长经过面谈协商、咨询，最后确定了预录取协议。但在招生过程中，有考生接到自称复旦老师的电话，被告知此前与复旦所签协议取消，造成了极其恶劣的影响，有考生因此被迫修改志愿。声明中怒斥此举性质恶劣，行为严重，道德败坏，无异于诈骗，极为严重地损害了广大考生的利益，对于相关涉案人员，复旦保留追究法律责任的权利。此后，复旦的官网微博又将矛头直指"上海某理工类院校"，复旦的湖北招生组老师更是直指上海交通大学在背后"挖"复旦的"墙脚"。对此，上海交大的招生办也在官方微博上回应，称"本校招生老师无人冒充其他院校老师通知考生取消其与他校所签协议，对一切捏造事实、诋毁我校的行为，依法保留追究其法律责任的权利。"复旦招生老师对交大的声明则不以为然，认为"如果没有足够的证据，复旦大学是不会发官方声明的。"复旦还声称已将此事件的调查材料上呈相关主管部门。

接二连三的声明，加上微博对两校及各自的拥趸群之间"口水战"的推波助澜，使国内名校争夺优秀生源的"招生大战"赫然呈现，并由以往的"暗箭"变为如今的"明枪"。继北大中学校长实名推荐制的"掐尖"、自主招生联考的"抱团掐尖"、南京大学预录取的爽约等话题之后，名校之间这种"撕破脸"的"掐架"，再一次让高校招生竞争成为舆论的焦点话题。其实，这一同城高校"兄弟阋于墙"的争执，只是高校招生竞争暴露出的冰山一角。多年来，为争抢高分生源，许多大学使出了各种绝招、怪招，例如：扫描重点班，提前锁定并及时追踪尖子生；赶在成绩公布前获取状元名单并进行"高强度高密度"的家访谈心；动用政治资源，请地方官员做说客；竞相开出优厚条件，如专业任挑、奖金加码等。除了这些绝招、怪招，更有"上不得台面"的一些阴招、损招，例如，此次上海高

---

[*] 原载《中国教育报》2011年8月31日第5版。

校揭露出的"冒充诈骗";让对手招办电话一直处于占线状态,使想咨询的考生打不进电话;等等。

高校招生竞争乱象丛生原因有五:其一,全球范围内高等教育竞争加剧。随着高等教育规模扩张与适龄人口数量下降之间的反差加大,高等教育生源竞争加剧已成为全世界尤其是发达国家或地区的共同趋势。我国自加入WTO后,境外高等教育资源不断流入,生源竞争的触角也越来越广泛地伸向我国大陆高等教育领域,使得我国大陆高校尤其是名校之间对优质生源的竞争日趋激烈。当然,这一宏观的背景并非导致竞争乱象的必然原因。其二,录取标准单一,"唯高分考生是取"。我国大陆自1952年建立统一高考制度迄今,高考分数始终是最重要乃至唯一的录取依据,这一做法固然公平刚性、简单易行,但也强化了本已根深蒂固的"分数至上"观念,为招生乱象的生成起到了推波助澜的作用。同样,刚性的高考录取制度也并不必然导致招生竞争的无序化,而只是一个无好无坏的"中性词",关键看操作者的认识与行为。其三,高校人才评价观念落后、标准畸形。高校在"人才"与"高分考生"之间简单画等号,一味地进行"分数崇拜"、"状元崇拜",不惜一切代价乃至使出"下三滥"的手段来争抢高分考生,使大学这一原本神圣的学术殿堂斯文扫地、情状难堪。其四,教育的功利化。来自高校外部包括大学排行榜在内的各种社会评价,都很看重各校的高考分数线和网罗到的"高考状元"数量,生源成为衡量高校实力的重要标准,置身于激烈竞争中的高校为提高社会声望与对考生的吸引力,不得不想方设法来满足并尽可能超过这些评价指标,竞争无序也就在所难免。其五,招生制度不完善。在高考分数"一统天下"的录取体制下,高考录取基本上由录取网络软件"说了算",作为招生单位的高校却没有发言权,以至于有的高校自嘲只有迎接新生的权利,高校的"招生办"应当改为"接生办"。考生虽然在报考前有选报志愿的权利,但报考后却只能"听天由命",唯一能做的就是祈祷自己的志愿得到满足。现在许多名校所热衷的预录取,对考生也是一个颇有诱惑力与迷惑性的"陷阱"。但预录取实际上只是一种不受法律保护的录取意向,对招生学校的承诺并没有约束力,考生利益受损时也只能"吃哑巴亏"。由于考生在录取后没有选择与比较的余地,高校持"抢到一个是一个"的心态陷入无序竞争也就不足为怪了。

目前这种愈演愈烈的生源大战对于高校之间竞争的秩序是一种不小的冲击力,也是高校竞争"畸变"的危险信号。它不仅有损于高校的声望与考生的利益,给考生上了有不良影响的"第一课",而且助长了"数字化政绩"的教育功利主义,强化了"分数至上"观,对中学教学将产生负面的导向,从而对素质教育与高考综合评价改革形成阻力。从更深层来看,"抢生大战"不利于高校的自我提升与可持续发展。高校只重"掐尖"不重培养,就是网罗了"好苗子",也不一定能结出"好果子"。令人担忧的是,这种"只收不育"的短视行为已成为目前大陆高校的常态，绝大多数高校只是沾沾自喜于"抢"到了多少"好苗子"，却鲜有把心思花在针对优质生源的培养机制改革、教育质量的提高与教育服务的改善上者。再者，"唯分是取"的"掐尖"结果是生源群体的分数扁平化与特征单一化，而生源群体的多样化才是高等教育的活力之源以及实现可持续发展的动力之源。

在竞争激烈、心态浮躁、诚信缺失的当下，要遏制高校之间这种明争暗斗、甚嚣尘上的生源混战实非易事。既不能仅靠高校系统自身产生"抗体"来"免疫"，也不能单靠教育主管部门一指令下来禁止，更不能全靠民众和舆论的"公愤"来平息。而是要进行"集团作战"、多管齐下。就高校而言，首先要清楚地认识到自身引领社会先进文化、引导社会道德诚信的重担，强化自律意识与招生秩序；其次要更新人才评价观念，改变"唯分是论"的单一评价观与"分分计较"的短视行为，注重对考生的综合评价；最重要的是，高校要采取正当手段与方式来互竞生源，多在提高教育质量、学生服务与社会声誉上下工夫，而不是靠卑劣乃至欺诈的手段骗取优质生源。就教育主管部门而言，要加强督导与监管，对违规行为不能熟视无睹或默认纵容，而应认真寻找招生乱象背后的原因，积极进行高校招生制度的建设与改革。就民众特别是考生及其相关人员而言，则要擦亮眼睛、积极维权或监督，充分发挥社会舆论的巨大作用。

高校生源竞争是世界各国的普遍现象。竞争不是问题，如何竞争才是问题。良性的竞争有助于推动高等教育的健康发展，恶性的竞争则不仅无益反而有害于高等教育的可持续发展。近年来，愈演愈烈的生源混战，已经向高校竞争发出了失序的危险信号，是该警醒与整治的时候了。

以平常心看待"高考状元女多于男"

中国首份高考状元调查报告《1999~2006中国高考状元调查报告》日前出炉。调查显示，2007年高考状元男女性别比例为3∶7，女状元远多于男状元。而在过去8年，这一比例基本持平。调查报告甫一出炉，社会各界即广泛关注，指责现行教育评价标准利于女生者有之，惊呼"救救男生"甚至呼吁教育要"重男轻女"者有之，感慨此乃社会进步者亦有之。依笔者看，在中国朝"男女平等"的目标努力了近60年、各级教育飞速发展尤其是高等教育已步入大众化的今天，我们无须惊诧于"高考状元女多于男"，而应以平常心看待它。

马克思曾说："社会的进步可以用女性的社会地位来精确衡量。"女性接受高等教育是反映其社会地位高下的重要指标，也是社会平等和文明发展的重要标志。在漫长的封建社会，我国女性连接受正规识字教育的机会都没有，接受高层次教育更无从谈起。1920年，北大率先"开女禁"，招收女生，中国女子高等教育自此真正起步。新中国成立后，"男女平等"思想写进宪法，妇女受教育权有了法律保障，女子普通教育发展迅猛。不仅参加高考的女生人数逐增，女大学生的比例也逐年提升，目前已超过四成。基于这样的教育成就，高考女状元人数增多乃至女多于男也就不足为怪了。由于女性在子女教育上所起的核心作用，从国家和民族发展的角度看，女性教育水平的提高，于国民整体素质的提升有百利而无一害。

事实上，女子高等教育迅猛发展是世界性的普遍现象。欧美一些发达国家如美国、法国、芬兰、挪威等，早在20世纪80年代女大学生比例便已超过了50%。不仅如此，近年来美国还出现了所谓的"性别新差距"，女大学生在数量和质量两方面都胜于男生，男性几乎要沦为"第二性"。今年，美国教育部的一份调查报告更是预计，2008年美国女大学生与研究生将达920万人，而男生仅为690万人。就连高等教育相对保守的英国，19世纪还有一种观点认为女性不能接受高等教育，因为这会导致女性不育、大脑受损，甚至会引起女性神经紧张以至于崩溃等等，而今，英国女大学生的数量也超过男生，而且这一现象几乎遍及所有学科，无论是工程学、医学，还是法学和心理学。从我国情况看，虽然建国后女子高等教育成就瞩

---

* 原载《科学时报》2007年11月16日第A4版。

目，但相比男性仍然层次偏低。笔者曾对比过 1986 年和 1999 年的本专科、硕士和博士 3 个层次的男女生比例，发现层次越高，女生比例越低，性别差距越大。而且，目前女大学生比例仍未过半。不知惊呼"救救男生"者何以为据？

对高等教育领域出现的"女多于男"现象，也有不少人从教育评价上找原因，认为现在的考试有许多知识点都需要死记硬背，女孩舍得下力气，因而将这一现象说成是教育评价标准无能的结果，男生成了教育体制压抑发展的受害者。这一解释实在牵强得很。的确，很长一段时期，我国高考命题基本上以知识立意为主，即以学生掌握了多少知识为考核目标。但 20 世纪 90 年代后，高考命题的立意开始由知识关注到能力。尤其是 1999 年进行"3＋X"的科目改革试点后，更加注重对考生能力和素质的考查。只要去看看现在的高考试卷，就不难想见，没有较强的逻辑推理、综合思维、融会贯通能力，仅凭死记硬背中学 12 年学过的知识点，却终成高考激烈竞争赢者的女生能有几人？

文行至此，笔者禁不住要反过来诘问，20 世纪 90 年代以前高考命题的知识立意几乎成为记忆立意代名词的时候，无论是在校大学生还是高考状元，男生比例都远高于女生，为何无人指责教育评价标准有利于男生以及教育体制对女生发展的压抑？反倒在考试内容日重能力与素质的现在，男生竞争力减弱，便怪罪到考试内容和教育体制上？对女生竞争力的增强，为何不从她们的勤奋刻苦、耐心细致、懂得珍惜学习机会等优良品质，自我发展意识的增强，以及因"女生没有潜力"等传统观念、女生家长更强的忧患意识和就业性别歧视所带来的压力变动力等方面去追根溯源呢？

美国著名社会学家戈登·李斯特针对高等教育领域的"阴盛阳衰"现象曾指出："如果说 21 世纪内，大学仍是通向财富与地位的重要基础；那么，越来越多美国男子将忍受二等公民之辱，就如从前美国女子曾长期忍受的那样。不过，待到越来越多女子成了家庭主要挣钱者，又会有越来越多男青年努力争取考大学了。"美国如此，中国亦然。面对高等教育领域"女胜于男"这一世界普遍现象，理性的态度应是以平常心看待，并以社会竞争为自然调节手段，激发人们追求更优质的生活，无论男女。

高考改革：守望理想，更应立足现实[*]

数日前，浙江新高考方案甫一公布，便引起不少关注。为配合高中新课改试点，从2009年起，除高考成绩外，高中会考成绩、综合素质评价都将成为浙江考生能否被高校录取的重要依据。此举有望打破高考"一试定终身"的局面，为高校招生改革注入新元素，也有利于引导中学实施素质教育。

具体而言，该方案的亮点主要有以下几点：一是综合素质评价信息的高度综合性，涵盖学生的品质与素养、学习能力、审美与艺术、运动与健康、探究与实践、劳动与技能等6个方面；二是按高中新课改实际和各类高校人才培养目标的差异，分三类设置考试科目，分别对应学术型、一般专业型、技能型高校，学生可根据自身情况自主选择考试类别和模块；三是将英语听力、技术考试的次数增加为每年两次，由学生自主决定参加考试次数、选择考试成绩，成绩有效期为两年。

长期以来，高考因其高度"统一性"而为人诟病，甚至不时有人呼吁废除统一高考。因此，对这些改革，我们没有理由不为之鼓与呼。如果方案能切实推行，且行之有效，则考生幸甚、高校幸甚、国家幸甚。

但笔者认为，该方案也暗含隐忧。首先，如果综合素质的评价者，即教师与所在中学的评价权力被滥用，如何监控？如何有效避免外围权钱的侵扰？以往的高考政策不是没有提倡将学生的平时表现作为高校录取的重要依据，但高校最终选择的还是"以分取人，分分计较"，其原因就在于对中学提供的"平时表现"不信任。其次，综合素质信息中的学习能力主要通过会考成绩而非平时成绩体现，实际上将会考变成另一种高考，而对学生的平时学业表现鲜为关注，仍无法分散高度集中的考试压力。再者，分类设考固然大大增加了考生选择的自主性，符合"以生为本"的改革原则，但传统等级观念可能导致不同类别考试的考生数量失衡，且考试模块（科目）的不同也可能导致录取调剂上的障碍，从而增加考生的录取风险。

高考身兼政治、经济、文化、教育数种功能，其重要性众所周知，其改革有重大影响和巨大难度。理想的高考制度应该既能科学、公平、高效地选择高等教育对象，又不给学生带来沉重的压力与负担，且能正面引导中学素质教育。但我国的教

---

[*] 原载《科学时报》2008年4月23日第1版。

育资源尤其是优质高等教育资源及其背后隐含的社会资源稀缺，导致升学竞争激烈，传统文化中重人情、讲关系、看面子等因素最终形成国人崇尚考试竞争的文化传统，受某些不良风气影响而存在的教育腐败，以及社会诚信机制尚不健全等影响，理想的高考制度一时难以建立。现在，激烈的社会竞争已在一定程度上浓缩到高考身上，"替人受过"的高考在可以预见的将来，仍然无法摆脱本不该承受的苛责与不时被"妖魔化"的命运。

因此，高考改革在守望理想的同时，必须立足现实，否则就可能使改革流于形式，难以付诸实践。笔者认为，无论高考改革朝何种方向行进，最不可忘却"公平"二字。在日益追求公平、公正与效率的今天，任何一项考试制度生存或发展空间的大小，已越来越取决于其公平公正的程度，若改掉了公平，无异于"搬起石头砸自己的脚"。尽管高考被人形容为"一头让人哭笑不得又无可奈何的怪物"，但正是这个"迫不得已的荒谬制度"，让社会底层精英得以有向上流动的刚性机制，为"沉默的大多数"提供了一个虽不广阔却几乎唯一的晋身平台。当然，稳步推进基于"公平"的多样化改革，仍是现时高考制度发展的一条最适切的道路。

高考改革首重公平

近年来,在政府颁布的有关教育的文件或政策中,教育公平被提升到前所未有的高度。去年颁布的《国家中长期教育改革和发展规划纲要(2010~2020)》,其"工作方针"之一便是促进公平,强调要"把促进公平作为国家基本教育政策。教育公平是社会公平的重要基础。教育公平的关键是机会公平"。由中共中央宣传部理论局编写的通俗理论读物《七个"怎么看"——理论热点面对面·2010》,也以"同在蓝天下——怎么看教育公平"作为专题进行理论解读。在各种重要的场合,党政国家领导人也多次强调教育公平于国于民的重要性。例如,在2010年7月召开的全国教育工作会议上,胡锦涛提出要"把促进公平作为国家基本教育政策,保障公民依法享有受教育的权利"。温家宝对组织实施《规划纲要》所作的全面部署第一条也是"大力促进教育公平"。对广大百姓而言,公平更是成为衡量几乎所有教育改革成败的核心标准。

如果说教育公平是社会公平的基石,那么,高考公平则是教育公平的重心。新中国成立以来最重要的教育制度非高考莫属。而在高考改革话题的"关键词"中,人们最先想到也最为关注的,莫过于"公平"一词。公平是人类文明史上争论不休的永恒话题,也是民众评价高考合理与否最重要的指标。公平之所以成为高考改革"第一词",是因为它直接关系到高等教育的入学机会,而高等教育入学机会与考生个人乃至家族利益攸关。

在1977年恢复高考以前,由于社会整体文化程度不高,高等教育毛入学率尚低,高等教育意识尚未普及,处于精英阶段的高等教育让许多人可望而不可即,高考的社会影响也较为有限。恢复高考后,随着"尊重知识、尊重人才"方针政策的形成,"知识改变命运"的观念逐渐深入人心。尤其在当今中国,社会竞争异常激烈,竞争重心日益上移,高等教育成为许多人参与社会竞争的起点,民众接受高等教育的意愿日渐强烈,对高考这块高等教育的"敲门砖"及其公平性特别关切。因此,高考自建制尤其自1977年恢复以来的几乎每一项改革,都与"公平"二字紧紧捆绑在一起。

---

* 原载《科学时报》2011年3月23日第1版。

为什么高考的公平性问题在中国如此受关注？这既有历史文化的影响，也有现实国情的原因。中国是考试的"故乡"，自古便是一个极度甚至过度重视考试选才的国度。从古到今，中国人均持"不患寡而患不均"的社会心理，在考试方面则是不怨苦而怨不公。历史之所以选择考试，正是因为它作为一种崇高、具有可信性的正义程序的执行过程，在各种选拔人才的途径中最为公平和有效，可以摆脱人情请托的困扰，有助于实现社会公平与正义。

　　现实国情也决定了考试及其公平性在我国备受关注。从个人的角度看，高考事关考生前途命运之大体，高考的竞争实质上是人们政治和经济地位等社会竞争在教育领域的高度"浓缩"。我国是一个社会资源相对紧张的发展中大国，民众的公平忧患与渴望，较之许多国家更为强烈。且不说在高等教育供需矛盾仍较突出的情况下，需要统一高考来维护个体教育机会竞争的公平，就是在高等教育实现了大众化的今天乃至迈入普及化的明天，也还存在优质教育资源的竞争，考试办法仍无法舍弃，因为受"重人情、讲关系、看面子"的传统文化影响，如果不以考试来竞争，就很可能用权力、金钱或关系来竞争。

　　从国家的角度看，高考作为我国当今最重要的一项教育考试制度，在担负选拔高校新生任务的同时，还具有促进教育改革、提升社会文化、稳定政治秩序、促进社会流动等多项社会功能，并由此产生重大的社会影响，具有重要的国家治理功能。无怪乎有人将1977年恢复高考比做一场"抢才大典"，将1977年的冬天，比喻为国家、时代以及千千万万中国人命运的"拐点"。尽管现行高考制度受到一些质疑、批判和挑战，甚至被形容为"一头让人哭笑不得、又无可奈何的怪物"，但正是这种刚性的制度，让社会底层精英在社会竞争中有了"公平的立基"，而公平竞争恰恰是推动社会有序发展和进步的原动力。

　　因此，高考改革必须首重公平，尤其是机会竞争上的公平。只有在基于公平的前提下稳步推进，才可能使高考改革的教育与社会成效实现最大化。在日益追求公平、公正与效率的今天，任何制度生存或发展空间的大小，越来越取决于其程序的公平公正性，具有重大而广泛影响的高考制度尤其如此。高考改革若改掉了公平，就等于"革"了自己的"命"。

　　近年来，教育部对提升高考公平性的改革可谓不遗余力，但仍有诸多不如意。由于高考事关政府、高校、中学、学生与家长等各方利益，面对不同利益主体的诉求与博弈，面对公平与效率的矛盾与取舍，高考改革常常处于一系列两难选择中。高考无论怎么改革，都会使一部分考生因竞争力较弱而失去读大学（或者说读好大学）的机会，从而使中国教育体制染上了"不人性"或"不公平"的骂名。这注定了高考改革公平性的诉求之巨、满意之艰。但我们别无选择，只能直面现实、知难而进。

　　"路漫漫其修远兮，吾将上下而求索。"高考制度的公平建设任重而道远。高考公平的求索之路，永远只有起点，没有终点。

对南科大改革应持平常心[*]

6月上旬,与被喻为"举国大考"的高考同样受到高度关注的,是南方科技大学45名在校生的"集体拒考"事件。去年年底,筹建多时仍未获招生资格的南方科技大学宣布"自主招生、自授文凭",并绕过高考招生体系,举行了首轮自主招生,遴选出45名年龄不等、天资优秀的学生进入该校学习。这些"教改实验对象"获得了由南科大提供的高额奖学金,直接绕过高考和高三教学,今年3月进入南科大开始其大学学业生涯。5月27日,教育部新闻发言人续梅表示,教育部支持南科大的教改探索,但任何改革首先要坚持依法办学,要遵循国家基本的教育制度。

有分析认为,教育部此言意味着南科大这45名学生必须回校参加高考——尽管他们已被招录为"大学生"。由于南科大至今仍只是被批准筹建,尚未获得招生资格,从理论上讲,南科大这批"教改实验对象"的身份仍是中学生,其"大学生"身份要想被"正名",必须参加全国统一高考。但南科大校方表示,高考期间学校将正常上课;这45名学生则在网上发出了拒绝参加高考的公开信,在6月7日、8日两天,也确实无人进入设在南科大校园内的高考考场参加考试。南科大学生的"集体拒考"被广为报道后"一石激起千层浪",迅速引发了关于自主招生、人才培养、去行政化等高等教育改革话题的热烈讨论。

依笔者拙见,对于南科大学生的"集体拒考",我们不必大惊小怪。其实,早在南科大宣布从全球范围招聘和遴选校长、富有改革精神并最终应聘的朱清时校长宣布要在深圳建立中国的"加州理工学院"那一刻起,我们就应该预料到南科大改革将对传统高等教育体制各种可能的"刷新",当然也包括对我国现行高考招生体制的"抗拒"乃至突破。朱校长认为南科大实验的核心内容就是自主招生、文凭自授,如果让学生回去参加高考就是让所有人回到体制内,这样的实验便会失去意义。然而笔者认为,学生是否参加高考并非南科大改革试验的核心,学生不考与考都有充分的理由。对于这一拒考行为,我们只有以平常心看待,才能给南科大这一正步履维艰却难能可贵的"试验品"以更大的改革空间。

---

[*] 原载《科学时报》2011年6月24日第A1版。

先来看学生不参加高考的理由。众所周知，落实和扩大办学自主权是我国近20年来一直努力的目标与方向，《国家中长期教育改革与发展规划纲要（2010~2020年）》也明确规定，落实和扩大学校办学自主权是建设现代大学制度的重要内容之一。而招生自主权正是高校办学自主权的一种体现，既包括高校在统考框架下进行自主招生的权利，也包括自主实施考试的权利——高校作为具有法人资格的办学主体，完全应该也必须有自主实施招生考试的能力，至于愿不愿意自主施考则是另一回事。既然政府鼓足了勇气又花费不菲的成本进行南科大的改革试验，南科大也有进行自主招考的强烈意愿，并愿意为自己的招考行为承担责任，为何不让这所处于经济特区改革前沿的全新大学进行"特校特办"的改革尝试？

《纲要》还指出，要完善高等学校的招生录取办法，建立健全有利于专门人才、创新人才选拔的多元录取机制；对特长显著、符合学校培养要求的，依据面试或者测试结果自主录取；高中阶段全面发展、表现优异的，推荐录取。南科大首届45名学生是从中科大少年班、深圳各知名中学推荐生、人大附中推荐生、相关科研单位联合培养生、自荐学生中认真遴选出来的。以南科大的谨慎态度和社会高关注度所带来的巨大压力，可以认为这首届学生要么是特长显著者、要么是全面发展表现优异者，都符合《纲要》所提倡的自主录取或推荐录取的对象。既然如此，为何非要他们参加高考呢？据悉，深圳市政府为了吸引学生参加高考而向其许诺：高考前随时可以报名；在南科大校内特设考场，无须回原籍参加考试；高考分数不对外公布，不管考多少分，学生依然可以就读于南科大。对于高考这样一个政府主考、全民关注的严肃选才制度，深圳市政府出于"引诱"南科大学生参加考试的目的却随意变更规制，显然是对高考权威性与严肃性的亵渎与伤害。这样的"伪高考"不参加也罢。

再来看学生参加高考的理由。固然，招生自主权是学校办学自主权的重要表征，但自主招生并不见得一定要自行施考。高校选拔新生主要的参考依据是学生在中学的基础知识与基本能力，基于考生规模数量接近一千万之众、升学人情困扰十分严重的国情，统一高考显然是最经济、公平的选拔方式。正是由于统考相对于各校单考具有明显的规模效益与社会效益，既公平又具有可比性，依据统考成绩进行招生也是欧美主要发达国家的共同做法，例如美国高校招生实行SAT、ACT等统一考试，英法等国实行统一会考，日韩和中国台湾地区也都采行统一学能测试等，甚至连一向实行高校单独招考的俄罗斯，从2001年起也学习中国试行统一高考，以提高招生考试的效率与公平。可以说，统一高考是符合我国国情、文化、历史传承、社会心理的选才办法，在当今中国具有存在的合理性与必要性。对于南科大而言，如果他们愿意，完全可以结合统一高考成绩、面试及其他各种材料等来综合评价和选拔新生，参加高考并不会影响其在高等教育领域进行各种新锐的改革尝试。

南方科技大学的改革勇气殊为可嘉，学生面对被体制隔离可能带来的将来深造或就业等方面的种种困难,其淡定与自信也令人敬佩。对于处于改革攻坚期的我国高等教育,缺的正是这样的勇气与自信。笔者认为,政府对于南科大改革应给予更大的空间,而不是在"考与不考"这个并非核心的问题上加压;媒体对于南科大改革在关注的同时,应适当给舆论降降温,避免使之因处于"风暴眼"动辄得咎而承受更大的压力;公众对于南科大改革则应葆有平常心与宽容度,以开放、冷静与理性来助推我国高等教育改革走向深化与多元。

多管齐下治理高校生源竞争"混战"*

20世纪90年代以来,我国大陆高校之间的生源竞争渐趋激烈,最近几年更是到了"白热化"程度,生源大战必定是每年招生季节的焦点话题。保送生制度实行不久,生源竞争问题便开始凸显,一些大学提前到中学"预订"尖子生,有的甚至采取许诺、发钱等不正当手段争抢尖子生,互挖墙脚,几乎从2月份开始,"生源大战"便接踵而至,对中学正常教学秩序形成不小的冲击。2001年,教育部对保送生制度作出"一压二严"的规定,大幅度压缩了保送生招生规模。此举虽然并未扼制高校争抢尖子生之风,却使各界对这一问题的关注迅速降温。

2003年实行的自主招生改革,再一次将争抢优生的话题引入公众视野。尤其是2009年北大推出"中学校长实名推荐制"、2010年四大联盟(即"北约派"、"华约派"、"卓越派"和"学院路系派")试行自主招生联考后,在汹汹众议中,"诸侯争霸"、"抱团掐尖"、"提前掐尖"、"圈地选羊"、"拉帮打群架"等词语使用频率颇高,足见争抢生源"火药味"之浓。

今年7月,"预录取"一词则刷新了前面诸词汇使用频率的记录,成为争抢生源最新的"代名词"。先是复旦大学和上海交通大学因预录取遭遇"李鬼"而引发"口水战",复旦指责上海交大在招生过程中"挖墙脚",假冒复旦招生老师给考生打电话,告知此前其与复旦所签预录取协议取消,致使有的考生被迫修改志愿。上海交大招生办则回应,称本校招生老师无人冒充其他院校老师给考生打电话。双方都声称要依法保留追究对方法律责任的权利。紧接其后的是南大招生的"放鸽子事件",南京大学与安徽无为县七位考生签订预录取协议后,因考生未过调档线而爽约。

可见,大陆名校的"生源大战"不仅已赫然显现,而且"战事"的激烈程度不断升级,由以往的"暗箭"变成如今的"明枪",可谓乱象丛生。其实,以上种种现象只是近年来我国大陆高校招生竞争失序的冰山一角。归纳起来,大陆高校的招生竞争主要有以下特点:

其一,对手越来越多,竞争越来越激烈。不仅在内地名校之间你争我夺,而且

---
* 原载《中国社会科学报》2011年9月29日第10版。

要与香港高校争抢高分考生，如今又要应对台湾高校来大陆"分羹"的压力，同时要应付境外高校的竞争冲击。其二，竞争手段花样多，秩序堪忧。为争抢高分生源，许多大学使出各种绝招、怪招乃至不正当的招数，既有全方位招生宣传，预录取，提供高额奖学金，允许自由选择专业，对高考状元进行家访谈心、"循循善诱"，开设各种"基地班"、"人才计划"、"培养项目"等堂而皇之的手段；也有诸如"李鬼"暗挖墙脚、"呼死"对手招生热线、请地方官员当"说客"等见不得光的手段。其三，相关法规盲点多，监管基本上处于真空，考生维权困难。由于生源竞争问题近年来才凸显，目前有关的招生法规对各种失序行为针对性弱、指导性差，教育行政部门对招生竞争引发的纠纷与乱象没有及时给予制止或规范，而是采取事实上的"默许"态度，考生权益纵然受损也难以投诉，处于"吃哑巴亏"的弱势地位。其四，竞争"混战"影响恶劣，严重损害了高校的社会声望。高校不同于一般的社会机构，本是一个培养高级专门人才、创造和引领社会精神文明与先进文化的"学术殿堂"，这样一个人人景仰的"圣地"，如今却采取一些恶性手段来抢夺优质生源，令人瞠目，产生的社会影响远比其他机构类似行为的影响更恶劣，高校的声誉也因此受损，信任危机悄然而至。

笔者认为，导致高校招生竞争失序的原因主要有以下诸项：其一，全球范围内高等教育竞争加剧。受此影响，大陆高校尤其是名校之间对优质生源的竞争也日趋激烈。其二，人才评价观念落后，高考录取标准单一。高校在"人才"与"高分考生"之间简单画等号，一味进行"分数崇拜"，强化了"分数至上"观念，导致"唯高分考生是抢"的狭隘做法。其三，教育的功利化。来自高校外部的各种社会评价都把生源情况（包括高考分数线和"高考状元"数）作为衡量高校实力的重要指标，高校不得不想方设法满足并尽可能超过这些评价指标。其四，招生制度不完善。在高考分数"一统天下"、录取软件"分分计较"的招录体制下，考生虽然在报考前有选择志愿的权利，但报考后却只能"听天由命"，没有选择与比较的余地，高校抱着"抢到一个是一个"的心态陷入无序竞争也就不足为怪了。此外，考后知分填报志愿的方式由于强化了分数在录取中的作用，也成为高校争抢高分考生行为背后的"推手"之一。

由于招生秩序的影响因素来自相关的各层面、各方面，要遏制目前的高校生源混战，使招生工作回到健康、有序的轨道，也必须由各层面多管齐下、各方面集团作战来综合治理。

各层面多管齐下包括从观念、制度和措施等层面的综合治理。就宏观的观念层面而言，与招生工作相关各界尤其是高校这一招生行为主体要更新人才评价观念，改变"唯分是论"的单一评价观，消除"高分考生等于优秀人才"的误识，代之以素质和能力为核心的多元评价观，注重对考生的综合评价；改变教育评价中"数字化政绩"的功利主义价值观，代之以定性与定量相结合的实事求是教育评价观。

就中观的制度层面而言，教育主管部门和高校都应认真寻找招生乱象背后的深层原因，积极推进招生考试改革，充分发挥制度的引导作用；尽快消除"唯分是取"的招生短视行为，在以高考分数作为基准而非唯一依据的前提下，采取多样化的评价标准，健全和落实高中生综合评价制度，并尽快将其纳入高校招生录取选拔体系之中。

就微观的操作层面而言，当务之急一是改革录取制度，扩大考生在录取过程中的知情权与录取后的选择权，使考生获得多份录取通知书，真正实现考生与高校之间的双向选择；二是积极推进"云海工程"（即教育部考试中心在云南、海南两省改革传统高考分数报告办法的一项试验工作）的试点改革，逐步将其服务范围由高考成绩分析推广到高中综合素质与能力的评价分析，从而减少考生报考与高校招生的盲目性。

各方面"集团作战"加强监管，也是治理招生秩序混乱不可或缺的"制胜法宝"。其中，教育主管部门主要发挥宏观监控与督导作用，对违规行为不能熟视无睹甚或默认纵容，要"该出手时就出手"，甚至"重拳出击"；高校则要加强自律意识与自我监督，多在提高教育质量、服务品质与社会声誉上做文章，而不是以不正当手段抢夺和骗取生源，避免短视行为带来长久伤害；民众和媒体也是监管招生秩序的重要社会力量，迅速揭露、及时追踪、形成舆论、理性献策等，都有助于治理招生乱象。

破格特招蒋方舟合理吗[*]

2008年高考本一批录取甫一结束,各种媒体上有关"清华大学降60分特招'美少女作家'蒋方舟"的新闻信息便铺天盖地般袭来。在有关"蒋方舟事件"的争议中,支持者认为此举乃"不拘一格降人才",体现了名校风范;反对方则强调降分录取违反教育资源公平竞争原则,侵害了他人获得更好教育机会的权益。不过,也有人虽不反对高校对特殊人才的青睐,但对招生门槛是否过低、如何把握好特殊人才录取尺度和宽度等问题,提出了质疑。

公众对"蒋方舟事件"的关注,从一个侧面反映了高考在我国所肩负的重要社会功能和具有的广泛影响。正是这种关注,推动了高考制度尤其是1977年恢复高考招生以来,不断朝向公平与透明的改革进程。但毋庸讳言,由于对现行高考制度存在一些误解,公众对高考改革的评判难免会失之偏颇,加之外来的炒作和"追捧",这一偏颇很容易被放大。

实际上,降60分特招"美少女作家"蒋方舟,是有关高校实施自主招生改革的正常结果,是在自主招生政策许可范围内执行的结果,完全符合我国高考改革的方向。

众所周知,高考自建制伊始便以"全国统考"为鲜明特色。这一特色固然给高考带来了操作简单、运行高效、公平可比等优点,也不同程度地带来忽视能力、缺乏特色等不良影响,不利于高校办学的自主性和特色性。因此,经过几十年来的实践,教育主管部门确立了高考改革的方向要从统一走向多样,逐步建立起以全国普通高校招生统一能力测试为主,并与多元化考试评价和多样化选拔录取相结合,政府宏观指导、调控,专业机构命题和组织考试,高校自主招生、自我约束,社会有效监督的高校招生考试制度。

在这一原则的指导下,2001年江苏省的3所高校首次尝试自主招生,2003年教育部更是赋予了全国22所高校5%的自主招生权。此后,试点高校的数量逐年增加,到2008年拥有5%自主招生权的高校已达68所。2006年,复旦大学和上海交通大学还在全国率先探索实施了"面试说了算,高考作参考"的面试招生改革。

---

[*] 原载《解放日报》2008年8月25日第10版。

显然，从高校自主招生改革试点的实践来看，由于有高考成绩作为录取底线和参考，高校可以自主地向符合本校要求的特长生张开双臂，而特长生也得以摆脱单一考试的重压，保持个性发展和独立思考的自由空间。这样的制度设计，兼顾了统一高考所难以周全的公平性与灵活性，其实际效果和社会反响总体上是积极乐观的。

当然，作为近年来高考改革的重要内容，自主招生试点除了突出"自主选择性"外，也十分注重"透明性"。"自主"让高校摆脱了"高考分数"这唯一的"尚方宝剑"的束缚，可以不再"分分计较"，扩大了高校人才挑选的范围和弹性。"透明"则为这一弹性的制度搭建了监督的平台，让人们对其公平的疑虑尽可能得以消除。

就清华大学录取蒋方舟一事的合理性而言，首先，清华大学自主招生的降分政策及其尺度早已按照程序要求公之于众；其次，蒋方舟作为写作方面的特长生自荐参加了清华大学自主招生选拔的每一个环节，并没有享受到与一般考生不同的"特殊待遇"；再次，作为降分优惠幅度最大的竞争者，蒋方舟事实上也接受了挑战与难度远大于一般考生的严格面试考核；最后，蒋方舟的高考分数加上所享降分优惠的总和，是高于清华大学在该省的投档分数线的。

清华大学素有爱才、惜才的传统，此次特招蒋方舟并非"破天荒"。且不说民国时期钱锺书、吴晗等严重偏科的考生被清华大学"慧眼"所识；就是近年来该校大幅降分招收各种特长生、体育明星或见义勇为者的事迹也不时可见。试问，大学既然可以特别录取各种理科奥赛获奖者和体育文艺特长生，为何不能同样向文学才华出众、综合素质良好的蒋方舟们抛出"绣球"呢？要知道，自主招生的意义就在于为一流高校招收各种类型的优秀生打开一扇"窗户"，经考核确有特殊才能且令高校心仪的投考者，即使高考成绩未达到规定投档线，甚至不参加高考，将其录取也无可厚非。

俗话说，"海纳百川，有容乃大"，体现在高等教育上，便是大学应力求多样化。高等教育的活力来源于高等教育各要素的多样性，其中一个重要的方面便是学生来源的多样化。这也就是为什么国外许多一流大学，无一例外地想方设法吸引不同国别、文化、肤色、种族以及阶层学生的深层原因之所在。当然，在我国的国情和文化条件下，如何使现有的自主招生制度更加规范、政策更加完善、导向更加正确，还需要不断论证、探索和思考。

自主招生会取代高考吗[*]

自主招生改革自2003年试点以来，由于各校自主考试基本上都"扎堆"在元旦前后，每年年初社会上都会涌起一股讨论自主招生的热潮，讨论主要集中在自主招生的公平、诚信、科学性、成本与效益等话题上。随着自主招生试点高校数量的增加，以及教育部有关政策的松动，最近，有些民众开始关注自主招生与高考制度改革的关系问题，认为教育部允许部分高校实行自主招生，是希望将综合素质高、具有创新精神和潜质的人才纳入高校，实现高校招生选拔制度的多元化、多样化，推动素质教育的深入实施。据此，他们提出这样的问题：在教育体制改革和招录工作不断深化的大背景下，高校自主招生会否取代现有的高考制度？

民众对自主招生改革的关注与讨论令人欣喜，关注与讨论所表达出来的民意，对于完善与健全这一制度无疑具有积极的推动作用。笔者认为，自主招生与统一高考之间并不是非此即彼的对立关系，而是合作互赢的统一关系，不存在谁取代谁的问题。

1952年我国建立统一高考制度后，高校招生几乎是以高考分数作为录取的唯一依据。由于录取制度刚性，标准单一，高校基本上没有招生自主权，中学教学也陷入"片追"与应试教育的泥潭不能自拔。扩大高校招生自主权，推进素质教育，探索一种以统一考试为主，多元考试评价、多样选拔录取相结合的高校招生制度，成为教育改革的迫切需要。自主招生改革在这一背景下应运而生，既是对传统的以高考分数为唯一录取依据（保送生和特长生招生除外）的高校招生录取体制的有力挑战，也是对后者的有益补充，对于健全创新人才的选拔机制有重要意义。

自主招生制度设计的出发点是扩大高校招生自主权，使其有渠道选拔到优质而适合的生源。"优质而适合的生源"不仅仅指全面发展的优秀生或曰"全才"，也应包括才能突出的特长生或曰"偏才"、"怪才"。在受分数线制约的传统录取体制下，高校能招收到的几乎都是"全才"。自主招生改革的动机之一，正是为高校在传统体制之外另辟蹊径，使那些长期被高考分数线这只"拦路虎"拒于门外的"偏才""怪才"得以进入高校招生的选择视野。尽管目前自主招生改革的效果不

---

[*] 原载《解放日报》2010年2月21日第6版。

尽如人意，尤其是与传统高考在选拔结果上有较高的趋同性，但毕竟在传统体制之外另开了一条新路。因此，今后自主招生更需兼顾全面发展的优秀生与才能突出的特长生，尤其应向后者倾斜，充分利用改革所赋予的自主权，使之主要成为"偏才""怪才"等特殊人才进入高校的"绿色通道"。

俗话说，"尺有所短，寸有所长"。统一高考与自主招生也是如此。统一高考的优点在于有较高的规模效应，命题有较高的科学性，考试成绩有较高的可比性与客观性，录取标准刚性、公平。但也存在重才轻德、压抑考生个性和求异思维、缺乏特色和灵活性等统一考试本身所固有的缺陷，尤其是"千校一卷"的考试内容的"大一统"，使层次、类型各异的高等学校无法根据自己的需要选拔出适合培养的人才，不符合高等教育规律。高校自主招生恰恰可以弥补统一高考的这些缺陷，而且使高校在选拔各自所需的生源上有了一定的自主空间。但自主招生也存在公平、诚信、主观性、成本与效益及科学性等方面的诸多缺陷，这些缺陷又正是统一高考的优势所在。二者唯有取长补短，相辅相成，才能最终实现"逐步建立起以全国普通高校招生统一能力测试为主，与多元化考试评价和多样化选拔录取相结合，政府宏观指导、调控，专业机构命题和组织考试，高校自主招生、自我约束，社会有效监督的高校招生考试制度"的改革目标，以达到公平、科学、高效地选拔高等教育所需合格、合适生源的目的。

因此，自主招生与统一高考之间并非你存我亡的矛盾关系。自主招生并不意味着一定要自行组织入学考试；采用统一高考成绩作为招录的基准，也并不等于高校没有招生自主权。正如在享有高度招生自主权的美国高校，也多采用统考成绩作为招录新生的主要依据，各校并不需要另行组织入学考试。实际上，像复旦大学和上海交大那样仅仅依据本校单独组织笔试和面试进行招录的做法并不可取，既费财费力费时，又难以保证科学性与公平性。从某种角度看，高校自行施考也是现在的自主招生陷入应试"怪圈"、走形变样的主要推手。

笔者认为，受"重人情、讲关系、看面子"传统文化的影响，受"穷国办大教育"的现实国情与考试发展规律的制约，特别是考虑到统一高考具有较高的规模效应、科学性与公平性，自主招生仍需以统一高考成绩为基准，但统考的性质宜由以往的选拔性考试转变为水平性考试，注重增加能力考测的分量。当然，各校应有调节统一高考分数基准的空间，以便为有专长的特殊人才留出一定的浮动范围。在此基础上，紧密围绕扩大高校招生自主权做文章，统考成绩采用的程度与方式、对其他各育及素质或能力的考核要求、各指标之间的权重等，均应由高校自主决定。至于在统考之外各校是否另行单考或进行校际联考，也应让高校自主或协商决定。

总之，自主招生与统一高考各有所长、各有所用，完全可以优势互补、相得益彰，使高校招生做到"统一"与"多样"的完美结合。统一高考的内涵也并非一成不变，而是随教育发展需求而不断调整与变化。今后的高考制度将逐渐朝"统考为主，能力测试，多元评价，分类招生"的目标行进。自主招生也应与这一目标保持一致，将自身的改革放置到高考改革的大框架内，而不是"另立山门"，更不是取而代之。

"云海工程"：从单一考试向多元评价转变

2011年高考结束后，云南、海南两省考试中心向考生提供的不再是单一的高考成绩单，而是内涵丰富的高考成绩分析报告。报告不仅列出了考试成绩及百分等级，还包括各考试科目在学科内容、能力结构上的分项表现以及升学指导测验结果，如考生的逻辑思维能力如何、擅长经营还是擅长研究等，可谓为考生提供"量身定制"的参考信息。这项改革即今年启动"云海工程"的工作重点。"云海工程"是教育部考试中心在云南、海南两省开展的考试评价制度试点改革项目，为期3年，旨在通过引入教育评价的新理念、新方法和新技术，建立科学的综合评价体系。迄今为止，"云海工程"的实施受到了广泛关注与好评。笔者认为，其"以考生为本，人尽其才"的价值取向令人称赞，多元化、专业化的考试评价值得推广。

首先，"云海工程"为考生提供个性化服务，通过高考成绩分析报告帮助考生"知分知位、知长知短、知己知路"。其中，升学指导测验的实施是一大亮点，它从兴趣和胜任力两个维度考察考生的专业性向类型，并分等级推荐专业，从而为考生填报志愿提供有力的参考。从目前来看，这不仅有助于改变考生以往填报志愿的盲目状况，也有助于减轻家长、教师及学校的指导压力。从长远来看，考生依据高考成绩分析报告选择感兴趣且较为适合的学校及专业就读，不仅有助于解决目前大学生普遍存在的职业困惑，而且有助于促进高校的分类、分层次发展。

其次，"云海工程"将建立评价信息数据库，深入挖掘分析高考成绩与学生的个人背景、学习行为、校本成绩、中学教学、教育投入等多个因素之间的关系，不断拓展高考评价的广度和深度，不仅针对学生进行评价，还为中学、大学及教育行政部门提供专业化的评价服务。

最后，"云海工程"实现了从单一考试向多元评价的转变。受我国传统文化中"重人情、讲关系、看面子"的消极因素影响，自1952年建立统一高考制度以来，高校基本上都是以刚性的高考分数作为录取新生的标准，无法考察学生的综合素

---

* 原载《中国教育报》2011年8月24第3版。万圆为第二作者。

质。只有在录取规模极小的保送生制度或自主招生环节中实施综合评价。而"云海工程"首次在高考中引入多元评价，以心理测验这一"非考试"的方式考察考生学科能力以外的综合素质，打破了"以分数论英雄"的单一评价局面，成为实施高考录取多元评价的突破口。

"云海工程"报告考生成绩及个人素质的做法，使得考生拥有更具体、更有参考价值的高考成绩，高校招生部门也获得丰富的、多维度的考生信息，这不仅可以推动高校多元化录取改革，对于提高专业人才培养的针对性也发挥了积极作用。此外，该工程的意义不仅仅局限于为高考录取服务，更重要的在于引导素质教育的实施。多年来，由于"片面追求升学率"的影响，中小学形成了根深蒂固的"分数至上"的观念与标准，严重制约了素质教育的实施。这一评价标准过于强调甄别与选拔，学业成绩占据主导地位，评价结果被简单、机械甚至错误地使用，不利于学生的全面发展。"云海工程"则引入综合素质及成长动态等内容，注重对学生的全面综合性评价与过程性评价。我们完全可以利用评价的指挥棒作用，引导中学切实开展素质教育，实现人才培养的多样性与多元化。

另外，与保送生制度、特长生选拔、自主招生等多元评价探索不同，"云海工程"不是针对部分优秀学生，而是面向整个高三群体。云南、海南的高三学生都可以通过该工程享受到多元评价的成果，从而保障了教育公平。对于生长在农村或弱势群体家庭的孩子而言，由于信息不灵、资源有限，以及家庭文化程度较低等原因，父母在子女填报志愿时往往难以提供有益的指导，高考成绩分析报告则弥补了这方面的缺憾。而高考发挥失常的学生通过测验也可以找回自信，正确认识自己的长处。

"云海工程"以升学指导测验作为实施多元评价的切入点，将成绩评价反馈给学生及相关部门，此举也是教育发达国家及我国教育发达地区的惯用做法。例如，美国大学入学考试中心（ACT）便将升学指导与考试报名紧密结合起来，考生报名时需进行心理测试。考生在考试结束后不久即可获得考试成绩及专业选择建议。在英国、加拿大、日本等国家，学生升大学时也会参加各种心理测验，以了解自己的兴趣、能力、人格特征等综合信息。台湾在升学指导测验方面也进行了有益的探索，开发了《兴趣量表》和《专业探索量表》，为帮助高中生深入了解自己及选报大学志愿提供良好的指导。

目前，教育部已明确提出要将学生的综合评价纳入高校录取选拔体系中。但由于学校不重视、人情因素的介入等原因，学生的综合素质评价报告往往存在明显的弄虚作假成分，经不起推敲，素质教育也因此举步维艰。而"云海工程"的实施有利于改变这一状况，它通过引导素质教育，使学生的德智体美劳各方面得到全面发展。

今后，"云海工程"应与中学的综合素质评价相结合，以专业评价体系配合并推进综合素质评价的实施，一方面帮助学生从中学阶段开始全面了解自己的兴趣和能力倾向等特点，科学规划学业乃至将来的职业发展，另一方面为学校及地方教育主管部门提供多维度的学业评价分析报告，科学制定教育政策，从而打破"综合素质评价无用论"。另外，由于是第一年的谨慎试点，目前高校招生并没有把"云海工程"对学生的评价结果作为录取依据。等条件成熟以后，高校可切实将该工程成果纳入招生录取体系，从而实现多元评价的"硬着陆"，真正推动高考改革及素质教育的实施。

创特色 明定位 选拔多样化人才[*]

作为高校招生考试改革的试验田，自主招生一直被视为重点高校的"特权"以及为"专才""怪才""奇才"等特殊人才提供的"绿色通道"，而高职院校的自主招生却一直处于弱势甚至隐性的地位。事实上，高职早就走上了自主招生的探索之路，而且不同于普通高校的自主招生仅仅是为考生录取加分或作为"双保险"的手段，高职院校的自主招生是独立的招生录取模式而非高考的环节之一。

目前，高职自主招生主要有两种模式：一种是教育部于2007年试点的国家示范性高职院校的单独招生，目前试点院校范围已扩大到200所，按照规定，各试点高校可"单独或联合组织文化考试，也可结合高中学业水平考试成绩，组织以职业技能测试为重点的相关考核"，并于高考前完成相关录取工作；另一种是各省、市、自治区积极探索的高职院校自主招生创新模式，其报考条件、招生流程、考核方法及录取规则更为灵活，试点院校一般为省市级示范性优质高职院校，一些办学行为规范、培养质量和社会认可度较高的民办高职院校也被纳入试点范围。两种招生模式录取的考生在学籍注册、收费、学生管理、奖助学待遇以及学历文凭等方面与参加全国统一高考录取的考生完全相同。

一、"救市"还是创新

相对于重点高校的"掐尖"大战，高职院校自主招生给人的感觉更像是"扫尾"工程，是招生竞争压力下不得已而为之的"救市"行为。事实上，自主招生是高职院校提高高等职业教育生源质量，引导普通高中毕业生向优质高职院校合理分流，探索符合职业教育特点和规律的高职招生考试评价机制的创新之举，是基于"多元智力理论"的人才选拔模式，而非应对生源危机的"缓兵之计"。

继《国家中长期教育改革和发展规划纲要（2010～2020）》后，《教育部2012年工作要点》进一步明确指出要"开展高等职业教育入学考试由省（区、市）组织的试点，完善'知识加技能'的考核办法"，在这一原则指导下，各省（区、

---

[*] 原载《中国教育报》2012年3月10日第3版。朱贺玲为第二作者。

市）纷纷创新自主招生模式：湖北省2011年在机械类专业试行"技能高考"，并逐年扩大技能高考的专业覆盖面；江苏、福建、甘肃等省试行"注册入学"；浙江省推出"校考单录"和"校考加高考"两种模式；广东积极探索"中高职三二分段"对口招生模式；上海、山西、安徽推出"普通高中学业水平考试成绩＋面试或技能测试成绩"的选拔模式；等等。

同时，高职院校自主招生以优质院校为试点，以拳头专业吸引生源。教育部试点的单独招生院校涵盖100所国家示范性高职院校以及100所国家骨干高职院校，各省、市、自治区也首选省级示范性优质高职院校进行自主招生模式的创新与改革。为了吸引优质生源，各自主招生试点院校纷纷拿出师资力量雄厚、就业质量较高的特色专业和热门专业，甚至国家或省级示范性建设专业进行试点。可见，自主招生并非解决生源危机的工具，而是高职院校落实《纲要》精神，探索"分类考试、综合评价、多元录取"考试招生制度改革的诚意之举。

二、困境与契机

提高高等职业院校的生源质量和办学水平、引导高中毕业生向优质高等职业教育合理分流是高职院校自主招生的重要目的。然而，如何建立一套简便、有效、易于操作的考核体系，却是摆在高职试点院校面前的一道难题，尤其是面对毫无职业教育基础的普通高中毕业生，如何全面考核其职业倾向、专业潜质及综合素质并进行审慎规划，需要高职院校非凡的勇气与智慧。

目前，多数高校在面试环节，一般以问答形式考查学生的语言表达能力、职业能力倾向、个性特长以及分析与解决问题的能力，个别院校会设置心理素质测验甚至才艺展示环节，全方位考查学生的综合能力和兴趣爱好，也有试点院校直接邀请相关行业企业人力资源工作人员参与面试。上海市一些院校则采用综合素质卷来考核学生能力，试题内容涉及艺术人文、科学常识、时事政治、生涯规划等10个方面。以上考核方式均值得借鉴与保持。此外，我们认为，高职院校可考虑与普通高中建立即时信息通道，参考高中学生的综合素质评价信息。需要强调的是，高中综合素质评价制度，应尽量排除学生因所处经济与社会地位阶层不同而造成的才艺表现上的差异因素；再者，中学进行综合素质评价时，对于某些硬性指标可以评定分数或等级，对于一些涉及主观价值判断的指标，则只需尽可能如实、具体地反映学生的表现，由高校依据自身的办学特色和专业要求进行评判与选择。

与"栽下梧桐树，自有凤凰来"的重点高校相比，生源一直是高职院校的"硬伤"或"软肋"。传统的招生录取模式下，高职始终处于高考录取的末端环节，即使自主招生打破了传统的录取次序，职业教育依然被视为"末流教育"，是"杏门无路入"而备选的无奈之举，如何突围生源困境成为高职院校面临的核心问题之一。笔者认为：其一，应强化高职教育的类型特色，高职教育与普通高等教育之间只是类型不同而非层次差异，只有达成这样的共识，社会对高职自主招生的认同感才会逐渐增加，人才评价标准才会逐步走向多元和务实，对高职教育的认识才会日趋理性；其二，在增加外部"温度"的同时，高职院校也应苦练内功，突出办学特色，以市场需求为导向，优化、调整专业布局，同时着力改善办学条件、师资力量、教学质量以及管理制度，拓宽高职院校学生的升学及进修渠道，关注学生职业生涯的可持续发展。

自主招生为高职院校选拔多样化人才、创树特色、促进良性发展提供了契机。然而，对于促进高职院校合理定位，提升高职院校办学特色，完善类别清晰、特色鲜明的高等教育体系的改革而言，自主招生只是迈出了第一步。更重要的是，高职院校要配合招生改革，对学生进行创新教育与个性化培养，全方位完善招生方式、课程体系、管理制度、就业指导等各个环节，使自身真正成为高等教育体系中促进社会经济发展不可或缺的重要生力军。

博导的招生话语权亟待扩大

据报道，武汉大学2011年的博士生招生选拔模式有所创新，在以往普通招考、优秀人才单独选拔和硕博连读三种招生方式的基础上，新增了一项"入学考核"。包括中国科学院和中国工程院院士、人文社科资深教授、长江学者特聘教授等七类"名师"在内的博士生导师，可通过"入学考核"方式，从考生中选拔优秀拔尖创新人才，无须经过学校统一组织的博士生入学考试，但要经过本学科专业（或相近学科专业）专家组成的考核小组的严格筛选和考核。此举意在充分发挥博导在招生过程中的主导作用，不拘一格选拔出有培养潜力的优秀生源。作为博导队伍中的一员，本人深感导师招生话语权缺失对博士生培养质量提升之桎梏，不禁欣喜于武大的创新之举并为之鼓呼。

1981年，我国颁布《中华人民共和国学位条例》，开始进行有计划的博士生招生工作，迄今已走过30年历程。与硕士生招生进行全国统考所不同的是，博士生的招考工作完全由招生单位自主进行，除年度招生计划经国家教育主管部门批准下达外，其他各招生环节如招生时间、招生次数、考试方式、考试科目、命题、施测、评卷、复试、录取及调剂等，全部由招生单位自行确定，招生单位因此享有极大的自主权。

然而，与招生单位享有极大自主权形成鲜明对照的是，作为博士生教育与培养的灵魂人物，博士生导师在招生选拔中却鲜有话语权。主要原因有二：其一，博士生复试资格常常被初试的外语成绩"一票否决"，不少学术能力或潜质不错的导师中意的考生，因外语成绩未达线无法入围复试；其二，考核形式单一，重考试轻审核，虽然有初试和复试两个环节，但初试仅为笔试，复试也主要依据考生面试表现来打分，其他方面的能力与素质基本上未被纳入考核视野。考试分数的划线和考核形式的单一，使博导在招生中很难取得应有的话语权。

与我国博士生招生选拔采取由各招生单位统考模式不同的是，西方主要国家多采行申请审核入学制。例如，在美国和加拿大，除法学、商学以外其他学科的博士生招生，申请者只需参加由美国民间考试机构ETS主持的GRE考试（海外学生还

---

* 原载《中国教育报》2011年3月16日第8版。

须提交托福等成绩），学校根据申请者的考试成绩、推荐信、个人陈述以及一些能证明自己学术资质或能力的材料，进行综合审核后确定录取资格；德国的博士生招生也没有统一的入学考试，基本上由导师自主决定，导师通过面试来考察申请者是否值得培养；英、法等国也实行类似的申请选拔制。

我国博士生招生之所以采取各单位统考，除了受漫长的统一考试历史传统影响外，一个重要原因是防止人情介入。在我国这样一个人情社会，由于博士生录取没有像美国GRE那样的统考成绩为凭，用招生单位统考"硬碰硬"的分数而非推荐信之类的"软材料"作为博士生录取依据，既省时省力，又可减少许多质疑与麻烦。即便一直以来实行招生单位统考的模式，尚且招致"博士生录取黑幕重重"等不少非议与质疑，若实行申请入学，负面的舆论只怕会更多。

然而，这样貌似公平的招考方式，却是以牺牲效率为代价的。博士生教育作为学历教育的最高层次，与中小学、大学本科甚至硕士生教育都有很大不同，它关系到国家科教兴国和人才强国战略的实施以及国家自主创新能力的提升。可见，博士生招生兹事体大，不容小觑。博士生教育的对象应该是学业基础好、创新能力强、培养潜质高的优质生源。在招生选拔时，不仅要考察其学术基础与基本素质，更要关注其研究经历与成果、创新意识与能力等。再者，由于博士生教育以科研训练为主，这一阶段的研究是一个充满艰辛、自主性很强的创新过程，若无浓厚的研究兴趣和良好的研究能力作支撑，很难取得有价值的创新成果。而现行的博士生招考仅靠几个小时内的笔试或面试，显然无法全面考察考生的综合素质与能力，也无法清晰判断其研究潜质与兴趣。结果，常常"选拔"出善于考试却不善于科研、令导师头疼的生源，造成宝贵的高层次教育资源的浪费。

鉴于目前我国博士生培养方式主要还是"师徒式"的导师负责制，笔者认为，要想选拔出科研素质好、培养潜力大的生源，博士生导师理应在生源选拔中享有更大的话语权，由导师或导师组依据其笔试和面试成绩，结合其研究经历、成果、获奖等各种材料进行综合评判。这既是对博士生导师学术权力的落实与尊重，也与《国家中长期教育改革和发展规划纲要（2010～2020）》中"加强创新能力考查，发挥和规范导师在选拔录取中的作用"的研究生入学考试制度改革精神相一致。

然而，受"不患寡而患不均"的社会心理、学术腐败事件层出不穷的社会现实以及诸如"甘德怀考博事件"等案例的影响，要大刀阔斧地改革博士生招考制度、切实扩大博导的招生话语权，实非易事。笔者认为需要在以下方面为之努力：

其一，建立信任。以往博士生招考制度建设的重心在"防腐"，想当然地把博导作为制造腐败、寻租权力的"假想敌"。当然，不排除确有少数博导存在"权力寻租"等不良招考行为，但绝大多数博导还是有基本学术自律，并以"得天下英才而教育之"为人生之乐的。招生制度建设如果一味地强调"防腐"，对教授治学态度缺乏基本信任，只怕导师们终因"无权力可言"和"无英才可教"消极怠工，进而影响博士生教育的成效。

其二，健全制度。以往博士生招生选拔的录取标准较为单一，不符合多元的人才观和智能观。如今的考试招生改革越来越强调综合评价和多元录取，博士生招生选拔尤其需要这样的综合观与多元观。应允许高校试行和建立多元的博士生选拔标准与渠道，以便能"不拘一格选生源"，健全包括学校、院系、导师或导师组在内的多层审核制，并逐步扩大复试和综合审核所占比重。对于高水平大学的两院院士、人文社科资深教授、长江学者特聘教授等高水平博导，应允许他们试行像武汉大学"入学考核"这样的招生方式。

其三，加强监督。制度执行的成效如何，在很大程度上取决于其透明和监督力度。公众之所以对"甘德怀考博事件"等中有关招生人员或机构持不信任态度，主要原因即在于招生过程不够透明。只有完善博士生招生信息发布制度，实现信息和过程公开透明，加强政府和社会监督，畅通考生申诉和质疑渠道，保障考生基本权益，招生腐败才会像"无水之木"一样难以存活，博导招生话语权的扩大也才会有良好的社会认同和有力的制度保障。

大学的魅力在于大师*

又是一年开学始。每年此时,无数历经高考磨难与"洗礼"的胜出者,陆续迈入各类高校,开启人生新征程。所入大学,或心仪向往,或勉强接受,无论如何,大学都是一个与以往十余载求学的中小学所完全不同的特殊"场域",是一个为社会所包围的"象牙之塔"。

相较于中小学及其他各种社会机构或组织,大学有其独特的魅力。大学的魅力体现在人才培养、科学研究、社会服务、文化创新等多方面。在笔者看来,大学最大的魅力莫过于有大师相伴,给你别样的人生启示与路向引领。

民国著名教育家、被誉为清华大学"终身校长"与百年清华史上"四大哲人"之一的梅贻琦先生,早在1931年12月2日的就职演讲中便道出"所谓大学者,非谓有大楼之谓也,有大师之谓也"这一振聋发聩的教育名言。时至今日,这一论断仍深为世人所推崇。

事实上,提出"大师论"的梅贻琦先生本人即是一位学严品高的大师。梅先生自幼饱读诗书,是天津南开学堂首届学生、南开学校系统创办人张伯苓先生的得意门生,也是清华招考的首批留美公费生。1914年自美国著名科技大学伍斯特理工学院毕业回国后,即到清华担任教学和教务长等多种职务。1931年起担任清华大学校长,直至1962年病逝台湾。民国时期的清华大学素有"驱逐校长"的传统,梅先生却能稳居校职达31年之久,成为国立大学任期最长的校长。这一历史记录之创造,别无他因,在于梅先生乃"中西合璧真君子"也。

执掌清华后,梅先生便遵照其"大师论",千方百计广揽英才,一时间,清华园大师云集,赵元任、陈寅恪、潘光旦、吴宓、金岳霖、朱自清、俞平伯、叶企孙、梁思成、叶公超、华罗庚、钱伟长、费孝通、王力等各领域之翘楚,均在梅先生掌校期间执教于斯。大师的最大特点是人格独立、思想自由、知识丰富、文理皆通,其时,清华奉行陈寅恪先生在王国维纪念碑中所撰"自由之思想,独立之精神"之办学原则,施行"中西兼容、文理渗透、古今贯通"的通才教育,致清华园钟灵毓秀、精英辈出,开创出清华历史上的"黄金时代"。正是梅先生的雍容揖

---
* 原载《中国科学报》2012年12月5日第7版。

让、清正不苟、求真务实与执着坚持，奠定了清华的校格，使清华建校不到30年便蜚声海内外，也才有了今日之水木清华。诸多大师的存在，正是清华园散发出独特精神魅力之源头。

海内外任何一所大学之魅力，无一不因其拥有一批在学问、学品、思想、人格上有魅力的大师。梅贻琦、陈寅恪等大师之于清华，蔡元培、胡适等大师之于北大，张伯苓、陈省身等大师之于南开，竺可桢、钱三强等大师之于浙大，林文庆、萨本栋等大师之于厦大，便是对"大学的魅力在于大师"论断绝佳的例证。时至当代，国内许多著名大学为莘莘学子所追慕与推崇，仍因有一批才高八斗、品学双馨的著名专家学者，如季羡林之于北大、启功之于北师大、程千帆之于南大、刘道玉之于武大、杨叔子之于华中科大、王元化之于华东师大、谢希德之于复旦、易中天之于厦大……

有缘与大师、著名学者身处一校、亲沐其教是一种福气。大师或著名学者，常能以其渊博的学识、开阔的眼界、睿智的思想、宽广的胸怀，影响一代代或受业其门或私淑其下的学子们。如在提倡"思想自由，兼容并包"的北大，正式学生自然常可沐浴名师"春风化雨"之教导，许多游学者、考试族或周边高校的学生，也会在所倾慕的学者课堂上旁听"蹭课"、各有收获；在秉承"自强不息、止于至善"的厦大，抗战前夕临危受命担任校长的萨本栋先生，不仅科技成就享誉海外，而且在教学上"身先士卒"、病榻授课，工作上严于律己、廉洁奉公，抗战八年厦大内迁长汀，虽惨淡经营，得蒙萨公披荆斩棘、呕心沥血、竭诚奉献、以身垂范，学子们无不为之感泣，使长汀时期的厦大形成了勤奋、朴实、严谨、和睦的好风气，校务蒸蒸日上，学生业绩斐然，成为"南方之强"；今天的厦大，则不乏"学术超男"易中天教授的"乙醚"，许多学生正是仰慕易教授之盛名而报考厦大，每每有与易教授近距离接触的机会，总会兴奋激扬，不少学生的学术兴趣与认知也因此改变，而易教授也不负学子热望，每年给新生开设讲座，给本已富有魅力的厦大增色不少，也因此吸引了更多优秀生源。

不过，因无缘与大师同处一期而间受其教，又何尝不是福气？大师已矣，精神永存。大师的精神与学术影响，往往与学校的历史积淀及学术基础熔于一冶，锻造出学校独特的气质、魅力、文化与学术底蕴。学子们浸润其间，耳濡目染，受教于无形，大师之精神得以薪尽火传、大师之学脉得以延续承继、大学之魅力也因此长久葆存。

当然，魅力不是仅仅存在于著名大学与著名学者之中。任何一所大学，都有其独特的历史、精神与校园文化，也各有不同领域、专长、品质的学者专家或社会服务。广义的"大师"，并不仅限于有杰出学术研究或卓著社会贡献者，许多平凡的大学教师，以其敬业的精神、认真的态度、高尚的品德、端正的学风，默默深耕于教书育人岗位，做出的业绩看似无名无利，实则崇高非凡。正如"魅力"或"美丽"不仅仅存在于伟人或明星身上,"最美女教师"张丽莉、"最美妈妈"吴菊萍、"最美洗脚妹"刘丽、"最美婆婆"陈贤妹、"最美的哥"李泽勇……他们都是在最平凡的岗位上工作的最平凡的人,可谁能否认他们的行为之伟大、美德之崇高?

值得一提的是,梅贻琦先生不仅有广为人知的"大师论",还有一个富有教育智慧的"从游论":"学校犹水也,师生犹鱼也,其行动犹游泳也。大鱼前导,小鱼尾随,是从游也。从游既久,其濡染观摩之效,自不求而至,不为而成。""从游论"包含的思想有三:其一,教育的价值不仅在于知识技能的传递,而且甚至更重要的在于为学生的品性修养、意志锤炼与情绪养成等营造氛围、树立榜样,即"身教重于言教";其二,学校良好氛围对于人才培养与熏陶之重要性;其三,教师学识与人品即"经师"与"人师"的和谐统一、师生之间的亲密无间,对学生具有重要影响。可见,梅先生的"从游论"是对孔子的"身教胜于言教"以及韩愈的"传道、授业、解惑"优良师道传统的继承与光大。大师之于大学的价值,正在于使大学教育终达"不求而至,不为而成"之效果。

欧洲中世纪的大学,是与世俗几乎隔绝的"象牙之塔"。在知识经济时代,大学作为学术的发源地与人力资本的"源泉",正逐步走向社会中心,也越来越像是社会的缩影。身处其间的大学生们,受到外部形形色色、良莠不齐的因素影响与冲击,大师,或许已不再是他们唯一"从游"的对象。然而,校园外的喧嚣与纷扰,恰恰反衬出校园内的宁静与单纯,"从游论"也越发显得可贵。作为传授与研究高深学问的场所,大学永远是大学,在某些方面,如遵循现实世界易于淡忘或难以遵循的伦理、欣赏"纯研究"等,大学不仅仍是也必须成为"象牙之塔"。而这一切,靠的便是坚守学问、人师世范的大师们。

外面的世界再精彩,也取代不了大学与大师的经典魅力。

后　　记

　　古代中国是一个有着悠久考试选才历史与深厚考试文化积淀的文明古国，当今中国则是一个人口众多、资源有限、竞争激烈的发展中大国。历史血脉的传承加上现实国情的制约，使考试成为社会选才的首选刚性机制，也越来越成为国人的常态生存方式。

　　在中国的教育领域，没有什么话题像考试能如此引起各界的广泛与深切关注。尤其是决定着学子们能否进入高等学校以及进入怎样的高等学校的高考，更是我国社会生活中每年一出的"重头戏"。老百姓对高考期间出现的诸如"交通管制、警车专送、公交挪站、飞机改线"等现象早已司空见惯，高考改革自然成为"社会焦点"。民众对高考的情感可谓五味杂陈、爱恨交加，对高考的态度也众说纷纭、莫衷一是。在中国，几乎每年的高考季节都会上演一场"高考世界杯"决赛，"打倒高考"与"保卫高考"双方严重对峙：赛场的一边是高考"砖家"，他们从各自的角度，对高考进行一番或无情、激愤或戏谑、嘲弄的"拍砖式品评"；另一边则是高考"粉丝"，对高考持"无高考毋宁死"的捍卫态度。从世界范围来看，也没有哪个国家的政治领域像中国一样，对高考如此"青睐"，如此深涉。

　　正是这种重大的社会与政治影响，使高考改革错综复杂、举步维艰，同时，也赋予高考改革以重大责任，赋予高考研究以重要意义。遗憾的是，以往学界对于高考研究的重视程度与对高考研究重要性的认识极不相称。高考研究在教育研究中是一个长期被边缘化的冷寂领域。民众对高考讨论的热情与学者对高考研究的冷漠形成鲜明对照。

　　参加高考是与几乎每位高中生都有关联的重要事件。1987年笔者参加高考，转眼已过去25年。深深刻印在脑海里的，不是那些决定人生命运的可怕考题，而是那毒热当空的炎炎夏日，以及摆放在考场门边那个大大的茶桶所散发的清凉。人生就是如此，再痛苦的过去，回忆起来也有着淡淡的甘甜，更遑论根苦果甜的高考了！

　　不过，回品高考的滋味与研究高考的感受，却有着霄壤之别。回味高考可以"很文学"、很浪漫、很率性，可以"有选择地记忆"，研究高考却只能很直面、很理性、很客观，无法选择、无法逃避，多数时候甚至必须直面痛苦的现实。好在高考研究所面对的，并不是冰冷的制度，而是有灵有肉的人及其有喜有悲的命运。因此，走入这个充满人文气息的社会科学研究领域，笔者深感幸运。

从 1999 年在《清华大学教育研究》上发表第一篇涉及高考研究的论文《科举启示录——考试与教育的关系》开始，笔者便一直从事以高考为主的考试制度研究，迄今已出版高考研究专著 3 部，发表相关论文百余篇，其中有 4 篇被《新华文摘》转载，近 20 篇被《中国社会科学文摘》、《人大复印资料》等转载，产生了一定的学术与社会影响。但学术论文毕竟是零打碎敲、成果散落，见木不见林。因此，特选近年来较有代表性的论文 30 篇，加上报刊约稿或专访的 20 余篇小文，集结成册，以期将高考问题及其思考较完整地呈现出来，也借此机会对文中有失准确甚至错谬以及欠完善之处予以修订补充。大体以内容为纲，将文集分为"高考与社会"、"高考与教育"、"高考与科举"、"域外高考"几个板块，考虑到可读性与体例的不同，将报刊小文另立"报章精论"板块。从几个板块的标题不难看出，高考从表面看是一种高校选拔新生的制度，其背后却有着复杂的关系网，与政治、经济、文化、教育、历史等各大社会元素都有密切的关联互动。可见，研究高考不能"就考论考"，而应将其放置于社会大背景中来思考。而这一点，正是高考改革难度极大之根源，也是高考研究充满魅力之原因。

涉足高考研究迄今不过十余年，这一时期虽是自己思维较活跃、写作较快捷的"事业青春期"，但因年少狂慢、心浮气躁，文风难免浅薄猖妄、轻飘味短。这册小书既是自己对青春岁月的别样追忆，更是对学术生涯的审慎检视。唯愿，年逾不惑的自己，从此可以过一种优雅、惬意的"慢生活"，做一种从容、沉静的"慢学问"。

春夜，海风习习、涛声阵阵。近海被黑夜所吞噬，涛声包裹的世界显得格外冷寂孤独，好似踽踽独行的求学路。但，远处渔火点点，橘黄的柔光使人倍感温暖亲切，给人以宁静的遐思与坚定的力量。猛然意识到，求学的道路其实并不冷寂，更不孤独，一路上有亲人的温情支撑、有前辈的热情提携、有同仁的友情帮扶、有朋友的真情关切。有情如此，夫复何求？念兹于兹，没齿难忘！

窗外，树影婆娑、柔雨绵密。风声、雨声、读书声，怡然自得；家事、国事、天下事，铁肩担道。你，听到了风的寄语、读懂了雨的期待吗？

郑若玲
于厦门大学路寄寓
2013 年 4 月 1 日